NAVIGATION

PRATIQUE

Paris. — Typographie de Firmin Didot frères, fils et Cie, rue Jacob, 56.

NAVIGATION
PRATIQUE

PAR

M. E. BOITARD ET M. ANSART-DEUSY

Professeur d'hydrographie, ancien élève de l'École polytechnique,

Lieutenant de vaisseau, chevalier de la Légion d'honneur,

PROFESSEURS

à l'École Navale Impériale

PARIS

LIBRAIRIE DE FIRMIN DIDOT FRÈRES, FILS ET Cie

IMPRIMEURS DE L'INSTITUT ET DU MINISTÈRE DE LA MARINE

1859.

1858

PRÉFACE.

La partie pratique de ce traité de navigation nous a surtout préoccupés ; la partie théorique est très-élémentaire. Nous avons développé les méthodes nouvelles et les procédés expéditifs de calcul ; nous avons apporté un soin tout particulier dans le choix des énoncés, et nous avons fait en sorte que les données des calculs fussent toujours celles que le navigateur recueille à la mer.

Ce livre est le complément naturel des tables de Callet augmentées par nous d'un recueil de tables nautiques ; tous les problèmes inutiles et inusités à la mer ont été laissés de côté.

L'usage de la règle des signes a été substituée aux procédés indiqués jusqu'à ce jour pour les corrections des routes, pour la recherche des relèvements astronomiques, de la variation du compas.

Les méthodes de M. Louis Pagel, lieutenant de vaisseau, pour le calcul de la latitude et de la longitude du vaisseau par deux hauteurs, ont été développées ; l'esprit de ces méthodes a été appliqué à la prompte résolution des séries de distances lunaires.

La question des hauteurs circumméridiennes a été complétement traitée ; nous avons insisté sur la durée du temps limite pendant lequel des hauteurs observées peuvent être regardées comme circumméridiennes, et sur la manière de tenir compte du déplacement de l'observateur qui est parfois considérable dans l'intervalle des observations extrêmes.

En résumé, nous nous sommes constamment proposé de faciliter au navigateur la détermination de sa position à la mer ; au lecteur de juger si nous avons atteint notre but.

NOTE.

Ce livre était imprimé quand le hasard nous fit connaître le *double planisphère* de M. Keller, ingénieur-hydrographe de la marine; nous ne saurions trop recommander à nos lecteurs l'usage de ce remarquable instrument.

Construit dans le but de rendre réellement pratique *l'orthodromie* (navigation suivant l'arc de grand cercle), le double planisphère donne de cet important problème une solution élégante, infiniment supérieure à tout ce qui a été imaginé et conseillé jusqu'à ce jour; il est certainement destiné à faire disparaître l'usage si pénible des tables anglaises et américaines. Nous n'hésitons pas à déclarer que, grâce à M. Keller, la route orthodromique est aujourd'hui plus facile à déterminer que la route loxodromique.

Le double planisphère se compose de deux grands cercles de même rayon représentant, l'un le méridien, l'autre le vertical-méridien; sur ces grands cercles sont projetés stéréographiquement les méridiens et les parallèles, les verticaux et les cercles parallèles à l'horizon; ces arcs de projection sont gradués de degré en degré.

Le planisphère-vertical est mobile autour du centre commun, de telle sorte qu'on peut construire de suite tout triangle sphérique en assujettissant l'un des côtés de ce triangle à se trouver sur la circonférence-enveloppe, l'une des extrémités étant le pôle, l'autre le zénith.

Il est facile, d'après ce qui précède, de construire *à tout instant* le triangle formé par le pôle et les deux zéniths d'arrivée et de départ; l'angle au zénith de départ est l'angle de route vrai, le côté compris entre les deux zéniths est la distance à parcourir. Une disposition ingénieuse permet de lire les étapes de la *route orthodromique* et de s'assurer au besoin sur la carte si cette route est libre.

Le double planisphère trouve une heureuse application partout où il y a un triangle sphérique à résoudre. Ainsi, en navigation, il sert à vérifier les calculs trigonométriques et prévient les erreurs grossières; il montre l'influence des erreurs des données sur les éléments inconnus des calculs; il donne des résultats suffisamment exacts à la mer pour la détermination des circonstances favorables au calcul d'angle horaire, des heures des levers et couchers des astres, de l'azimut.

Enfin l'utilité du double planisphère pour la réduction des distances lunaires est incontestable; il donne aisément les angles aux astres si nécessaires pour tenir compte des effets de la réfraction sur les demi-diamètres inclinés; il donne aussi une valeur approchée de la distance vraie, valeur qui permet d'appliquer à la première distance d'une série notre méthode simplifiée de la réduction des distances.

Quand on connaît les angles aux astres, la table IV de Callet pour faire le point permet de trouver de suite, à l'aide de la formule indiquée page 193, la distance vraie à la minute près.

Nous espérons que M. Keller développera dans un traité spécial les nombreuses applications du double planisphère.

LIVRE I.

TRIGONOMÉTRIE SPHÉRIQUE. — NOTIONS ET DÉFINITIONS ASTRONOMIQUES. — MESURE DU TEMPS.

CHAPITRE I.

Trigonométrie sphérique.

1. Dans un triangle sphérique quelconque, il y a six parties à considérer, trois côtés et trois angles; il suffit de connaître trois de ces parties pour qu'elles soient toutes déterminées.

On ne considère que les triangles sphériques dont les côtés sont moindres qu'une demi-circonférence.

La géométrie élémentaire prouve la nécessité des conditions suivantes :

Dans tout triangle sphérique :

1° Un côté quelconque est moindre que la somme des deux autres, et plus grand que leur différence;

2° La somme des trois côtés est moindre que la circonférence d'un grand cercle;

3° Aux angles égaux sont opposés des côtés égaux, et réciproquement;

4° Au plus grand angle est opposé le plus grand côté, et réciproquement;

5° La somme des trois angles est moindre que six droits et plus grande que deux droits; le plus petit angle augmenté de deux droits est plus grand que la somme des deux autres.

2. On représente par A, B, C les angles d'un triangle sphérique; par a, b, c les côtés qui leur sont respectivement opposés.

3. Le problème général de la *trigonométrie sphérique* est le suivant : Déterminer *analytiquement* trois des six éléments d'un triangle quand on connaît les trois autres.

On le résout au moyen de relations entre les six éléments pris quatre à quatre.

Le nombre des combinaisons de six éléments quatre à quatre s'élève à quinze; il y aurait donc quinze équations à former pour résoudre tous les cas possibles du problème général; ces quinze équations se réduisent à quatre quand on ne considère que les combinaisons essentiellement différentes, qui sont :

1° Relation entre trois côtés et un angle, correspondant aux trois combinaisons abcA, bacB, cbaC.

2° Relation entre deux côtés et les deux angles, correspondant aux trois combinaisons abAB, bcBC, caCA.

3° Relation entre quatre éléments consécutifs, correspondant aux six combinaisons bAcB, AcBa, cBaC, BaCb, aCbA, CbAc.

4° Relation entre trois angles et un côté, correspondant aux combinaisons $aABC$, $bABC$, $cABC$.

Chacune de ces quatre relations peut être trouvée directement ; on démontre en général, pour en déduire les trois autres, la relation entre trois côtés et un angle qui, par suite, prend le nom de formule fondamentale.

4. *Formule fondamentale. — Relation entre trois côtés et un angle.* — Un triangle sphérique quelconque ABC est placé sur une sphère de centre S. On joint le sommet A au point S ; on mène des tangentes aux arcs AB, AC, puis la corde BC. Des extrémités B, C des arcs AB, BC, on mène les lignes BD, CE perpendiculaires aux tangentes ; $AE = \sin b$, $CE = 1 - \cos b$; $AD = \sin c$, $BD = 1 - \cos c$. Le triangle rectiligne EAD donne

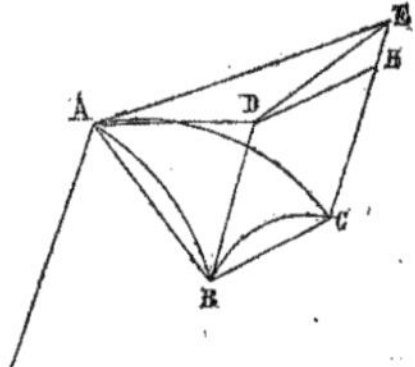

$$\overline{DE}^2 = \sin^2 b + \sin^2 c - 2 \sin b \sin c \cos A.$$

Les lignes BD, CE sont parallèles au rayon AS et perpendiculaires au plan EAD.

Si par le point D on mène DH parallèle à BC, le triangle DEH est rectangle en E ; et $DH = BC = 2 \sin \frac{a}{2}$. On a $\overline{DE}^2 = 4 \sin^2 \frac{a}{2} - (\cos b - \cos c)^2$.

En égalant les deux valeurs de $\overline{DE}^2$, on obtient

$$4 \sin^2 \frac{a}{2} - (\cos b - \cos c)^2 = \sin^2 b + \sin^2 c - 2 \sin b \sin c \cos A ;$$

on a, en simplifiant,

$$\cos a = \cos b \cos c + \sin b \sin c \cos A.$$

On aurait de même

$$\cos b = \cos a \cos c + \sin a \sin c \cos B, \cos c = \cos a \cos b + \sin a \sin b \cos C.$$

Nota. — La construction précédente est toujours possible. — Dans le cas du triangle isocèle, les lignes DE, BC sont parallèles, et on arrive à l'égalité

$$4 \sin^2 \frac{a}{2} = 2 \sin^2 b - 2 \sin^2 b \cos A.$$

On obtient ce résultat en posant $b = c$ dans la formule générale,

$$\cos a = \cos b \cos c + \sin b \sin c \cos A.$$

La démonstration ci-dessus convient donc à tous les triangles possibles.

5. *Relation entre deux côtés et les angles opposés.* — La relation $\cos a = \cos b \cos c + \sin b \sin c \cos A$ donne

$$\cos A = \frac{\cos a - \cos b \cos c}{\sin b \sin c},$$

d'où

$$\sin^2 A = \frac{\sin^2 b \sin^2 c - (\cos a - \cos b \cos c)^2}{\sin^2 b \sin^2 c} = \frac{1 - \cos^2 a - \cos^2 b - \cos^2 c + 2 \cos a \cos b \cos c}{\sin^2 b \sin^2 c},$$

et par suite

$$\frac{\sin A}{\sin a} = \frac{\sqrt{1 - \cos^2 a - \cos^2 b - \cos^2 c + 2 \cos a \cos b \cos c}}{\sin a \sin b \sin c},$$

Le second membre est composé de la même manière par rapport à l'un quelconque des trois côtés; donc $\frac{\sin A}{\sin a} = \frac{\sin B}{\sin b} = \frac{\sin C}{\sin c}$.

On donne à cette relation le nom d'*analogie des quatre sinus.*

6. *Relation entre quatre éléments consécutifs.* — On a

$$\cos a = \cos b \cos c + \sin b \sin c \cos A;$$
$$\cos b = \cos a \cos c + \sin a \sin c \cos B.$$

Multipliant les deux termes de la première égalité par cos c et ajoutant

$$\cos b \sin^2 c = \sin b \sin c \cos c \cos A + \sin a \sin c \cos B.$$

Divisant par sin c et remarquant la relation $\sin a = \frac{\sin b}{\sin B} \sin A$.

$$\cos b \sin c = \sin b \cos c \cos A + \frac{\sin b}{\sin B} \sin A . \cos B.$$

En divisant par sin b, on écrira cette relation sous la forme usuelle :

$b, A, c, B\ldots$ $\cot g\, b \sin c - \cot g\, B \sin A = \cos c . \cos A.$

et de même

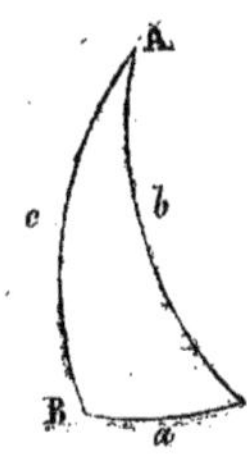

$A, c, B, a\ldots$ $\cot g\, a \sin c - \cot g\, A \sin B = \cos c . \cos B$
$c, B, a, C\ldots$ $\cot g\, c \sin a - \cot g\, C \sin B = \cos a . \cos B$
$B, a, C, b\ldots$ $\cot g\, b \sin a - \cot g\, B \sin C = \cos a . \cos C$
$a, C, b, A\ldots$ $\cot g\, a \sin b - \cot g\, A \sin C = \cos b . \cos C$
$C, b, A, c\ldots$ $\cot g\, c \sin b - \cot g\, C \sin A = \cos b . \cos A$

7. *Relation entre un côté et trois angles.* — Si on considère le triangle sphérique A B C et le triangle polaire A′ B′ C′ qui lui correspond, les angles A′, B′, C′ sont respectivement supplémentaires des côtés a, b, c, et les côtés a', b', c', des angles A, B, C.

On a démontré la relation

$$\cos a' = \cos b' \cos c' + \sin b' \sin c' \cos A',$$

donc

$$\cos A = \cos B \cos C - \sin B \sin C . \cos a,$$

ou, en changeant les signes,

$$\cos A = - \cos B \cos C + \sin B \sin C . \cos a;$$

de même

$$\cos B = - \cos A \cos C + \sin A \sin C . \cos b$$
$$\cos C = - \cos A \cos B + \sin A \sin B . \cos c,$$

8. *Formules calculables par logarithmes.* — 1° *Expression d'un angle en fonction de trois côtés.* — Soit $a + b + c = 2\,S$. De la formule fondamentale $\cos A = \frac{\cos a - \cos b \cos c}{\sin b \sin c}$, on tire

$$1-\cos A = 2\sin^2\frac{A}{2} = \frac{\sin b \sin c + \cos b \cos c - \cos a}{\sin b \sin c}$$

$$\sin^2\frac{A}{2} = \frac{\cos(b-c)-\cos a}{2\sin b \sin c}$$

$$\sin^2\frac{A}{2} = \frac{\sin\frac{1}{2}(a+b-c)\sin\frac{1}{2}(a+c-b)}{\sin b \sin c}$$

$$\sin^2\frac{A}{2} = \frac{\sin(S-b)\sin(S-c)}{\sin b \sin c}$$

$$1+\cos A = 2\cos^2\frac{A}{2} = \frac{\cos a-(\cos b\cos c-\sin b\sin c)}{\sin b \sin c}$$

$$\cos^2\frac{A}{2} = \frac{\cos a-\cos(b+c)}{2\sin b \sin c}$$

$$\cos^2\frac{A}{2} = \frac{\sin\frac{1}{2}(a+b+c)\sin\frac{1}{2}(b+c-a)}{\sin b \sin c}$$

$$\cos^2\frac{A}{2} = \frac{\sin S.\sin(S-a)}{\sin b \sin c}$$

On a donc les formules suivantes : $a+b+c=2S$.

$$\sin\frac{A}{2} = \sqrt{\frac{\sin(S-b)\sin(S-c)}{\sin b \sin c}} \qquad \cos\frac{A}{2} = \sqrt{\frac{\sin S.\sin(S-a)}{\sin b \sin c}}$$

$$\sin\frac{B}{2} = \sqrt{\frac{\sin(S-a)\sin(S-c)}{\sin a \sin c}} \qquad \cos\frac{B}{2} = \sqrt{\frac{\sin S.\sin(S-b)}{\sin a \sin c}}$$

$$\sin\frac{C}{2} = \sqrt{\frac{\sin(S-a)\sin(S-b)}{\sin a \sin b}} \qquad \cos\frac{C}{2} = \sqrt{\frac{\sin S.\sin(S-c)}{\sin a \sin b}}$$

On trouve encore par division

$$\text{tg}\frac{A}{2} = \sqrt{\frac{\sin(S-b)\sin(S-c)}{\sin S.\sin(S-a)}} \quad \text{ou} \quad \text{tg}\frac{A}{2} = \frac{1}{\sin(S-a)}\cdot\sqrt{\frac{\sin(S-a)\sin(S-b)\sin(S-c)}{\sin S}}$$

Nota. — Quand on a de petits angles à calculer, les formules du sinus et de la tangente doivent être préférées comme donnant des résultats plus exacts, les différences qui existent entre les tangentes ou les sinus de petits angles étant très-grandes.

Dans le cas contraire, pour le calcul des grands angles, il faut préférer la formule cosinus.

2° *Expression d'un côté en fonction des trois angles.* — En partant de la formule $\cos A = -\cos B \cos C + \sin B \sin C . \cos a$, on arrive par des calculs semblables à ceux qui précèdent aux formules :

$$A+B+C=2S.$$

$$\sin\frac{a}{2} = \sqrt{-\frac{\cos S.\cos(S-A)}{\sin B \sin C}};\ \cos\frac{a}{2} = \sqrt{\frac{\cos(S-B)\cos(S-C)}{\sin B \sin C}};\ \text{tg}\frac{a}{2} = \sqrt{-\frac{\cos S.\cos(S-A)}{\cos(S-B)\cos(S-C)}}$$

La somme des trois angles d'un triangle sphérique étant comprise entre deux droites, on a $270° > S > 90°$; et les radicaux qui donnent $\sin\frac{a}{2}$ et $\text{tg}\frac{a}{2}$ sont réels.

3° *Formules de Delambre* (1807). — *Relation entre les six éléments d'un triangle.* — Ces formules sont :

$$\frac{\sin\frac{1}{2}(A+B)}{\cos\frac{1}{2}C} = \frac{\cos\frac{1}{2}(a-b)}{\cos\frac{1}{2}c};\quad \frac{\sin\frac{1}{2}(A-B)}{\cos\frac{1}{2}C} = \frac{\sin\frac{1}{2}a-b}{\sin\frac{1}{2}c};$$

$$\frac{\cos\frac{1}{2}(A+B)}{\sin\frac{1}{2}C} = \frac{\cos\frac{1}{2}(a+b)}{\cos\frac{1}{2}c}\quad \frac{\cos\frac{1}{2}(A+B)}{\sin\frac{1}{2}C} = \frac{\sin\frac{1}{2}(a+b)}{\sin\frac{1}{2}c}.$$

Démontrons la première, par exemple :

On a (1) $\sin\frac{1}{2}(A+B)=\sin\frac{1}{2}A\cos\frac{1}{2}B+\sin\frac{1}{2}B\cos\frac{1}{2}A.$

D'ailleurs

$$\sin\frac{A}{2}=\sqrt{\frac{\sin(S-b)\sin(S-c)}{\sin b\sin c}},\quad \cos\frac{1}{2}A=\sqrt{\frac{\sin S.\sin(S-a)}{\sin b.\sin c}}$$

$$\sin\frac{B}{2}=\sqrt{\frac{\sin(S-a).\sin(S-c)}{\sin a.\sin c}},\quad \cos\frac{1}{2}B=\sqrt{\frac{\sin S.\sin(S-b)}{\sin a\sin c}}.$$

Et en substituant ces valeurs dans (1)

$$\sin\frac{1}{2}(A+B)=\frac{\{\sin(S-b)+\sin(S-a)\}}{\sin c}\sqrt{\frac{\sin S.\sin(S-c)}{\sin a\sin b}}$$

$$\sin\frac{1}{2}(A+B)=\frac{2\sin\left(\frac{2S-(a+b)}{2}\right)\cos\frac{a-b}{2}}{2\sin\frac{c}{2}\cos\frac{c}{2}}.\cos\frac{1}{2}$$

Enfin

$$\sin\frac{1}{2}(A+B)=\cos\frac{1}{2}C\frac{\cos\frac{a-b}{2}}{\cos\frac{c}{2}}$$

La démonstration des trois autres formules est du même genre.

4° *Analogies de Néper. — Relation entre cinq éléments d'un triangle.* — En divisant membre à membre les formules de Delambre, on obtient les analogies de Néper :

$$\operatorname{tg}\frac{1}{2}(A+B)=\operatorname{cotg}\frac{1}{2}C\,\frac{\cos\frac{1}{2}(a-b)}{\cos\frac{1}{2}(a+b)}$$

$$\operatorname{tg}\frac{1}{2}(A-B)=\operatorname{cotg}\frac{1}{2}C\,\frac{\sin\frac{1}{2}(a-b)}{\sin\frac{1}{2}(a+b)}$$

$$\operatorname{tg}\frac{1}{2}(a+b)=\operatorname{tg}\frac{1}{2}c\cdot\frac{\cos\frac{1}{2}(A-B)}{\cos\frac{1}{2}(A+B)}$$

$$\operatorname{tg}\frac{1}{2}(a-b)=\operatorname{tg}\frac{1}{2}c\cdot\frac{\sin\frac{1}{2}(A-B)}{\sin\frac{1}{2}(A+B)}$$

9. *Triangles sphériques rectangles.* — Quand on considère un triangle sphérique rectangle, c'est-à-dire un triangle sphérique dans lequel un angle est droit, les formules générales déjà démontrées se simplifient.

Soient A l'angle droit, *a* l'hypothénuse.

Les formules qui contiennent l'angle A deviennent :

$\cos a = \cos b \cos c$	relation entre les trois côtés.
$\sin b = \sin a \cdot \sin B$ $\sin c = \sin a \cdot \sin C$	relation entre l'hypothénuse, un angle et le côté opposé.
$\operatorname{tg} b = \sin c \operatorname{tg} B$ $\operatorname{tg} c = \sin b \operatorname{tg} C$	relation entre deux côtés et un angle.
$\operatorname{tg} b = \operatorname{tg} a \cdot \cos C$ $\operatorname{tg} c = \operatorname{tg} a \cdot \cos B$	relation entre l'hypothénuse, un angle et le côté adjacent.
$\cos a \cdot \operatorname{tg} B \cdot \operatorname{tg} C = 1$	relation entre l'hypothénuse et les deux angles.
$\cos b \cdot \sin C = \cos B$ $\cos c \cdot \sin B = \cos C$	relation entre un côté et les deux angles.

10. *Remarques fondamentales pour la résolution des triangles rectangles.* — 1° Un angle et le côté qui lui est opposé sont de même nature, tous deux aigus ou tous deux obtus. — Ce fait est démontré par les égalités

$$\operatorname{tg} b = \sin c \cdot \operatorname{tg} B, \ \operatorname{tg} c = \sin b \cdot \operatorname{tg} C.$$

car $\sin b$, $\sin c$ étant toujours positifs, $\operatorname{tg} b$ et $\operatorname{tg} B$ ou $\operatorname{tg} c$ et $\operatorname{tg} C$ sont de même signe.

2° L'hypothénuse est aiguë quand les deux côtés sont de même espèce, obtuse dans le cas contraire. — Ce fait est démontré par l'égalité

$$\cos a = \cos b \cdot \cos c.$$

Ces deux remarques suffisent pour déterminer l'espèce des éléments du triangle.

11. *Résolution des triangles sphériques rectangles.* — Deux données suffisent pour résoudre un triangle sphérique rectangle.

L'emploi convenable des formules et l'application des deux remarques précédentes ne peuvent laisser aucun embarras. Il ne faut employer pour la recherche des inconnues que les lignes trigonométriques des données.

Six cas peuvent se présenter ; désignés par l'énoncé des éléments connus, ce sont : 1° l'hypothénuse et un côté; 2° les deux côtés; 3° l'hypothénuse et un angle ; 4° un côté et l'angle opposé ; 5° un côté et l'angle adjacent; 6° les deux angles.

Le quatrième cas est le seul qui comporte deux solutions. Soient donnés, par exemple, B, b; ils doivent être de même espèce. Rien ne détermine l'espèce de a; on peut poser a aigu ou a obtus, et à chaque espèce choisie pour a correspond une espèce pour C, c.

12. *Triangles sphériques bi-rectangles.* — Soient A, B les angles droits, le sommet C est le pôle du côté AB.

Ainsi $a = b = 90°$; $C = c$.

13. *Triangles sphériques tri-rectangles.* — Chaque sommet est le pôle du côté opposé. — Les angles et les côtés sont de 90°.

14. *Résolution des triangles sphériques obliquangles.* — Trois données suffisent pour résoudre un triangle sphérique obliquangle.

Six cas peuvent se présenter; désignés par l'énoncé des éléments connus, ce sont : 1° les trois côtés; 2° deux côtés et l'angle compris; 3° deux angles et le côté adjacent; 4° les trois angles; 5° deux côtés et l'angle opposé à l'un d'eux; 6° deux angles et le côté opposé à l'un d'eux.

Les deux derniers cas sont les seuls qui peuvent comporter une ou deux solutions ou l'impossibilité; aussi on les nomme les *cas douteux*. Le doute n'existant jamais dans les applications, il est inutile de discuter ces deux derniers cas.

Les trois premiers problèmes sont d'ailleurs les seuls usuels.

L'emploi convenable des formules calculables par logarithmes ne peut laisser aucun embarras.

15. — Nous ne considérons particulièrement que le cas où les données sont deux côtés a, b et l'angle compris C.

Souvent on ne cherche que le côté c et l'un des angles B par exemple, et on emploie la méthode suivante dite *méthode astronomique*.

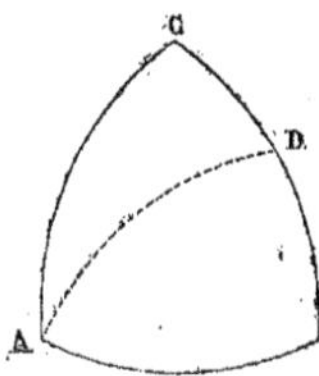

Du sommet de l'angle A on abaisse un arc de grand cercle perpendiculaire sur le côté BC. — Le triangle rectangle CDA dans lequel on connaît l'angle C et l'hypothénuse AC ou b donne :

$$\sin C \cdot \sin b = \sin AD\ ,\ \cos C \cdot \operatorname{tg} b = \operatorname{tg} CD;$$

égalités desquelles on déduit AD, CD.

La différence $a - CD$ ou $CD - a$ suivant la valeur de CD fait connaître BD; on sait alors si la perpendiculaire AD tombe à l'intérieur ou à l'extérieur du triangle. Dans tous les cas, le triangle rectangle ADB donne $\cos AD \cdot \cos BD = \cos c$, $\operatorname{tg} B = \dfrac{\operatorname{tg} AD}{\sin BD}$.

On connaîtra c et l'angle B ou son supplément.

16. *Lemme.* — Les cosinus des côtés d'un triangle sphérique sont proportionnels aux cosinus de leurs projections sur le troisième côté.

Dans la figure précédente, les triangles rectangles ADC, ADB donnent :

$$\left.\begin{array}{l}\cos AD . \cos CD = \cos b \\ \cos AD . \cos BD = \cos c\end{array}\right\} \text{ d'où par division } \frac{\cos b}{\cos c} = \frac{\cos CD}{\cos BD}.$$

17. L'ensemble des deux formules $\sin C \cdot \operatorname{tg} b = \operatorname{tg} CD$, d'où on conclut $a - CD = BD$, $\dfrac{\cos b}{\cos c} = \dfrac{\cos CD}{\cos BD}$ suffit pour déterminer c.

18. *Expression d'un arc en angle ou inversement.* — Un arc dont le rayon est connu peut être déterminé de deux manières, par sa longueur ou par l'angle qu'il sous-tend; il existe donc deux expressions différentes d'un arc.

1° En supposant l'arc x exprimé en secondes, on a

$$\frac{\text{longueur arc } x''}{\text{angle } x''} = \frac{\text{longueur arc } 1''}{\text{angle } 1''}.$$

qui devient, en admettant la convention usuelle de prendre l'angle 1″ pour unité d'angle, longueur arc $x'' = x$, longueur arc $1''$, x représentant dans le second membre un nombre abstrait.

L'erreur que l'on commet en remplaçant longueur arc $1''$ par $\sin 1''$ est moindre qu'une unité décimale du seizième ordre, et on peut écrire

$$\text{longueur arc } x'' = x \sin 1''.$$

2° Si u exprime en degrés un angle au centre dans un cercle de rayon R, on a $\dfrac{u}{360} = \dfrac{\text{arc } u}{2\pi R}$; d'où $\text{arc } u = 2\pi R \dfrac{u}{360}$.

La valeur de arc u est ainsi donnée par une formule homogène; dans les calculs théoriques, on ne garde dans le second membre de la relation précédente que les quantités variables R, u, et on écrit $\text{arc } u = Ru$.

On rétablit aisément l'homogénéité en remplaçant u, si l'angle est exprimé en degrés par $2\pi . \dfrac{u}{360}$.

3° On peut exprimer l'angle par les égalités $x = \dfrac{\text{arc} . x}{\sin 1''}$, $u = \dfrac{\text{arc} . u}{R \dfrac{2\pi}{360}}$ que l'on conclut des précédentes.

CHAPITRE II.

Notions sur la terre. — Atmosphère. — Diverses espèces d'astres.

1. *La terre n'est pas plane.* — Un navigateur qui s'éloigne du rivage voit les édifices, les montagnes s'abaisser peu à peu et disparaître; cet effet n'est pas dû à l'éloignement qui fait paraître les objets plus petits, car, lorsqu'on perd la terre de vue sur le pont du vaisseau, on l'aperçoit encore du haut des mâts.

Le vaisseau offre les mêmes apparences au spectateur resté sur le rivage; il s'abaisse peu à peu, puis disparaît comme s'il se plongeait dans la mer.

Ces observations sont les mêmes en tous lieux; donc la surface des mers est convexe et nous cache les objets éloignés. — L'horizon de la mer n'est qu'une limite apparente relative à la position de l'observateur, et produite par la convexité de la surface des eaux; la terre et les eaux forment une masse arrondie dans tous les sens et isolée dans l'espace.

2. La *verticale* d'un lieu est la direction de la pesanteur en ce lieu; cette direction, indiquée par le fil à plomb, est perpendiculaire à la surface des eaux tranquilles.

La terre étant convexe, les directions des verticales sont différentes et convergent vers son intérieur; la terre serait sphérique si elles concouraient toutes au même point. Les différences de direction des verticales ne sont pas appréciables en des lieux voisins; dans ce cas on les considère comme parallèles.

3. Tout plan mené par la verticale est un *plan vertical* ou simplement un *vertical;* l'angle de deux verticaux se nomme *azimut.*

Tout plan perpendiculaire à la verticale est un *plan horizontal* ou un *plan d'horizon.*

4. *La surface terrestre est à peu près sphérique.* — Soient EAN la surface convexe de la mer, B la position d'un observateur, AB son élévation comptée sur la verticale AZ; si par le point B on conçoit une tangente à la surface de la mer, l'angle ABD est constant par une même élévation de l'observateur; il diminue quand l'élévation augmente, il devient plus grand dans le cas contraire.

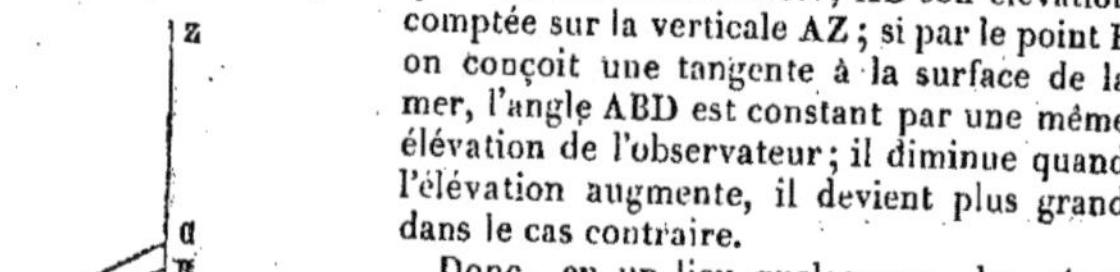

Donc, en un lieu quelconque, les cônes formés par les rayons visuels dirigés d'un point de la verticale tangentiellement à la surface de la mer, sont des cônes de révolution ayant la verticale pour axe commun, et par suite la portion visible de la surface de la mer est elle-même une surface de révolution autour de la verticale. La terre peut donc être considérée, sans grande erreur, comme une sphère dont le centre est le point de concours de toutes les verticales.

5. C'est toujours de la surface des mers qu'il s'agit quand on parle mathématiquement de la figure de la terre; il faut supposer cette surface idéalement prolongée à travers les continents dont la hauteur se compte à partir de ce niveau général et suivant les verticales.

Les mers occupent près des trois quarts de la surface du globe.

La plus haute montagne de la terre, le Dhawalagiri (chaîne de l'Himalaya, en Asie), a 8500 mètres de hauteur; c'est environ — $\frac{1}{740}$ du rayon terrestre.

6. Le plan horizontal mené par l'œil de l'observateur est dit *horizon sensible* ou *horizon apparent*; celui qui passe par le centre de la terre prend le nom d'*horizon rationnel*.

L'*horizon visible* est le plan qui, passant par l'œil de l'observateur, est tangent à la surface terrestre.

7. *Atmosphère.*—La terre est partout couverte d'un fluide qu'on nomme l'*air*, dont la totalité forme autour d'elle une enveloppe qu'on appelle *atmosphère*.

L'air est pesant, compressible, élastique.

L'air étant pesant, les couches inférieures de l'atmosphère sont plus comprimées que les couches supérieures dont elles supportent le poids. Le baromètre sert à mesurer la pression de l'atmosphère, pression variable dans un même lieu; la hauteur moyenne du mercure dans le baromètre au niveau des mers est partout à peu près la même; au niveau de l'Océan, elle est de $0^m,7629$.

La constitution de l'atmosphère, d'après la nature même de l'air, montre que le mercure doit s'abaisser dans le baromètre à mesure que l'on s'élève, ce que l'expérience vérifie constamment en tous lieux.

L'abaissement progressif du mercure dans le baromètre et tous les phénomènes produits par la rareté de l'air à mesure que l'on s'élève, font conclure que l'atmosphère terrestre forme autour de la terre une enveloppe qui l'embrasse de toutes parts, et dont la densité, diminuant avec la hauteur, finit par devenir tout à fait insensible à une hauteur qui n'est pas très-considérable.

Ainsi, la masse arrondie de la terre, entourée de son atmosphère comme d'une couche de peu d'épaisseur, existe dans l'espace isolée et dans le vide.

La discussion des observations de Gay-Lussac, dans son voyage aérostatique de 1804, a conduit M. Biot à admettre que la hauteur de l'atmosphère ne peut dépasser 48000^m, ou environ $\frac{1}{130}$ du rayon terrestre.

8. *Des Astres.* — Au delà de l'atmosphère terrestre est l'espace dans lequel on voit les astres se mouvoir. Un observateur ne pouvant apprécier que la direction suivant laquelle il aperçoit un astre et non la distance à laquelle il se trouve, croit tous les astres placés à la même distance et fixés sur la concavité d'une sphère qui a reçu le nom de *voûte céleste*. Cette voûte céleste, tout idéale, rend commode la description élémentaire du mouvement des astres. L'*orbite* ou la *trajectoire* d'un astre est la courbe que décrit cet astre dans l'espace; l'*orbite apparente* ou la *trajectoire apparente* est la courbe qu'il semble décrire sur la voûte céleste.

Il y a cinq espèces d'astres :

1° Le *soleil*, qui se distingue par son éclat et sa grosseur, et présente un disque d'une certaine étendue;

2° Les *étoiles*, petits astres scintillants, doués d'un éclat très-vif, qu'on remarque pendant la nuit sur la voûte céleste; la clarté du soleil empêche de les apercevoir pendant le jour à la vue simple; on ne parvient à les voir qu'à l'aide de lunettes. Quelque grossissement que l'on puisse obtenir des lunettes, les étoiles n'apparaissent jamais que comme des points lumineux.

3° Les *planètes* et les *satellites des planètes*, qui paraissent brillants comme les étoiles; ils sont dépourvus de scintillation, puis, plus les lunettes grossissent les objets, plus les masses de ces astres semblent grandes.

4° Les *comètes*, qui apparaissent tout à coup, décrivent dans le ciel des arcs plus ou moins étendus et disparaissent peu à peu. Les comètes sont toujours accompagnées d'une nébulosité qui varie rapidement, et se change parfois en une longue traînée de lumière semblable à une chevelure.

9. On ne doit pas mettre au nombre des astres véritables les *météores lumineux* dont l'apparition ne dure qu'un instant; les étoiles filantes, par exemple.

10. L'*astronomie* est la science qui a pour objet l'étude des corps célestes et des lois qui régissent leurs mouvements.

11. La verticale d'un lieu, prolongée idéalement, coupe la voûte céleste en deux points : l'un, le *zénith*, situé au-dessus de l'horizon; l'autre, le *nadir*, situé au-dessous.

L'angle formé par le rayon visuel mené à un astre et par la verticale d'un lieu, est la *distance zénithale apparente* de l'astre en ce lieu; il est le complément à 90° de la *hauteur apparente* de l'astre.

12. *Coordonnées d'un astre par rapport à l'horizon.* — On appelle *coordonnées* d'un point, les grandeurs géométriques linéaires ou angulaires qui suffisent pour déterminer la position de ce point dans l'espace par rapport à des repères fixes et connus.

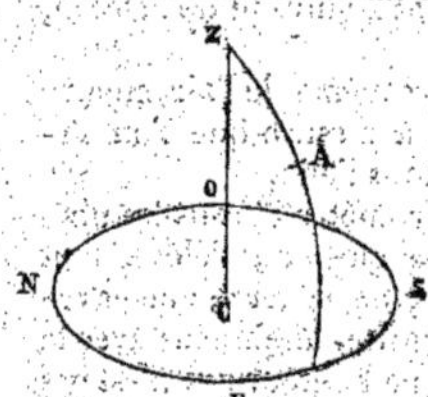

Soient NESO l'horizon d'un lieu, ZC sa verticale, ZAM le vertical d'un astre; la position de l'astre est déterminée à un moment quelconque si l'on connaît sa distance zénithale ZA ou sa hauteur AM, et l'azimut de son vertical avec un vertical arbitrairement choisi.

La distance zénithale ou la hauteur d'un astre et son azimut sont donc les coordonnées de cet astre par rapport à l'horizon.

CHAPITRE III.

Mouvement diurne. — Réfraction atmosphérique. — Mouvement apparent des étoiles. — Principaux cercles et principales lignes de la voûte céleste et du globe terrestre. — Notions nouvelles sur la forme de la terre. — Classification des étoiles.

1. *Aspect général du ciel. — Mouvement diurne.* — Un observateur considère le ciel d'un point quelconque de la surface terrestre quand, le soleil ayant disparu, la nuit est venue; la voûte céleste paraît avoir pour centre le point où il est placé, et semble tourner autour d'un axe diamétral, en emportant dans ce mouvement tous les astres. La distance angulaire de deux étoiles quelconques, c'est-à-dire l'angle formé par les rayons visuels menés à deux étoiles quelconques, est invariable.

Parmi les astres, les uns s'abaissent du côté où le soleil a disparu, et disparaissent bientôt comme lui; d'autres apparaissent du côté opposé et semblent sortir des points de la terre ou de la mer où la vue est limitée; ils s'élèvent dans le ciel à diverses hauteurs et disparaissent à leur tour.

La partie du ciel où les astres commencent à paraître se nomme *orient* ou *est*; celle où, après s'être élevés dans le ciel, ils disparaissent, se nomme *occident* ou *ouest*. L'observateur qui se place de manière à avoir l'est à sa droite, l'ouest à sa gauche, a devant lui le *nord*, derrière lui le *sud*.

L'est, l'ouest, le nord, le sud reçoivent le nom collectif de *points cardinaux*. L'apparition des astres s'appelle leur *lever*; la disparition, leur *coucher*.

Dans nos climats, on voit vers le nord des groupes d'étoiles qui ne se couchent point, et qui ne deviennent invisibles que lorsque l'éclat du soleil vient les effacer; en observant ces groupes à divers instants, on leur voit prendre dans le ciel des positions renversées, effet de la rotation qui leur est commune avec tous les astres.

Après un certain temps de nuit, le ciel blanchit à l'orient; la clarté devient assez forte pour effacer les étoiles qui sont de ce côté; l'occident reste seul obscur. Le jour revient; le soleil se lève à l'orient comme les autres astres, monte, parcourt le ciel, puis s'abaisse, se couche le soir à l'occident, et les phénomènes de la nuit recommencent.

Le coucher des astres résulte évidemment de la grandeur de la courbe qu'ils décrivent sur la voûte céleste; quand ils disparaissent, ils vont achever le parcours de cette courbe par-dessous la terre pour venir reparaître à l'orient.

Le mouvement de révolution commun à tous les astres s'accomplit dans l'intervalle d'un jour et d'une nuit; on lui donne le nom de *mouvement diurne*. L'axe diamétral autour duquel il paraît s'effectuer semble, dans nos climats, élevé vers le nord et oblique sur l'horizon.

2. L'examen du ciel pendant un grand nombre de nuits fait remarquer des astres qui changent peu à peu de place parmi les étoiles; ce sont les planètes ou les satellites des planètes. Les mouvements des planètes parmi les étoiles se nomment *mouvements propres*.

La lune et le soleil ont des mouvements propres dirigés d'occident en orient, en sens contraire du mouvement diurne.

Les mouvements propres des planètes sont aussi dirigés d'occident en orient, du moins dans une grande partie de leurs cours; il arrive, à certaines époques différentes pour chaque planète, que son mouvement propre se ralentit peu à peu jusqu'à devenir tout à fait insensible; la planète paraît alors stationnaire parmi les étoiles, puis son mouvement recommence d'orient en occident, de telle sorte que la planète, vue parmi les étoiles, semble rétrograder. Après quelque temps, cette rétrogradation se ralentit; la planète s'arrête, redevient une autre fois stationnaire, puis reprend parmi les étoiles son mouvement direct d'occident en orient: ces phénomènes se nomment *stations* et *rétrogradations* des planètes.

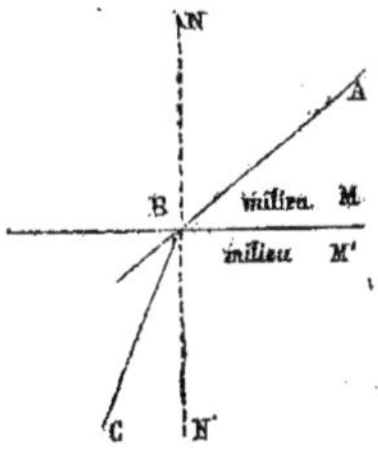

Les comètes ont des mouvements propres parmi les étoiles; elles traversent le ciel dans tous les sens.

3. *Lois de la réfraction.* — Quand un rayon lumineux passe d'un milieu dans un autre, il subit à la surface de séparation le phénomène de la *réfraction*.

Les lois de la réfraction sont les suivantes:

1° Le rayon incident AB et le rayon réfracté BC sont dans un plan normal à la surface de séparation;

2° Le rapport des sinus de l'angle d'incidence ABN et de l'angle de réfraction CBN' est constant pour les mêmes milieux, quelle que soit la direction du rayon lumineux; il reçoit le nom d'*indice de réfraction*.

4. *Refraction atmosphérique.* — Le rayon lumineux qui émane d'un astre traverse l'espace dans lequel se meuvent les corps célestes, puis l'atmosphère terrestre avant d'arriver à l'œil de l'observateur.

L'atmosphère étant composée d'une infinité de couches dont la densité augmente en raison de leur proximité de la terre, les rayons lumineux qui la traversent s'infléchissent vers la terre en vertu des lois de la réfraction. La densité de l'air à diverses élévations changeant par degrés insensibles, le rayon lumineux, dont le parcours est rectiligne au delà de l'atmosphère, décrit une ligne courbe concave vers la surface terrestre en traversant l'atmosphère.

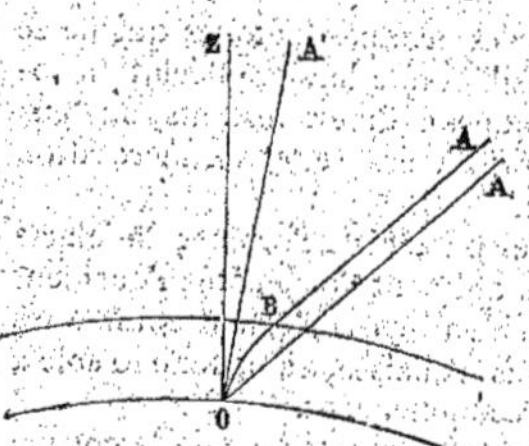

Quand un rayon lumineux arrive en O à la surface de la terre, l'observateur placé en ce point le reçoit suivant la dernière direction OA' tangente à la courbe OB, et juge que l'astre dont il émane est en A'.

La distance zénithale apparente est ZOA' au lieu d'être ZOA; la différence de ces deux angles se nomme *réfraction atmosphérique*.

5. En considérant la terre comme sphérique, on peut regarder l'atmosphère comme composée de couches sphériques concentriques. Si, par le centre de la terre et la direction du rayon lumineux en dehors de l'atmosphère, on mène un plan, ce plan divise la couche atmosphérique en deux parties égales et parfaitement symétriques par rapport au rayon lumineux; celui-ci se meut donc dans ce plan, qui contient aussi la verticale du lieu d'observation. Par suite, l'effet de la réfraction atmosphérique se porte tout entier dans le sens vertical, de manière à augmenter les hauteurs apparentes des astres, et à diminuer les distances zénithales apparentes.

La déviation des rayons lumineux augmente avec leur obliquité aux surfaces des milieux qu'ils traversent, et s'annule avec elle; donc la réfraction atmosphérique est la plus grande possible à l'horizon et nulle au zénith.

6. On a trouvé que l'expression rigoureuse de la réfraction avait la forme

$$R = A \operatorname{tg} z + B \operatorname{tg}^3 z + C \operatorname{tg}^5 z + \ldots\ldots$$

série dans laquelle R représente la réfraction, z la distance zénithale apparente de l'astre, A, B, C,..... des coefficients numériques.

Quand les distances zénithales n'excèdent pas 74° environ, les deux premiers termes de la série suffisent pour donner la valeur de la réfraction sans erreur appréciable; les coefficients A, B ne dépendent que des éléments immédiatement observables dans la couche atmosphérique où est placé l'observateur; par suite, la réfraction est sensiblement indépendante de l'état des couches lointaines de l'atmosphère, ce qui donne une complète certitude à son évaluation. On a dans ce cas la formule

$$R_0 = 60'',567 \operatorname{tg} z - 0'',067 \operatorname{tg}^3 z.$$

Les réfractions calculées à l'aide de cette formule se rapportent à la température 0° et à la pression barométrique $0^m,760$.

7. La réfraction augmente avec la distance zénithale apparente; quand l'observateur est situé au niveau de la mer, sa valeur, pour une distance zénithale apparente de 90°, se trouve toujours comprise entre 30' et 40' dans les plus grands extrêmes de chaleur et de froid qui puissent naturellement se réaliser; elle est d'ordinaire bien plus près de la moyenne arithmétique entre ces deux termes.

La réfraction continue à augmenter lorsque l'astre est au-dessous de l'horizon, et ce cas peut se réaliser jusqu'à la distance zénithale apparente de $90° 30'$, ou peut-être de $91°$, en plaçant l'observateur au sommet des plus hautes montagnes du globe.

8. *Tables de réfraction. — Tables VIII et VIII (bis) de Callet.* — On admet que les réfractions varient en raison directe des hauteurs barométriques et diminuent quand la température augmente.

On nomme *réfractions moyennes* les réfractions qui conviennent pour une température $+10°$ centigrades et une hauteur barométrique $0^m,760$.

En appelant R_m la réfraction moyenne qui correspond à une hauteur apparente donnée, R la réfraction qui correspond à cette même hauteur pour une température t et une hauteur barométrique p, on a

$$R = R_m \cdot \frac{A}{(1+mt)(1+nt)} \cdot \frac{p}{0,760}.$$

Dans cette formule :

$$A=(1+10\,m)\,(1+10\,n),\ m=0,00018018,\ n=0,00367;\ A=1,0385679.$$

9. La table VIII de Callet, intitulée *Réfractions atmosphériques moyennes*, indique les réfractions moyennes pour diverses hauteurs; l'argument est la hauteur apparente de l'astre.

Exemple. — Trouver la réfraction moyenne pour une hauteur apparente $17° 26' 43''$.

On cherche dans la table VIII la hauteur apparente la plus approchée en moins de la hauteur donnée; on trouve $17° 20'$.

Réfr. moy. pr h. apparente... $17° 20'$ $= 3' 04'',8$	Variation pr changem. en hauteur $+10' = -1'',8$
Corr. pour augment. hauteur $6' 43'' = -1'',2$	La proportion $10' : 1'',8 :: 6' 43'' : x$
	ou $600'' : 1'',8 :: 403'' : x$
Réfr. moy. pr h. apparente... $17° 26' 43'' = 3' 03'',6$	donne $x = \frac{403 \cdot 1,8}{600} = \frac{725,4}{600} = 1'',2$

10. Dans la formule $R = R_m \frac{A}{(1+mt(1+nt)} \cdot \frac{h}{760}$, la quantité $\frac{h}{0,760}$ est très-peu différente de l'unité, et on peut poser $\frac{h}{0,760} = 1+\alpha$; de même on peut écrire $\frac{A}{(1+mt)(1+nt)} = 1+\beta$. On a

$$R = R_m(1+\alpha)(1+\beta) = R_m + \alpha R_m + \beta R_m + \alpha\beta R_m.$$

La table VIII (*bis*) de Callet intitulée *Corrections des réfractions moyennes*, donne les nombres αR_m, βR_m; le terme $\alpha\beta R_m$ est toujours négligeable.

L'argument vertical de la table VIII (*bis*) est la hauteur barométrique ou la température; l'argument horizontal est la réfraction moyenne.

Il est facile de voir que α est positif si $h > 0^m,760$, négatif dans le cas contraire, que β est positif si $t < 10°$, négatif dans le cas contraire.

Exemple. — Trouver la réfraction pour la hauteur apparente $6° 45' 40''$; *therm.* $+20°$, *barom.* $0^m,795$.

On calcule d'abord la réfraction moyenne.

Réfr. moy. pr h. apparente... $6° 40'$ $= 7' 45'',4$	Variation pr changement en haut. $+10 = -10'',1$
Corr. pour augment. hauteur $5' 40'' = -5'',7$	La proportion $10' : 10'',1 :: 5' 40'' : x$
	ou $600'' : 10'',1 :: 340'' : x$
Réfr. moy. pr h. apparente... $6° 45' 40'' = 7' 39'',7$	donne $x = \frac{340 \cdot 10,1}{600} = 5'',7$

La réfraction moyenne sert d'argument horizontal pour la table VIII (*bis*).

Correction thermométrique.	*Correction barométrique.*	
Th. + 20° et réf. moy. 5'.... — 10",8	Bar. 0,795 et réf. moy. 5'.... + 14",0	Réf. moy.... = 7' 39",7
——— 2'.... — 4",3	——— 2'.... + 5",6	Corr. therm. = —16",5
——— 30".... — 1",1	——— 30".... + 1",4	Corr. barom. +21",5
——— 9",7... — 0",3	——— 9",7... + 0",5	
Correct. therm. .... = — 16",5	Correct. barom. .... = + 21",5	Réf. cherchée = 7' 44",7

Il est suffisant en général d'opérer avec la température et la hauteur barométrique qui, dans la table, sont les plus rapprochées des quantités données.

11. *Mouvement apparent des étoiles.* — Si, à diverses époques du mouvement diurne, on mesure, à l'aide d'instruments convenables, l'azimut et la hauteur apparente d'une étoile A, et si on corrige la hauteur apparente de la réfraction qui lui correspond, on peut marquer sur un globe les positions successives de cette étoile; l'un des grands cercles de ce globe NESO représentera l'horizon apparent de l'observateur, et son pôle le zénith du lieu d'observation.

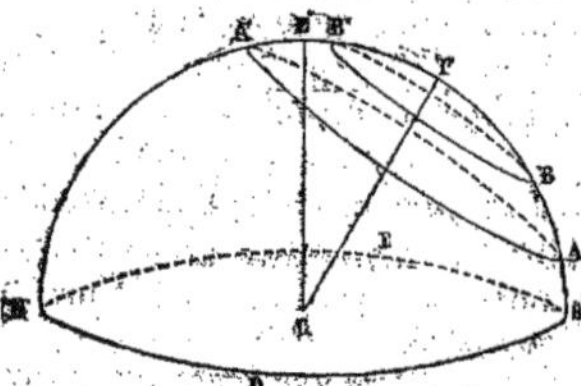

Si par trois des positions de l'étoile A on fait passer un cercle, on trouve qu'il contient toutes les autres positions de l'astre, et on conclut que l'étoile A décrit un cercle de la voûte céleste. Si, de plus, on mesure à l'aide d'un mouvement uniforme quelconque, les temps employés par l'étoile A pour ses déplacements sur le petit cercle qu'elle décrit, on reconnaît que le mouvement de l'étoile A est uniforme.

Quand on détermine d'une manière analogue la marche d'une autre étoile B, on retombe sur la loi du mouvement circulaire et uniforme; on trouve en outre que le pôle géométrique des cercles décrits par chacune des étoiles est le même.

Les trajectoires apparentes des étoiles sont des cercles dont les plans sont perpendiculaires à un même axe; le mouvement apparent des étoiles est uniforme.

12. De ce qui précède on déduit la symétrie des trajectoires apparentes des étoiles par rapport à un même plan vertical NZPS qui reçoit le nom de *plan méridien* ou de *méridien du lieu d'observation.*

Quand un astre est dans le plan méridien, on dit qu'il passe au méridien.

La trajectoire apparente d'un astre rencontre le méridien d'un lieu en deux points; le passage supérieur de l'astre au méridien ou la culmination de l'astre a lieu quand l'astre passe au point le plus élevé; le passage inférieur a lieu quand l'astre passe au point le moins élevé.

13. L'axe commun autour duquel s'effectue le mouvement apparent circulaire et uniforme des étoiles semble toujours passer par l'œil de l'observateur, quel que soit le lieu de l'observation; donc évidemment :

1° Les étoiles sont à des distances infinies d'un point quelconque du globe terrestre;

2° Les dimensions du globe terrestre étant infiniment petites eu égard à la distance qui le sépare des étoiles, l'axe de rotation de la voûte céleste doit être considéré comme passant par le centre de la terre.

14. L'axe de rotation de la voûte céleste reçoit le nom d'*axe du monde*.

Les deux points où l'axe du monde rencontre la voûte céleste sont appelés *pôles célestes*; l'un d'eux, le *pôle nord*, *arctique* ou *boréal*, est très-voisin de l'étoile polaire; l'autre est le *pôle sud*, *antarctique* ou *austral*.

Pour un lieu quelconque, on donne encore le nom de *pôle élevé* au pôle céleste qui est au-dessus de l'horizon de l'observateur, le nom de *pôle abaissé* à celui qui est au-dessous de l'horizon.

15. L'axe du monde partage le méridien d'un lieu quelconque en deux parties; celle qui contient le zénith est le *méridien supérieur*, l'autre est le *méridien inférieur*.

Les culminations des astres ont lieu au méridien supérieur.

16. La distance zénithale de l'axe du monde est la *colatitude* du lieu d'observation; le complément de la colatitude ou la *latitude* du lieu d'observation est la distance aiguë du pôle élevé à l'horizon, ou la hauteur apparente du pôle élevé.

On obtient la colatitude d'un lieu à l'aide des distances zénithales apparentes, corrigées de la réfraction, d'une étoile circompolaire lors de ses passages au méridien de ce lieu.

17. Tout plan qui passe par les pôles célestes est un *plan méridien*; il détermine sur la voûte céleste un *méridien céleste*.

On donne le nom de *parallèle céleste* à tout cercle dont le plan est perpendiculaire à l'axe du monde, et le nom particulier d'*équateur céleste* au parallèle qui est à 90° des pôles.

18. L'équateur céleste divise la voûte céleste en deux hémisphères: l'*hémisphère nord* ou *boréal* contient le pôle nord; l'*hemisphère sud* ou *austral* contient le pôle sud.

19. *Coordonnées d'un astre par rapport à l'équateur.* — Si par une étoile on mène un grand cercle passant par les pôles du monde, la *déclinaison* de l'astre est l'arc compris entre l'astre et l'équateur; on la compte de 0° à 90° de l'équateur vers l'astre; on la désigne par d.

La déclinaison est *boréale* ou *nord*, *australe* ou *sud*, suivant que l'astre est dans l'hémisphère nord ou dans l'hémisphère sud.

La *distance polaire* d'un astre est la distance de l'un ou l'autre des pôles à l'astre; elle est égale à $90° \pm d$; on la désigne par δ. On prend toujours la distance du pôle élevé à l'astre.

L'ascension droite d'un astre est l'angle *du cercle de déclinaison* de l'astre, c'est-à-dire l'angle du grand cercle sur lequel on compte la déclinaison avec un plan fixe conventionnel mené par la ligne des pôles; on la compte sur l'équateur de 0° à 360° à partir du plan fixe conventionnel et en sens contraire du mouvement diurne; on la désigne par Æ.

La déclinaison ou la distance polaire d'un astre, son ascension droite fixent sa position dans l'espace par rapport à l'équateur.

20. *Axe de la terre.* — *Pôles terrestres.* — L'axe du monde passant par le centre de la terre, on lui donne le nom d'*axe de la terre*. Les deux points opposés où il rencontre la surface terrestre sont les *pôles terrestres*.

Chaque pôle terrestre prend le nom du pôle céleste qui lui correspond.

21. L'intersection de la surface de la terre par le plan de l'équateur céleste est l'*équateur terrestre*; l'équateur terrestre partage la terre en deux hémisphères; chacun de ces hémisphères prend le nom du pôle qu'il contient.

Un *méridien terrestre* est l'intersection de la surface de la terre et d'un plan passant par les pôles terrestres.

Un *parallèle terrestre* est le lieu des points de la terre dont les verticales rencontrent la voûte céleste sur un même parallèle céleste.

22. Un méridien terrestre quelconque est divisé par les pôles terrestres en deux parties égales, en deux demi-méridiens.

Le méridien d'un lieu terrestre est le demi-méridien qui le renferme.

23. *Latitude et longitude terrestres.* — La *latitude* d'un lieu sur la terre est l'arc de méridien terrestre compris entre ce lieu et l'équateur; on la compte sur le méridien de 0° à 90° à partir de l'équateur vers le lieu; elle est *nord* ou *boréale, sud* ou *australe* suivant que le lieu est dans l'hémisphère nord ou dans l'hémisphère sud.

La *longitude* d'un lieu terrestre est l'angle du demi-méridien du lieu et d'un demi-méridien conventionnel; on la compte sur l'équateur de 0° à 180° à partir du méridien conventionnel ou *premier méridien;* elle est *orientale* ou *est, occidentale* ou *ouest*, suivant que le lieu dont on s'occupe est à l'est ou à l'ouest du premier méridien.

Le choix du premier méridien est arbitraire. Pour la France, le premier méridien est le demi-méridien de l'observatoire de Paris; pour l'Angleterre, celui de l'observatoire de Greenwich.

La longitude et la latitude d'un lieu déterminent sa position sur la sphère terrestre.

24. Les lieux de la terre situés aux extrémités d'un même diamètre terrestre ont reçu le nom de *lieux antipodes;* leurs longitudes diffèrent de 180°; leurs latitudes sont égales et de nom contraire.

25. *Aperçu de la forme de la terre. — Aplatissement.* — On a déjà vu que la terre était à très-peu près sphérique. La géodésie enseigne les moyens de mesurer exactement les dimensions du globe terrestre; la forme de la terre approche beaucoup de celle d'un ellipsoïde de révolution; elle diffère peu du volume engendré par une ellipse tournant autour de son petit axe.

Les plans perpendiculaires à l'axe de révolution coupent l'ellipsoïde suivant des cercles; les plans qui contiennent l'axe de révolution coupent l'ellipsoïde suivant des ellipses identiques à l'ellipse génératrice.

Le rayon de l'équateur ou le demi-grand axe de l'ellipse $a = 6377116^{m}$; la distance du pôle au centre de la terre ou le demi-grand axe de l'ellipse est $b = 6356207^{m}$. La différence $a - b = 20909^{m}$; cette ellipse se rapproche donc beaucoup du cercle, et par suite le volume de révolution qu'elle engendre diffère peu du volume d'une sphère.

La distance du centre de la terre au parallèle terrestre dont la latitude est de 45°, a pour mesure 6366698^{m}.

On appelle aplatissement de la terre le rapport $\frac{a-b}{a}$; les valeurs précédentes de a, b donnent $\frac{1}{305}$ environ.

26. Si la terre est un ellipsoïde de révolution, les verticales des lieux terrestres sont normales aux ellipses méridiennes et ne passent plus par le centre de la terre. Toutes les définitions précédemment données subsistent, à l'exception de celle qui concerne la latitude; la définition suivante convient dans tous les cas.

La colatitude d'un lieu terrestre est l'angle de la verticale de ce lieu et de l'axe du monde; la latitude est l'angle aigu qui mesure l'inclinaison de la verticale du lieu sur l'équateur terrestre.

27. On peut toujours, dans les problèmes de navigation, considérer sans erreur sensible la terre comme une sphère.

28. *Sphère droite, oblique, parallèle.* — L'axe de la terre, qui est aussi l'axe du monde, étant diversement incliné sur les horizons des différents lieux, il en résulte dans la marche des étoiles, pour les observateurs disséminés sur la surface terrestre, des différences d'aspects faciles à concevoir. Ces différences d'aspect ont fait imaginer aux géographes des dénominations pour désigner les différentes régions terrestres, d'après la position de l'axe du monde relativement à leur horizon; ils disent qu'un pays a la sphère droite, oblique ou parallèle, selon que l'équateur céleste y est perpendiculaire, oblique ou parallèle au plan de l'horizon.

Le premier cas a lieu sur l'équateur terrestre, le dernier aux pôles terrestres, et le second sur tout le reste de la terre.

29. *Classification des étoiles.* — Pour distinguer les étoiles et en faciliter la connaissance, on les a partagées en groupes qu'on a appelés *constellations* ou *astérismes*, et on les a classées par ordre d'éclat.

Les plus brillantes sont dites de *première grandeur;* celles qui le sont un peu moins sont de *deuxième grandeur*, et ainsi jusqu'aux étoiles de sixième grandeur, qui sont les plus petites que l'on puisse apercevoir à l'œil nu dans une nuit sombre et sereine.

Avec le secours des télescopes, la progression va beaucoup plus loin, et les observateurs familiarisés avec les instruments d'un grand pouvoir comptent les étoiles jusqu'à la dix-septième grandeur.

On ne compte que 15 à 20 étoiles de première grandeur; 50 à 60 de deuxième grandeur, environ 200 de troisième grandeur; ensuite les nombres augmentent rapidement à mesure que l'on descend l'échelle des grandeurs.

La plus brillante des étoiles d'une constellation est désignée par la lettre grecque α; les autres le sont, d'après leur éclat, par les lettres grecques suivantes $\beta, \gamma, \delta, \ldots$; après ces lettres on se sert de l'alphabet romain, puis des chiffres vulgaires.

30. *Catalogues d'étoiles.* — Les distances angulaires des étoiles étant invariables et leurs distances polaires étant constantes, on peut dresser des registres qui font connaître la position de toutes les étoiles observées et l'ordre dans lequel elles se succèdent dans leurs passages au méridien; c'est ce que l'on nomme des *catalogues d'étoiles.*

Le Bureau des longitudes publie chaque année un catalogue des principales étoiles dans un recueil intitulé *Connaissance des temps.*

CHAPITRE IV.

Parallaxes. — Demi-diamètres.

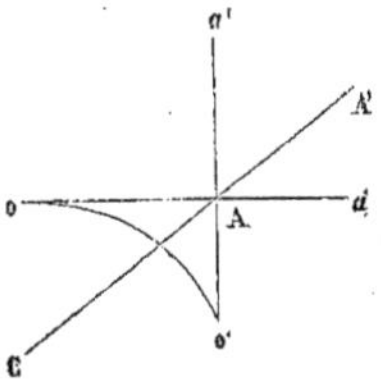

1. *Parallaxes.* — Les étoiles sont à des distances infinies d'un point quelconque du globe terrestre; les rayons visuels qu'on leur mène des différents points de la terre peuvent être considérés comme parallèles; on peut donc regarder les observateurs répandus sur les divers points du globe comme placés au centre de la terre, et toutes les observations sont comparables. Il n'en est pas de même pour un astre dont la distance à la terre n'est point infinie. Soit A un astre; des observateurs placés en o, o' le voient en a, a' sur la voûte céleste; la différence de ces aspects dépend de l'angle oAo' sous lequel on verrait du centre de l'astre la corde terrestre oo' ; cet angle a reçu le nom de *parallaxe*.

La parallaxe est absolument insensible pour les étoiles.

2. Pour rendre comparables entre elles les observations des astres faites en un point quelconque de la terre, on convient de les rapporter au centre de la terre.

Le lieu apparent d'un astre est le point de la voûte céleste où on voit l'astre quand on l'observe de la surface terrestre ; le lieu vrai est le point de la voûte céleste où on verrait l'astre si on observait du centre de la terre.

3. L'observateur placé en O mesure la distance zénithale apparente ZOA dont le complément est la hauteur apparente.

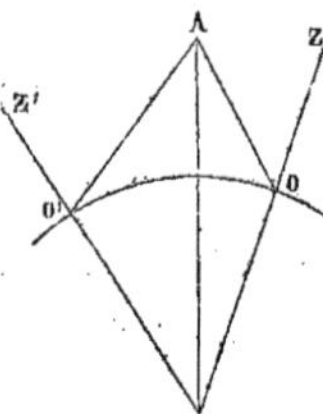

L'observateur placé au centre de la terre mesure la distance zénithale ZCA qui, corrigée de la réfraction, est la distance zénithale vraie ; la hauteur vraie est le complément de la distance zénithale vraie.

4. On nomme *parallaxe de l'astre* l'angle OAC sous lequel on voit du centre de l'astre le rayon terrestre qui aboutit au lieu de l'observateur. On a ZCA = ZOA — OAC.

On distingue la parallaxe en hauteur et la parallaxe horizontale suivant que l'astre est au-dessus de l'horizon ou se trouve à l'horizon.

Les rayons visuels OA, CA étant dans le même vertical, l'effet de la parallaxe se produit tout entier, comme celui de la réfraction, dans le vertical des astres ; il abaisse les astres dans leurs verticaux.

5. Soient p la parallaxe en hauteur, P la parallaxe horizontale, h_a la hauteur apparente de l'astre, R le rayon terrestre, D la distance de l'astre au centre de la terre.

Le triangle OAC donne $\sin p = \frac{D}{R} \cos h_a$.

Quel que soit l'astre dont on s'occupe, on peut toujours, sans erreur sensible, considérer D comme constant dans l'intervalle d'une révolution diurne, et par suite, dire que, dans cet intervalle, la parallaxe d'un astre diminue à mesure que la hauteur apparente augmente ; la parallaxe a sa plus grande valeur quand l'astre est à l'horizon.

Pour la parallaxe horizontale $\sin P = \frac{R}{D}$. On conclut $\sin p = \sin P \cos h_a$.

Les angles p, P sont toujours assez petits pour qu'on puisse écrire :

$$P = \frac{R}{D \sin 1''}, \qquad p = P \cos h_a.$$

6. *Déterminer par l'observation la parallaxe horizontale d'un astre.* — Deux observateurs O, O' situés sous le même méridien céleste observent en même temps la distance zénithale méridienne de l'astre A.

Soient ZOA = Z, Z'O'A = Z' p = OAC, p' = O'AC.

Soit P la parallaxe horizontale qui sera la même pour les deux observateurs si on suppose la terre sphérique.

On a $p = P \sin Z$, $p' = P \sin Z'$; $p + p' = P (\sin Z + \sin Z')$.

La somme des quatre angles du quadrilatère COAO' étant 360°, on a

$$p + p' + 360^\circ - (Z + Z') + C = 360^\circ ; \text{ d'où } P = \frac{Z + Z' - C}{\sin Z + \sin Z'}.$$

L'angle C est l'angle au centre de la terre formé par les verticales des lieux d'observation. Les latitudes des observateurs le font connaître.

Dans le cas où l'astre serait du même côté du zénith par rapport aux deux observateurs, le raisonnement serait analogue, mais on trouverait $P = \frac{Z - Z' - C}{\sin Z - \sin Z'}$.

7. La parallaxe du soleil est si petite que cette méthode ne peut la donner avec exactitude; on a réussi à la déterminer par une méthode indirecte; sa valeur moyenne est 8'',578.

8. La parallaxe horizontale d'un astre étant connue par l'observation, la formule $p = P \cos h_a$ sert à déterminer la parallaxe en hauteur..

La table IX de Callet intitulée : *Parallaxe du soleil à divers degrés de hauteur*; la table X de Callet intitulée : *Parallaxe des planètes à divers degrés de hauteur*, sont construites d'après la formule $p = P \cos h_a$.

9. *Détermination de la distance d'un astre au centre de la terre.* — On a $D = \frac{R}{P \sin 1''}$; on peut donc, connaissant la parallaxe horizontale d'un astre, déterminer sa distance au centre de la terre en prenant pour unité le rayon terrestre.

Pour le soleil $P = 8'',578$; on conclut $D = 24000$ R, ou environ 38 millions de lieues de 4 kilomètres.

Pour la lune, la valeur moyenne de P est 57′ 30″; on conclut la valeur moyenne de D, qui est 60 R, ou environ 96000 lieues de 4 kilomètres.

10. La lune est l'astre le plus rapproché de la terre, et sa distance à la terre varie beaucoup, quoiqu'on puisse, comme pour les autres astres, la regarder comme constante dans l'intervalle d'une révolution diurne. On doit distinguer, quand il s'agit de la parallaxe horizontale lunaire, les valeurs que prend le rayon terrestre depuis le pôle jusqu'à l'équateur.

Les éphémérides de la *Connaissance des temps* donnent la parallaxe horizontale équatoriale de la lune, c'est-à-dire l'angle sous lequel un observateur placé au centre de la lune verrait le demi-diamètre équatorial a du globe terrestre; $P_e = \frac{a}{D}$; pour un lieu terrestre quelconque $P = \frac{R}{a} P_e$.

En appelant l la latitude du lieu, ω l'aplatissement $\frac{a-b}{a} = \frac{1}{305}$ du globe terrestre, on trouve $P = (1 - \omega \sin^2 l) P_e$.

Le terme $P_e \omega \sin^2 l$ est la diminution de la parallaxe horizontale équatoriale lunaire eu égard à la latitude; la table XI de Callet donne ce terme tout calculé.

11. *Demi-diamètres.* — Tous les astres autres que les étoiles ont des disques d'une certaine étendue.

Le diamètre apparent d'un astre est l'angle sous lequel on voit cet astre d'un lieu d'observation; le diamètre réel est la longueur de la droite qui, passant par le centre de l'astre, se termine à sa surface.

Le diamètre apparent prend le nom de *diamètre en hauteur* si le centre de l'astre est élevé au-dessus de l'horizon, le nom de *diamètre horizontal* si le centre de l'astre est sur l'horizon.

Le diamètre vrai ou central d'un astre est l'angle sous lequel on verrait cet astre du centre de la terre.

12. Quand les astres sont assez élevés au-dessus de l'horizon pour que la différence des effets de la réfraction sur les divers points de leur contour soit insensible, on reconnaît que leurs disques sont circulaires.

L'observation apprend que le diamètre apparent du soleil varie entre 32′ 36″,2 et 31′ 30″,3 ; la valeur moyenne est environ 32′.

Le diamètre apparent de la lune varie entre 29′ 22″ et 33′ 32″ ; sa valeur moyenne est 31′ 30″ environ.

13. *Les demi-diamètres d'un astre sont en raison inverse de la distance de son centre au lieu d'observation.* — Soient 2δ le diamètre apparent d'un astre, $2r$ son diamètre réel, d la distance de son centre au lieu d'observation ; on a, le triangle BOA étant rectangle en B, $\sin\delta = \frac{r}{d}$; les diamètres apparents des astres sont toujours assez petits pour qu'on puisse écrire $\delta = \frac{r}{d \sin 1''}$.

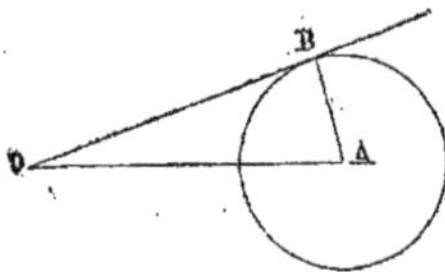

Pour le même astre observé dans des circonstances différentes, $\delta' = \frac{r}{d' \sin 1''}$, on conclut $\frac{\delta}{\delta'} = \frac{d'}{d}$.

14. *Le diamètre vrai et le diamètre horizontal d'un astre peuvent toujours être considérés comme égaux.* — Soient D la distance d'un astre au centre de la terre, 2Δ son diamètre horizontal, $2\Delta'$ son diamètre vrai. On a $\frac{\Delta'}{\Delta} = \frac{D}{d}$.

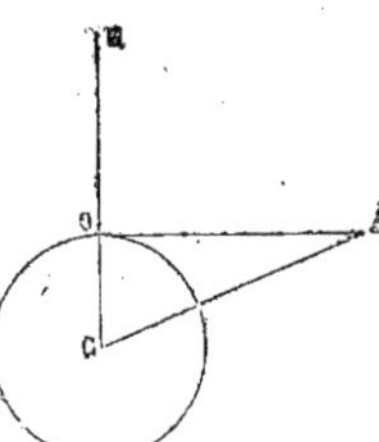

Si le centre de l'astre est en A sur l'horizon apparent, le triangle CAO rectangle en O donne

$$\frac{D}{d} = \frac{1}{\cos P}; \text{ donc } \frac{\Delta}{\Delta'} = \frac{1}{\cos P}.$$

La parallaxe horizontale de la lune est plus grande que celle de tous les autres astres, et sa valeur la plus forte est 61′ 30″ ; donc, dans le cas le plus défavorable, $\frac{\Delta'}{\Delta} = 1{,}00016$, et par suite on peut toujours considérer le diamètre horizontal comme égal au diamètre vrai.

Le diamètre vrai d'un astre est le même au même instant pour les observateurs disséminés sur la surface du globe, donc il en est de même pour le diamètre horizontal.

Les éphémérides donnent le demi-diamètre horizontal.

15. Un astre quelconque, la lune exceptée, peut être considéré comme équidistant d'un point quelconque de la surface terrestre dans l'intervalle d'une révolution diurne, et par suite, pour tous les astres, la lune exceptée, on peut, dans l'intervalle d'une révolution diurne, considérer le diamètre en hauteur comme égal au diamètre horizontal.

16. *Volume des astres.* — On détermine le volume d'un astre à l'aide de son diamètre apparent et de sa parallaxe. Les astres se présentant sous la forme d'un disque circulaire en quelque lieu qu'on les observe, on conclut qu'ils sont sphériques.

Le demi-diamètre horizontal d'un astre est $\Delta = \frac{r}{D \sin 1''}$, sa parallaxe horizontale est $P = \frac{R}{D \sin 1''}$; on déduit $\frac{\Delta}{P} = \frac{r}{R}$.

Le rapport du rayon de l'astre au rayon de la terre conduit à trouver le rapport des volumes $\dfrac{\frac{4}{3}\pi r^3}{\frac{4}{3}\pi R^3} = \left(\dfrac{\Delta}{P}\right)^3$, des surfaces $\dfrac{4\pi r^2}{4\pi R^2} = \left(\dfrac{\Delta}{P}\right)^2$.

Pour le soleil, en employant les valeurs moyennes du demi-diamètre et de la parallaxe horizontale, on trouve environ $r = 112$ R. La surface du soleil est donc 12544 fois plus grande que celle de la terre; son volume est environ 1404928 fois plus grand que le volume de la terre.

Pour la lune, on trouverait $\dfrac{\Delta}{P} = \dfrac{r}{R} = \dfrac{3}{11}$; par conséquent, le rayon de la lune est un peu plus du quart du rayon de la terre; sa surface et son volume sont respectivement 14 et 50 fois moindres.

17. *Augmentation du demi-diamètre horizontal d'un astre eu égard à la hauteur apparente de l'astre.* — Soient 2δ le diamètre en hauteur d'un astre, 2Δ son diamètre vrai ou horizontal, d, D les distances de son centre à l'observateur et au centre de la terre, h la hauteur apparente de son centre, p la parallaxe en hauteur, P la parallaxe horizontale.

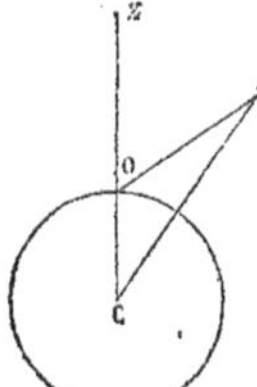

On a $\dfrac{\delta}{\Delta} = \dfrac{D}{d}$, et le triangle OAC donne

$$\frac{D}{d} = \frac{\cos h}{\cos(h+p)} = \frac{\cos h}{\cos h \cos p - \sin h \sin p} = \frac{\delta}{\Delta}.$$

On peut, sans erreur sensible, négliger les puissances de p supérieures à la seconde, et par suite poser

$$\cos p = 1 - \frac{p^2}{2}\sin^2 1'' = 1 - \frac{P^2}{2}\sin^2 1'' \cos^2 h,$$

puis $\sin p = p \sin 1'' = P \sin 1'' \cos h$.

On a, en divisant par $\cos h$ les deux termes de la valeur $\dfrac{\delta}{\Delta}$, l'égalité

$\dfrac{\delta}{\Delta} = \dfrac{1}{1 - P\sin 1'' \sin h - \frac{1}{2}P^2 \sin^2 1'' \cos^2 h}$, ou, en effectuant la division algébrique et négligeant les puissances de P supérieures à la seconde,

$$\frac{\delta}{\Delta} = 1 + P\sin 1'' \sin h + \frac{P^2}{2}\sin^2 1''(1 + \sin^2 h).$$

La lune est, comme on l'a vu précédemment, le seul astre pour lequel ce calcul soit utile; posons donc $P = \dfrac{11}{3}\Delta$. On a ainsi

$$\delta = \Delta + \frac{11}{3}\Delta^2 \sin 1'' \sin h + \frac{1}{2}\left(\frac{11}{3}\sin 1''\right)^2 \Delta^3 (1 + \sin^2 h).$$

La table XIII de Callet, intitulée *Augmentation du demi-diamètre horizontal de la lune*, donne la somme des deux derniers termes du second membre; l'argument vertical est la hauteur apparente du centre de l'astre; l'argument horizontal est le demi-diamètre horizontal donné par la *Connaissance des temps*.

18. D'après le calcul qui précède, un astre quelconque devrait paraître plus grand au zénith qu'à l'horizon; c'est le contraire qui a lieu. Pour apprecier la grandeur réelle d'un objet, il faut tenir compte de sa distance et de l'angle sous lequel on l'aperçoit.

Quand un astre est au zénith, il n'y a aucun corps entre l'observateur et l'astre, ou du moins il n'y a que l'atmosphère qui est peu profonde dans le sens vertical et dont la matière est à peine visible; trompé par cette absence de corps intermédiaires qui pourraient lui faire estimer la distance de l'astre, l'observateur conclut que l'astre est fort près de lui et voit son diamètre plus petit.

Quand un astre est à l'horizon, l'observateur le suppose fort éloigné, parce que les objets terrestres s'étendent au loin devant ses yeux; la lumière de l'astre, étant d'ailleurs plus faible à l'horizon qu'au zénith, favorise encore l'illusion en rendant, pour ainsi dire sensible, l'interposition de l'atmosphère; le diamètre apparent de l'astre semble plus grand.

19. *Accourcissement produit par la réfraction sur les demi-diamètres inclinés d'une manière quelconque par rapport à la verticale.* — Les disques des astres sont circulaires; la réfraction élevant inégalement leurs différents points, les diamètres sont altérés et deviennent inégaux.

Soient δ le demi-diamètre en hauteur de l'astre pour la hauteur apparente h du centre de l'astre, δ' le demi-diamètre dont l'inclinaison sur la verticale est I, ε la différence des réfractions qui correspondent aux hauteurs apparentes h, $h+\delta$; on a la formule

$$\delta' = \delta - \varepsilon \cos^2 I - \delta . 0{,}000294.$$

20. La table XIV de Callet, intitulée *Accourcissement produit par la réfraction sur les demi-diamètres verticaux ou inclinés*, est calculée d'après la formule $\delta' = \delta - \varepsilon \cos^2 I$; on a négligé le dernier terme.

La première partie de la table donne les valeurs que prend la formule pour $I = 0°$, c'est-à-dire les valeurs $\delta - \delta' = \varepsilon$. L'argument vertical est la hauteur apparente de l'astre, l'argument horizontal est le demi-diamètre en hauteur; on a fait seulement $\delta = 15'$ puis $\delta = 16'$. La première partie de la table donne donc l'accourcissement produit par la réfraction sur les demi-diamètres verticaux.

La seconde partie de la table donne les valeurs de $\cos^2 I$. La première colonne contient l'argument qui est l'inclinaison observée ou calculée du demi-diamètre sur la verticale; la seconde colonne contient, sous le titre *Multiplicateur de l'accourcissement vertical*, la valeur de $\cos^2 I$.

La table XIV peut donc servir à trouver l'accourcissement produit par la réfraction sur les demi-diamètres inclinés des astres.

CHAPITRE V.

Du soleil.

1. *Mouvement propre du soleil.* — Chaque jour une étoile se lève au même point de l'horizon, atteint la même hauteur et se couche au même point de l'horizon: il n'en est pas de même pour le soleil. Le soleil à son coucher atteint l'horizon un peu plus tard (4^m environ après) qu'une étoile avec laquelle il s'y trouvait la veille, et chaque jour il s'éloigne davantage de cette étoile.

Le soleil paraît donc animé d'un mouvement propre dirigé en sens contraire du mouvement diurne de la voûte céleste, auquel néanmoins il participe.

2. *Trajectoire apparente du soleil.* — On détermine chaque jour, à l'instant du passage du centre du soleil au méridien supérieur du lieu d'observation, l'ascension droite et la déclinaison du centre du soleil; on porte ces deux coordonnées sur un globe; si par trois des positions obtenues on fait passer un cercle, on reconnaît que ce cercle contient toutes les autres positions, et que de plus il est un grand cercle.

Ainsi l'observation apprend qu'en vertu de son mouvement propre, le soleil paraît décrire, d'occident en orient, un grand cercle de la voûte céleste incliné à l'équateur.

La trajectoire apparente du soleil a reçu le nom d'*écliptique*; l'inclinaison du plan de l'écliptique sur l'équateur ou l'obliquité de l'écliptique est de 23°,5 environ.

3. Quand on regarde les étoiles comme fixes et la voûte céleste comme immobile, on conçoit aisément le mouvement du soleil; cet astre chemine lentement au milieu des étoiles d'occident en orient.

Pour arriver à combiner sans peine les deux mouvements apparents qu'il faut attribuer au soleil, concevons qu'un globe céleste tourne d'orient en occident autour du diamètre qui passe par les pôles, puis supposons, suivant la comparaison de M. Arago, qu'une mouche placée sur ce globe près de l'équateur s'avance lentement d'occident en orient le long d'un grand cercle incliné à l'équateur; la mouche est entraînée d'orient en occident par la rotation du globe, mais moins que si elle était restée immobile; elle s'éloigne constamment des étoiles sur lesquelles elle se trouvait d'abord, et, à chaque révolution du globe, elle passe de plus en plus tard à un méridien déterminé; cette mouche est l'image du soleil.

Il est facile de concevoir que l'intervalle de temps qui sépare deux retours consécutifs d'une étoile au même méridien supérieur, est moins long que l'intervalle de temps qui sépare deux retours consécutifs du centre du soleil à ce même méridien.

4. L'axe de l'écliptique est la ligne menée du centre de la terre perpendiculairement au plan de l'écliptique.

Les pôles de l'écliptique sont les deux points où l'axe de l'écliptique prolongé perce la voûte céleste; les parallèles célestes qui les contiennent ont reçu le nom de *cercles polaires*. On distingue le cercle polaire boréal, le cercle polaire austral.

5. La ligne d'intersection des plans de l'écliptique et de l'équateur est la ligne des équinoxes; prolongée, elle perce la voûte céleste en des points qu'on nomme *points équinoxiaux* ou *équinoxes*.

Celui des points équinoxiaux où passe le soleil en allant de l'hémisphère austral dans l'hémisphère boréal est l'équinoxe du printemps ou le point vernal; le second équinoxe est l'équinoxe d'automne.

6. On peut déterminer l'époque et la position d'un point équinoxial.

Les astronomes prennent le point vernal pour origine des ascensions droites.

7. Les solstices sont les points de l'écliptique qui ont la plus grande déclinaison; ils sont à 90° des points équinoxiaux. Les parallèles célestes qui les contiennent ont reçu le nom de *tropiques*.

Le tropique du Cancer est dans l'hémisphère boréal; il contient le solstice d'été; le tropique du Capricorne est dans l'hémisphère austral et contient le solstice d'hiver.

8. L'équinoxe du printemps arrive le 21 mars; la déclinaison du soleil est nulle. Le soleil va de l'équinoxe du printemps vers le solstice d'été; sa déclinaison est boréale et va en augmentant.

Le soleil arrive au solstice d'été vers le 22 juin; sa déclinaison est boréale et maximum de 23°,5 environ. A partir du 22 juin, la déclinaison du soleil est boréale et va en diminuant jusqu'au 24 septembre environ, époque de l'équinoxe d'automne.

Quand le soleil est à l'équinoxe d'automne, sa déclinaison est nulle.

Le soleil, en partant de l'équinoxe d'automne, passe dans l'hémisphère austral et va vers le solstice d'hiver; sa déclinaison est australe et va en augmentant.

Le soleil arrive au solstice d'hiver le 22 décembre; sa déclinaison est australe et maximum, de 23°,5 environ.

En partant du solstice d'hiver, le soleil se rapproche de l'équateur; sa déclinaison est australe et va en diminuant; elle s'annule le 21 mars, époque de l'équinoxe du printemps.

Le mouvement en déclinaison du soleil n'est pas uniforme.

9. L'ascension droite du soleil, nulle le 21 mars, croît constamment de 0° à 360°.

Le mouvement en ascension droite du soleil n'est pas uniforme.

10. L'intervalle de temps qui sépare deux retours consécutifs du soleil au même équinoxe est l'*année tropique*. L'année tropique est divisée en quatre parties ou *saisons*, qui sont le *printemps*, l'*été*, l'*automne*, l'*hiver*. Chaque saison correspond à la durée du parcours par le soleil d'un arc de 90° de l'écliptique.

Le printemps dure depuis l'équinoxe du printemps jusqu'au solstice d'été; l'été, du solstice d'été à l'équinoxe d'automne; l'automne, de l'équinoxe d'automne au solstice d'hiver; l'hiver, du solstice d'hiver à l'équinoxe du printemps.

Les durées des saisons ne sont pas égales.

11. *Du jour et de la nuit aux différentes époques de l'année et en différents lieux.* — Dans le cours de son mouvement diurne, le soleil se trouve tantôt au-dessus de l'horizon de l'observateur, tantôt au-dessous. Le *jour* a lieu dans le premier cas, la *nuit* dans le second.

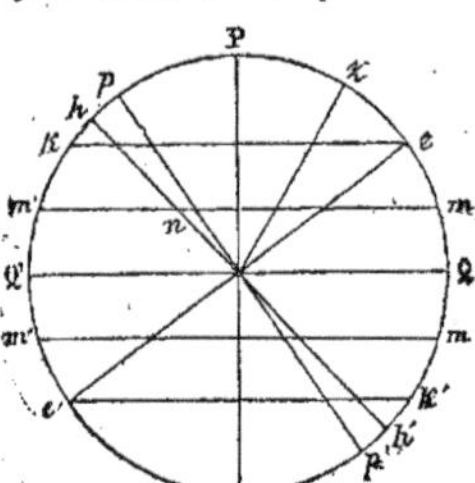

Soient PP' l'axe du monde, *pp'* l'axe de l'écliptique, QQ' la trace de l'équateur, *ee'* la trace de l'écliptique sur le méridien du lieu terrestre de l'observateur, Z le zénith, HH' la trace de l'horizon.

La terre, à cause de sa petitesse, eu égard à sa distance au soleil, peut être considérée comme un point au centre de la sphère céleste.

Si *mm'* est la trace sur le méridien de l'observateur d'un parallèle décrit par le soleil dans le mouvement diurne, le jour durera pendant le temps que le soleil parcourra l'arc de parallèle projeté en *mn;* la nuit, pendant le parcours de l'arc projeté en *nm'*.

Plus le parallèle décrit par le soleil dans le mouvement diurne sera distant de l'équateur ou plus grande sera la déclinaison du soleil, plus sensible sera la différence entre la durée du jour et la durée de la nuit.

Quand, les jours d'équinoxes, le soleil dans son mouvement diurne décrit l'équateur, le jour et la nuit sont d'égale durée.

Si le lieu est situé dans l'hémisphère boréal, le jour est le plus long possible et la nuit la plus courte possible quand le soleil, étant au solstice d'été en *e*, décrit dans son mouvement diurne le parallèle *ek;* l'inverse arrive quand le soleil est au solstice d'hiver en *e'* et décrit le parallèle *e'k'*.

La déclinaison du soleil a une variation très-grande près des équinoxes, une variation presque nulle aux environs des solstices; les jours varieront donc beaucoup en durée près des équinoxes et varieront très-peu aux environs des solstices.

12. Pour un observateur situé sur l'équateur terrestre, la durée du jour est toujours égale à la durée de la nuit; l'horizon est alors un méridien céleste qui coupe en deux parties égales tous les parallèles.

13. Si la latitude de l'observateur est 66°,5, la nuit est nulle à l'un des solstices, le jour est nul à l'autre solstice; les deux parallèles terrestres dont la latitude est de 66°,5 ont reçu le nom de *cercles polaires*.

14. Si la latitude de l'observateur est 23°,5, la verticale passe par les solstices; l'observateur de l'hémisphère boréal voit le soleil passer au zénith le jour du solstice d'été.

Les deux parallèles terrestres dont la latitude est de 23°,5 ont reçu le nom de *tropiques : le tropique du Cancer* est dans l'hémisphère boréal; le *tropique du capricorne*, dans l'hémisphère austral.

15. Pour des observateurs dont la latitude surpasse 66°,5, le jour dure pendant un certain laps de temps sans interruption, la nuit pendant un laps de temps égal.

16. *Zones terrestres.* — Les cercles polaires, les tropiques divisent la surface terrestre en cinq zones; la *zone torride*, qui s'étend entre les tropiques; les *zones tempérées*, entre un tropique et un cercle polaire; les *zones glaciales*, qui sont les deux calottes sphériques auxquelles les cercles polaires servent de base.

La zone torride occupe 0,40 de la surface totale du globe terrestre; les zones tempérées, 0,52, et les zones glaciales, 0,08.

17. *Influence de l'atmosphère sur la durée du jour. — Crépuscule.* — L'atmosphère, réfractant les rayons lumineux qui nous viennent du soleil, nous fait voir cet astre plus haut qu'il n'est en réalité; à l'horizon la réfraction élève le soleil de 33′ environ; la durée du jour se trouve augmentée, celle de la nuit est diminuée.

L'atmosphère agit encore d'une autre manière pour augmenter la durée du jour. Les molécules d'air réfléchissent en tous sens, non-seulement la lumière qui tombe directement sur leur surface, mais encore celle qui a déjà été réfléchie vers elles par d'autres molécules.

Le résultat de ces réflexions multipliées est la lumière diffuse qui nous éclaire, alors même que le soleil est à une certaine distance au-dessous de l'horizon. On appelle *crépuscule* la lumière qui, de cette manière, nous arrive indirectement du soleil avant son lever et après son coucher. Le crépuscule du matin est aussi connu sous le nom d'*aurore*.

On admet que le soir le crépuscule cesse quand on peut voir à la vue simple les étoiles de 5ᵉ et de 6ᵉ grandeur; on établit une règle analogue pour le crépuscule du matin. On a estimé que le crépuscule cessait ou commençait quand le soleil se trouvait à 18° au-dessous de l'horizon.

Il est facile de voir que l'aurore et le crépuscule du soir d'un même jour durent autant l'un que l'autre; que la durée du crépuscule à une même époque quelconque de l'année est d'autant plus grande pour un lieu que sa latitude est plus élevée.

18. *Zodiaque. — Constellations zodiacales.* — L'écliptique traverse ou approche un certain nombre de constellations plus ou moins remarquables que l'on a appelées *constellations zodiacales*.

Le *zodiaque* est une zone de la sphère comprise entre deux plans parallèles à l'écliptique situés de part et d'autre de ce plan à une même distance de 9° environ; la largeur totale de la zone est à peu près 18°. On a divisé le zodiaque en douze parties égales qu'on a appelées *signes;* pour cela on a partagé l'écliptique en douze arcs égaux à partir de l'équinoxe du printemps, et par chaque point de division on a mené un arc de grand cercle perpendiculaire à l'écliptique et limité aux deux petits cercles qui terminent le zodiaque; de là douze quadrilatères dont chacun est un signe. Chaque signe porte le nom d'une constellation qui s'y trouvait lors de l'invention du zodiaque. Le soleil parcourt à peu près un signe par mois.

Le premier signe commence à l'équinoxe du printemps, les autres signes viennent après dans le sens du mouvement du soleil. Les douze signes sont:

Signes ascendants.	1 le Bélier. 2 le Taureau. 3 les Gémeaux. 4 le Cancer. 5 le Lion. 6 la Vierge.	Signes descendants.	7 la Balance. 8 le Scorpion. 9 le Sagittaire. 10 le Capricorne. 11 le Verseau. 12 les Poissons.

Par suite d'un mouvement apparent de la sphère céleste considérée dans son ensemble, chacune des constellations portant les noms ci-dessus ne se trouve plus dans le signe de même nom qu'elle; chacune d'elles a avancé à peu près d'un signe dans le sens du mouvement propre du soleil.

Ainsi la constellation nommée le Bélier, qui occupait primitivement le premier signe, se trouve aujourd'hui dans le signe du Taureau; la constellation nommée le Taureau se trouve dans le signe des Gémeaux, et ainsi de suite en faisant le tour jusqu'à la constellation des Poissons, qui, au lieu d'occuper le dernier signe, occupe aujourd'hui le premier, celui qu'on nomme toujours le signe du Bélier.

19. *Constitution physique du soleil.* — Le soleil est un globe lumineux par lui-même; sa lumière est blanche et d'une intensité sensiblement uniforme sur toute sa surface. De temps en temps, on voit des taches noires qui sont dispersées sur son disque; elles apparaissent au bord oriental et disparaissent au bout d'une douzaine de jours derrière le bord occidental. L'observation attentive de ces taches montre que le soleil tourne d'occident en orient en 25j,5 autour d'un axe incliné à l'écliptique de 83°. Le plan passant par le centre du soleil perpendiculairement à cet axe est celui de l'équateur solaire. Les taches sont ordinairement comprises dans une zone qui s'étend à 35° de part et d'autre de l'équateur; on en a même vu qui avaient jusqu'à 44° de déclinaison solaire. Le diamètre des taches est très-variable. Il y a presque toujours autour des taches un anneau d'une teinte grise dont le contour est parfaitement arrêté; on lui a donné le nom de *pénombre;* la partie centrale de la tache est ce qu'on appelle le *noyau.*

Aux environs des bords du soleil, on aperçoit souvent des portions beaucoup plus brillantes que le reste de la surface, et qu'on a appelées *facules.* Les facules annoncent assez ordinairement l'apparition des taches; elles les accompagnent pendant quelque temps; mais il est bien rare qu'elles ne disparaissent pas avant d'arriver au centre du disque.

Les observations faites sur les taches ont conduit à l'hypothèse suivante sur la constitution physique du soleil. On suppose que le soleil est un globe obscur entouré de deux atmosphères concentriques; une première atmosphère dans laquelle flotte une couche de nuages opaques et réfléchissants, une seconde atmosphère lumineuse à sa surface extérieure. Quand une ouverture se produit dans cette dernière enveloppe, on voit la couche nuageuse d'où une tache grise ou pénombre; quand une ouverture correspondante se produit dans la couche nuageuse, on voit à travers les deux ouvertures le globe central obscur d'où une tache noire entourée d'ordinaire d'une pénombre. M. Arago a démontré que la surface visible du soleil est gazeuse.

20. *Détermination de l'orbite solaire.* — On sait que l'orbite solaire est plane, et que la trajectoire apparente du soleil est un grand cercle de la voûte céleste. L'orbite solaire n'est pas une circonférence dont la terre occupe le centre, car le diamètre apparent du soleil n'est pas constant, et les distances d'un astre au centre de la terre sont en raison inverse des diamètres apparents de cet astre. Le rapport $\frac{32'\,36'',2}{31'\,30'',3}$ du plus grand diamètre apparent du soleil au plus petit est 1,035; donc, si la moindre distance du soleil à la terre est représentée par l'unité, la plus grande a pour expression 1,035; la distance moyenne est 1,017.

Les points de l'orbite solaire qui répondent à la plus petite et à la plus grande distance sont dits le *périgée* et l'*apogée*; ils reçoivent le nom collectif d'*absides*. Le soleil est au périgée vers le 31 décembre, à l'apogée vers le 3 juillet.

Soient r la distance périgée, R la distance du soleil à la terre, et 2δ son diamètre apparent à une époque quelconque; on a $\frac{R}{r} = \frac{32'36'',2}{2\delta}$. On peut prendre r pour unité et déterminer R.

21. La *longitude* du soleil est l'arc parcouru par le centre du soleil sur l'écliptique à partir du point vernal; on la compte de 0° à 360° dans le sens du mouvement de l'astre; nous la désignerons par L.

Soient ec' l'écliptique, QQ' l'équateur, O l'équinoxe du printemps, S une position quelconque du soleil, SP son cercle de déclinaison; le triangle sphérique OSP, rectangle en P, donne $\cos L = \cos Æ . \cos d$. On peut donc, à l'aide de l'ascension droite et de la déclinaison observées, calculer chaque jour la longitude du soleil à l'instant de son passage au méridien.

22. Par un point fixe représentant le centre de la terre, menez sur un plan des droites faisant entre elles des angles égaux au mouvement en longitude du soleil dans l'intervalle de deux passages consécutifs de son centre au méridien supérieur du lieu d'observation; portez sur chacune de ces droites, à partir du point fixe, les distances correspondantes du soleil à la terre; vous déterminez ainsi des points qui indiquent pour chaque jour le lieu du centre du soleil; l'ensemble de ces points est l'orbite solaire.

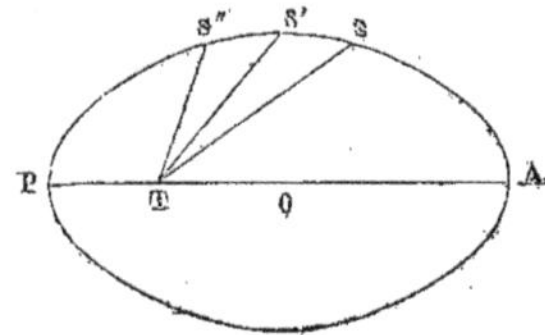

La courbe obtenue a l'aspect d'une ellipse; on vérifie par le calcul que l'orbite solaire est une ellipse dont la terre occupe un des foyers.

On reconnaît en outre que si le soleil emploie le temps t à parcourir l'arc SS', le temps t' à parcourir l'arc S'S'', les surfaces des secteurs elliptiques STS' et S'TS'' sont proportionnelles aux temps t, t'. On appelle *rayon vecteur* la ligne droite qui joint un foyer de l'ellipse à un point quelconque de la courbe. Ainsi, les

aires décrites par le rayon vecteur du soleil sont proportionnelles aux temps.

D'après cela, les arcs décrits en temps égaux sont d'autant plus grands que la distance à la terre est plus petite; la vitesse réelle du soleil augmente donc quand il se rapproche de la terre, et diminue quand il s'en éloigne.

Le soleil emploie, pour aller du périgée à l'apogée, le même temps que pour revenir du périgée à l'apogée.

23. L'excentricité de l'orbite solaire, c'est-à-dire le rapport au demi-grand axe de la distance du centre au foyer, $\frac{TO}{OP} = 0{,}016775$. L'ellipse solaire diffère très-peu d'une circonférence.

24. *Équation du centre.* — Les aires décrites par le rayon vecteur du soleil étant proportionnelles aux temps, si l'orbite du soleil était circulaire, les aires égales correspondraient à des angles égaux, et le mouvement de cet astre serait uniforme. Les inégalités du mouvement du soleil proviennent donc de l'excentricité de l'orbite solaire; leur étendue dépend de sa grandeur. Pour se faire une idée nette de ces inégalités, il faut regarder le mouvement du soleil comme uniforme, et le concevoir modifié à chaque instant par une correction fonction de l'excentricité.

Géométriquement, on imagine un soleil fictif se mouvant uniformément autour de la terre sur le plan de l'écliptique, et faisant une révolution entière dans le même temps que le soleil vrai.

Le soleil fictif et le soleil vrai partent ensemble du périgée. Le soleil vrai, ayant sa plus grande vitesse au périgée, devance d'abord le soleil fictif, mais son mouvement se ralentit à mesure qu'il s'éloigne du périgée; sa marche est un instant la même que celle du soleil fictif, puis se ralentit. Le soleil fictif se rapproche du soleil vrai et l'atteint à l'apogée. Le contraire a lieu en revenant de l'apogée au périgée; le soleil vrai, devancé d'abord par le soleil fictif, se rapproche peu à peu de lui et l'atteint au périgée.

D'après cela, concevons deux rayons vecteurs menés à un instant quelconque du centre de la terre au soleil vrai et au soleil fictif; l'angle formé par ces droites est d'abord nul au périgée, augmente pendant un certain temps, atteint sa plus grande valeur, puis diminue jusqu'à l'apogée où il redevient nul; de l'apogée au périgée il varie en sens contraire et repasse par les mêmes valeurs. Cet angle est donc la correction qu'il faut faire au mouvement uniforme pour avoir le mouvement réel du soleil; on le nomme *équation de l'orbite* ou *équation du centre.*

La longitude du soleil fictif reçoit le nom de *longitude moyenne* du soleil; en appelant L la longitude du soleil, L_m la longitude moyenne, E l'équation du centre, on a $L = L_m + E$.

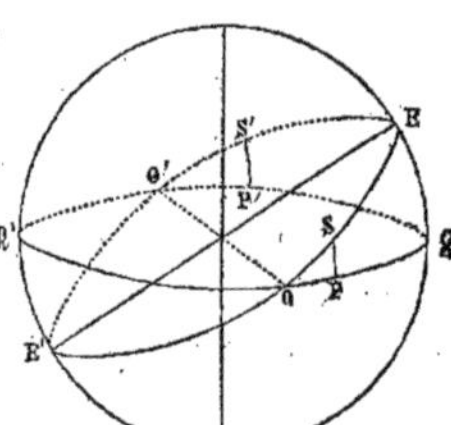

L'équation du centre est nulle au périgée et à l'apogée; positive quand le soleil va du périgée à l'apogée, puisqu'il devance le soleil fictif; négative quand le soleil va de l'apogée au périgée. La valeur maximum de l'équation du centre est $1^\circ\ 55'\ 20'',5$.

25. *Réduction à l'équateur.* — La réduction à l'équateur est la différence entre l'ascension droite et la longitude du soleil à un moment quelconque; nous la désignerons par R_e; on a $Æ - L = R_e$.

La rédnction à l'équateur est nulle aux équinoxes et aux solstices:

Si le soleil va de l'équinoxe du printemps au solstice d'été, le triangle sphérique OSP, rectangle en P, donne, en appelant ω l'obliquité de l'écliptique, $\operatorname{tg} Æ = \operatorname{tg} L \cos \omega$; on a $Æ < L$; la réduction à l'équateur est négative.

Si le soleil va du solstice d'été à l'équinoxe d'automne, le triangle sphérique O'S'P', rectangle en P', donne $\operatorname{tg}(180^\circ - Æ) = \operatorname{tg}(180 - L).\cos \omega$; on a $180^\circ - Æ < 180^\circ - L$ ou $Æ > L$; la réduction à l'équateur est positive.

La réduction à l'équateur est négative entre l'équinoxe d'automne et le solstice d'hiver, positive entre le solstice d'hiver et l'équinoxe du printemps.

La réduction à l'équateur est maximum pour des valeurs de la longitude égales à 45°, 135°, 225°, 315° ; elle atteint alors $2^\circ\, 28'\, 11''$.

26. *Ascension droite du soleil. — Équation du temps.* — On a $Æ = L + Æ - L$ ou bien $Æ = L_m + E + R_e$. L'ascension droite du soleil se compose de deux parties : l'une proportionnelle au temps, qui est la longitude moyenne du soleil ; l'autre périodique $E + R_e$, qui reçoit le nom d'*équation du temps.*

Concevons un nouveau soleil fictif nommé *soleil moyen,* parcourant l'équateur céleste d'un mouvement uniforme et dans le même temps que le soleil vrai parcourt l'écliptique ; si ce soleil part de l'équinoxe du printemps en même temps que le soleil fictif qui se meut sur l'écliptique, son ascension droite sera toujours égale à la longitude moyenne, et, en la désignant par $Æ_m$, on aura $Æ = Æ_m + E + R_e$. L'ascension droite du soleil moyen prend le nom d'*ascension droite moyenne du soleil.*

27. *L'équation du temps s'annule quatre fois par année tropique : deux fois entre l'équinoxe du printemps et le solstice d'été ; une fois avant et près l'équinoxe d'automne ; une fois entre le solstice d'hiver et l'instant du passage du soleil au périgée.*

L'équation du temps est la somme algébrique $E + R_e$ de l'équation du centre et de la réduction à l'équateur.

La réduction à l'équateur est négative depuis l'équinoxe du printemps jusqu'au solstice d'été ; nulle à l'équinoxe du printemps, elle croît négativement jusqu'à $2^\circ\, 28'$ pour redevenir nulle au solstice d'été

L'équation du centre est positive du périgée à l'apogée, et ne dépasse pas un maximum de $1^\circ\, 55'$. Donc l'équation du temps s'annule deux fois entre l'équinoxe du printemps et le solstice d'été.

La réduction à l'équateur et l'équation du centre sont de même signe depuis le solstice d'été jusqu'à l'instant du passage du soleil à l'apogée ; donc, dans cette période de temps, l'équation du temps reste positive et ne peut s'annuler.

L'équation du centre, nulle à l'apogée, est négative de l'apogée au périgée. En remarquant qu'à l'apogée la réduction à l'équateur, qui croît beaucoup plus vite que l'équation du centre, a déjà atteint une certaine valeur, on conclura que la valeur de l'équation du centre ne peut devenir égale à celle de la réduction à l'équateur que longtemps après l'époque du maximum de la réduction à l'équateur. D'ailleurs la réduction à l'équateur et l'équation du centre sont de signe contraire entre l'apogée et l'équinoxe d'automne ; donc l'équation du temps s'annule une fois avant et près l'équinoxe d'automne.

Entre l'équinoxe d'automne et le solstice d'hiver, la réduction à l'équateur et l'équation du centre sont toutes deux négatives ; l'équation du temps reste négative et ne peut s'annuler.

Entre le solstice d'hiver et le périgée, la réduction à l'équateur et l'équation du centre sont de signe contraire; la première est nulle au solstice d'hiver et croît beaucoup plus vite que l'équation du centre qui s'annule au périgée; donc dans cet intervalle de temps l'équation du temps s'annule une fois.

Entre le périgée et l'équinoxe du printemps, la réduction à l'équateur et l'équation du centre sont toutes deux positives; l'équation du temps reste positive et ne peut s'annuler.

L'équation du temps s'annule le 15 avril, le 15 juin, le 31 août, le 25 décembre; elle est maximum le 10 février, le 15 mai, le 26 juillet, le 3 novembre.

CHAPITRE VI.

Mesure du temps.

1. *Jour.* — Par l'effet du mouvement diurne, un astre quel qu'il soit passe successivement à tous les méridiens terrestres; le *jour* est l'intervalle de temps qui s'écoule entre deux retours consécutifs d'un astre au même méridien supérieur. Les différents astres donnent des jours de durées différentes.

Le *jour*, quelle que soit sa durée, est divisé en 24 parties égales appelées *heures*; l'heure est divisée en 60 parties égales appelées *minutes*; la minute en 60 parties égales appelées *secondes*. On exprime toujours les tierces en fractions décimales de secondes.

La table XXIII de Callet sert à convertir les heures, minutes et secondes en fraction décimale du jour.

2. *Heures et degrés.* — En un jour, le pied du cercle de déclinaison d'un astre sur l'équateur parcourt successivement les divers points de l'équateur, ou décrit un arc de 360° en vertu du mouvement diurne; on peut donc exprimer un nombre d'heures et de subdivisions d'heures à l'aide d'un nombre de degrés ou de subdivisions de degrés ou inversement.

$$24^h = 360^\circ \quad 1^m = \frac{15^\circ}{60^\circ} = \frac{1^\circ}{4} = 15' \ldots\ldots \text{ ou } 4^m = 1^\circ$$

$$1^h = 15^\circ \quad 1^s = 15'' \ldots\ldots\ldots\ldots\ldots\ldots \text{ ou } 4^s = 1'$$

3. *Pour convertir des heures en degrés*, on multiplie par 15 le nombre donné d'heures et de subdivisions d'heures; le produit des secondes d'heure par 15 donne des secondes de degré; le produit des minutes d'heure par 15 donne des minutes de degré; le produit des heures par 15 donne des degrés.

Exemples :

$$1^h\,03^m\,02^s,3 = 15^\circ\,45'\,34'',5; \quad 20^h\,38^m\,06^s,7 = 309^\circ\,31'\,40'',5.$$

Autrement, on réduit en minutes les heures du nombre donné; le nombre donné est ainsi transformé en un nombre qui ne contient que des minutes et des secondes que l'on divise par 4; le quotient des minutes d'heure par 4 donne des degrés; le quotient des secondes d'heure par 4 donne des minutes de degrés.

Exemples :

$$1^h\,04^m\,28^s = 64^m\,28^s = 16^\circ\,07'$$
$$20^h\,38^m\,06^s,7 = 1238^m\,06^s,7 = 309^\circ\,31',675 = 309^\circ\,31'\,40'',5.$$

4. *Pour convertir des degrés en heures*, on divise par 15 le nombre donné de degrés et de subdivisions de degrés; le quotient des degrés par 15 donne des heures; le quotient des minutes de degrés par 15 donne des minutes d'heures; le quotient des secondes de degrés par 15 donne des secondes d'heures.

Exemples :

$$225^\circ\,30'\,58'',5 = 15^h\,02^m\,03^s,9, \quad 176^\circ\,27'\,39'' = 11^h\,45^m\,50^s,6.$$

Autrement, on multiplie par 4 le nombre donné de degrés et de subdivisions de degrés; le produit des minutes de degrés par 4 donne des tierces d'heures; le produit des secondes de degrés par 4 donne des secondes d'heures; le produit des degrés par 4 donne des minutes d'heures. On réduit les tierces d'heures en fraction décimale de secondes.

Exemples :

$$225^\circ\,30'\,58'',5 = 902^m\,03^s\,54^t = 15^h\,02^m\,03^s,9$$
$$176^\circ\,27'\,39'' = 705^m\,50^s\,36^t = 11^h\,45^m\,50^s,6.$$

5. Les tables XXI, XXII de Callet peuvent servir à convertir des degrés en heure ou inversement.

6. *Angle horaire, angle au pôle.* — L'*angle horaire* d'un astre en un lieu donné est l'angle formé au pôle élevé par le méridien supérieur du lieu et le cercle de déclinaison de l'astre; on le compte sur l'équateur de 0° à 360° à partir du méridien supérieur et dans le sens du mouvement diurne, c'est-à-dire de l'est à l'ouest en passant par le méridien supérieur.

L'*angle au pôle* d'un astre en un lieu donné est l'angle formé au pôle élevé par le méridien supérieur du lieu et le cercle de déclinaison de l'astre; on le compte sur l'équateur à partir du méridien supérieur de 0° à 180° vers l'est ou vers l'ouest, suivant que l'astre est dans l'est ou dans l'ouest.

L'angle horaire et l'angle au pôle d'un astre sont égaux quand l'astre est dans l'ouest; leur somme est égale à 360° quand l'astre est dans l'est.

On peut exprimer l'angle horaire et l'angle au pôle en heures ou en degrés indistinctement; leurs diverses valeurs à divers instants dépendent du mouvement diurne.

7. *Diverses espèces de jours, de temps.* — On ne considère que trois espèces de jours, le *jour sidéral*, le *jour vrai*, le *jour moyen*; trois espèces de temps, le *temps sidéral*, le *temps vrai*, le *temps moyen*.

Le temps sidéral est celui que l'on compte en jours, heures, minutes, secondes sidéraux; on compte le temps vrai en jours, heures, minutes, secondes vrais; le temps moyen en jours, heures, minutes, secondes moyens.

8. *Jour sidéral.* — Le jour sidéral est l'intervalle de temps qui s'écoule entre deux retours consécutifs d'une étoile au méridien supérieur d'un lieu; tout point fixe de la voûte céleste n'ayant pas de mouvement propre et ne participant qu'au mouvement diurne joue le rôle d'une étoile.

Le mouvement diurne de la voûte céleste étant uniforme, le jour sidéral a une durée constante.

L'origine du jour sidéral (0^h temps sidéral) en un lieu donné est l'instant du passage du point équinoxial du printemps au méridien supérieur de ce lieu; on compte les heures du jour sidéral de 0 à 24.

Converti en temps, l'angle horaire d'une étoile, à un instant quelconque dans un lieu donné, indique l'intervalle temps sidéral écoulé depuis le passage de l'étoile au méridien; il n'indique pas l'heure sidérale du lieu, parce que l'origine du jour sidéral n'est pas l'instant du passage supérieur de l'étoile.

9. *Jour vrai.* — Le jour vrai est l'intervalle de temps qui s'écoule entre deux retours consécutifs du centre du soleil au méridien supérieur d'un lieu. Le soleil participe au mouvement diurne, et de plus a un mouvement propre dirigé en sens contraire du mouvement diurne; donc le jour vrai est plus long que le jour sidéral.

Le jour vrai n'est pas constant, parce que le mouvement du soleil en ascension droite n'est pas uniforme. Supposons en effet qu'à un jour donné le soleil passe au méridien en même temps qu'une étoile; il est en S sur l'écliptique.

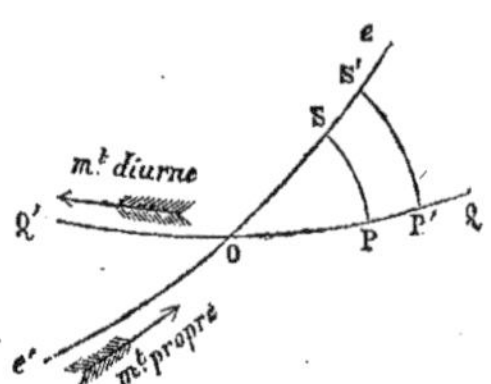

Quand l'étoile repassera au méridien, le soleil, à cause de son mouvement propre, sera en S'; le jour vrai est donc égal au jour sidéral augmenté du temps nécessaire au soleil pour décrire dans le mouvement diurne l'arc PP' qui mesure son mouvement en ascension droite dans l'intervalle de ses deux passages consécutifs au méridien; or le mouvement en ascension droite n'est pas uniforme, l'arc PP' varie d'un jour à l'autre, donc le jour vrai n'est pas constant.

L'origine du jour vrai (0^h temps vrai ou midi vrai) en un lieu donné est l'instant où le centre du soleil passe au méridien supérieur de ce lieu; on compte les heures du jour vrai de 0 à 24.

Converti en temps, l'angle horaire du soleil à un instant quelconque dans un lieu donné indique l'intervalle temps vrai écoulé depuis le passage supérieur du soleil au méridien du lieu, et par suite l'heure temps vrai du lieu.

10. *Jour moyen.* — Le jour moyen est l'intervalle de temps qui s'écoule entre deux retours consécutifs du soleil moyen au méridien supérieur d'un lieu.

Le soleil moyen participe au mouvement diurne, et de plus il a un mouvement propre dirigé en sens contraire du mouvement diurne; donc le jour moyen est plus long que le jour sidéral.

Le mouvement en ascension droite du soleil moyen étant uniforme, la durée du jour moyen est constante.

L'origine du jour moyen (0^h temps moyen ou midi moyen) en un lieu donné est l'instant où le soleil moyen passe au méridien supérieur de ce lieu. On compte les heures du jour moyen de 0 à 24.

Converti en temps, l'angle horaire du soleil moyen à un instant quelconque dans un lieu donné indique l'intervalle temps moyen écoulé depuis le passage supérieur du soleil moyen au méridien de ce lieu, ou par suite l'heure temps moyen du lieu.

11. *L'heure sidérale d'un lieu est la somme de l'angle horaire et de l'ascension droite d'un astre; quand la somme dépasse 24^h, on la diminue* *de* 24ʰ. — Soient MγM′ l'équateur, MM′ la projection sur l'équateur du méridien du lieu d'observation, OA ou OA′ la projection du cercle de déclinaison de l'astre; le point M indique le méridien supérieur, le point γ la position du point équinoxial du printemps.

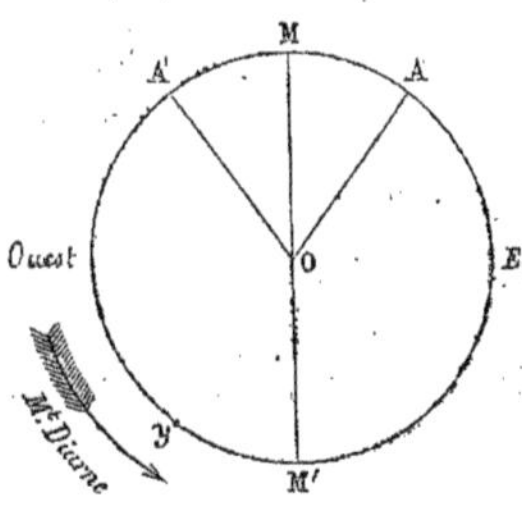

Si MA′ est l'angle horaire A, γMM′ est l'ascension droite de l'astre, et $A + Æ = \gamma\, M'M$; or $\gamma\, M'M$ est l'angle horaire du point vernal ou l'heure sidérale du lieu.

Si MA′M′A est l'angle horaire, γM′MA est l'ascension droite.

$$A + Æ = 360^\circ - MA + \gamma M'A'M + MA = 360^\circ + \gamma M'M.$$

En ôtant de la somme $A + Æ$ la circonférence entière 360° ou 24ʰ, on a γM′M, angle horaire du point vernal ou heure sidérale du lieu d'observation.

12. L'ascension droite d'une étoile réduite en temps indique l'heure sidérale de son passage au méridien supérieur d'un lieu quelconque.

L'ascension droite d'une étoile réduite en temps et augmentée de 12 heures sidérales indique l'heure sidérale de son passage au méridien inférieur d'un lieu quelconque.

13. *L'heure moyenne dans un lieu quelconque est la somme algébrique de l'heure vraie et de l'équation du temps.* — Soient, à un moment quelconque dans un lieu donné, A l'angle horaire du soleil, Æ son ascension droite, A′ l'angle horaire du soleil moyen, $Æ_m$ son ascension droite. On a

$$\text{heure sidérale} = A + Æ = A' + Æ_m;$$

et par suite,

$$A' = A + Æ - Æ_m = A + \{E + R_e\},$$

ou si on réduit en temps,

$$\text{heure moyenne} = \text{heure vraie} + \text{équation du temps}.$$

Rappelons que l'équation du temps est tantôt positive, tantôt negative, qu'elle s'annule quatre fois par année tropique, le 15 avril, le 15 juin, le 31 août, le 25 décembre; qu'elle est maximum le 10 février, le 15 mai, le 26 juillet, le 3 novembre.

A un moment quelconque, l'équation du centre $E = L - Æ_m$, la réduction à l'équateur $R_e = Æ - L$; par suite, $E + R_e = Æ - Æ_m$; à un moment quelconque, l'équation du temps est la différence entre l'ascension droite et l'ascension droite moyenne du soleil.

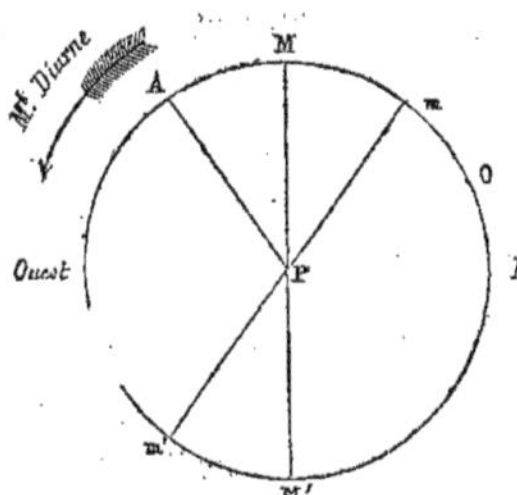

14. *Angles horaires et longitudes terrestres.* — Traçons sur un plan la circonférence de l'équateur; soient MM′, *mm′* les traces des méridiens de deux lieux quelconques, PA la trace du cercle de déclinaison d'un astre, O l'origine des longitudes. M, *m* indiquent les pieds sur l'équateur des méridiens supérieurs des lieux dont on s'occupe.

Considérons les longitudes est comme positives, les longitudes ouest comme négatives ; posons $OM = -L$, $Om = -L'$; on aura $Mm = L' - L$.

L'angle horaire de l'astre dans l'un des lieux est $MA = A$, dans l'autre $mA = A'$: on conclut $Mm = A' - A = L' - L$.

On aura toujours $A - L = A' - L'$; ainsi, *au même instant, dans un lieu quelconque, la différence algébrique entre l'angle horaire d'un astre et la longitude du lieu est constante.*

On ajoute au besoin 24^h pour rendre les soustractions possibles ; on diminue les sommes de 24^h, s'il y a lieu ; quand on trouve une longitude supérieure à 12^h, on la retranche de 24^h, et l'on change son signe.

15. *La différence des heures simultanées d'un même astre en deux lieux différents est égale au changement en longitude de ces deux lieux.* — Converti en temps, l'angle horaire du soleil en un lieu quelconque donne l'heure temps vrai du lieu ; l'angle horaire du soleil moyen donne l'heure temps moyen.

Si A, A' sont les angles horaires simultanés d'une étoile en deux lieux différents, si $Æ$ est l'ascension droite de l'étoile, on a

$$A + Æ = h \text{. sid. } 1^{er} \text{ lieu}, \quad A' + Æ = h' \text{. sid. } 2^e \text{ lieu} ;$$

d'où

$$A - A' = h - h' = L - L'.$$

Ainsi la différence des heures simultanées ou des angles horaires simultanées d'un même astre en deux lieux différents est égale au changement en longitude de ces deux lieux. Si on considère que l'on ne peut retrancher l'une de l'autre que des quantités de même espèce, et que le reste de la soustraction est de même espèce que chacune des quantités, on conclura de l'égalité $A - A' = L - L'$ que :

Convertie en temps, la longitude terrestre d'un lieu exprime au besoin du temps sidéral, du temps vrai ou du temps moyen.

16. Si l'un des lieux dont on s'occupe est Paris (longitude nulle), on a $A - L = A'$; donc

heure de Paris = heure du lieu + longitude ouest
heure de Paris = heure du lieu — longitude est.

On trouve aisément l'heure de Paris correspondante à l'heure d'un lieu dont la longitude est connue.

17. *Longueur de l'année tropique.* — L'année tropique est l'intervalle de temps qui s'écoule entre deux retours consécutifs du soleil au même point de son orbite, au même point équinoxial par exemple.

Si on calcule les instants de deux passages consécutifs du centre du soleil au même point équinoxial, l'intervalle de temps écoulé est la longueur de l'année tropique. On obtient une *année tropique moyenne* en prenant deux équinoxes observés à des époques éloignées.

En prenant pour unité de temps le jour sidéral qui est constant, on a

$$\text{année tropique} = 366^{j.s},242217 = 366^{j.s}\, 05^h\, 48^m\, 47^s,555.$$

18. Admettons que l'année tropique contienne $K^{j.s} + \frac{1}{n}$; en une année tropique le soleil vrai et le soleil moyen passent au méridien supérieur d'un lieu quelconque une fois de moins qu'une étoile, à cause de leurs mouvements propres, n fois de moins en n années.

Donc un nombre de jours sidéraux marqué par $n\left\{K + \frac{1}{n}\right\}$ ou $nK + 1$ répond au même nombre de jours solaires diminué de n unités ou à un nombre de jours solaires marqué par $n(K - 1) + 1$. Ainsi $(nK + 1)$ jours sidéraux valent $n\{K-1\}+1$ jours solaires; par suite $\left(K+\frac{1}{n}\right)$ jours sidéraux valent $\left(K-1+\frac{1}{n}\right)$ jours solaires.

$$\text{Année tropique} = 366^{j.s},242217 = 366^{j.s}\ 05^h\ 48^m\ 47^s,555$$
$$= 365^{j.v},242217 = 365^{j.v}\ 05^h\ 48^m\ 47^s,555$$
$$= 365^{j.m},242217 = 365^{j.m}\ 05^h\ 48^m\ 47^s,555$$

Le jour moyen est la valeur moyenne des jours vrais de l'année tropique.

19. *Année civile.* — *Calendrier.* — Le mouvement du soleil détermine les diverses périodes employées dans la société pour la distribution du temps. Le choix de ces périodes et leur ordre constituent ce qu'on appelle le calendrier.

Le mouvement du soleil réglant la distribution du temps, le jour sidéral, quoique constant, n'a pu être adopté pour unité fondamentale de la mesure civile du temps. Le jour vrai, n'étant pas constant, n'a pu être pris pour unité de temps, on a choisi le jour moyen.

L'*année civile* est l'unité de temps que l'on emploie pour exprimer de longs intervalles de temps. Si l'année tropique était composée d'un nombre exact de jours, elle conviendrait parfaitement, parce qu'elle commencerait toujours lors d'une même position du soleil sur l'écliptique, et que tous les phénomènes, tels que ceux des saisons, des nuits, des jours, se représenteraient tous les ans dans le même ordre; mais il n'en est pas ainsi, l'année tropique contenant $365^{j.m},242217$.

20. *Calendrier Julien.* — Vers l'an 46 avant Jésus-Christ, Jules-César, voulant régler le calendrier, adopta, d'après Hipparque, $365^{j.m},25$ pour la longueur de l'année tropique. L'année civile fut composée de 365 jours, et on convint que tous les quatre ans une année comporterait 366 jours. Les années de 365 jours furent dites *années communes*; les années de 366 jours furent dites *bissextiles*; les années bissextiles sont celles dont le millésime est divisible par quatre.

21. *Calendrier grégorien; nouveau style.* — L'évaluation de l'année tropique adoptée par Jules-César était trop forte; au bout de quatre ans on ne devait pas ajouter un jour entier, mais seulement

$$0^j,242217 \times 4 = 0^j,968868.$$

Le calendrier Julien amenait donc tous les quatre ans entre l'année civile et l'année tropique une erreur de $0^j,031132$, soit en 400 ans $3^j,1132$.

Le concile de Nicée, tenu en 325, avait adopté le calendrier Julien et constaté qu'en 325 l'équinoxe du printemps tombait le 21 mars. En 1580, l'équinoxe du printemps arrivait 10 jours avant le 21 mars.

Le pape Grégoire XIII, par un bref qu'il rendit le 4 février 1581, régla le calendrier de telle sorte, que l'équinoxe du printemps ne pût s'éloigner du 21 mars; il ordonna que le 5 octobre 1582 serait le 15 octobre du nouveau calendrier, puis déclara que sur quatre années séculaires, une seule serait bissextile. Ainsi les années 1700, 1800, 1900, qui, dans le calendrier Julien, étaient bissextiles, sont devenues communes; les années 1600, 2000, 2400 restent bissextiles; les années séculaires sont bissextiles quand le nombre des siècles est divisible par 4.

L'erreur que laisse subsister le calendrier grégorien est de $0^j,1132$ en 400 ans ou $1^j,132$ en 4000 ans; on peut supprimer une année bissextile tous les quatre mille ans.

Le calendrier grégorien introduit en 1582 dans les États romains fut adopté presque aussitôt dans tous les pays catholiques et successivement dans les autres. La Russie et la Grèce sont les seules contrées de l'Europe qui aient conservé l'ancien calendrier, ou le vieux style suivant l'expression usitée. Depuis l'année 1800, la différence entre les deux calendriers est de 12 jours; elle augmente de 3 jours en 400 ans.

Les Russes et les Grecs, dans leurs relations avec le reste de l'Europe, écrivent les dates dans les deux styles; par exemple le $\frac{14}{26}$ février est le 14 février, date julienne, d'après leur style, et le 26 février, date grégorienne, d'après le nôtre.

22. L'année civile est partagée en 12 mois; les uns ont trente jours, les autres trente et un; le mois de février a 28 jours dans les années communes, 29 dans les années bissextiles.

23. La semaine constitue un mode de division du temps qui n'a aucun rapport avec ce qui précède; elle se compose de sept jours.

24. Les jours solaires sont astronomiques ou civils; astronomiques quand on compte de 0 à 24 les heures dont ils se composent; civils quand on les subdivise en deux périodes de 12 heures, en heures du matin, en heures du soir. Par convention, le jour astronomique commence au midi qui suit le minuit (instant du passage inférieur du soleil au méridien), origine du jour civil de même date.

CHAPITRE VII.

Lune. — Planètes. — Comètes.

1. *Lune.* — La lune, à son coucher, atteint l'horizon un peu plus tard (50^m,4 environ après) qu'une étoile avec laquelle elle s'y trouvait la veille, et chaque jour elle s'éloigne davantage de cette étoile. La lune paraît donc animée d'un mouvement propre dirigé en sens contraire du mouvement diurne auquel néanmoins elle participe.

On détermine la trajectoire apparente de la lune à l'aide du mode d'observation employé pour le soleil, et on reconnaît qu'en vertu de son mouvement propre, la lune paraît décrire d'occident en orient un grand cercle de la voûte céleste incliné à l'équateur. L'inclinaison de l'orbite lunaire sur l'équateur n'est pas constante; toutefois elle est toujours comprise entre 18° et 28°.

Quand on rapporte à l'écliptique les positions de la lune observées par rapport à l'équateur, on reconnaît que l'inclinaison de l'orbite lunaire sur l'écliptique est constante et égale à 5° 09′ environ.

2. La trajectoire réelle de la lune est une ellipse dont la terre occupe un des foyers. Les aires décrites par le rayon vecteur de la lune sur le plan de son orbite sont proportionnelles aux temps employés à les décrire. L'excentricité de l'ellipse lunaire est 0,0548442.

3. La révolution tropique de la lune est de $27^{j.m}\ 07^h\ 43^m$.

4. *Phases de la lune.* — La lune n'apparaît pas constamment sous la forme d'un disque circulaire, et présente, en un mois environ, les formes les plus variées.

Quand la lune se couche très-peu de temps après le soleil, on la voit sous la forme d'un croissant délié dont les cornes sont pointues; la convexité de ce croissant est circulaire et tournée vers le soleil (vers l'ouest); sa concavité est elliptique. On reconnaît à la vue simple ou à l'aide d'une lunette d'un faible grossissement, que ce croissant fait partie d'un disque circulaire; la lumière peu intense de l'autre portion du disque reçoit le nom de *lumière cendrée*. Les cornes du croissant sont aux extrémités d'un diamètre. Les jours suivants, la lune est un peu plus éloignée de l'horizon quand le soleil se couche; le croissant a plus d'épaisseur, l'intensité de la lumière cendrée diminue.

Vers le sixième jour, la lune passe au méridien environ six heures après le soleil; elle présente la forme d'un demi-disque circulaire; la lumière cendrée a disparu. On dit que la lune est à son *premier quartier*.

Les jours suivants, la lune est de plus en plus éloignée de l'horizon quand le soleil se couche; la partie éclairée du disque augmente en étendue et le bord opposé au soleil d'abord concave, puis droit, devient convexe et elliptique; la partie lumineuse du disque est formée d'un demi-cercle et d'une demi-ellipse qui se raccordent.

Sept jours après le premier quartier, la lune apparaît sous la forme d'un disque tout à fait circulaire; on dit qu'il y a *pleine lune*. La lune passe alors au méridien vers minuit.

Les jours suivants, la partie du disque tournée vers l'occident diminue d'épaisseur et prend une forme elliptique de plus en plus aplatie.

Le septième jour après la pleine lune, la lune apparaît sous la forme d'un demi-cercle dont la convexité est tournée vers l'est; elle passe au méridien six heures avant le soleil; on dit qu'elle est à son *dernier quartier*.

Les jours suivants, la portion lumineuse du disque lunaire diminue; la lune apparaît de nouveau sous la forme d'un croissant de plus en plus délié. La convexité du croissant est circulaire et tournée vers le soleil (vers l'est); sa concavité est elliptique; la lumière cendrée reparaît. La lune se lève alors un peu avant le soleil, on dit qu'elle est dans son déclin.

Enfin, six jours environ après le dernier quartier, la lune disparaît; on dit qu'il y a *nouvelle lune* ou *néoménie*.

La lune reste invisible deux ou trois jours, puis reparaît se couchant un peu après le soleil; les mêmes phases se renouvellent.

5. La lune circule autour de la terre dans une orbite à peu près circulaire dont le plan est peu incliné sur l'écliptique; elle est beaucoup plus voisine de la terre que du soleil. En tenant compte de ces faits et en admettant que la lune est un corps sensiblement sphérique, non lumineux par lui-même et réfléchissant la lumière qu'il reçoit du soleil, on explique facilement les phases.

Quand la lune, en supposant nulle ou négligeable l'inclinaison de son orbite sur l'écliptique, est entre la terre et le soleil sur la ligne qui joint leurs centres, on dit qu'il y a *conjonction;* il y a *opposition* quand, par rapport à la terre, la lune est diamétralement opposée au soleil. Il y a pleine lune lors de l'opposition, nouvelle lune lors de la conjonction. La nouvelle et la pleine lune, la conjonction et l'opposition portent le nom commun de *syzygies*.

Quand la lune est sur le prolongement d'une ligne menée par le centre de la terre, perpendiculairement à la ligne des centres de la terre et du soleil, elle est à une distance angulaire de 90° de l'opposition et de la conjonction ou en *quadrature*. Le premier et le dernier quartier arrivent lors des quadratures.

6. La durée d'une période complète de phases est appelée *mois lunaire* ou *lunaison;* elle est égale à $29^{j.m},530588716$.

Le nombre de jours écoulés depuis la dernière nouvelle lune est l'*âge* de la lune.

7. La lune réfléchit sur la terre une portion de la lumière qu'elle reçoit du soleil. En outre, l'hémisphère terrestre éclairé par le soleil doit présenter à un observateur situé sur la surface lunaire des phases semblables à celles que la lune présente à un habitant de la terre.

La terre éclaire donc la lune d'une lumière chaque jour variable ; c'est cette lumière qui, dans certaines positions, rend visible l'hémisphère obscur de la lune et qu'on appelle lumière cendrée.

8. *Constitution physique de la lune.* — L'examen des nombreuses taches dont la surface de la lune est parsemée prouve que cet astre présente toujours la même face à la terre, ce qui ne peut avoir lieu qu'autant que la lune fait un tour entier sur son axe pendant chacune de ses révolutions.

La lune, dans son mouvement de translation autour de la terre, se projette sur des étoiles et les cache pendant un certain temps.

L'accord que l'on trouve entre la durée observée et la durée calculée de ces occultations montre que les rayons de lumière se meuvent en ligne droite et ne se réfractent pas quand ils rasent les bords de la lune. Il n'y a donc pas d'atmosphère autour de la lune, ou, s'il en existe, elle est d'une rareté extrême. Les taches qu'on aperçoit à la surface de la lune ont des formes très-différentes. L'apparence qu'elles présentent le plus fréquemment est celle d'une enceinte circulaire dont les contours sont très-élevés relativement au niveau intérieur ; du milieu de cette enceinte s'élève quelquefois un piton dont la hauteur dépasse souvent celle des parois circulaires. La distance angulaire du soleil à la lune fait varier la longueur des ombres projetées de telle sorte que ces taches offrent chaque jour des aspects différents. La longueur de ces ombres peut donner la hauteur des montagnes de la lune ; il y en a qui ont jusqu'à 7800 mètres d'élévation.

9. *Planètes.* — Les apparences du mouvement des planètes, leurs stations et rétrogradations ont déjà été indiquées ; ces apparences sont dues à ce que la terre n'est pas au centre de leurs mouvements. Si l'observateur pouvait se placer dans le soleil, il verrait toutes les planètes tourner autour de lui, d'occident en orient, dans des orbites à peu près circulaires, dans des plans peu inclinés à celui de l'écliptique, avec des vitesses à peu près constantes.

Toutes les planètes décrivent autour du soleil des ellipses dont le soleil occupe un des foyers ; le rayon vecteur de la planète décrit sur le plan de l'orbite des aires proportionnelles aux temps.

On démontre cette hypothèse en l'admettant d'abord et en faisant voir que les résultats auxquels elle conduit par le calcul sont complétement d'accord avec les données des observations.

10. Les planètes inférieures ou intérieures sont plus voisines du soleil que la terre ; on n'en connaît que deux, *Mercure* et *Vénus* ; elles ne peuvent jamais se trouver en opposition, mais elles ont deux conjonctions ; elles présentent des phases complétement analogues à celles de la lune.

Les planètes supérieures ou extérieures sont plus éloignées du soleil que la terre ; on en connaît quarante-deux. Les principales sont : *Mars*, *Jupiter*, *Saturne*, *Uranus* et *Neptune*. Les planètes supérieures peuvent être en opposition et en conjonction ; elles ont des phases.

11. Nous nous occuperons de Vénus, de Mars, de Jupiter, de Saturne, qui sont les seules planètes dont la *connaissance des temps* donne les distances angulaires à la lune.

12. *Vénus.* — Vénus est la plus brillante de toutes les planètes ; elle offre des traces très-sensibles de scintillation. On la voit le soir après le coucher du soleil (étoile du Soir ou étoile du Berger) ou le matin avant le lever du soleil (étoile du Matin); elle paraît alors comme une petite lune sous la forme d'un croissant tournant toujours sa convexité du côté du soleil. Les phases sont, comme celles de la lune, subordonnées aux positions du soleil; Vénus ne brille donc pas d'une lumière propre. Cette lumière n'a pas la même intensité dans tous les points de la surface; le contour extérieur du croissant est beaucoup plus éclatant que les autres parties du disque, et cet éclat s'affaiblit graduellement à mesure qu'on s'approche de la phase. Les cornes du croissant ont des formes très-variées; rarement elles se terminent en pointes très-aiguës; elles sont le plus souvent tronquées, et cette troncature est surtout sensible pour la corne de l'hémisphère austral. On conclut de cette apparence que Vénus a une atmosphère et des montagnes élevées; cette atmosphère est assez dense pour réfléchir vers la terre certains rayons qui, sans cela, n'arriveraient pas jusqu'à nous; ce phénomène remarquable permet quelquefois de voir plus d'un hémisphère de Vénus.

Dans des circonstances favorables, on aperçoit sur la surface de la planète des taches qui paraissent invariables; l'observation de ces taches prouve que Vénus a, autour d'un axe peu incliné à l'écliptique, un mouvement de rotation dont la durée est de $23^h\ 21^m$.

Le diamètre apparent de Vénus à sa distance moyenne de la terre est $16'',9$; son diamètre réel, en prenant celui de la terre pour unité, est 0,985; son volume, en prenant celui de la terre pour unité, est 0,957.

Vénus n'a pas d'aplatissement sensible.

13. *Mars.* — Après Vénus, Mars est la planète la plus voisine de la terre; vue à l'œil nu, elle paraît une belle étoile rougeâtre.

Mars est une planète beaucoup plus petite que la terre; elle tourne en $24^h\ 37^m$ autour d'un axe incliné à l'écliptique de 61° environ.

On distingue sur la surface de Mars des taches qui paraissent, pour la plupart, conserver une forme invariable; elles sont moins brillantes que la surface générale, ce qui tient à la nature des substances qui réfléchissent la lumière.

Cette planète offre aux observateurs un phénomène très-curieux : deux taches très-blanches, d'un éclat inégal, s'aperçoivent alternativement sur le contour de Mars aux extrémités du diamètre des pôles. Leur grandeur est variable; tantôt elles semblent faire saillie sur le contour du disque, tantôt elles diminuent au point de devenir difficilement visibles. Ces alternatives s'accordent parfaitement avec la position du soleil relativement à l'équateur de Mars; la tache du pôle austral, par exemple, augmente considérablement pendant l'hiver de l'hémisphère austral, et diminue ensuite lorsque, pendant l'été de cet hémisphère, le soleil darde ses rayons sur le pôle austral; ces apparences indiquent avec évidence que ces taches sont des glaces amassées près des régions polaires; il est très-vraisemblable que l'épaisseur de ces glaces est considérable. La tache du pôle austral paraît éprouver des variations plus grandes que celle du pôle boréal; elle prend quelquefois une extension telle qu'on peut la distinguer même à l'époque où le pôle austral n'est pas visible de la terre. Cette différence tient à ce que, par suite de la position de l'axe de rotation, le pôle austral de Mars a des hivers plus froids et des étés plus chauds que le pôle boréal.

Mars paraît avoir une atmosphère assez dense, car des taches qui sont très-visibles au centre du disque disparaissent longtemps avant d'atteindre le bord où les rayons ont à traverser la plus grande épaisseur d'atmosphère.

Mars offre donc de grandes analogies avec la terre; la longueur des jours est à peu près la même, les inclinaisons de l'axe de rotation diffèrent seulement de quelques degrés (5° ou 6° environ); l'existence de glaciers polaires complète la ressemblance.

Le diamètre apparent de Mars à sa distance moyenne de la terre est 5",8; en prenant les éléments terrestres pour unité, son diamètre réel est 0,519; son volume 0,14.

14. *Jupiter.* — Jupiter est la plus grosse des planètes; à l'œil nu elle semble une étoile un peu jaunâtre, très-brillante. Son diamètre apparent à sa distance moyenne de la terre est 38",4; en prenant les éléments terrestres pour unités, son diamètre réel est 11,225, son volume 1414,2.

L'aplatissement de Jupiter est $\frac{1}{18}$ environ.

D'après de nombreuses observations des taches de Jupiter, on a reconnu que cette planète tourne en $9^h\,55^m$ autour d'un axe qui est presque perpendiculaire à l'écliptique.

On voit ordinairement sur le disque de Jupiter deux bandes d'une teinte sombre; elles sont parallèles entre elles et coupent l'équateur sous un angle très-aigu en remontant de l'est vers l'ouest; ces bandes sont sujettes à des changements considérables. Dans tous les temps, les taches et les bandes cessent d'être très-visibles près des bords; cette extinction prouve que Jupiter a une atmosphère assez dense.

Jupiter est accompagné de quatre satellites qui se meuvent autour de lui dans des orbites presque circulaires, très-peu inclinées sur le plan où se meut la planète.

15. *Saturne.* — Saturne est une planète beaucoup moins brillante que Jupiter; sa lumière est terne et comme plombée. Son diamètre apparent à sa distance moyenne de la terre est 17",1; en prenant les éléments terrestres pour unités, son diamètre réel est 9,022, son volume est 734,8.

Saturne présente l'aspect d'un globe sensiblement aplati, entouré d'un anneau peu épais se projetant sous la forme d'une ellipse assez allongée. On distingue sur la surface de l'anneau des traits obscurs qui semblent le partager en plusieurs autres; une seule des lignes noires, plus large que les autres, persiste dans tous les temps et permet de croire à une division réelle de l'anneau.

Le disque de Saturne présente quelquefois des taches et des bandes du même genre que celles de Jupiter; les variations observées dans les apparences de ces bandes ont fait penser que Saturne avait, comme les autres planètes, une atmosphère. On remarque aussi des taches sur la surface de l'anneau. La discussion de l'ensemble de toutes les observations donne pour la planète une rotation de $10^h\,29^m$, et pour l'anneau une rotation de $10^h\,32^m$.

L'aplatissement de Saturne est $\frac{1}{11}$.

16. *Comètes.* — Les comètes ont, comme les planètes, un mouvement propre. On a démontré que l'orbite de chaque comète est plane et est une ellipse dont le soleil occupe un des foyers; le principe des aires subsiste pour les comètes.

Les comètes les plus remarquables sont :

1° La *comète de Halley*, qui fait sa révolution en soixante-seize ans environ, de l'est à l'ouest, dans le sens du mouvement diurne.

2° La *comète d'Hencke*, dont la révolution dure trois ans et demi environ ; son mouvement est direct, c'est-à-dire dans le sens du mouvement propre du soleil.

3° La *comète de Biéla* ou *de Gambart*, qui se meut dans le sens direct et fait sa révolution en six ans $\frac{3}{4}$ environ. Cette comète se dédoubla à son apparition de 1846, c'est-à-dire qu'on vit deux comètes semblables très-voisines l'une de l'autre et sans communication apparente, décrire sensiblement l'orbite assignée à la comète primitive ; le dédoublement persista lors de la dernière apparition de la comète en 1852.

4° La *comète de Faye*, découverte en 1843 et revue en 1851 ; son mouvement est direct, et sa révolution est de sept ans trois mois environ.

CHAPITRE VIII.

Mouvement réel de la terre. — Système solaire.

1. *Préliminaires.* — Si, dans un lieu quelconque, un observateur contemple la voûte céleste, il arrive aux conclusions suivantes :

1° Les étoiles passent successivement au méridien supérieur du lieu d'observation et toujours dans le même ordre;

2° L'intervalle de temps qui s'écoule entre les passages de deux étoiles quelconques au méridien supérieur est toujours le même ;

3° L'intervalle de temps qui s'écoule entre deux passages consécutifs d'une étoile au méridien supérieur est constant.

Or, si un observateur est immobile au centre d'une sphère tournant autour d'un de ses diamètres, il voit successivement tous les points de cette sphère passer devant lui; et si, une sphère étant immobile, l'observateur placé au centre se meut avec un diamètre, les apparences sont exactement les mêmes pour lui. L'observateur se croyant immobile attribue dans tous les cas à la sphère le déplacement dont il a la sensation.

Donc toutes les apparences du mouvement diurne des corps célestes restent les mêmes dans l'une ou l'autre des hypothèses suivantes :

1° La voûte céleste tourne autour d'un axe diamétral d'un mouvement uniforme en 24 heures sidérales et de l'est à l'ouest.

2° La terre, animée d'un mouvement uniforme autour d'un axe central, effectue une révolution entière en 24 heures sidérales et de l'ouest à l'est.

2. Toutes les apparences du mouvement du soleil et tous les phénomènes auxquels il donne lieu restent les mêmes, en admettant que la terre, douée d'un mouvement de rotation diurne, décrit en outre une ellipse dont le soleil occupe un des foyers.

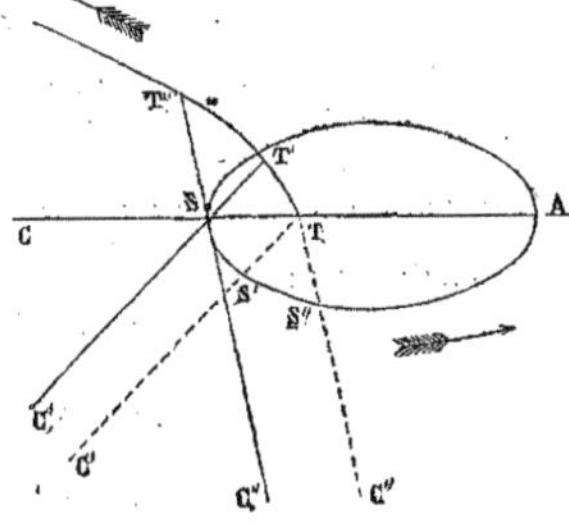

En effet, on constate le mouvement propre du soleil en déterminant les constellations zodiacales qu'il traverse successivement et l'ordre dans lequel s'effectue ce passage. Soient S', S, S'',..... diverses positions du soleil sur son orbite; l'observateur situé en T les voit correspondre aux constellations c, c', c'',.....; par le point S menons les lignes Tc_1', Sc_1'',.....

parallèles à TS', TS'',... à cause de la distance infinie des étoiles. Les apparences sont les mêmes pour l'observateur en supposant le soleil mobile et occupant successivement les positions S, S', S''... ou en admettant l'immobilité du soleil en S et la terre placée successivement sur les lignes Sc, Sc,', Sc,''...; cette nouvelle hypothèse n'altérant en rien la distance du soleil et de la terre, on prendra ST'=TS', ST''=TS''...; la terre sera donc mobile sur une ellipse égale à l'ellipse solaire, et le soleil occupera un des foyers de cette ellipse; le mouvement de la terre sera dirigé d'occident en orient.

3. L'axe du monde, faisant avec l'axe de l'écliptique un angle constant, restera toujours parallèle à lui-même dans le mouvement de translation de la terre.

Le plan de l'écliptique sera, dans l'hypothèse nouvelle, le plan de l'orbite terrestre; la ligne des équinoxes sera l'intersection du plan de l'écliptique et du plan de l'équateur terrestre. L'équateur terrestre étant déplacé parallèlement à lui-même, la ligne des équinoxes se déplace sur l'écliptique parallèlement à elle-même; les équinoxes ont lieu quand la ligne des équinoxes vient passer par le foyer où se trouve le soleil; les solstices, quand la ligne des équinoxes est perpendiculaire sur la ligne de jonction des centres des deux astres.

Le rayon vecteur mené du soleil à la terre décrit autour du soleil des aires proportionnelles aux temps; la terre est au périhélie quand elle est à sa distance minimum du soleil, à l'aphélie quand elle est à sa distance maximum.

L'année tropique est la durée de la révolution de la terre dans son orbite, ou le temps qu'elle emploie à revenir au même équinoxe.

4. Les phénomènes des jours et des nuits s'expliquent aisément dans la nouvelle hypothèse.

5. Toutes les planètes décrivent autour du soleil des ellipses dont le soleil occupe un des foyers; toutes les planètes sont des corps non lumineux par eux-mêmes et recevant leur lumière du soleil.

La terre doit donc être considérée comme une planète; et cette hypothèse, d'après ce qui précède, ne change en rien les apparences des mouvements des corps célestes vus de la terre.

6. *Système solaire. — Lois de Képler. — Attraction universelle.* — Le système solaire se compose du soleil, des planètes et de leurs satellites, et d'un grand nombre de comètes. Copernic, dans son ouvrage intitulé *Sur les révolutions des corps célestes*, et publié en 1543, l'année même de sa mort, établit que le soleil est au centre du système, et que la terre, comme toutes les autres planètes, tourne autour de cet astre.

Képler, en discutant les observations de Tycho-Brahé, découvrit les deux lois suivantes, qu'il publia en 1609 :

1° *Les planètes se meuvent sur des courbes planes, et leurs rayons vecteurs décrivent autour du centre du soleil des aires proportionnelles aux temps.*

2° *Les orbites des planètes sont des ellipses dont le centre du soleil occupe un des foyers.*

Képler trouva ensuite, le 15 mai 1618, la troisième loi :

3° *Les carrés des temps des révolutions des planètes sont entre eux comme les cubes des grands axes de leurs orbites.*

Les trois lois de Képler régissent aussi les mouvements des satellites autour de leurs planètes; la lune est satellite de la terre.

7. Les lois de Képler, qui représentent toutes les circonstances du mouvement des planètes autour du soleil, firent considérer cet astre comme le

foyer d'une force qui s'étend indéfiniment dans l'espace, et Newton découvrit dans chacune des lois de Képler une propriété particulière de cette force. Ainsi Newton établit comme conséquence mathématique de la loi des aires, que *la force qui retient chaque planète dans son orbite est constamment dirigée vers le centre du soleil*; il conclut de la forme elliptique des orbes planétaires, que *cette force varie pour chaque planète, en raison inverse du carré de la distance au soleil*; et enfin du rapport des carrés des temps des révolutions et des cubes des grands axes des orbites, il put déduire que *la force qui sollicite les planètes est la même pour tous les corps placés à égales distances du soleil*. Cette force, dont les effets sont si bien connus, mais dont la cause reste cachée, a reçu le nom d'*attraction*, et la loi en vertu de laquelle l'attraction gouverne la matière peut être énoncée de la manière suivante :

Tous les corps s'attirent proportionnellement à leurs masses et en raison inverse du carré des distances.

Newton renferma ainsi en un seul principe les trois lois fondamentales découvertes par Képler. L'application des théories de la mécanique rationnelle à ce grand principe de l'attraction a montré que chaque planète doit signaler son existence dans le système solaire en altérant les éléments elliptiques des planètes voisines; elle a de plus fourni les moyens de calculer les attractions mutuelles des planètes et les perturbations qui en résultent dans leurs mouvements.

LIVRE II.

NAVIGATION PAR ESTIME.

PRÉLIMINAIRES.

1. Fixer la position d'un vaisseau, le point du globe terrestre où il se trouve, tel est le but unique de la navigation.

2. *Faire le point* pour une certaine heure, c'est déterminer la latitude et la longitude du point où le vaisseau se trouve à cette heure.
   L'observation des astres donne le *point observé*.
   On obtient le *point estimé* en calculant à l'aide de la route que l'on estime parcourue par le vaisseau, les déplacements ou changements en latitude et en longitude, et en combinant ces déplacements avec un point précédemment déterminé qu'on prend pour point de départ.

3. Un point est suffisamment déterminé à la mer, quand la latitude et la longitude de ce point sont connues au mille près. Le mille ou la minute de l'arc de grand cercle valant 1852 mètres, un point déterminé au mille près est toujours dans les limites de l'horizon du navigateur; les procédés employés pour fixer la position du vaisseau ne comportent pas une exactitude plus grande.

4. Le loch et son sablier, la boussole sous la forme d'un compas de route et d'un compas de relèvements, le chronomètre, le sextant ou le cercle à réflexion, sont les instruments indispensables au navigateur. La *Connaissance des temps*, recueil que publie chaque année le Bureau des longitudes, les Tables de logarithmes de Callet, suivies d'un Recueil de tables nautiques, sont les seuls livres nécessaires au calculateur.

CHAPITRE I.

Compas de route. — Compas de relèvements. — Loch.

1. Quel que soit le lieu d'observation, la partie du ciel où les astres se lèvent est l'*orient* ou l'*est;* celle où ils se couchent, l'*occident* ou l'*ouest.* L'observateur qui a l'est à sa droite, l'ouest à sa gauche, a devant lui le *nord,* derrière lui le *sud.*

Le nord, le sud, l'est, l'ouest, reçoivent le nom collectif de *points cardinaux.* L'intersection des plans du méridien et de l'horizon est la *vraie ligne nord et sud;* l'intersection des plans du premier vertical (plan vertical perpendiculaire au méridien) et de l'horizon est la *vraie ligne est et ouest;* ces deux lignes sont perpendiculaires entre elles.

2. Pour désigner facilement une partie quelconque de l'horizon, on a imaginé la *rose des vents*. On trace une circonférence et deux diamètres se coupant à angle droit, puis on divise chacun des quatre angles droits en huit parties égales de 11° 15′ chacune. On a ainsi trente-deux directions; en allant du nord au sud par l'ouest, on a

N, N$\frac{1}{4}$NO, NNO, NO$\frac{1}{4}$N, NO, NO$\frac{1}{4}$O, ONO, O$\frac{1}{4}$NO, O
O, O$\frac{1}{4}$SO, OSO, SO$\frac{1}{4}$O, SO, SO$\frac{1}{4}$S, SSO, S$\frac{1}{4}$SO, S, etc.

On conclut aisément les noms des seize directions qu'on rencontre en allant du nord au sud par l'est.

On a l'habitude de graduer la circonférence de 0° à 90° du point N. et du point S. vers le point O. et vers le point E.

La direction d'un rayon quelconque de la rose des vents reçoit le nom d'*aire de vent* ou de *rumb de vent*. L'*angle du rumb de vent* est l'angle d'une aire de vent avec la ligne N. S.; on le compte de 0° à 90° du N. ou du S. vers l'E. ou vers l'O. Quand on connaît le nom de l'aire de vent, il est facile de conclure l'angle du rumb de vent et inversement.

Nota. La ligne N. S. divise la rose des vents en deux parties égales : la *partie droite* de la rose contient le point E.; la *partie gauche*, le point O.

3. *Aiguille aimantée*. Une aiguille aimantée suspendue par le moyen d'un fil fixé à son centre de gravité, et dont par suite tous les mouvements sont libres, jouit de la propriété de se maintenir dans un même plan et d'y revenir après plusieurs oscillations toutes les fois qu'une cause quelconque l'en écarte; chaque extrémité de l'aiguille aimantée est toujours dirigée du même côté.

Le plan vertical dans lequel se trouve l'aiguille aimantée s'appelle *méridien magnétique;* l'angle qu'il forme avec le méridien terrestre se nomme *déclinaison* de l'aiguille; sa trace sur l'horizon est la ligne *nord* et *sud* de l'aiguille.

L'aiguille aimantée forme avec l'horizon un angle qu'on nomme *inclinaison* de l'aiguille.

4. La déclinaison de l'aiguille aimantée n'est pas la même dans tous les lieux de la terre; pour un même lieu elle est soumise à des variations diurnes et annuelles.

La déclinaison est NE. ou NO. suivant que la pointe N. de l'aiguille aimantée tombe à droite ou à gauche du vrai point N.

5. *Boussole*. — L'aiguille aimantée est la pièce principale des boussoles, toutes les autres pièces servent à garantir l'aiguille de l'agitation que l'air pourrait lui communiquer et à la rendre aussi indépendante que possible des mouvements du vaisseau.

L'aiguille d'une boussole repose par une pointe très-aigue sur un support; elle peut tourner aussi librement que possible; elle est balancée sur son support au moyen d'un poids additionnel qui sert à la maintenir horizontale en détruisant l'effet de l'inclinaison. On lui adapte en dessus une feuille de talc transparente parfaitement équilibrée, sur laquelle on colle une rose des vents graduée dont la ligne nord et sud coïncide avec la ligne des pôles de l'aiguille.

Les pôles de toutes les aiguilles variant de position quand on leur fait éprouver des secousses ou des commotions violentes, on donne aux aiguilles la moindre largeur possible, afin que ces variations aient peu d'influence sur la direction qu'elles doivent prendre.

On donne à l'aiguille la forme ci-contre; au centre de l'aiguille est adapté par la base un cône très-aigu en acier. Le support est un cylindre en cuivre DEFG; dans la partie supérieure est taillé un cône percé en son sommet I le plus finement possible; le cylindre et le cône ont même axe. Au-dessous du point I le cylindre est traversé par un parallélipipède en agate, mobile à volonté.

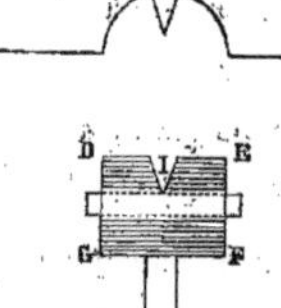

L'aiguille aimantée repose par la pointe aiguë de son cône en acier sur le parallélipipède; quand l'agate est piquée au point de suspension, il suffit, pour changer ce point, de mouvoir un peu le parallélipipède, ou, si l'une des faces est usée, de retourner le parallélipipède sur une autre face.

La forme courbe qu'on donne à l'aiguille en son milieu est très-avantageuse; le centre de gravité de l'aiguille étant aussi éloigné que possible du point de suspension et au-dessous de lui, la propre inertie de l'aiguille produit un assez grand effet pour empêcher l'aiguille de participer aux mouvements du vaisseau.

La forme actuelle des aiguilles est, à ce point de vue, préférable à la forme plate en losange qu'on leur donnait jadis.

6. Pour garantir l'aiguille de l'agitation que l'air pourrait lui communiquer, on la renferme dans une boîte cylindrique qui est la *cuvette* de la boussole.

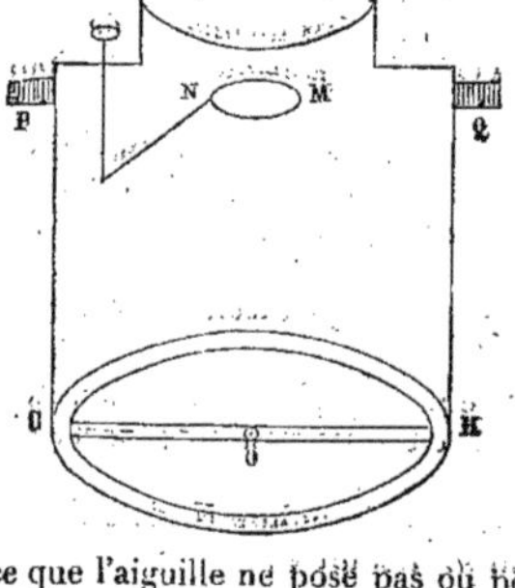

Le support DEFG est vissé en O sur une règle en cuivre CH dont les extrémités s'appuient sur les rebords en cuivre de la cuvette; le cylindre de la cuvette et le cylindre DEFG ont même axe. La cuvette est fermée par deux glaces; la partie inférieure de la cuvette est munie d'une garniture en plomb.

Deux boulons P, Q sont adaptés à la cuvette dans une même section verticale du contour cylindrique.

Une vis G permet de lever ou d'abaisser un anneau MN, de manière à ce que l'aiguille ne pose pas ou pose sur son support en agate.

7. Pour qu'une boussole puisse servir en mer, il faut que la cuvette soit suspendue de manière à ne participer que le moins possible aux mouvements du vaisseau.

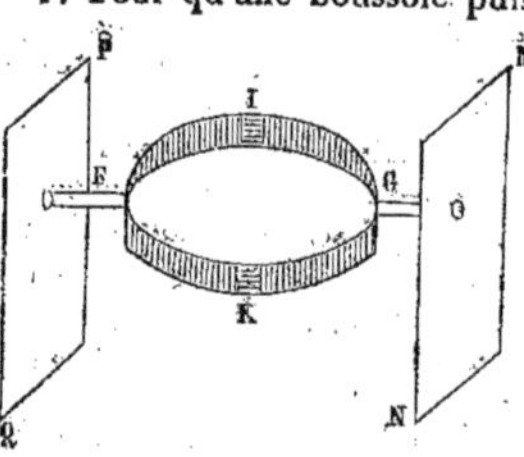

Le système de suspension adopté dans la marine est dû à *Cardan*; il est composé d'un cercle de cuivre nommé *cercle de suspension*, mobile autour d'un de ses diamètres FG par le moyen de deux boulons reposant dans des montants MN, PQ; deux trous I, K sont pratiqués dans le cercle de suspension aux extrémités d'un diamètre perpendiculaire sur le diamètre FG; les boulons de la cuvette entrent dans les trous I, K.

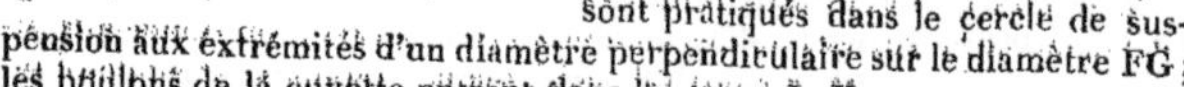

La cuvette, tournant librement entre eux, peut prendre tous les degrés d'inclinaison possible en tel sens qu'on voudra; dès lors, si la garniture en plomb de sa partie inférieure à un poids suffisant, la cuvette ne participera en aucune façon aux mouvements du vaisseau.

On place les deux axes de rotation de la suspension dans un même plan, et on fait passer ce plan par la pointe du cone en acier de l'aiguille.

L'aiguille aimantée a autant d'indépendance qu'il est possible de lui en donner.

Enfin, la boussole est posée dans une boîte carrée en bois ; le système de suspension est ainsi garanti des impulsions qu'il pourrait éprouver de la part du vent.

8. *Compas de route.* — La boussole prend le nom de *compas de route* quand elle est destinée à indiquer la direction à suivre par le vaisseau ; elle est alors renfermée dans l'*habitacle*, petite armoire carrée ou cylindrique, fermée par une glace transparente à sa partie supérieure, et placée sur le pont, près de la barre du gouvernail, sous les yeux du timonier ; on l'éclaire la nuit au moyen d'une lampe placée dans la batterie.

Sur la paroi intérieure de la cuvette, paroi peinte en blanc, sont tracées quatre droites verticales noires qui déterminent deux plans perpendiculaires entre eux, se coupant suivant l'axe du pivot de l'aiguille. L'un de ces plans est parallèle à la section longitudinale du vaisseau considéré à l'état d'équilibre, et l'on nomme *cap du compas* le point de la rose qui correspond à la ligne verticale située vers l'avant ou à la ligne de foi.

On peut connaître à chaque instant l'*aire de vent du compas* ; c'est celle où se trouve le cap du compas, elle indique la direction de la quille du vaisseau ; si donc on avait la déclinaison de l'aiguille aimantée, on trouverait aisément la direction du vaisseau sur la surface du globe ou le *rumb de vent vrai.*

L'observation des astres sert à déterminer la déclinaison de l'aiguille aimantée.

9. *Boussole de relèvements ou compas de variation.* — Les boussoles destinées à observer des relèvements sont appelées par les marins *compas de variation*, parce qu'on en fait un grand usage pour trouver la déclinaison de l'aiguille aimantée qu'on nomme vulgairement *variation.*

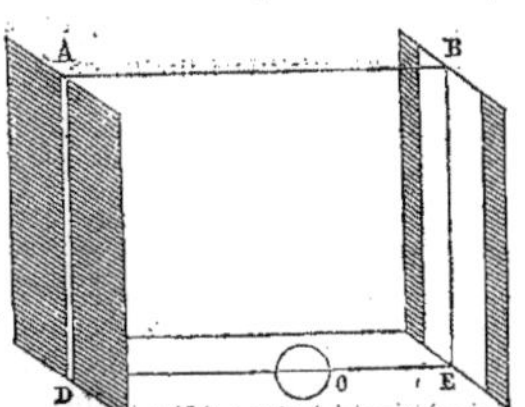

Le compas de variation consiste en une boussole ordinaire placée dans une boîte qu'on peut transporter à volonté et poser au-dessus d'un pied à trois branches. Au centre de la glace supérieure de la cuvette est adapté un pivot vertical O, supportant une alidade mobile autour de cet axe. Aux extrémités de l'alidade s'élèvent à angle droit deux pinnules AD, BE ; dans la pinnule AD, qui doit être la plus proche de l'œil, on a pratiqué une rainure très-étroite ; dans la pinnule BE on a fait une rainure plus large. Un fil DEBA a son plan perpendiculaire à chaque rainure en passant par l'axe de la rainure AD.

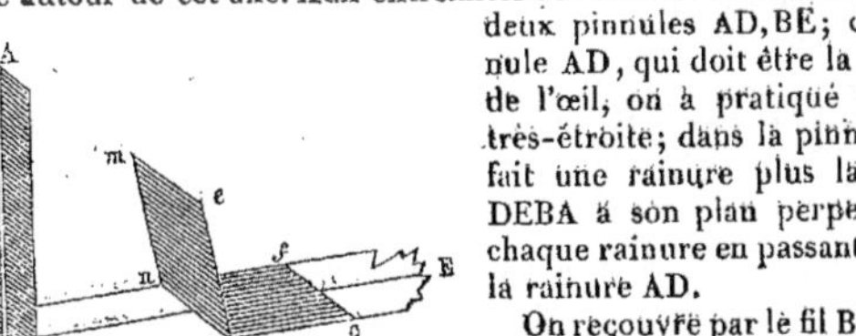

On recouvre par le fil BE l'objet terrestre ou céleste qu'on veut relever, ou bien on le partage en deux parties égales, s'il a quelque étendue.

La direction du fil DE indique l'aire de vent du relèvement.

L'alidade porte un petit appareil *mndefg* dont la partie *fndg* peut prendre un mouvement de va-et-vient sur l'alidade; *mnde* est une glace mobile autour de la charnière *dn*, ou fixe et inclinée de 60° environ.

La graduation de la rose du compas et le fil DE se réfléchissent dans le miroir; on lit aisément l'aire de vent diamétralement opposée à celle que l'on cherche.

L'angle que l'aire de vent cherchée forme avec le méridien magnétique est l'*azimut magnétique* de l'objet ; on le compte de 0° à 90° du N. ou du S., vers l'E. ou vers l'O.; l'*amplitude magnétique* est le complément de l'azimut.

10. *Nota.* — Toutes les fois qu'on se sert d'un compas de variation à bord d'un vaisseau, on doit le comparer au compas de route en le plaçant dans la position qu'il doit avoir pour la recherche du relèvement; le relèvement obtenu sera toujours corrigé de la différence de direction des deux aiguilles aimantées.

Les compas de route sont réglés à bord des vaisseaux; placer le compas de variation en un point quelconque du vaisseau, c'est exposer l'aiguille aimantée de ce compas à être déviée par l'influence de masses de fer voisines.

11. *Mesures usuelles à la mer.* — La terre n'est pas exactement sphérique. On a trouvé :

Rayon de l'équateur	6377116^{m}
Distance du pôle au centre de la terre	6356207^{m}
Rayon moyen de la terre ou distance du centre au parallèle de 45°	6366698^{m}
Longueur du quart du méridien de Paris	10000735^{m}
Longueur du degré moyen méridien	111137^{m},25
Longueur de la minute de l'équateur	1855^{m},03

Les valeurs des mesures de longueur en usage à la mer sont déduites de la valeur du rayon moyen de la terre. — Les mesures usuelles à la mer sont :

1° La lieue marine, de $\frac{1}{20}$ degré ou 3′ de méridien			5556^{m}
2° Le mille marin, tiers de la lieue marine			1852^{m}
3° Le nœud, $\frac{1}{120}$ de mille	47^{pieds},51	ou	15^{m},43
4° La brasse	5^{pieds}	ou	1^{m},62
5° L'encâblure	100^{toises}	ou	194^{m},90

12. — *Loch.* Le loch est un instrument dont le but est de procurer sur la surface de la mer un point fixe à partir duquel on mesure la distance parcourue par le vaisseau dans un temps qui est habituellement de 30^{s}; par suite il fait connaître la vitesse du navire, si on admet que cette vitesse soit uniforme.

Le loch se compose de trois parties distinctes :

1° Le *bateau de loch*, secteur de cercle en bois de 60° environ, dont la base est garnie d'une plaque de plomb ; des sommets de la base partent deux cordons réunis à quelques pieds du bateau de loch autour d'une cheville.

2° La *ligne de loch*, corde d'une soixantaine de brasses environ, part du sommet opposé à la base et porte, à la même distance du bateau de loch que la cheville, un étui dans lequel on peut introduire celle-ci avec un léger effort. Sur cette ligne, à une longueur égale à celle du vaisseau, est un morceau d'étamine, puis ensuite des divisions sont marquées à des distances égales; chacune des divisions est égale à un nœud, et est partagée en demi-nœud, quart de nœud.

3° Le *tour de loch*, cylindre autour duquel est entourée la ligne de loch.

Chaque fois que la vitesse du vaisseau paraît changer, on lance le bateau de loch à la mer, sur l'arrière et du côté opposé au vent, en laissant filer librement la ligne de loch; on a soin au préalable de faire entrer la cheville dans l'étui. Le bateau de loch, par suite de la disposition des trois cordons réunis en D et de la plaque de plomb, prend une position verticale, et est immergé aux deux tiers; il offre à l'eau une résistance par laquelle il est arrêté; c'est ainsi qu'on obtient le point fixe indispensable pour mesurer le chemin parcouru.

C'est seulement à la distance d'une longueur de vaisseau environ, l'expérience l'indique, que le bateau de loch est à peu près dégagé des influences du remous; de là résulte la place donnée à l'étamine sur la ligne de loch.

Quand on sent le morceau d'étamine passer entre les doigts, on crie *vire* à la personne qui tient un sablier d'une durée de 30^s, le retourne à l'instant, et avertit par le mot *stop* du moment où le sable est écoulé. On imprime aussitôt une forte secousse au loch pour faire sortir de l'étui la cheville qui n'a pas dû être trop serrée; le bateau de loch, se trouvant alors à plat sur l'eau, est facilement ramené à bord.

La durée du sablier étant la cent vingtième partie d'une heure, et le nœud étant la cent vingtième partie du mille, le nombre de nœuds et fractions de nœuds obtenu est exactement le nombre de milles et fractions de mille que le vaisseau file à l'heure, en supposant toutefois sa vitesse uniforme.

Le nœud est de $47^{\text{pieds}},51$; l'expérience a démontré qu'il fallait réduire cette longueur à 45 pieds, à cause de la mobilité du bateau de loch.

On doit rectifier souvent la longueur de la ligne de loch, et vérifier à l'aide d'un chronomètre la durée du sablier.

Si n est la longueur erronée du nœud, d la durée erronée du sablier, V le nombre de nœuds trouvé, une simple règle de trois donne pour V', nombre de nœuds réellement filé : $V' = V.\dfrac{30\,n}{45\,d}$.

CHAPITRE II.

Cartes marines. — Principes des routes. — Dépression.

1. Les cartes marines sont destinées à représenter sur une surface plane des portions plus ou moins étendues de la surface du globe terrestre.

Le système adopté pour le tracé des cartes en usage dans la marine est dû à Gérard Mercator, géographe des Pays-Bas. Dans ce système, les méridiens sont représentés par des droites parallèles; les distances de ces droites entre elles sont égales aux distances comptées sur l'équateur des méridiens qu'elles représentent. L'équateur et les parallèles sont représentés par des droites perpendiculaires aux premières; les distances de ces droites à l'équateur sont déterminées par la condition suivante : *Deux lignes quelconques tracées sur la carte se coupent sous le même angle que les courbes sphériques qu'elles représentent.*

2. *Lemme. — L'arc de parallèle est égal à l'arc d'équateur correspondant multiplié par le cosinus de sa latitude.* — Soient O le centre de la sphère terrestre, P un pôle terrestre; PQ, PQ' deux méridiens. Cherchons la relation qui existe entre l'arc de parallèle qq' et l'arc d'équateur correspondant QQ'.

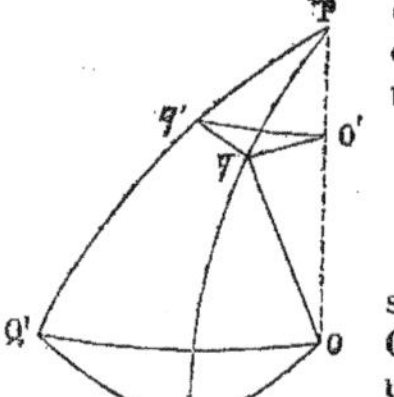

Les angles $qO'q'$, QOQ' sont égaux et

$$\frac{\text{arc } qq'}{\text{arc QQ'}} = \frac{O'q}{OQ};$$

si on considère la terre comme sphérique, $OQ = Oq$, et dans le triangle rectiligne OqO', rectangle en O', on a

$$qO' = Oq \sin POq = OQ \cos QOq,$$

donc arc $qq' =$ arc QQ' cos Qq.

3. La minute de méridien a une valeur constante et égale à celle de la minute d'équateur. On forme aisément le tableau des arcs correspondants d'un parallèle et de l'équateur :

Arc d'équateur correspondant à un arc de parallèle de 1 mille.

Latitude.	0°	30°	45°	60°	70°	80°	85°
Arc d'équateur	1^m	1^m,155	1^m,414	2^m	2^m,920	5^m,758	11^m,474

4. *Principe de construction des cartes marines. — Latitudes croissantes.* — En exprimant qu'une courbe sphérique et la ligne qui la représente sur la carte coupent sous le même angle un méridien donné, on satisfait à la condition du système de Mercator. Soient sur la sphère deux méridiens infiniment voisins PQ, P'Q', puis pq, $p'q'$, lignes droites parallèles, leurs représentations sur la carte; qq' = QQ'. Soient MM' une courbe quelconque, mm' sa représentation sur la carte, MN un parallèle sur la sphère, et mn, ligne droite parallèle à qq', sa représentation sur la carte. On peut considérer les triangles M'MN, $m'mn$ comme rectilignes; ils sont rectangles en N, n. On exprime l'égalité des angles PMM', pmm' ou l'égalité de leurs compléments M'MN, $m'mn$ en posant $\frac{m'n}{mn} = \frac{M'N}{MN}$.

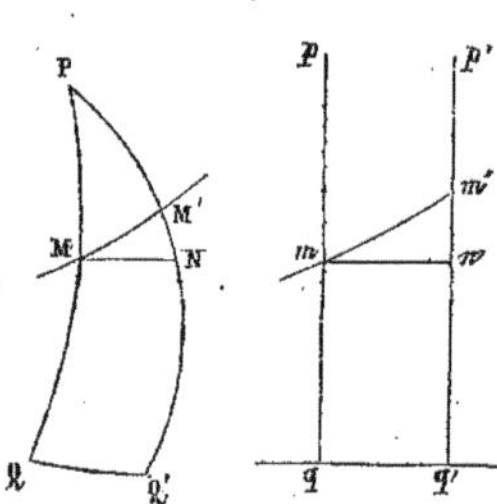

Appelons l la latitude du point M et dl l'accroissement M'N de cette latitude; appelons λ la distance mq et $d\lambda$ l'accroissement mm' de cette distance; remarquons en outre que MN = QQ' cos l = qq' cos l. On aura $d\lambda = \frac{dl}{\cos l} = dl \sec l$.

Ainsi, tandis que l'accroissement de longitude est le même sur la carte que sur la sphère, l'accroissement de latitude sur la carte est proportionnel à la sécante de cette latitude; les latitudes croissent donc beaucoup plus vite sur la carte que sur la sphère, et pour cette raison les latitudes de la carte sont appelées *latitudes croissantes*. On donne aux cartes marines le nom de *cartes de latitudes croissantes*.

5. Si on conçoit l'équateur et un méridien de la sphère terrestre divisés en parties infiniment petites et égales à Σ, on a sur l'équateur de la carte des segments égaux à Σ, et sur le méridien de la carte des segments dont les valeurs successives à partir de l'équateur sont :

$$\Sigma,\ \Sigma \sec \Sigma,\ \Sigma \sec 2\Sigma,\ \Sigma \sec 3\Sigma \ldots\ldots$$

La valeur de l'arc de méridien compris entre l'équateur et un parallèle de latitude $l = n\,\Sigma$ ou la latitude croissante d'un parallèle de latitude l sera :

$$\lambda = \Sigma \left\{ 1 + \sec \Sigma + \sec 2\Sigma + \ldots\ldots + \sec (l - 2\Sigma) + \sec (l - \Sigma) \right\}.$$

Ou, exprimée en minutes,

$$\lambda = \frac{\Sigma}{\sin 1'} \left\{ 1 + \sec \Sigma + \sec 2\Sigma + \ldots + \sec (l - 2\Sigma) + \sec (l - \Sigma) \right\}$$

6. *Table de latitudes croissantes.* — Le calcul intégral permet de donner à l'expression de la latitude croissante la forme plus commode

$$\lambda = \frac{1}{M \cdot \sin 1'} \log \operatorname{tg}\left(45^\circ + \frac{l}{2}\right).$$

On a $M = 0{,}4342945$; $\log \dfrac{1}{M \sin 1'} = 3{,}8984896$.

La table III de Callet, intitulée *Latitudes croissantes*, est construite à l'aide de cette formule; l'argument est la latitude. Les degrés de latitude sont lus dans le cadre horizontal supérieur, les minutes dans la première colonne verticale de gauche; en faisant cadrer ces deux nombres, on trouve la latitude croissante cherchée exprimée en minutes. Si on voulait tenir compte des secondes de latitude, on regarderait les accroissements des latitudes croissantes comme proportionnels aux accroissements de latitude.

Pour $l = 22^\circ\,30'$ on trouve $\lambda = 1386',10$; pour $l = 63^\circ\,15'$, on trouve $\lambda = 4938',12$. La formule donne :

$$\begin{aligned}
&l = 22^\circ\ 30' \\
&\log \operatorname{tg}\left(45^\circ + \frac{l}{2}\right) = \log \operatorname{tg} 56^\circ\ 15' = 0.1751074 \\
&\left\{\begin{aligned} \log 0.1751074 &= \bar{1}.2433045 \\ \log \frac{1}{M.\sin 1'} &= 3.8984896 \end{aligned}\right. \\
&\overline{\log \lambda = 3.1417941} \\
&l = 1350' \ldots\ldots\ldots \lambda = 1386'.10
\end{aligned}$$

$$\begin{aligned}
&l = 63^\circ\ 15' \\
&\log \operatorname{tg}\left(45^\circ + \frac{l}{2}\right) = \log \operatorname{tg} 76^\circ 37' 30'' = 0.6238383 \\
&\left\{\begin{aligned} \log 0.6238383 &= \bar{1}.7950720 \\ \log \frac{1}{M \sin 1'} &= 3.8984896 \end{aligned}\right. \\
&\overline{\log \lambda = 3.6935616} \\
&l = 3795' \ldots\ldots\ldots \lambda = 4938'.12
\end{aligned}$$

7. *Tracé des parallèles et des méridiens d'une carte marine.* — On constitue d'abord arbitrairement une *échelle de parties égales* dont chaque partie représente la minute d'équateur ou un nombre exact de minutes d'équateur.

On trace une ligne droite pour représenter le parallèle inférieur de la carte, c'est-à-dire le parallèle le plus voisin de l'équateur; puis une ligne droite perpendiculaire à la première pour représenter l'un des méridiens extrêmes de la carte; à l'aide de l'échelle de parties égales on peut tracer autant de méridiens que l'on veut, les distances de deux méridiens sur la carte étant toujours égales à leurs distances comptées sur l'équateur.

Pour tracer un parallèle de latitude l', on cherche sa latitude croissante λ', puis la latitude croissante λ du parallèle inférieur; la valeur de $\lambda' - \lambda$ indique la distance du parallèle de latitude l' au parallèle inférieur. On prend sur l'échelle de parties égales la longueur qui représente le nombre de minutes $\lambda' - \lambda$, et on porte cette longueur sur un méridien de la carte à partir du parallèle inférieur; on a ainsi un point du tracé que l'on cherche et par suite le parallèle est déterminé. On détermine de même tous les autres parallèles que l'on veut tracer.

8. *Avantages du système de Mercator.* — *Loxodromie.* — En mer, on ne connaît aisément à chaque instant que la direction du méridien sur lequel on se trouve, direction que le compas de route sert à trouver quand on a la valeur de la déclinaison de l'aiguille aimantée; c'est donc aux méridiens successifs que l'on traverse qu'il est naturel de rapporter la route à suivre pour aller d'un point à un autre.

Dans le système de Mercator, une courbe qui, sur la sphère, coupe tous les méridiens sous le même angle, est représentée sur la carte par une *ligne droite;* donc, pour avoir l'angle que la route à suivre fait avec un méridien, il suffit de tirer une ligne droite sur la carte du point de départ au point d'arrivée; l'angle de cette ligne avec le méridien est l'*angle de route vrai* ou le *rumb de vent vrai.*

La ligne qui, sur la sphère, coupe tous les méridiens sous le même angle, reçoit le nom de *loxodromie.* En suivant la loxodromie, on ne suit pas la ligne la plus courte, qui est l'arc de grand cercle; mais la détermination de la route et les calculs qui s'y rattachent sont beaucoup plus commodes.

9. *Changement en latitude.* — Le changement en latitude est la différence des latitudes de départ et d'arrivée quand elles ont même nom, leur somme dans le cas contraire.

10. *Changement en longitude.* — Le changement en longitude est la différence des longitudes de départ et d'arrivée quand elles ont même nom, leur somme dans le cas contraire. Si la somme des deux longitudes de nom contraire est supérieure à 180°, on la retranche de 360°, car, en navigation comme en trigonométrie, on ne considère que des arcs moindres que 180°.

11. *Latitude moyenne; parallèle moyen.* — La latitude moyenne est la demi-somme des latitudes de départ et d'arrivée quand elles ont même nom, leur demi-différence dans le cas contraire; le parallèle de latitude moyenne est dit *parallèle moyen.*

12. *Premier principe des routes.* — *Le changement en longitude est le produit du changement en latitude croissante par la tangente de l'angle de route vrai.* — Sur la carte, la ligne droite qui joint le point de départ A au point d'arrivée B représente l'arc loxodromique compris entre ces deux points sur la sphère terrestre. Menons les méridiens mm', pp' et le parallèle AC; le triangle BAC rectangle en C donne $AC = BC. \text{Cotg } BAC = BC. \text{Tg } mAB$ ou évidemment le principe énoncé.

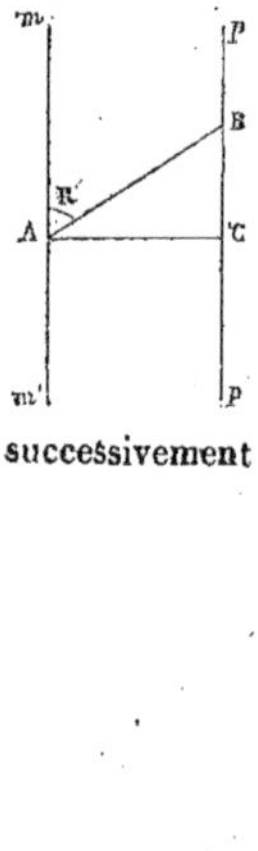

13. *Chemin N. ou S., E. ou O.* — Si on prend sur l'arc loxodromique AB des points arbitrairement choisis mais peu distants les uns des autres, on peut parcourir successivement un arc de méridien Ae, puis un arc de parallèle ea, un arc de méridien af, puis un arc de parallèle fb, et ainsi de suite. aller du point de départ A au point d'arrivée B à l'aide de déplacements partiels successifs nord ou sud, est ou ouest.

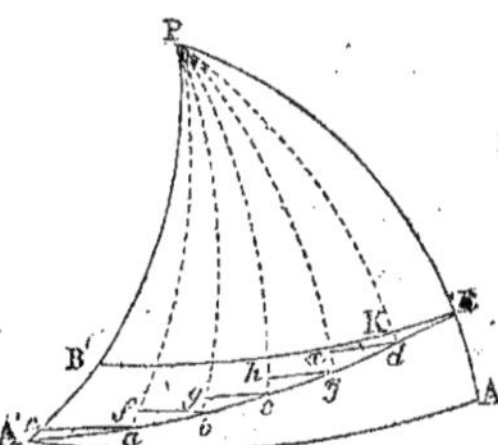

14. La somme de tous les déplacements partiels N. ou S., $Ae + af ... + dk$ sera évidemment, tous les méridiens de la sphère terrestre étant identiques, égale au déplacement total en latitude qu'on doit faire pour aller du point A au point B, c'est-à-dire au changement en latitude; de plus l'arc loxodromique coupant tous les méridiens sous le même angle, $PAa = Pab = Pbc = ... = R$, rumb de vent vrai; on a pour chaque route partielle N. ou S., en considérant comme rectilignes les triangles sphériques rectangles Aea, Afb......

$$\left.\begin{array}{l} Ae = Aa \cos R \\ af = ab \cos R \\ \ldots\ldots\ldots\ldots \\ dk = dB . \cos R \end{array}\right\} \text{d'où en sommant} \left\{\begin{array}{l} Ae + af + \ldots + dk = (Aa + ab \ldots + dB) \cos R \\ \text{chemin N. ou S.} = \text{changement en lat.} = m \cos R \end{array}\right.$$

en appelant m la somme $Aa + ab + \ldots + dB$ ou le nombre de milles de l'arc loxodromique. Ainsi :

Second principe des routes. — Le changement en latitude ou le chemin N. ou S. est le produit du nombre de milles de la route par le cosinus de l'angle de route vrai.

15. Si on évalue le nombre des milles contenus dans chaque arc de parallèle ea, fb...... kB, c'est-à-dire le nombre des milles de chaque déplacement partiel E. ou O., leur somme fait connaître le nombre total des milles faits à l'est ou à l'ouest ou le chemin total est ou ouest; on a les égalités

$$\left.\begin{array}{l} ea = Aa \sin R \\ fb = ab . \sin R \\ \ldots\ldots\ldots\ldots \\ kB = dB \cos R \end{array}\right\} \text{d'où en sommant} \left\{\begin{array}{l} ea + fb + \ldots + kB = (Aa + ab + \ldots + dB) \sin R \\ \text{chemin E. ou O.} = m \sin R. \end{array}\right.$$

Troisième principe des routes. Le chemin est ou ouest est le produit du nombre de milles de la route par le sinus de l'angle de route vrai.

16. *Principe du parallèle moyen. — Le changement en longitude est le produit du chemin E. ou O. par la sécante de la latitude moyenne.* — Soient L, L' les longitudes de départ et d'arrivée, l, l' les latitudes de départ et d'arrivée, l_m la latitude moyenne. On a évidemment

$$\text{arc } AA' > (ea + fb + \ldots + kB) > \text{arc } BB'$$
$$(L' - L) \cos l > \text{ch. E. ou O.} > (L' - L) \cos l'.$$

Le chemin E. ou O. est donc égal au produit du changement en longitude par le cosinus d'une latitude intermédiaire entre les latitudes de départ et d'arrivée. On pose ch. E. ou O. $= (L' - L) \cos l_m$, et cette égalité est d'autant plus exacte que la route parcourue est moindre.

On démontre rigoureusement que l'emploi de la formule

$$L' - L = \frac{\text{ch. EO}}{\cos l_m}$$

donne sur le changement en longitude une erreur en minutes

$$E < \frac{m^3 \sin^2 1' (1 + 2 \operatorname{tg}^2 l_m)}{36 \sqrt{3} \cos l_m}$$

et l'on peut former le tableau suivant :

Erreur en minutes sur le changement en longitude.

Lieues.	LATITUDE MOYENNE.						
	0°	30°	45°	60°	70°	80°	85°
50...	0',005	0',01	0',02	0',1	0',2	1',7	13',8
100...	0',04	0',07	0',2	0',5	1',7	13',8	110',3

17. On se rappelle aisément les principes des routes à l'aide de la figure ci-contre, dans laquelle on a :

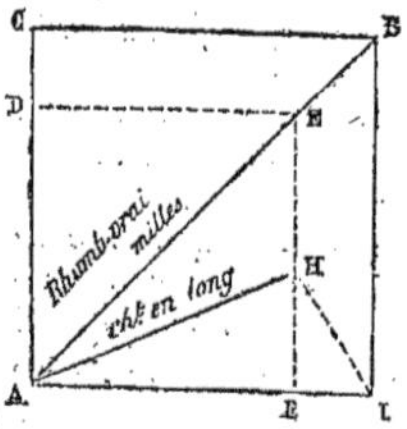

A point de départ, B point d'arrivée.

AC=chᵗ en latitude croissante.	CAB, rumb de vent vrai.
AD=chᵗ en latit. ou chemin N. S.	HAF, latitude moyenne.
AF=chemin E. O.	
AH=AI=BC=chᵗ en longitude.	
AE=nombre de milles de la route.	

Cette figure suffit pour faire comprendre la résolution des problème de route par la carte ou par une construction graphique ; on ne doit pas oublier que l'échelle des longitudes est l'échelle des parties égales, et que toutes les longueurs que l'on détermine doivent être mesurées sur l'échelle des parties égales.

18. La table IV de Callet, intitulée *Table pour faire le point*, est construite d'après les formules

$$\text{ch. N. S.} = \text{ch}^{t} \text{ en lat.} = m \cos R, \quad \text{ch. E. O.} = m \sin R.$$

L'argument horizontal est l'angle de route vrai ; l'argument vertical, le nombre de milles de la route ; en faisant cadrer, on trouve sur la ligne horizontale du nombre des milles le chemin N. S., le chemin E. O.

Elle peut servir aussi, quand on considère la formule $\frac{\text{ch. E. O.}}{\cos l_m} = \text{ch}^{t}$ en long., à trouver une des trois quantités que cette formule renferme quand on connaît les deux autres ; on prend la latitude moyenne comme angle de route, le changement en longitude comme nombre des milles de la route, le chemin E. O. comme chemin N. S.

19. En résumé, les principes des routes sont les suivants :

$$\text{ch. N. S.} = \text{ch}^{t} \text{ en lat.} = m \cos R$$

$$\text{ch. E. O.} = m \sin R$$

$$\text{ch}^{t} \text{ en long.} = \text{Tg R . ch}^{t} \text{ en lat. croissante.}$$

$$\text{ch. E. O.} = \cos l_m \,.\, \text{ch}^{t} \text{ en longit.}$$

On en peut conclure :

$$\frac{\text{ch. E. O.}}{\text{ch. N. S.}} = \text{Tg R}$$

$$\text{ch}^{t} \text{ en long.} = \text{Tg R} \,.\, \frac{\text{ch. N. S.}}{\cos l_m}$$

20. *Dépression vraie.* — On nomme dépression vraie l'angle HOA formé à l'œil de l'observateur dans un vertical par l'horizon sensible et une tangente à la surface terrestre. Si C est le centre de la terre, HOA = OCA et dans le triangle rectangle OAC, on a

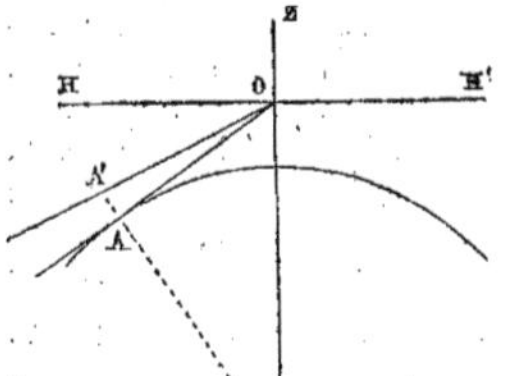

$$\cos \text{OCA} = \cos \text{HOA} = \frac{\text{AC}}{\text{OC}}.$$

Soient R le rayon terrestre, $oo' = e$ l'élévation de l'œil au-dessus de la surface terrestre,

$$\cos C = 1 - 2\sin^2 \frac{C}{2} = \frac{R}{R+e}, \text{ d'où } \sin^2 \frac{C}{2} = \frac{e}{2(R+e)}.$$

L'angle C étant toujours très-petit, on peut poser $\sin \frac{C}{2} = \frac{C}{2} \sin 1''$, et écrire $C = \frac{1}{\sin 1''}\sqrt{\frac{2e}{R+e}}$ ou, parce que e est fort petit eu égard à R,

$$C = \frac{1}{\sin 1''}\sqrt{\frac{2e}{R}}.$$

21. *Dépression apparente.* — La dépression apparente est l'angle HOA′ formé à l'œil de l'observateur dans un vertical par l'horizon sensible et une tangente à la surface terrestre apparente; la réfraction fait voir en effet la tangente OA en OA′. On a HOA′ = HOA — AOA′. La théorie de la réfraction apprend que l'angle AOA′ peut être considéré comme proportionnel à l'angle C et que, n étant un coefficient de réfraction, on peut poser AOA′ $= n$C; donc HOA′ $= (1 - n)$ C. Des observations multipliées ont donné $n = 0{,}08$; la valeur de ce coefficient est fortement influencée par l'état atmosphérique, dont on ne peut tenir compte dans le calcul.

$$\text{Dépression apparente} = \frac{1-n}{\sin 1''}\sqrt{\frac{2e}{R}}.$$

22. La table VII de Callet, intitulée *Dépression de l'horizon de la mer*, donne la dépression apparente et la dépression vraie; l'argument est l'élévation de l'œil en mètres. On a fait $R = 6366198^{m}$ dans les formules précédentes.

CHAPITRE III.

Problèmes de routes.

1. *Passer d'une aire de vent du compas à l'aire de vent du monde correspondante.* — *Problème inverse.* — Il faut d'abord résoudre la question en se servant des définitions connues, puis conclure une règle pratique.

Supposons qu'on ait gouverné au S. 16° 45′ E., et que la variation du compas soit 12° 25′ NE. Traçons sur la rose des vents deux diamètres rectangulaires représentant la vraie ligne nord et sud NS, la vraie ligne est et ouest EO; si on fait l'angle NCN′ = 12° 25′, la ligne N′ S′ indique la ligne nord et sud du compas; si on fait l'angle S′CA = 16° 45′, la ligne CA indique la direction de la route. L'angle de route vrai est donc

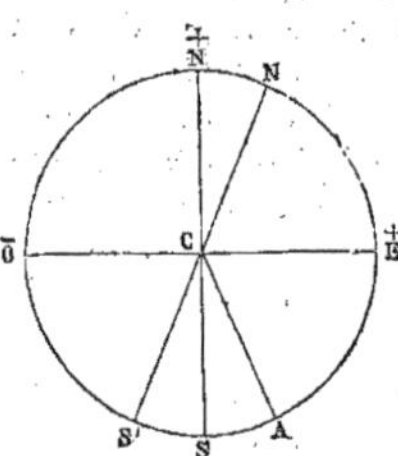

SCA = S′CA — SC′S = 16° 45′ — 12° 25′ = 4° 20′ ou le S. 4° 20′ E.

Cette manière de résoudre la question est évidente et ne peut laisser aucun embarras; mais le problème qui nous occupe devant toujours être résolu avec une grande promptitude, il vaut mieux employer des règles pratiques basées sur les conventions suivantes :

On donne le signe + au N., le signe — au S., le signe + à l'E., le signe — à l'O.; le signe + à tribord, le signe — à bâbord, et on suit la règle des signes pour donner à chaque aire de vent la désignation qui lui convient.

Ainsi NE a le signe +, NO le signe —, SE le signe —, SO le signe +.

On a les deux règles pratiques suivantes :

1° Pour passer de l'aire de vent du compas à l'aire de vent du monde correspondante, faire la somme algébrique de l'angle de route au compas et de la variation;

2° Pour passer de l'aire de vent du monde à l'aire de vent du compas correspondante, retrancher algébriquement la variation de l'angle de route vrai.

2. *Dérive.* — *Corriger une aire de vent de la dérive.* — Un vaisseau ne suit la direction de sa quille que dans le cas où il va vent arrière; dès que les voiles sont orientées obliquement, la direction de la quille n'est plus que la direction apparente du vaisseau. On nomme *dérive* l'angle que forme la direction de la quille avec la direction réelle que suit le vaisseau.

Pour déterminer la dérive, on relève la trace que le vaisseau laisse après lui et qu'on nomme *houache;* la houache étant l'effet de la marche du vaisseau indique sa direction réelle. La dérive est l'angle aigu formé par la houache et la direction de la quille du vaisseau.

La dérive est dite *tribord* ou *bâbord,* selon qu'elle entraîne le vaisseau à tribord ou à bâbord, c'est-à-dire selon que les amures sont à bâbord ou à tribord. On considère la dérive bâbord comme une variation NO, la dérive tribord comme une variation NE; il est d'après cela facile de corriger une aire de vent de la dérive.

Exemple I. — *On court au S. 48° O.; dérive 12° bâbord; variation 22° NE; trouver la route vraie.*

S. 48° O.	= + 48°.
Dér. 12° bâb.	= — 12°.
Var. 22° NE	= + 22°.

Somme algébr. = + 58°,.... route vraie S. 58° O.

Exemple II. — *On court au N. 88° O.; dérive 15° bâbord; variation 25° NO; trouver la route vraie.*

N. 88° O.	= — 88°.
Dér. 15° bâb.	= — 15°.
Var. 25° NO	= — 25°.

Somme algébr. = + 128°,.. route vraie { N. 128° O. ou S. 52° O.

EXEMPLE III. — *Pour aller d'un point à un autre, il faut suivre le le N. 42° E. du monde; la variation est 26° NO; trouver la route au compas.*

Route vraie... N. 42° E. = + 42°
Variation..... 26° NO = — 26° (à retrancher algébr.)

Différence algébrique... = + 68°... route au compas = N. 68° E.

EXEMPLE IV. — *On relève le phare d'Ouessant au* N. 10° E. *du compas; la variation est* 24° NO.; *trouver le relèvement vrai.*

Relèvement au compas N. 10° E. = + 10°
Variation........... 24° NO = — 24°

Somme algébrique........... = — 14°... relèv. vrai = N. 14° O.

Le relèvement vrai indique que la ligne qui va du vaisseau au feu d'Ouessant fait avec le méridien vrai du vaisseau un angle de 24° du N. à l'O.; par suite, cette ligne fait avec le méridien du feu d'Ouessant un angle de 14° du S. vers l'E.

En traçant sur la carte le méridien du phare d'Ouessant, et comptant à l'aide du rapporteur un angle de 14° du S. vers l'E, on trace une ligne sur laquelle se trouve le vaisseau.

EXEMPLE V. — *Le relèvement vrai d'un feu est le* S. 28° E.; *la variation* 24° NO; *quel est le relèvement au compas.*

Relèv. vrai.... S. 28° E. = — 28°
Variation..... 24° NO = — 24° (à retrancher algébr.)

Différence algébrique... = — 4°... relèv. au compas = S. 4° O.

3. *Détermination du point de partance ou du point d'arrivée.* — Quand on est en vue de terre prêt à faire route ou à gagner le mouillage, on détermine la position du vaisseau à l'aide de relèvements.

Si deux points remarquables notés sur la carte sont en vue, on les fait relever simultanément s'il est possible; on corrige les relèvements et on les porte sur la carte; l'intersection détermine la position du vaisseau : pour que cette intersection soit nette, on choisit deux points dont la distance angulaire est voisine de 90°.

4. Si un seul point remarquable noté sur la carte est en vue, le problème est indéterminé; néanmoins, si la latitude du vaisseau est connue et que le relèvement vrai soit voisin de la ligne N. S., on obtient une position convenable à l'intersection du relèvement vrai et du parallèle sur lequel on se trouve.

Dans le cas où la latitude est incertaine, il faut mettre en panne et sonder, puis chercher sur la ligne de relèvement tracée sur la carte le brassiage et la qualité du fond indiqués par la sonde; on peut souvent obtenir ainsi un point probable.

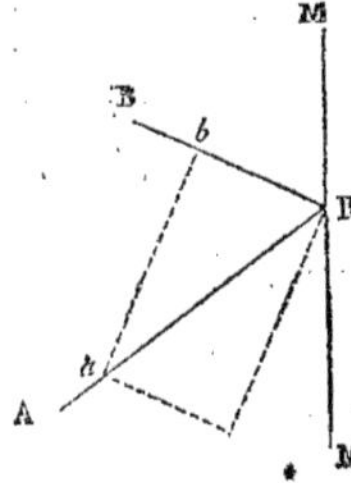

5. On peut, après avoir relevé une première fois le seul point en vue marqué sur la carte, courir un bord et prendre un second relèvement du même point.

Soit MM' le méridien du point relevé; on porte sur la carte le premier relèvement MRA, le second relèvement MRB; par le point R on mène la ligne RC dans la direction de la route vraie suivie, puis on prend RC égale à la longueur de la route parcourue; la ligne

Ca parallèle à R*b* détermine le point *a* du premier relèvement; la ligne *ab* parallèle à RC détermine le point *b* du second relèvement.

6. Le soir et la nuit on peut déterminer la position du vaisseau quand un feu d'une portée connue apparaît ou disparaît à l'horizon. On relève le phare, et on porte le relèvement vrai sur la carte; le vaisseau se trouve sur cette ligne à une distance du phare égale à la portée du feu augmentée de la dépression apparente due à l'élévation de l'œil de l'observateur.

Exemple. — *L'œil élevé de* $9^m,2$, *on a vu le phare d'Ouessant disparaître au* N. 42° E. *du monde; trouver la position du vaisseau.*

Portée du feu d'Ouessant........	=	18 milles.
Dépression apparente...... $9^m,2$	=	$5^m,4$.
Distance du vaisseau au phare...	=	$23^m,4$.

On porte cette distance sur la ligne qui fait avec le méridien du phare d'Ouessant un angle de 42° du S. vers l'O., et on obtient assez exactement la position du vaisseau.

7. *Détermination de la direction et de la longueur de la route à suivre. Solution usuelle.* — Le point de partance étant fixé, on le joint sur la carte au point d'arrivée; on mesure, à l'aide d'un rapporteur, l'angle aigu de cette ligne droite avec le méridien du point de départ; on a l'angle de route vrai, et on conclut l'angle de route au compas.

On prend entre les branches d'un compas sur l'échelle des latitudes et entre les latitudes des points de départ et d'arrivée un nombre arbitraire de milles; on porte cette distance sur la ligne droite à mesurer, et on obtient le nombre de milles à parcourir. Cette manière de faire n'est pas rigoureuse, mais l'approximation qu'elle donne est très-suffisante à la mer.

Exemple I. — *On veut aller de Brest à New-York; trouver la direction et la longueur de la route à suivre; la variation du compas est au départ* 24° NO. — La ligne droite qui, sur la carte, joint Brest à New-York, fait avec le méridien de Brest un angle de 81° du S. vers l'O. La route vraie est donc le S. 81° O.

Route vraie... S. 81° O.	= +	81°
Variation..... 24° NO	= −	24° (à retrancher algébriquement).
Route au compas.......	= +	105°... ou S. 105° O. ou N. 75 O°.

On prend sur l'échelle des latitudes et entre les latitudes de Brest et de New-York, une longueur de 2° ou 120 milles; cette longueur est contenue un peu plus de 25 fois dans la ligne de route; la distance à parcourir est un peu plus grande que 3000 milles.

Solution par le calcul.

Position de Brest...	latit. 48° 23′ 32″ N. long. 6° 49′ 49″ O.	Position de New-York....	latit. 40° 42′ 45″ N. long. 76° 20′ 27″ O.

Changement en longitude...	= 69° 30′ 38″ O. =	$4170^m,6$.
Changement en latitude....	= 7° 40′ 47″ S. =	$460^m,8$.
Latitude moyenne.........	= 44° 33′ 08″.	

On ne calcule qu'en nombres ronds de dizaines de secondes.

log cos latitude moyenne... = 9,8528486	log chang^t en latitude...... = 2,6635125
log chang^t en longitude.... = 3,6201985	c^t log cos rumb vrai........ = 0,8146693
c^t log chang^t en latitude.... = 7,3364875	
log tg rumb vrai......... = 0,8095346	log milles à parcourir..... = 3,4781818
rumb vrai......... = 81° 11′ 10″	m = 3007,3

Pour aller de Brest à New-York on va vers le S. et vers l'O.; le rhumb de vent vrai est donc le S. 81° 11′ O.

La route au compas sera le N. 74° 49′ O.; le nombre de milles 3007,3.

Exemple II. — *On veut aller de Gorée à Bahia; trouver la direction et la longueur de la route à suivre; la variation du compas est au départ* 14° NO. — *Solution usuelle.* — La ligne droite qui, sur la carte, joint Gorée à Bahia, fait avec le méridien de Gorée un angle de 37° du S. vers l'O. La route vraie est donc le S. 37° O.

La route au compas sera le S. 51° O.

On prend sur l'échelle des latitudes et entre les latitudes de Gorée et de Bahia une longueur de 2° ou 120 milles; cette longueur est contenue un peu plus de 17 fois dans la ligne de route; la distance à parcourir est environ 2040 milles.

Solution par le calcul.

Position de Gorée.... { latit. 14° 39′ 55″ N. / long. 19° 45′ O.	Position de Bahia...... { latit. 12° 58′ 23″ S. / long. 40° 51′ 20″ O.

Changement en latitude.... = 27° 38′ 18″ S. = 1658^m,3.
Changement en longitude... = 21° 06′ 20″ O. = 1266^m,3.
Latitude moyenne......... = 0° 50′ 46″ N.

log cos latitude moyenne... = 9,9999525	
log chang^t en longitude.... = 3,1025366	log chang^t en latitude...... = 3,2196631
c^t log chang^t en latitude... = 6,7803369	c^t log cos rumb vrai....... = 0,0997276
log tg rumb vrai.......... = 9,8828260	log milles à parcourir...... = 3,3193907
rumb vrai..... = S. 37° 21′ 40″ O.	milles = 2086,4

8. *Loxodromie et arc de grand cercle.* — L'arc de grand cercle qui joint deux points du globe terrestre est le plus court chemin entre ces deux points; la loxodromie est suivie d'ordinaire parce que son emploi simplifie les problèmes de routes, néanmoins la différence entre la loxodromie et l'arc de grand cercle est parfois assez considérable pour que l'on doive suivre l'arc de grand cercle.

Pour trouver l'arc de grand cercle, on résout un triangle dans lequel on connaît deux côtés et l'angle qu'ils comprennent; les côtés connus sont les colatitudes des points de départ et d'arrivée, l'angle qu'ils comprennent est le changement en longitude.

Exemple I. — *On veut aller de Brest à New-York; trouver le nombre de milles que renferme l'arc de grand cercle qui joint Brest et New-York.*

Position de Brest... { latit. 48° 23′ 32″ N. / long. 6° 49′ 49″ O.	Position de New-York.... { latit. 40° 42′ 45″ N. / long. 76° 20′ 27″ O.

Changement en longitude.. = 69° 30′ 38″ O.
Colatitude de Brest....... = 41° 36′ 28″
Colatitude de New-York... = 49° 17′ 15″

Les calculs sont faits en nombres ronds de dizaines de secondes.

log sin PN = 9,8796556	log tg PN = 0,0652201	log cos NA = 9,8476879
log sin P = 9,9716191	log cos P = 9,5441000	log cos AB = 9,9744136
log sin NA = 9,8512747	log tg PA = 9,6093201	log cos NB = 9,8221015
NA = 45° 14′ 10″	PA = 22° 08′	NB = 48° 24′ 10″
	PB = 41° 36′ 28″	NB = 2904′,2
	AB = 19° 28′ 28″	

L'arc de grand cercle qui joint Brest et New-York est de $2904^m,2$; l'arc loxodromique est de $3007^m,3$; la différence est de $103^m,1$ en faveur de l'arc de grand cercle. Cette différence, peu sensible pour un bâtiment à voiles, est fort importante pour un bâtiment à vapeur qui, presque toujours, peut gouverner en route. Ainsi, dans le cas qui nous occupe, la durée de la traversée, si l'arc de grand cercle était suivie, serait diminuée de $\frac{103,1}{12} = 8^h\ 36^m$ pour un bâtiment à vapeur ayant une vitesse moyenne de 12 nœuds; de 17 heures pour une vitesse moyenne de 6 nœuds.

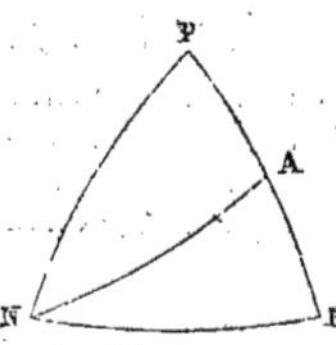

Exemple II. — *On veut aller de Gorée à Bahia; trouver le nombre de milles que renferme l'arc de grand cercle qui joint Gorée et Bahia.*

Les calculs sont faits en nombres ronds de dizaines de secondes.

Position de Gorée.... { latit. 14° 39′ 55″ N. / long. 19° 45′ O.	Position de Bahia...... { latit. 12° 58′ 23″ S. / long. 40° 51′ 20″ O.

Changement en longitude = 21° 06′ 20″ O.
Colatitude de Gorée = 75° 20′ 05″ (distance de Gorée au pôle nord).
Distance de Bahia au pôle Nord = 102° 58′ 23″.

log sin P = 9,5564078	los cos P = 9,9698438	log cos NA = 9,9719094
log sin PN = 9,9856129	log tg PN = 0,5821575	log cos AB = 9,9433023
log sin NA = 9,5420207	log tg PA = 0,5520013	log cos NB = 9,9152117
NA = 20° 23′ 10″	PA = 74° 19′ 40″	NB = 34° 39′
	PB = 102° 58′ 23″	NB = 2079^m
	AB = 28° 38′ 43″	

Longueur de l'arc loxodromique....... = $2086^m,4$.
Longueur de l'arc de grand cercle...... = 2079^m.

Différence en faveur du grand cercle.... = $7^m,4$.

9. *Tracé de l'arc de grand cercle sur la carte.*

Exemple. — *Tracer sur la carte l'arc de grand cercle qui joint Brest et New-York.*

Position de Brest... { latit. 48° 23′ 32″ N. / long. 6° 49′ 49″ O.	Position de New-York... { latit. 40° 42′ 45″ N. / long. 76° 20′ 27″ O.

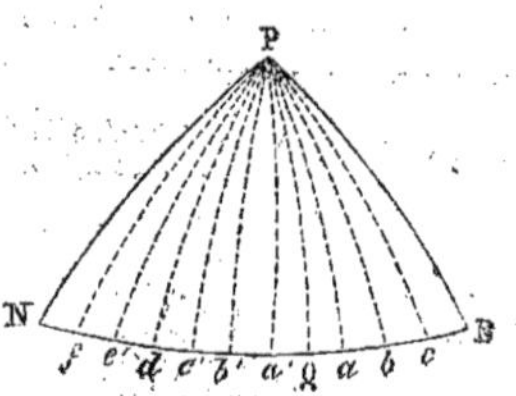

On détermine d'abord les angles de route au départ et à l'arrivée; ce sont les angles B, N du triangle PBN dont les trois sommets sont le pôle nord, le point de départ et le point d'arrivée; on connaît le changement en longitude, P = 69° 30′ 38″; la colatitude de Brest PB = 41° 36′ 28″; la colatitude de New-York PN = 49° 17′ 15″; il est commode d'employer les analogies de Néper.

log cotg $\frac{P}{2}$ ...... = 0,1587229	log cotg $\frac{P}{2}$ ...... = 0,1587229	log sin P = 9,9716191
log cos $\frac{PN - PB}{2}$ = 9,9990245	log sin $\frac{PN - PB}{2}$ = 8,8258834	log sin PN = 9,8796556
c^t log cos $\frac{PN + PB}{2}$ = 0,1539315	c^t log sin $\frac{PN + PB}{2}$ = 0,1471514	c^t log sin B = 0,0225252
log tg $\frac{1}{2}$ (B + N) = 0,3116789	log tg $\frac{1}{2}$ (B − N) = 9,1317577	log sin NB = 9,8737999
$\frac{1}{2}$ (B + N) = 63° 59′ 30″	$\frac{1}{2}$ (B − N) = 7° 42′ 50″	NB = 48° 24′ 10″
		milles = 2904,2

$$\begin{cases} B = 71^\circ\ 42'\ 20'' \\ N = 56^\circ\ 16'\ 40'' \end{cases}$$

Si donc on mène sur la carte deux lignes droites faisant, l'une un angle de 71° 42′ 20″ du N. vers l'O. avec le méridien de Brest, l'autre un angle de 56° 16′ 40″ du N. vers l'E. avec le méridien de New-York, ces deux lignes seront tangentes à l'arc de grand cercle qui joint Brest et New-York.

On cherche en second lieu le point du tracé de l'arc de grand cercle qui correspond au pied Q de la perpendiculaire abaissée du pôle P sur l'arc NB; il faut déterminer la colatitude PQ de ce point et le changement en longitude BPQ qui, combiné avec la longitude de Brest, donnera la longitude du point Q. On résout le triangle rectangle PBQ

log sin B = 9,9774748	log tg B......... = 0,4806829
log sin PB = 9,8221910	log cos PB...... = 9,8737283
log sin PQ = 9,7996658	log cotg BPQ.... = 0,3544112
PQ = 39° 05′ 10″	BPQ... = 23° 51′ 10″ O.
lat. de Q = 50° 55′ N.	long. de Brest... = 6° 49′ 49″
	long du point Q.. = 30° 40′ 59″ O..

Le tracé de l'arc de grand cercle sera tangent au parallèle de 50° 55′ N. en un point situé par une longitude 30° 41′ O.

En dernier lieu, on détermine entre les points B et Q, Q et N un nombre de points convenables pour bien arrêter la forme de la courbe qui, sur la carte, représente le grand cercle. Pour cela, on mène à droite et à gauche de PQ des méridiens de 5° en 5° par exemple; les longitudes de ces méridiens seront connues, et les latitudes des points cherchés seront égales deux à deux.

On aura $\text{cotg}\, Pa = \text{cotg}\, Pa' = \frac{\cos 5^\circ}{\text{Tg PQ}}$, $\text{cotg}\, Pb = \text{cotg}\, Pb' = \frac{\cos 10^\circ}{\text{Tg. PQ}}$, etc.

On pourra disposer le calcul ainsi :

otg PQ = 0,0902966	....	Latitudes N. des points.
cos 5° = 9,9983442	cotg P*a* = cotg P*a*′ = 0,0886408	*a* ou *a*′ = 50° 48′ 20″
cos 10° = 9,9933515	cotg P*b* = cotg P*b*′ = 0,0836481	*b* ou *b*′ = 50° 29′
cos 15° = 9,9849438	cotg P*c* = cotg P*c*′ = 0,0752404	*c* ou *c*′ = 49° 56′ 20″
cos 20° = 9,9729858	cotg P*d* = cotg P*d*′ = 0,0632824	*d* ou *d*′ = 49° 09′ 30″
cos 25° = 9,9572757	.... cotg P*e*′ = 0,0475723	..... *e*′ = 48° 07′ 50″
cos 30° = 9,9375306	.... cotg P*f*′ = 0,0278272	.... *f*′ = 46° 50′
cos 35° = 9,9133645	.... cotg P*g*′ = 0,0036611	.... *g*′ = 45° 14′ 30″
cos 40° = 9,8842540	.... cotg P*h*′ = 9,9745506	.... *h*′ = 43° 19′ 20″
cos 45° = 9,8494850	.... cotg P*i*′ = 9,9397816	.... *i*′ = 41° 02′ 30″

Le tracé de l'arc de grand cercle passera donc par les points suivants :

	Latitude.	Longitude.	
Brest	48° 23′ 30″ N.	6° 49′ 49″ O.	
d	49° 09′ 30″	10° 40′ 59″	
c	49° 56′ 20″	15° 40′ 59″	
b	50° 29′	20° 40′ 59″	
a	50° 48′ 20″	25° 40′ 59″	
Q	50° 55′	30° 40′ 59″	(Point maximum.)
a′	50° 48′ 20″	35° 40′ 59″	
b′	50° 29′	40° 40′ 59″	
c′	49° 56′ 20″	45° 40′ 59″	
d′	49° 09′ 30″	50° 40′ 59″	
e′	48° 07′ 50″	55° 40′ 59″	
f′	46° 50′	60° 40′ 59″	
g′	45° 14′ 30″	65° 40′ 59″	
h′	43° 19′ 20″	70° 40′ 59″	
i′	41° 02′ 30″	75° 40′ 59″	
New-York	40° 42′ 45″	76° 20′ 27″	

Le nombre de points à déterminer dépend de l'échelle de la carte; ces points doivent être suffisamment voisins pour que le tracé de l'arc de grand cercle soit commode. Quand on suit l'arc de grand cercle, on parcourt successivement les cordes loxodromiques du tracé de l'arc de grand cercle.

10. *Connaissant le point de départ, la direction et la longueur de la route, trouver le point d'arrivée.*

Solution usuelle. — On corrige la route au compas de la dérive et de la variation; on entre dans la Table IV de Callet, intitulée *Table pour faire le point*, avec l'angle de route vrai pour argument horizontal, avec le nombre de milles de la route pour argument vertical. On trouve immédiatement le chemin fait au nord ou au sud dans la colonne N. S., le chemin fait à l'est ou à l'ouest dans la colonne E. O.; ces chemins sont exprimés en milles et dixièmes de milles.

Le chemin N. ou S. est égal au changement en latitude; combiné à la latitude de départ, il sert à trouver la latitude d'arrivée. On entre dans la table IV avec la latitude moyenne considérée comme angle de route; avec le chemin E. ou O. considéré comme milles N. S.; le nombre correspondant de la colonne des milles indique le changement en longitude, que l'on combine avec la longitude de départ pour obtenir la longitude d'arrivée.

Les noms des chemins partiels N. ou S., E. ou O., sont donnés par la désignation de l'angle de route vrai.

Exemple. — On est parti d'un point situé par latitude 42° 07′ N., par longitude 17° 27′ O.; on a fait 105 milles au S. 64° O. du compas; la dérive était 7° bâbord; la variation 18° NE. Trouver le point d'arrivée.

Route au compas S. 64° O...	= + 64°	
Dérive 7° bâbord..........	= − 7°	
Variation 18° NE...........	= + 18°	
Route vraie...............	= + 75°.....	S. 75° O.

Pour un angle de route vrai 75° et un nombre de milles 105, la Table IV donne (page 584), en remarquant qu'on a couru au S. et à l'O.,

Chemin S. $27^{m},2$. Chemin O. $101^{m},4$.

La latitude de départ étant N., et la route allant au S., on doit retrancher le chemin S. $27^{m},2$ ou le changement en latitude Sud 27′,2 de la latitude de départ pour obtenir la latitude d'arrivée.

Latitude de départ....	= 42° 07′ N.	Latitude moyenne = 41° 53′,4 N.
Changement en latitude	= 27′,2 S.	
Latitude d'arrivée....	= 41° 39′,8 N.	

On entre dans la Table IV avec 42° (nombre de degrés le plus voisin de 41° 53',4) considéré comme angle de route, et 101^m,4 considéré comme chemin N. ou S.; pour 42° et 101^m,1 (nombre de la Table le plus proche de 101,4), on trouve dans la colonne des milles 136; le nombre 136^m ou 2° 16' est le changement en longitude.

Longitude de départ.....	= 17° 27' O.	Position du point d'arrivée.	Latit. 41° 40' N.
Changement en longitude.	= 2° 16' O.		Long. 19° 43' O.
Longtude d'arrivée......	= 19° 43' O.		

11. *Solution par le calcul.* — Cette solution est peu usitée; on la prendra comme exercice de calcul. En reprenant le problème précédent, on aurait :

Route vraie............	= S. 75° O.		
Nombre de milles........	= 105.		
Log milles.............	= 2,0211893.	Log changement en latit....	= 1,4341855.
Log cos rumb vrai.......	= 9,4129962.	Log tg rumb vrai.........	= 0,5719475.
		C^t log cos latit. moyenne....	= 0,1281697.
Log changement en latitude	= 1,4341855.	Log changement en longit...	= 2,1343027.
Changement en latitude...	= 27',2 S.	Changement en longitude....	= 136',2 O.
Latitude de départ......	= 42° 07' N.	Longitude de départ........	= 17° 27' O.
Latitude d'arrivée.......	= 41° 39',8 N.		
Latitude moyenne.......	= 41° 53',4 N.	Longitude d'arrivée.........	= 19° 43',2 O.

Position du point d'arrivée... { Latitude.... 41° 40' N. / Longitude... 19° 43' O.

12. *Solution par la carte.* — Cette solution est peu usitée. On trace sur la carte une ligne droite faisant, avec le méridien du point de départ, un angle égal à l'angle de route vrai; on porte sur cette ligne le nombre de milles parcourus mesuré sur l'échelle des latitudes par le travers du chemin fait; on obtient le point d'arrivée.

13. Quand on résout un problème de route par la table de point, il peut arriver que le nombre de milles de la question dépasse le nombre 240, qui est nombre limite dans la table IV; on divise par 10 le nombre de la question, on cherche dans la table le nombre le plus voisin du quotient, et on multiplie par 10 les nombres de milles indiqués par la table pour avoir les nombres cherchés.

Cette manière d'opérer n'est pas tout à fait exacte, mais elle donne des résultats très-convenables dans la pratique; il ne faut en effet jamais perdre de vue qu'à la mer on gouverne au plus au degré près, que l'angle de route au compas doit, pour être converti en angle de route vrai, être corrigé de la variation et de la dérive sur laquelle on commet en général une assez forte erreur; qu'enfin le loch ne donne qu'une approximation du nombre de milles parcourus, approximation d'autant plus grossière que le nombre de milles est plus grand. Enfin il ne faut pas oublier que le point estimé n'est qu'un point erroné que les observations astronomiques servent à rectifier.

Exemple. — On est parti d'un point situé par latitude 58° 40' S., et par longitude 24° 47' E.; on a fait 262 milles au S. 70° O. du compas; la dérive était 5° tribord; la variation 12° NO. Trouver le point d'arrivée.

Route au compas...... = S. 70° O.	= + 70°	
Dérive 5° tribord..................	= + 5°	
Variation 12° NO..................	= — 12°	
Route vraie........................	= + 63°...	S. 63° O.

Le quotient de 262 par 10 est 26,2; on entre dans la table IV (page 592) avec 63° pour angle de route et 26 milles; on trouve Ch. S. 11^{m} 8; Ch. O. 23^{m},2. Donc les résultats cherchés sont : Ch. S. 118^{m}, Ch. O. 232^{m}.

Changement en latitude = 118′ ou 1° 58′ S.		
Latitude de départ.......... = 58° 40′ S.		Latitude moyenne = 59° 39′ S.
Latitude d'arrivée........... = 60° 38′ S.		

On entre dans la table IV avec la latitude moyenne 60° (nombre de la table le plus voisin de 59° 39′) considérée comme angle de route, et le chemin O. 23^{m},2 (le nombre de la table le plus voisin est 23^{m},0), considéré comme chemin N. S.; on trouve (page 594) dans la colonne des milles le nombre 46, qui représente le dixième du changement en longitude cherché.

Changement en longitude......	= 460′ ou	7° 40′ O.
Longitude de départ..........	=	24° 47′ E.
Longitude d'arrivée...........	=	17° 07′ E.

On trouverait, en appliquant la solution par le calcul :

Position du point d'arrivée.... { Latitude.... 60° 38′,9 S. / Longitude... 17° 04′,8 E.

Les différences entre les résultats des deux méthodes sont évidemment sans importance.

14. *Problème composé.* — Le vaisseau, dans un certain intervalle de temps, court en général plusieurs bords sous diverses allures; tous les chemins partiels successivement parcourus doivent être combinés pour indiquer le point d'arrivée.

Les aires de vent des routes partielles sont différentes, la dérive change. La variation peut être considérée comme constante, attendu qu'on fait fréquemment le point, et que les distances entre deux points successifs ne sont pas considérables.

Le loch est jeté toutes les fois que les conditions de vitesse semblent changer, et on a la mesure de chaque route partielle. On corrige chaque angle de route au compas de la dérive et de la variation pour obtenir l'angle de route vrai correspondant. On entre successivement dans la table IV avec chaque route vraie et le nombre de milles qui lui correspond; on trouve les chemins partiels N. ou S., E. ou O.; on conclut le chemin total N. ou S., E. ou O.

Le chemin total N. ou S. est le changement total en latitude; combiné avec la latitude de départ, il donne la latitude d'arrivée.

On prend la latitude moyenne.

On entre dans la table IV avec la latitude moyenne considérée comme angle de route, avec le chemin total E. ou O. considéré comme chemin N. S. : le nombre correspondant de la colonne des milles est le changement en longitude qui, combiné avec la longitude de départ, fait connaître la longitude d'arrivée.

Exemple. — On part d'un point situé par une latitude 30° 42′ 30″ N., une longitude 29° 14′ O. La variation est 30° NO; le journal du bord donne les indications suivantes :

Heures.	R. au compas.	Dérive.	Nœuds.	Heures.	R. au compas.	Dérive.	Nœuds.
I	S. 29° O.	5° T.	8, 2	I	S. 72° E.	0°	4, 8
2	—	—	9, 4	2	—	—	4, 3
3	—	—	10, 0	2.30	—	—	2, 0
3.30	—	—	5, I	3	S. 20° O.	—	5, 2
4	S. 6° E.	6° B.	5, 0	4	—	—	8, 4
5	—	—	9, 2	5	—	—	9, 0
6	—	7° B.	9, 5	6	—	—	8, 7
7	—	—	9, 0	7	—	—	9, I
7.30	—	—	5, 0	8	—	—	8, 2
8	S. 42° O.	7° T.	4, 7	8.15	—	—	2, 3
9	—	—	8, 2	9	S. 10° E.	5° T.	4, I
10	—	—	7, 4	10	—	—	6, 8
II	—	—	5, 6	II	—	—	7, 9
Minuit.	—	—	5, 8	Midi.	—	—	8, 2

Trouver le point d'arrivée.

On porte au journal du bord, en face de chaque heure, la direction et la longueur de la route faite depuis l'heure antécédente, ainsi que la dérive qui correspond à cette route.

Le journal de bord qui précède indique, par exemple, que de 2^h à 3^h on a fait 10^m au S. 29° O. avec une dérive 5° tribord; que de 3^h à $3^h\,30^m$ on a fait 5^m, 1 au S. 29° O. avec une dérive 5° tribord; que de $3^h\,30^m$ à 4^h on a fait 5^m au S. 6° E. avec une dérive 6° bâbord.

Une simple addition des milles portés au journal du bord donne la route totale faite à l'aire de vent indiquée.

On dispose le calcul de la manière suivante :

R. au compas.	Dérive.	Variation.	Routes vraies.	Milles.
S. 29° O.	5° T.	30° NO.	S. 4° O.	32.7
S. 6° E.	6° B.	—	S. 42° E.	14.2
S. 6° E.	7° B.	—	S. 43° E.	23.5
S. 42° O.	7° T.	—	S. 19° O.	31.7
S. 72° E.	0°	—	N. 78° E.	11.1
S. 20° O.	0°	—	S. 10° E.	50.9
S. 10° E.	5° T.	—	S. 35° E.	27.0

Puis, pour chaque route vraie partielle, la table pour faire le point donne les résultats suivants :

Routes vraies.	Milles.	Chemins partiels.			
		N.	S.	E.	O.
S. 4° O.	32.7	—	32m.9	—	2m.3
S. 42° E.	14.2	—	10m.5	9m.5	—
S. 43° E.	23.5	—	17m.2	16m.0	—
S. 19° O.	31.7	—	30m.3	—	10m.4
N. 78° E.	11.1	2m.3	—	10m.9	—
S. 10° E.	50.9	—	50m.2	8m.8	—
S. 35° E.	27.0	—	22m.1	15m.5	—
Chemins totaux........		2m.3	163m.2	60m.8	12m.7

On conclut facilement :

Changement en latitude... =	160′,9 ou 2° 40′,9 S.		
Latitude de départ....... =	60° 42′,5 N.		Chemin total...... E. 48m,1.
Latitude d'arrivée........ =	58° 01′,6 N.		
Latitude moyenne........ =	59° 22′ N.		

Puis enfin, à l'aide de la latitude moyenne et du chemin total E., on trouve, au moyen de la table IV :

Changement en longitude....... = 93′ ou 1° 33′ E.
Longitude de départ........... = 29° 14′ O.
Longitude d'arrivée............. = 27° 41′ O.

On porte sur le journal du bord le point estimé à midi :

Latitude... 58° 01′,6 N. Longitude... 27° 41′ O

15. On a souvent besoin de connaître la route moyenne parcourue ou la route à suivre pour aller directement du point de départ au point d'arrivée.

On joint sur la carte le point de départ au point d'arrivée, et l'angle aigu formé par la ligne droite que l'on mène et par le méridien du point de départ est l'angle de route vrai. Si on emploie la table de point, on remarquera d'abord que, le chemin total S. étant plus grand que le chemin total E., l'angle de route cherché est moindre que 45°; en feuilletant la table, on trouve que le S. 17° E. donne Ch. S. 160m,7, Ch. E. 49m,1; la longueur de la route directe est environ 168 milles.

16. *Des courants.* — La vitesse d'un courant est le chemin que parcourt en une heure un vaisseau soumis à la seule influence de ce courant.

Pour chaque courant il faut multiplier sa vitesse par le nombre d'heures pendant lesquelles il a agi sur le vaisseau, et considérer, avec l'ensemble des routes estimées, une route dont la longueur est le produit trouvé et dont la direction est celle du courant.

LIVRE III.

CONNAISSANCE DES TEMPS.

CHAPITRE I.

Usage de la Connaissance des temps.

1. *Préliminaires.* — Les lois de Képler régissent les mouvements des astres; en les prenant pour point de départ, Newton a pu établir le principe de l'attraction universelle. Les théories de la mécanique rationnelle appliquées au principe de l'attraction universelle ont servi à calculer les attractions mutuelles des corps célestes et les perturbations qui en résultent dans les mouvements que leur assignent les lois de Kepler. L'astronome peut donc déterminer pour un instant quelconque la position d'un astre dans l'espace, c'est-à-dire ses coordonnées par rapport à l'écliptique ou à l'équateur, puis indiquer les époques des phénomènes particuliers de cet astre, c'est-à-dire les époques des levers, des couchers, des passages au méridien dans un lieu donné.

2. La *Connaissance des temps*, recueil que publie chaque année en France le Bureau des Longitudes, donne les positions des principaux astres pour des époques déterminées de Paris, puis les heures des levers, des couchers, des passages au méridien pour Paris (longitude 0°, latitude 48° 50′ 13″ N.).

Le navigateur y trouve :

1° *Éléments solaires :* Pour chaque jour de l'année, le temps moyen à midi vrai de Paris ou l'équation du temps à midi vrai de Paris, le temps sidéral à midi moyen de Paris ou l'ascension droite moyenne du soleil à midi moyen de Paris, la déclinaison du soleil à midi moyen de Paris.

De cinq en cinq jours, la parallaxe horizontale, le demi-diamètre du soleil à midi moyen de Paris.

2° *Éléments lunaires :* Pour tous les jours de l'année, la parallaxe horizontale équatoriale, l'ascension droite et la déclinaison, le demi-diamètre horizontal de la lune à midi moyen et à minuit moyen de Paris; puis l'heure astronomique moyenne du passage de la lune au méridien de Paris, et les époques des phases de la lune en temps moyen civil de Paris.

3° *Éléments planétaires :* A quelques jours d'intervalle, l'ascension droite et la déclinaison à midi moyen de Paris de Mercure, Vénus, Jupiter et Saturne; puis l'heure astronomique moyenne du passage au méridien de Paris et les heures, temps civil moyen, des levers et couchers à l'horizon de Paris; enfin la parallaxe horizontale et le demi-diamètre de Vénus, Mars, Jupiter et Saturne.

4° *Éléments stellaires :* Les positions apparentes (ascension droite et déclinaison) de 115 étoiles principales, positions calculées pour divers jours de l'année à midi moyen de Paris.

5° *Distances lunaires :* Les distances vraies du centre de la lune aux centres du Soleil, de Mars, de Vénus, de Jupiter, de Saturne, et aux neuf étoiles Aldébaran, Fomalhaut, α de Pégase, Pollux, Régulus, α du Bélier, α de l'Aigle, α de la Vierge, Antarès. Ces distances sont données pour tous les jours possibles de trois heures en trois heures, à 0^h, 3^h, 6^h.....24^h temps moyen de Paris.

3. Les époques de la *Connaissance des temps* sont en général d'autant plus rapprochées que les éléments de l'astre dont on s'occupe varient plus rapidement; ainsi, par exemple, les principaux éléments solaires sont donnés à des intervalles de 24^h et les éléments lunaires à des intervalles de 12^h.

La durée de la révolution tropique du soleil est $365^{j.m}.242217$; la durée de la révolution tropique de la lune est $27^{j.m}.321582$. Le mouvement diurne moyen en ascension droite est pour le soleil $\frac{360°}{365.242217} = 0° 59',1$, et pour la lune $\frac{360}{27.321582} = 13° 10',6$; le mouvement lunaire est treize fois plus rapide environ que le mouvement solaire.

La déclinaison maximum du soleil est $23°,5$; la variation diurne de la déclinaison solaire est de $6''$ vers les solstices, de $24'$ vers les équinoxes. La déclinaison maximum de la lune varie entre 18° et 28°; la variation diurne de la déclinaison lunaire peut atteindre 7°.

4. Connaissant la valeur de l'élément d'un astre à une époque donnée, déterminer sa valeur à une autre époque quelconque, tel est le problème général auquel donne lieu l'usage de la *Connaissance des temps.* A l'aide des relations

Heure de Paris = heure d'un lieu + longitude ouest du lieu.
Heure de Paris = heure d'un lieu — longitude est du lieu.

le problème reviendra à celui-ci : Connaissant la valeur de l'élément d'un astre à une époque de Paris, déterminer sa valeur à une autre époque quelconque de Paris.

Le navigateur pourra, en un point quelconque du globe, déterminer tel ou tel élément d'un astre à un moment déterminé, à l'aide de la *Connaissance des temps.*

5. *Transformation du temps civil en temps astronomique. — Réciproque.* — Si le temps civil est exprimé en heures du matin, on ôte un jour de la date proposée, et on y ajoute 12 heures; le résultat est le temps astronomique demandé. Ainsi le 29 juin $10^h 30^m$ du matin, temps civil, correspond au 28 juin $22^h 30^m$, temps astronomique.

Si le temps civil est exprimé en heures du soir, on supprime la désignation soir, et on a, sans autre changement, le temps astronomique; le 2 juillet $4^h 25^m$ du soir, temps civil, est le 2 juillet $4^h 25^m$, temps astronomique.

6. Si le nombre d'heures du temps astronomique donné est inférieur à 12, on ajoute la désignation soir, et on a le temps civil; ainsi le 19 juillet $8^h 40^m$, temps astronomique, est le 19 juillet $8^h 40^m$ du soir, temps civil.

Si le nombre d'heures du temps astronomique donné est supérieur à 12, on ajoute un jour à la date proposée, et on a le temps civil demandé exprimé en heures du matin; le 13 octobre $19^h\,35^m$, temps astronomique, correspond au 14 octobre $7^h\,35^m$ du matin, temps civil.

7. *Calculer la valeur* A *d'un élément de la* Connaissance des temps *pour une heure* t *de Paris.*

Dans la *Connaissance des temps*, les éléments et les époques qui leur correspondent forment deux suites de termes se succédant suivant un ordre déterminé; les époques croissent suivant une progression arithmétique dont la raison est I. Pour les éléments solaires, $I = 24^h$; pour les éléments lunaires, $I = 12^h$; pour les distances lunaires, $I = 3^h$. Dans une suite de termes quelconques, on nomme *différence première* le résultat qu'on obtient en retranchant algébriquement un terme quelconque du terme qui le suit immédiatement.

Les différences premières forment une nouvelle suite de termes; on nomme *différence seconde* le résultat qu'on obtient en retranchant algébriquement une différence première quelconque de celle qui la suit immédiatement.

La suite des différences secondes donne lieu aux *différences troisièmes;* la suite des différences troisièmes aux *différences quatrièmes,* et ainsi de suite.

8. Si T est l'époque de la connaissance des temps immédiatement antérieure à t; si E est la valeur de l'élément correspondant à T; si ΔE, $\Delta^2 E$, $\Delta^3 E$,....... sont les différences successives, on a la formule :

$$A = E + \frac{t-T}{I}\cdot\Delta E - \frac{t-T}{I}\cdot\frac{\{I-(t-T)\}}{2I}\cdot\Delta^2 E + \frac{t-T}{I}\,\frac{\{I-(t-T)\}}{2I}\cdot\frac{\{2I-(t-T\}}{3I}\cdot\Delta^3 E$$
$$-\frac{(t-T)}{I}\cdot\frac{I-(t-T)}{2I}\cdot\frac{2I-(t-T)}{3I}\cdot\frac{3I-(t-T)}{4I}\cdot\Delta^4 E + \ldots\ldots\ldots$$

Les différences d'ordre impair donnent leur signe aux termes qui les renferment; les différences d'ordre pair changent le signe des termes qui les renferment.

S'en tenir au terme qui contient la différence première, c'est admettre que dans l'intervalle I l'élément varie proportionnellement au temps. Cette hypothèse est presque toujours suffisante pour les éléments solaires; pour les éléments lunaires, il faut souvent calculer la correction qui dépend de la différence seconde, et il est parfois nécessaire de tenir compte des différences troisième et quatrième.

La *Connaissance des temps* donne en général ΔE; on calcule le terme $\frac{t-T}{I}\cdot\Delta E$ par logarithmes; on forme les différences autres que la première, et on calcule par logarithmes les corrections qui proviennent de ces différences.

9. On a construit des tables pour abréger la recherche des corrections qui dépendent des différences d'un ordre supérieur au premier. Dans ces tables, on a supposé $I = 12^h$; elles servent plus spécialement, en effet, pour le calcul des éléments lunaires donnés par la *Connaissance des temps* à des intervalles de 12 heures.

Pour les former, on suppose $T = 0^h$ ou $T = 12^h$, hypothèses qui, pour les différences secondes, donnent:

$$\frac{t}{12}\cdot\frac{12-t}{24}\cdot\Delta^2 E \quad \text{et} \quad \frac{t-12}{12}\cdot\frac{12-(t-12)}{24}\cdot\Delta^2 E.$$

Ces deux formules se réduisent à la formule unique $\frac{t'}{12}\cdot\frac{12-t'}{24}\cdot\Delta^2 E$, si on pose $t' = t - 12$, c'est-à-dire si on se propose d'entrer dans les tables avec l'excès de l'époque donnée sur l'époque immédiatement antérieure de la *Connaissance des temps*.

Dans la formule $\frac{t'}{12} \cdot \frac{12 - t'}{24} \cdot \Delta E$, on peut attribuer à ΔE pour une valeur fixe de t les valeurs diverses 10″, 20″......90″, 1′, 2′......32′, et former une table; le calcul de la formule pour chaque hypothèse particulière donne les nombres de la table.

La table XV de Callet est ainsi construite: l'argument vertical est l'heure donnée t ou son excès sur 12^h; l'argument horizontal est la différence seconde.

On conçoit une construction et une disposition analogues pour les tables XVI, XVII, qui donnent les corrections provenant des différences troisièmes, quatrièmes.

10. Les tables de corrections pour les interpolations donnent immédiatement les corrections quand les intervalles de la *Connaissance des temps* sont de 12^h; si l'intervalle, au lieu d'être I, est nI, la formule

$$\frac{t - T}{I} \cdot \frac{I - (t - T)}{2I} \cdot \Delta^2 E$$

devient

$$\frac{t - T}{nI} \cdot \frac{nI - (t - T)}{2nI} \cdot \Delta^2 E \text{ ou } \frac{\left(\frac{t - T}{n}\right)}{I} \cdot \frac{I - \left(\frac{t - T}{n}\right)}{2I} \cdot \Delta^2 E.$$

On doit donc entrer dans les tables avec l'époque $\frac{t - T}{n}$.

Ainsi, les éléments solaires étant donnés à des intervalles de 24^h, on entre dans les tables de correction avec la moitié de l'heure donnée; les distances lunaires étant données à intervalles de 3^h, on entre dans les tables avec le quadruple de l'excès de l'époque donnée sur l'époque immédiatement antérieure de la *Connaissance des temps*.

Même règle pour les corrections qui proviennent des différences troisièmes, quatrièmes.

11. Nous conviendrons de donner le signe + aux déclinaisons boréales; l'indice B indique que les déclinaisons de la *Connaissance des temps* sont boréales; nous donnerons le signe — aux déclinaisons australes; l'indice A indique que les déclinaisons de la *Connaissance des temps* sont australes.

12. Exemple I. — *Calculer la déclinaison de la lune le 9 avril 1857, à $15^h\ 25^m\ 42^s$, 5 temps moyen de Paris.*

L'époque de la *Connaissance des temps* immédiatement antérieure à l'époque donnée est le 9 avril 12^h; l'excès de l'époque donnée sur l'époque immédiatement antérieure de la *Connaissance des temps* est $3^h\ 25^m\ 42^s,5$.

Décl. de la lune.	*Diff. pr.*	*Diff. sec.*	*Diff. tr.*	*Diff. quatr.*
9 av. à 12^h... — 11° 58′ 05″.6				
	— 2° 34′ 12″.2			
10.... 0^h... — 14 32 17.8		+ 8′ 04″.1		
	— 2 26 08.1		+ 1′ 29″.6	
10.... 12^h... — 16 58 25.9		+ 9 33.7		+ 0″.5
	— 2 16 34.4		+ 1 30.1	
11.... 0^h... — 19 15 00.3		+ 11 03.8		
	— 2 05 30.6			
11.... 12^h... — 21 20 30.9				

Corr. diff. pr.	*Corr. diff. sec.*	*Corr. diff. tr.*	*Corr. diff. quatr.*
corr. $= \frac{t-T}{I} \cdot \Delta E$	Tab. XV p^r 3^h 26^m et	Tab. XVI p^r 3^h 26^m et	Tab. XVII p^r 3^h 26^m et
$t - T$ = 3^h 25^m 42^s.5	8'... on a... 49''.01	1'... on a... 3''.50	0''.5... on a... 0''.02
ΔE = — 2° 34' 12''.2	04''........ 0''.41	20''........ 1''.16	
I = 12^h	00'',1........ 0''.01	09''........ 0''.52	
log $(t - T)$ = 4.0914032	correct........ 49''.43	00''.6........ 0''.03	
log ΔE = 3.9662450		correct...... 5''.21	
colog I = 5.3645163	Le calcul direct pour 3^h 25^m 42^s.5 donne 49''.40.		Le calcul rigoureux donne le même résultat.
log corr. = 3.4221645		Le calcul rigoureux donne 5''.22.	
corr. = — 0° 44' 03''.4			

Corr. diff. prem........	—	0° 44' 03''.4
Corr. diff. sec..........	—	49 .4
Corr. diff. tr...........	+	5''.2
Corr. diff. quatr.......	—	0''.0
Somme des corr........	—	0° 44' 47''.6
Décl. le 9 à 12^h........	—	11° 58' 05''.6
Déclin. calculée........	—	12° 42' 53''.2

La déclinaison de la lune le 9 avril à 15^h 25^m 42^s.5, temps moyen de Paris, est australe et égale à 12° 42' 53''.2.

A la mer, on tient compte des différences secondes seulement; au lieu d'opérer comme précédemment, on prend, pour former les différences secondes, le même nombre d'éléments avant et après l'époque donnée, et on entre dans le calcul avec la moyenne des deux différences secondes que l'on trouve. En reprenant l'exemple ci-cessus, on aurait :

Déclin. de la lune.		*Diff. pr.*	*Diff. sec.*
9 av. à 0^h.....	— 9° 17' 15''.2		
9 .... 12^h.....	— 11 58 05.6	— 2° 40' 50''.4	+ 6' 38''.2
10 .... 0^h.....	— 14 32 17.8	— 2 34 12.2	+ 8' 04''.1
10 .... 12^h.....	— 16 58 25.9	— 2 26 08.1	
		Somme......	+ 14' 42''.3
		Moyenne......	+ 7' 21''.15

Pour 3^h 26^m et 7' 21'', la table XV donne la correction 44''.95; le calcul rigoureux, à l'aide de la formule pour 3^h 25^m 42^s.5 et 7' 21''.15, donne 45''.01.

Déclin. le 9 à 12^h..............	—	11° 58' 05''.6
Corr. diff. pr.................	—	0 44 03.4
Corr. diff. sec................	—	45.0
Déclin. cherchée..............		12° 42' 54'' A

Exemple II. — *Calculer la déclinaison de la lune le 7 avril 1857, à 10^h 36^m 54^s, 3, temps moyen de Paris.*

Déclin. de la lune.		*Diff. pr.*	*Diff. sec.*
6 avril 12^h......	+ 4° 58' 16''.3		
7..... 0^h......	+ 2 04 51.7	— 2° 53' 24''.6	— 13''.4
7..... 12^h......	— 0 48 46.3	— 2 53 38.0	+ 1' 10.2
8..... 0^h......	— 3 41 14.1	— 2 52 27.8	
		Somme..........	+ 0' 56''.8
		Moyenne.........	+ 28.4

Corr. des diff. prem.

log 10^h 36^m 54^s,3	=	4.5822259
log 2° 53' 38''	=	4.0177843
c^t log 12^h	=	5.3645163
log correction......	=	3.9645265
Correction.....	=	— 2° 33' 35''.6
Somme des correct...	=	— 2° 33' 37''
Déclin. le 7 avril à 0^h	=	+ 2° 04' 51''.7
Décl. cherchée......	=	— 0° 28' 45''.3

Corr. des diff. sec.

Tab. XV p^r 10^h 37' et
20''... on a.... 1''.02
8''.......... 0''.41
0''.4.......... 0''.02
correction = — 1''.45

La déclinaison de la lune le 7 avril à $10^h\,36^m\,54^s,3$, temps moyen de Paris, est australe et égale à $0°\,28'\,45'',3$.

EXEMPLE III. — *Trouver l'ascension droite de la lune le 9 avril 1857, à $15^h\,25^m\,42^s,5$, temps moyen de Paris.*

On considère toujours l'ascension droite comme positive, parce qu'elle est constamment comptée dans le même sens.

Æ de la lune.	Diff. pr.	Diff. sec.	Diff. tr.	Diff. quatr.
9 av. à 12^h... + 203° 57′ 47″.4				
	+ 5° 29′ 32″.7			
10.... 0^h... + 209 27 20.1		+ 7′ 03″.8		
	+ 5 36 36.5		+ 1′ 12″.3	
10.... 12^h... + 215 03 56.6		+ 8 16.1		− 10″.3
	+ 5 44 52.6		+ 1 02.0	
11.... 0^h... + 220 48 49.2		+ 9 18.1		
	+ 5 54 10.7			
11.... 12^h... + 226 42 59.9				

Corr. diff. pr.	Corr. diff. sec.	Corr. diff. tr.	Corr. diff. quatr.
corr. $= \dfrac{t-T}{I} \cdot \Delta E$	Tab. XV p^r $3^h\,26^m$ et 7′... on a... 42″.89	Tab. XVI p^r $3^h\,26^m$ et 1′.... on a... 3″.50	Tab. XVII p^r $3^h\,26^m$ et 10″... on a.... 0″.40
$t-T = 3^h\,25^m\,42^s.5$	03″.......... 0.31	10″.......... 0.59	00″.3.......... 0″.01
$\Delta E = +\,5°\,29'\,32''.7$	00″.8....... 0.08	02″.......... 0.12	correct......... 0″.41
$I = 12^h$	corr........ 43″.28	00″.3........ 0.02	
log $t-T$ = 4.0914032		corr.......... 4″.23	
log ΔE = 4.2960660			
colog I = 5.3645163			
log corr. = 3.7519855	Le calcul rigoureux donne 43″.24.	Le calcul direct donne 4″.22.	Le calcul direct donne 0″.41.
corr. + 1° 34′ 09″.2			

Æ le 9 à 12^h..................	+	203° 57′ 47″.4
Corr. diff. pr..................	+	1 34 09.2
Corr. diff. sec..................	−	43.3
Corr. diff. tr..................	+	4.2
Corr. diff. quatr..............	+	0.4
Æ calculée..................		205° 31′ 17″.9

A la mer on ne tiendrait compte que des différences secondes, et on aurait :

Æ de la lune.	Diff. pr.	Diff. sec.
4 av. à 0^h..... + 198° 33′ 55″.2		
	+ 5° 23′ 52″.2	
9..... 12^h..... + 203 57 47.4		+ 5′ 40″.5
	+ 5 29 32.7	
10..... 0^h..... + 209 27 20.1		+ 7 03.8
	+ 5 36 36.5	
10..... 12^h..... + 215 03 56.6		+ 12′ 44″.3
	Moyenne........	+ 6′ 22″.15

Pour $3^h\,26^m$ et $+\,6'\,22'',15$, la table XV donne $39'',03$; on a donc :

Æ le 9 à 12^h..................	+	203° 57′ 47″.4
Corr. diff. pr..................	+	1° 34 09.2
Corr. diff. sec..................	−	39.0
Æ calculée..................	+	205° 31′ 17″.6

13. — Le premier terme de la correction totale qu'on doit appliquer à un élément donné par la *Connaissance des temps*, la correction qui provient des différences premières peut être obtenue par la méthode des *parties aliquotes*; ce procédé ne doit être employé que dans le cas où la variation de l'élément est petite.

EXEMPLE. *Calculer la déclinaison du soleil le 17 avril 1857, à $18^h\,34^m\,48^s$, temps moyen de Paris.*

La déclinaison du soleil, le 17 avril, est boréale de $10°\,33'\,22'',7$; en 24 heures moyennes elle augmente de $20'\,58'',8$.

Variation en 24h...........	20′ 58″.8
en 12h (moitié)	10′ 29″.4
6h (moitié)	5 14.7
30m (douzième)	0 26.2
3m (dixième)	0 2.6
1m (tiers)	... 0.9
30s (moitié)	... 0.4
15s (moitié)	... 0.2
3s (cinquième)	... 0.0
Var. en 18h 34m 48s.... +	16′ 14″.4
Déclin. le 17 à 0h..... +	10° 33′ 22″.7
Déclinaison calculée........	10° 49′ 37″.1 B

Par logarithmes.

log	18h 34m 48s	= 4.8253482
log	0° 20′ 58″.8	= 3.0999567
ct log	24h........	= 5.0634863
log correction.......		= 2.9887912
correction......		= + 16′ 14″.5

14. En négligeant pour le calcul de la déclinaison du soleil les corrections qui proviennent des différences d'un ordre supérieur au premier, on peut aux environs des solstices commettre une erreur de 3″,2; pour des époques comprises entre le quarantième jour avant et le quarantième jour après chaque solstice, l'erreur peut dépasser 2″; enfin du 26 février au 12 avril, et du 2 septembre au 15 octobre, l'erreur est au plus de 1″.

On ne doit tenir aucun compte des corrections des différences secondes que dans le cas d'opérations à terre.

15. Le demi-diamètre du soleil, le demi-diamètre horizontal et la parallaxe horizontale équatoriale de la lune se calculent toujours par les parties proportionnelles; il est inutile de pousser l'approximation au-delà du dixième de seconde, ce qui permet presque toujours de prendre la partie proportionnelle à vue.

16. Le temps moyen à midi vrai de Paris est l'heure qu'une pendule parfaitement réglée sur le temps moyen doit marquer quand le centre du soleil vrai est au méridien de Paris.

Le temps moyen à midi vrai est l'équation du temps à midi vrai quand il surpasse $0^h 00^m 00^s$ de quelques minutes seulement; il est le complément à 12^h de l'équation du temps lorsqu'il est compris entre 11^h et 12^h.

Le temps moyen à midi vrai conserve le nom d'équation du temps lors même qu'il est le complément à 12^h de l'équation du temps.

On calcule l'équation du temps pour une heure vraie autre que le midi vrai comme on calcule la déclinaison du soleil; en négligeant les corrections qui proviennent des différences d'un ordre supérieur au premier, l'erreur peut dans certain cas atteindre $0^s,11$.

L'équation du temps est le seul élément de la *Connaissance des temps* donné pour midi vrai.

17. Le temps sidéral à midi moyen de Paris n'est autre chose que l'ascension droite moyenne du soleil ou l'heure sidérale du passage du soleil au méridien de Paris.

L'avance du temps sidéral sur le temps moyen en 24 heures moyennes est constante et égale à $+ 3^m 56^s,55$ (temps sidéral); la *Connaissance des temps* n'indique pas cette variation de l'élément; la table XIX de Callet en donne les parties aliquotes.

Exemple. — *Trouver le 17 avril 1857 l'ascension droite moyenne du soleil à 18h 34m 48s temps moyen de Paris.*

Temps sidéral le 17 avril à midi moyen de Paris..........		= 1h 42m 13s.14
Tab. XIX.	pour 18h on a Tab. XIX.....	+ 2m 57s.42
	.... 34m................	+ 5s.58
	.... 48s................	+ 0s.13
Temps sidéral le 17 avril 1857 à 18h 34m 48s temps moyen...		= 1h 45m 16s.27

18. *Calculer l'heure de Paris* t *correspondant à l'élément donné* A.

Première méthode. — L'élément A est compris entre deux éléments consécutifs donnés par la *Connaissance des temps* et correspondants aux époques T, T + I; soit E le premier, on a

$$A = E + \frac{t-T}{I} \cdot \Delta E - \frac{t-T}{I} \cdot \frac{I-t-T}{2I} \cdot \Delta^2 E + \ldots\ldots$$

Si on ne considère que les deux premiers termes de la formule et que t_1 représente la valeur approchée qui en résulte pour t, on a

$$t_1 - T = \frac{A-E}{\Delta E} \cdot I.$$

On forme alors les différences successives de E, et on calcule les corrections provenant des différences pour les deux époques des tables d'interpolation θ, $\theta + 10^m$, entre lesquelles tombe $t_1 - T$; soient C, C′ les sommes des corrections; l'élément A est renfermé entre les deux quantités E + C, E + C′; dans l'intervalle de 10^m, on peut toujours regarder l'élément comme proportionnel au temps et écrire

$$10^m : C' - C :: x^m : A - E.$$

On conclut $t - T = \theta + x$.

Il suffit de calculer t_1 à la minute.

Exemple I. — *Le 9 avril 1857, on trouve que l'ascension droite de la lune est* 205° 31′ 23″,2; *calculer l'heure moyenne correspondante de Paris.*

L'ascension droite donnée tombe entre les ascensions droites du 9 avril à 12h et du 10 avril à 0h.

Æ donnée.................	205° 31′ 23″.2	log A − E	= 3.7486376
Æ le 9 à 12h.................	203° 57′ 47″.4	log I	= 4.6354837
Diff. AE —................	1° 33′ 35″.8	colog ΔE	= 5.7039340
Var. en 12h...... ΔE = +	5° 29′ 32″.7	log t_1 − T	= 4.0880553
$t_1 - T = \frac{A-E}{\Delta E} \cdot I$		$t_1 - T = 3^h\ 24^m$, $t_1 = 15^h\ 24^m$	

Calculons maintenant l'ascension droite de la lune pour le 9 avril à $15^h\ 20^m$, et pour le 9 avril à $15^h\ 30^m$.

En tenant compte des différences secondes, troisièmes, quatrièmes, on a :

Æ le 9 à 12h....	+	203° 57′ 47″.4	Æ le 9 à 12h....	+	203° 57′ 47″.4
Corr. diff. pr.....	+	1° 31 32.4	Corr. diff. pr.....	+	1° 36 07,0
Corr. diff. sec....	—	42.5	Corr. diff. sec...	—	43.8
Corr. diff. tr.....	+	4.2	Corr. diff. tr....	+	4.3
Corr. diff. quatr..	+	0.4	Corr. diff. quatr.	+	0.4
Æ le 9 à 15h 20m =		205° 28′ 41″.9	Æ le 9 à 15h 30m =		205° 33′ 15″.3
Æ donnée.........		205° 31 23.2	Æ le 9 à 15h 20m =		205° 28 41.9
Différence.........		2′ 41″.3	Variation en 10m..........		4′ 33″.4

$$10^m : 4'\ 33'',4 :: x^m : 2'\ 41'',3$$

log 10m	= 2.7781513	
log 2′ 41″.3	= 2.2076344	
colog 4′ 33″.4	= 7.5632015	**Heure de Paris le 9 avril 15h 25m 53s.99**
log x^m	= 2 5489872	
x	= 5m 53s.99	

En tenant compte des différences secondes seulement, on aurait :

Æ le 9 à 12^h... + 203° 57′ 47″.4	Æ le 9 à 12^h... + 203° 57′ 47″.4
Corr. diff. pr... + 1° 31 32.4	Corr. diff. pr... + 1° 36 07.0
Corr. diff. sec.. — 38.3	Corr. diff. sec... — 39.5
Æ le 9 à $15^h\ 20^m$ = 205° 28′ 41″.5	Æ le 9 à $15^h\ 30^m$ = 205° 33′ 14″.9
Æ donnée........ 205° 31 23.2	Æ le 9 à $15^h\ 20^m$ = 205° 28 41.5
Différence........ 2′ 41″.7	Variation en 10^m........ 4′ 33″.4

Puis on a 10^m : 4′ 33″,4 :: x^m : 2′ 41″,7, d'où $x = 5^m\ 54^s,86$; on conclut que l'époque cherchée, temps moyen de Paris, est le 9 avril $15^h\ 25^m\ 54^s.86$.

Exemple II. — *Le 22 mars 1857, la distance du centre de la lune à Antarès est 73° 10′ 48″,5; calculer l'heure moyenne correspondante de Paris.*

La distance lunaire donnée tombe entre les distances lunaires du 22 mars à 9^h et du 22 mars à 12^h.

Distance lun. donnée... = 73° 10′ 48″.5
Dist. lun. le 22 à 9^h... = 72° 37 18.0
Différence A — E...... = 0° 33′ 30″.5

On calcule la distance du centre de la lune à Antarès pour le 22 mars à 10^h; on trouve

Diff. première... = + 1° 44′ 58″.
Diff. seconde.... = + 26″.
Diff. troisième... = 0.

Var. en 3^h = + 1° 44′ 58″

$$t_1 - T = \frac{A - E}{\Delta E} \cdot I$$

log (A — E) = 3.3033041
log (I = 3^h) = 4.0334238
c^t log ΔE = 6.2007993
log $(t_1 - T)$ = 3.5375252
$t_1 - T = 0^h\ 57^m$
$t_1 = 9^h\ 57^m$

Correct. des diff. premières.

Pour $9^h\ 50^m$.	Pour 10^h.
log $0^h\ 50^m$ = 3.4771213	log 1^h = 3.5563025
log ΔE = 3.7992027	log ΔE = 3.7992027
c^t log 3^h = 5.9665762	c^t log 3^h = 5.9665762
log corr... = 3.2429002	log corr. = 3.3220814
corr... = + 0° 29′ 09″,4	corr. = + 0° 34′ 59″.3

Dist. le 22 à 9^h... = 72° 37′ 18″	Dist. le 22 à 9^h... = 72° 37′ 18″
Corr. diff. prem. = + 29 09.4	Corr. diff. prem. = + 34 59.3
Corr. diff. sec... = — 02.6	Corr. diff. sec... = — 2.9
Dist. le 22 à $9^h\ 50^m$ = 73° 06′ 24″.8	Dist. le 22 à 10^h. = 73° 12′ 14″.4
Dist donnée.... = 73° 10 48.5	Dist. le 22 à $9^h\ 50^m$ = 73° 06 24.8
Différence...... = 4′ 23″.7	Var. en 10^m.... = 5′ 49″.6

Corr. des diff. secondes. — Tab. XV.

Pour $9^h\ 50^m$.	Pour 10^h.
$3^h\ 20^m$ et 20″.. 2″.01	4^h et 20″... 2″.22
.... 6″.. 0.60	.... 6″... 0.67
Corr... = — 2″.61	Corr. = — 2″.89

Nota. On entre dans la table XV avec le quadruple de l'excès de l'heure donnée sur l'époque immédiatement antérieure de la *Connaissance des temps*, soit avec $4 \times 0^h\ 50^m$ ou $3^h\ 20^m$, et 4×1^h ou 4^h.

10^m : 5′ 49″.6 :: x^m : 4′ 23″.7

log 4′ 23″.7........... = 2.4211101
log 10^m.............. = 2.7781513
c^t log 5′ 49″.6........ = 7.4564286
log x........... = 2.6556890
x........... = $7^m\ 32^s.6$... θ = $9^h\ 50^m$

Heure cherchée le 22 = $9^h\ 57^m\ 32^s.6$.

19. *Seconde méthode.* — Quand on ne tient compte que des différences secondes, comme cela arrive pour les distances lunaires, la méthode suivante est plus courte.

La formule $A - E = \frac{t - T}{I} \cdot \Delta E - \frac{t - T}{I} \cdot \frac{I - (t - T)}{2I} \cdot \Delta^2 E$ donne, en s'arrêtant au premier terme et en désignant par t_1 la valeur approchée qui en résulte pour t, $t_1 - T = \frac{A - E}{\Delta E} \cdot I$.

On cherche la différence seconde et la correction α qui en résulte pour l'époque $t_1 - T$; on a alors $A - E = \frac{t - T}{I} \cdot \Delta E - \alpha$, d'où on conclut $t - T = t_1 - T + \frac{\alpha}{\Delta E} \cdot I$.

Cette méthode est très-suffisamment exacte; la correction $\frac{\alpha \cdot I}{\Delta E}$ a le signe de la différence seconde si la différence première est positive, le signe contraire si la différence première est négative.

EXEMPLE III. — *Le 22 mars 1857, la distance du centre de la lune à Antarès est 73° 10′ 48″.5; calculer l'heure moyenne correspondante de Paris.*

Dist. lun. donnée... = 73° 10′ 48″.5	Diff. prem. = + 1° 44′ 58″	log (A − E) = 3.3033041
Dist. lun. le 22 à 9h = 72° 37 18.	Diff. sec... = + 26″	log (I = 3h) = 4.0334238
Différence....... = 0° 33′ 30″.5		c^t log ΔE = 6.2007973
	$t_1 - T = \frac{A - E}{\Delta E} \cdot I$	log $(t_1 - T)$ = 3.5375252
		$t_1 - T$ = 0h 57m 27s.7
		t_1 = 9h 57m 27s.7

On calcule la correction des différences secondes pour 9h 57m 27s.7 et + 26″; on entre dans la table XV avec 4 × 0h 57m 27s.7 ou 3h 50m, et on trouve $\alpha = + 2''.82$; α a le signe de la différence seconde.

log 2″.82 = 0,4502491	
log (I = 3h) = 4,0334238	
c^t log ΔE = 6,2007973	Heure approchée de Paris le 22..... = 9h 57m 27s.7
log $\frac{\alpha \cdot I}{\Delta E}$ = 0,6844702	Correction (la diff. prem. est pos.)... + 4s.8
$\frac{\alpha \cdot I}{\Delta E}$ = + 4s.84	Heure de Paris cherchée le 22...... = 9h 57m 32s.5

EXEMPLE IV. — *Le 28 mars 1857, la distance du centre de la lune à Pollux est 57° 23′ 36″; trouver l'heure moyenne correspondante de Paris.*

La distance lunaire donnée tombe entre les distances du 28 à 15h et du 28 à 18h.

Dist. lun. donnée... = 57° 23′ 36″	Diff. prem. = − 1° 50′ 28″	log A − E = 3.4176377
Dist. lun. le 28 à 15h = 58 07 12	Diff. sec... = + 17″	log (I = 3h) = 4.0334238
Différence........ = 43′ 36″		c^t log ΔE = 6.1786175
	$t_1 - T = \frac{A - E}{\Delta E} \cdot I$	log $t_1 - T$ = 3,6296790
		$t_1 - T$ = 1h 11m 02s.6
		t_1 = 16h 11m 02s.6

On calcule la correction des différenees secondes pour 1h 11m 02s.6 et + 17″; on entre dans la table XV avec 4 × 1h 11m 02s.6 ou 4h 44m, et on trouve $\alpha = + 2''.03$; α a le signe de la différence seconde.

log (I = 3h) = 4.0334238	
log (2″,3) = 0.3074960	
c^t log ΔE = 6.1786175	Heure approchée de Paris le 28...... = 16h 11m 02s.6
log x... = 0.5195373	Corr. (la différ. prem. est négative)... = − 3s.3
$\frac{\alpha \cdot I}{\Delta E}$ = − 3s.31	Heure cherchée de Paris le 28....... = 16h 10m 59s.3

20. On ne doit jamais négliger la correction de l'heure approchée t_1 dans le calcul des longitudes par les distances lunaires; on pourrait avoir, en cas d'oubli, des erreurs de 18s en temps ou de 4′ 30″ sur la longitude.

CHAPITRE II.

Problèmes relatifs à la Connaissance des temps.

1. *Convertir un intervalle temps sidéral en intervalle temps moyen. — Problème inverse. — Tables XVIII et XIX de Callet.* — La durée de l'année tropique est $366^{j.\,sid.},2422175$ ou $365^{j.\,m.},2422175$.

En une année tropique, le soleil moyen décrit uniformément et en sens contraire du mouvement diurne les 360° de l'équateur; on obtient donc le moyen mouvement quotidien du soleil en ascension droite par la proportion $\dfrac{365^{j.\,m.},2422175}{360^\circ} = \dfrac{1^{j.\,m.}}{x}$ d'où $x = 0^\circ,9856472 = 0^\circ 59' \, 08'',33$. En 24 heures moyennes, le soleil moyen, en vertu de son mouvement propre et du mouvement diurne, décrit le long de l'équateur $360^\circ,9856472$; en 24 heures sidérales, une étoile, soumise au mouvement diurne seul, décrit 360° seulement. On a l'égalité :

$$24^{hm} - 24^{hs} = 0^\circ.9856472 = 0^\circ \, 59' \, 08''.33 = \begin{cases} 3^m \; 55.9094 \text{ t. m.} \\ 3^m \; 56.5553 \text{ t. s.} \end{cases}$$

en considérant les deux proportions

$$\frac{24^{hm}}{360^\circ.9856472} = \frac{x^{t.\,m.}}{0^\circ.9856472}, \quad \frac{24^{hs}}{360^\circ} = \frac{x^{t.\,s.}}{0^\circ.9856472}$$

On conclut : $24^{hm} = 24^{hs} 03^m \, 56^s.5553$, $24^{hs} = 24^{hm} - 03^{mm} 55^s,9094$.

Une pendule réglée sur le temps moyen retarde chaque jour de $3^m \, 55^s.9094$ t. m. eu égard à une pendule réglée sur le temps sidéral. Une pendule sidérale avance chaque jour de $3^m \, 56^s,5553$ t. s. eu égard à une pendule réglée sur le temps moyen.

2. On obtient aisément les égalités suivantes :

$24^{hm} = 24^{hs} \; 03^m \; 56^s.5553$	$24^{hs} = 24^{hm} - 03^m \; 55^s.9094$ t. m.
$24^{hm} = 24^{hs},065710$	$24^{hs} = 24^{hm} - 0^{hm},0655304$
$1^{hm} = 1^{hs},00273792$	$1^{hs} = 1^{hm} - 0^{hm},00273043$
$1^{hm} = 1^{hs} \; 00^m \; 09^s.856472$	$1^{hs} = 1^{hm} - 0^{hm} \; 00^m \; 09^s.829559$

Les tables XVIII et XIX de Callet sont construites à l'aide des formules $n^{hm} = n^{hs} + n.09^{ss},856472$, $n^{hs} = n^{hm} - n.09^s.829559$ et de celles qu'on en déduit en substituant les minutes aux heures, puis les secondes aux minutes.

Exemple I. — *Trouver l'intervalle t. m. qui correspond à l'intervalle t. s.* $16^h \; 24^m \; 37^s.6$.

Intervalle t. s.			$16^h \; 24^m \; 37^s.6$
Tab. XVIII.	16^h...	—	$2^m \; 37.3$
	24^m...	—	$03^s.9$
	37^s...	—	$0^s.1$
Intervalle temps moyen.	=		$16^h \; 21^m \; 56^s.3$

Exemple II. — *Trouver l'intervalle t. s. qui correspond à l'intervalle t. m.* $7^h \; 17^m \; 52^s.7$.

Intervalle t. m.			$7^h \; 17^m \; 52^s.7$
Table XIX.	7^h....	+	$1^m \; 09^s.0$
	17^m....	+	$2^s.8$
	52^s....	+	$0^s.1$
Intervalle temps sidéral.	=		$7^h \; 19^m \; 04^s.6$

4. *Calculer le temps sidéral à midi moyen d'un lieu donné.* — La *Connaissance des temps* donne pour chaque jour de l'année le temps sidéral à midi moyen de Paris, c'est-à-dire l'ascension droite du soleil moyen à midi moyen de Paris, ou l'heure sidérale du passage du soleil moyen au méridien supérieur de Paris.

Calculer le temps sidéral à midi moyen d'un lieu donné, c'est chercher l'ascension droite du soleil moyen quand il est midi moyen en ce lieu. La variation du temps sidéral en 24 heures moyennes est constante et égale à $3^m\,56^s,5553$ t. s.; quand les différences premières d'un élément sont constantes, les différences secondes sont nulles; on a donc

$$Æ = Æ_6 + \frac{t - T}{1} \cdot \Delta E.$$

Chercher l'heure sidérale ou le temps sidéral à midi moyen d'un lieu de longitude L, c'est calculer l'ascension droite moyenne du soleil pour le jour proposé à l'heure L de Paris, si la longitude est Ouest, ou pour la veille du jour proposé à l'heure 24 — L de Paris, si la longitude est Est. Soient $Æ_0$ le temps sidéral à midi moyen de Paris le jour proposé, Æ l'ascension droite moyenne cherchée, $\alpha = \Delta E = + 3^m\,56^s.5553$ la variation diurne constante de l'ascension droite moyenne; si la longitude est Ouest, $Æ = Æ_0 + \frac{L}{24}\alpha$, et si la longitude est Est,

$$Æ = (Æ_0 - \alpha) + \frac{24 - L}{24}\alpha \text{ ou } Æ = Æ_0 - \frac{L}{24}\alpha.$$

En remarquant que la table XIX de Callet donne les parties aliquotes de $\alpha = 3^m\,56^s.5553$ t. s., on peut conclure la règle suivante :

Pour avoir le temps sidéral à midi moyen d'un lieu donné, prenez dans la table XIX de Callet, avec la longitude en temps du lieu, une correction que vous ajouterez au temps sidéral à midi moyen de Paris pour le jour proposé, si le lieu est à l'Ouest de Paris, et que vous en retrancherez si le lieu est à l'Est; le résultat sera la quantité cherchée.

Exemple I. — *Quel est le temps sidéral à midi, moyen d'un lieu de longitude* 57° 20′ 18″ *O. le* 14 *mars* 1857.

$57^\circ\,20'\,18'' = 3^h\,49^m\,21^s,2.$

T. sid. à 0^h Paris le 14.....		23^h	28^m	$10^s.31$
Table XIX.	3^h.....	+		$29^s.57$
	49^m.....	+		$8^s.05$
	21^s.....	+		$0^s.06$
T. sid. à midi moy. du lieu =		23^h	28^m	$47^s.99$

Exemple II. — *Quel est temps sidéral à midi moyen d'un lieu de longitude* 115° 52′ 15″ E. le 6 mars 1857.

$115^\circ\,52'\,15'' = 7^h\,43^m\,29^s.$

T. sid. à 0^h Paris le 6.....		22^h	56^m	$37^s.87$
Table XIX.	7^h.....	—	1^m	$08^s.99$
	43^m.....	—		$7^s.06$
	29^s.....	—		$0^s.08$
T. sid. à midi moy. du lieu =		22^h	55^m	$21^s.74$

5. *Passer de l'heure moyenne à l'heure sidérale d'un lieu.* — *Problème inverse.* — Le temps sidéral à midi moyen d'un lieu est l'intervalle temps sidéral écoulé depuis le passage du point vernal au méridien supérieur du lieu jusqu'à midi moyen. L'heure moyenne est l'intervalle temps moyen écoulé depuis le midi moyen du lieu jusqu'à l'instant qu'elle indique; l'intervalle temps moyen représenté par l'heure moyenne peut être réduit en temps sidéral à l'aide de la table XIX de Callet.

Donc l'heure sidérale correspondante à une heure moyenne donnée est la somme du temps sidéral au midi du lieu, et de l'intervalle temps sidéral correspondant à l'intervalle temps moyen exprimé par l'heure moyenne donnée; on diminue au besoin la somme de 24^h.

Inversement, si on retranche le temps sidéral à midi moyen du lieu de l'heure sidérale donnée (augmentée au besoin de 24^h pour rendre la soustraction possible), le reste est l'intervalle temps sidéral écoulé depuis le midi moyen du lieu jusqu'à l'instant dont on s'occupe; il suffit de réduire cet intervalle temps sidéral en intervalle temps moyen à l'aide de la table XVIII, pour avoir l'heure moyenne cherchée.

EXEMPLE I. — *Pour un lieu de longitude* $124^\circ\ 58'\ 09''$ O., *quelle est l'heure sidérale à* $5^h\ 24^m\ 18^s$ *du soir, temps moyen, le 3 mars 1857.*

On a $124^\circ\ 58'\ 09'' = 8^h\ 19^m\ 52^s.6$.

T. sid. à 0^h Paris le 3.....			$22^h\ 44^m\ 48^s.21$
Table XIX. Longitude.	8^h......	+	$1^m\ 18.85$
	19^m......	+	3.12
	53^s......	+	0.14
T. sid. à 0^h du lieu le 3....			$22^h\ 46^m\ 10^s.32$

Interv. t. m. dep. 0^h.......			$5^h\ 24^m\ 18^s$
Table XIX.	5^h.....	+	$49^s.28$
	24^m.....	+	$3^s.94$
	18^s.....	+	$0^s.05$
Int. t. s. écoulé dep. 0^h t. m. =			$5^h\ 25^m\ 11^s.27$
T. sid. à 0^h du lieu......		+	$22^h\ 46^m\ 10^s.32$
Heure sidérale cherchée.. =			$4^h\ 11^m\ 21^s.59$

EXEMPLE II. *Pour un lieu de longitude* $170^\circ\ 59'\ 36''$ E., *quelle est l'heure moyenne, le 24 mars, à* $7^h\ 28^m\ 34^s$, *temps sidéral.*

On a $170^\circ\ 59'\ 36'' = 11^h\ 23^m\ 58^s.4$.

T. sid. à 0^h Paris le 24......			$0^h\ 07^m\ 35^s.85$
Table XIX. Longitude.	11^h....	—	$1^m\ 48^s.42$
	23^m....	—	$3^s.78$
	58^s....	—	$0^s.16$
T. sid. à 0^h du lieu le 24.....			$0^h\ 05^m\ 43^s.49$

Heure sidérale.........			$7^h\ 28^m\ 34^s$
T. sid. à 0^h du lieu		—	$0^h\ 05^m\ 43^s.49$
Int. sid. depuis 0^h t. m. =			$7^h\ 22^m\ 50^s.51$
Table XVIII.	7^h....	—	$1^m\ 08^s.81$
	22^m....	—	$03^s.60$
	51^s....	—	$00^s.14$
Heure moyenne........ =			$7^h\ 21^m\ 37^s.96$

6. La méthode qui précède donne les mêmes calculs pour le problème direct et pour le problème inverse; elle donne une idée complète des relations qui existent entre les heures simultanées sidérale et moyenne.

On peut aussi passer de l'heure moyenne à l'heure sidérale de la manière suivante : calculer le temps sidéral pour l'heure astronomique moyenne de Paris qui correspond à l'heure du lieu, et lui ajouter l'heure moyenne astronomique du lieu; H. sid. = H. moy. + $Æ_m$. En reprenant le premier exemple on aurait :

Heure du lieu le 3 =	$5^h\ 24^m\ 18^s$ t. m.
Longitude O. +	$8^h\ 19^m\ 52^s.6$
Heure de Paris le 3 =	$13^h\ 44^m\ 10^s.6$ t. m.

T. sid. à 0^h Paris le 3 =			$22^h\ 44^m\ 48^s.21$
Table XIX.	13^h....	+	$2^m\ 08^s.13$
	44^m....	+	$07^s.23$
	11^s....	+	$00^s.03$
T. sid. ou $Æ_m$ à $5^h\ 24^m\ 18^s$ =			$22^h\ 47^m\ 03^s.6$
Heure moy. du lieu =		+	$5\ \ 24\ \ 18^s$
Heure sidérale cherchée =			$4^h\ 11^m\ 21^s.6$

7. *Convertir un intervalle temps vrai en intervalle temps moyen. — Problème inverse.* — On trouve dans la *Connaissance des temps*, à droite de la colonne intitulée *Temps moyen au midi vrai de Paris*, une colonne différence qui donne la *marche diurne* du temps moyen sur le temps vrai, c'est-à-dire la quantité dont avance ou retarde le temps moyen sur le temps vrai dans un intervalle de 24^h t. v. La marche diurne prend le signe + quand elle est une avance, le signe — quand elle est un retard.

La *Connaissance des temps* donne, par exemple :

26 juin 1857....	Temps moyen à midi vrai de Paris =	$0^h\ 02^m\ 29^s.09$
27 juin 1857....	—	= $0^h\ 02^m\ 41^s.63$

Ces données reviennent aux suivantes :

26 juin à 0^h t. v. de Paris,	l'heure t. m. est	$0^h\ 02^m\ 29^s.09$
27 juin à 0^h t. v. de Paris,	l'heure t. m. est	$0^h\ 02^m\ 41^s.63$
Intervalles........ 24^h t. v.	....	$24^h\ 00^m\ 12^s.54$ t. m.

La colonne différence donne le nombre $12^s.54$ qui est l'avance en 24^{hv} du temps moyen sur le temps vrai.

Soient I_m, I_v deux intervalles temps moyen, temps vrai correspondants, m la marche diurne du temps moyen sur le temps vrai. On a l'égalité

$$\frac{24^{hv}}{(24+m)\ \text{t. m.}} = \frac{I_v}{I_m},$$ d'où on en conclut

$$I_m = I_v\left(1+\frac{m}{24}\right),\quad I_v = I_m\left(1-\frac{m}{24+m}\right).$$

La seconde égalité, m étant toujours fort petit par rapport à 24^h, peut, sans erreur sensible pour la pratique, s'écrire $I_v = I_m\left(1-\frac{m}{24}\right)$. Il faut faire attention au signe de m.

On prend, dans la colonne différence, la marche diurne qui convient à la journée pendant laquelle s'est écoulé l'intervalle donné, ou la moyenne des deux marches diurnes consécutives si l'intervalle donné s'est écoulé en partie durant une journée, en partie durant la suivante.

Exemple I. *Dans la journée astronomique du 12 mars 1857, quel est l'intervalle temps moyen correspondant à l'intervalle temps vrai $7^h\ 23^m\ 42^s.5$?*

Marche diurne du t. m. sur le t. v. en $24^{h.v.}$		$-\ 16^s.65$
Parties aliquotes	$6^h\ (\frac{1}{4})$	$4^s.16$
	$1^h\ (\frac{1}{6})$	$0^s.69$
	$20^m\ (\frac{1}{3})$	$0^s.23$
	$2^m\ (\frac{1}{10})$	$0^s.02$
	$1^m\ (\frac{1}{2})$	$0^s.01$
Marche du t. m. sur le t. v. en $7^h\ 23^m\ 42^s.5$		$-\ 5^s.11 \ldots \frac{m}{24}\cdot I_v$
	Intervalle t. v.	$7^h\ 23^m\ 42.5$
	Intervalle t. m.	$7^h\ 23^m\ 37^s.4$

Exemple II. *Dans la journée astronomique du 13 juin 1857, quel est l'intervalle temps vrai correspondant à l'intervalle temps moyen $9^h\ 52^m\ 42^s$.*

Marche diurne du t. m. sur le t. v. en $24^{h.v.}$		$+\ 12^s.48$
Parties aliquotes	$8^h\ (\frac{1}{3})$	$4^s.16$
	$1^h\ (\frac{1}{8})$	$0^s.52$
	$30^m\ (\frac{1}{2})$	$0^s.26$
	$20^m\ (\frac{1}{3}^h)$	$0^s.17$
	$2^m\ (\frac{1}{10})$	$0^s.02$
	$\frac{m}{24}\cdot I_m$	$= +\ 5^s.13$
	Intervalle t. m.	$= 9^h\ 52^m\ 42^s$
	Intervalle t. v.	$= 9^h\ 52^m\ 36^s.87$

8. *Passer de l'heure vraie à l'heure moyenne d'un lieu. — Problème inverse.* L'heure moyenne est à un moment quelconque la somme algébrique de l'heure vraie et de l'équation du temps.

L'heure vraie du lieu et sa longitude font connaître l'heure vraie de Paris correspondante pour laquelle on calcule l'équation du temps. On ajoute toujours l'équation du temps (sous la forme adoptée par la *Connaissance des temps*) à l'heure vraie du lieu pour avoir l'heure moyenne du lieu. Si l'équation du temps contient des heures, on retranche 12^h à la somme obtenue.

Inversement, de l'heure moyenne du lieu et de sa longitude on conclut l'heure temps moyen de Paris. L'équation du temps étant donnée pour l'heure vraie de Paris, un calcul de fausse position est nécessaire. De l'heure temps moyen de Paris, on retranche l'équation du temps qui convient au midi vrai le plus voisin, en ayant l'attention d'ajouter 12^h au reste, lorsque cette équation du temps est comprise entre 11^h et 12^h; on a ainsi l'heure vraie approchée de Paris correspondante à l'heure moyenne du lieu. Pour l'heure vraie approchée de Paris on calcule l'équation du temps ; on retranche cette équation du temps de l'heure moyenne donnée, en ayant soin d'ajouter 12^h au reste, quand l'équation du temps est comprise entre 11^h et 12^h, et on a ainsi l'heure vraie cherchée.

On peut encore passer de l'heure moyenne à l'heure vraie en se servant de la table XX de Callet, qui donne, pour chaque jour, de l'année ce qu'il faut ajouter au temps moyen à midi vrai ou à l'équation du temps à midi vrai pour avoir le temps moyen ou l'équation du temps à midi moyen. On ajoute à l'équation du temps à midi vrai la quantité donnée par cette table, en ayant égard à son signe ; la somme est l'équation du temps à midi moyen. On calcule la variation de l'équation du temps pour l'heure moyenne de Paris, et on conclut l'équation du temps correspondante à l'heure moyenne donnée. On retranche l'équation du temps calculée de l'heure moyenne donnée, en ayant soin d'ajouter 12^h au reste quand l'équation du temps est comprise entre 11^h et 12^h, et on a l'heure vraie cherchée.

EXEMPLE I. — *Le 10 mars, à $3^h\ 28^m\ 52^s$ t. v. dans un lieu de longitude 116° 10′ E., quelle est l'heure temps moyen ?*

Heure du lieu le 10 = $3^h\ 28^m\ 52^s$ t. v.	Éq. du temps le 9 à 0^h = $0^h\ 10^m\ 42^s.01$
Longitude E. — 7 44 40	Var. en $19^h\ 44^m\ 12^s$....... — $12^s.92$
Heure de Paris le 9 = $19^h\ 44^m\ 12^s$ t. v.	Éq. du temps calculée = $0^h\ 10^m\ 29^s.09$
	Heure t. v. du lieu = $3^h\ 28^m\ 52^s$
Équation du temps le 9 à 0^h = $10^m\ 42^s.01$	Heure t. m. du lieu = $3^h\ 39^m\ 21^s.09$
Variation en $24^{h.v.}$ — $15^s.71$	

EXEMPLE II. *Le 8 juin, à $7^h\ 28^m\ 36^s$ du matin t. m., dans un lieu de longitude 126° 40′ O., quelle est l'heure temps vrai ?*

Heure du lieu le 7........ = $19^h\ 28^m\ 36^s$ t. m.	Éq. du temps le 8 à 0^h = $11^h\ 58^m\ 42^s.11$
Longitude O... + 8 26 40	Var. en $3^h\ 56^m\ 34^s$.......... + 1.87
Heure de Paris le 8........ = $3^h\ 55^m\ 16^s$ t. m.	Éq. du temps calculée = $11^h\ 58^m\ 43^s.98$
Éq. du temps le 8 à 0^h = — 11 58 42.11	Heure t. m. du lieu... = $19^h\ 28^m\ 36^s$
Heure appr. t. v. de Paris = $3^h\ 56^m\ 33^s.89$	Heure vraie cherchée = $19^h\ 29^m\ 52^s.02$
Var. de l'éq. du temps en $24^{h.v.}$ = + $11^s.40$	

Par la seconde méthode on aurait :

Heure de Paris le 8....... = $3^h\ 55^m\ 16^s$ t. m.	Éq. du temps corrigée = $11^h\ 58^m\ 42^s.12$
Éq. du temps le 8 à 0^h..... = $11^h\ 58^m\ 42^s.11$	Var. en $3^h\ 55^m\ 16^s$... + $1^s.86$
Correction table XX............... + $0^s.01$	Éq. du temps calculée = $11^h\ 58^m\ 43^s.98$
Éq. du temps corrigée = $11^h\ 58^m\ 42^s.12$	Heure t. m. du lieu... = $19^h\ 28^m\ 36^s$
Var. de l'éq. du temps en $24^{h.v.}$ + $11^s.40$	Heure vraie cherchée. = $19^h\ 29^m\ 52^s.02$

9. A l'aide des indications qui précèdent on passera sans peine de l'heure sidérale à l'heure vraie ou inversement ; on cherchera d'abord l'heure moyenne correspondante à l'heure donnée.

10. *Passer de l'angle horaire d'un astre à l'heure moyenne du lieu. — Problème inverse.*

Étoiles. — L'heure sidérale d'un lieu est, à un moment quelconque, la somme de l'angle horaire de l'astre considéré au lieu donné et de l'ascension droite de cet astre.

A l'angle horaire de l'étoile converti en temps ajoutez l'ascension droite de l'étoile; la somme, diminuée de 24^h, si cela est possible, donne l'heure sidérale du lieu; passez de l'heure sidérale à l'heure astronomique moyenne du lieu.

Inversement, passez de l'heure astronomique moyenne à l'heure sidérale du lieu; de l'heure sidérale du lieu (augmentée au besoin de 24^h pour rendre la soustraction possible), retranchez l'ascension droite de l'étoile; le reste est l'angle horaire de l'étoile.

Exemple I. — *Le 24 mars 1857, l'angle horaire d'une étoile pour laquelle* Æ $= 1^h\ 05^m\ 57^s.55$ *est* $136°\ 25'$ *dans un lieu de longitude* $82°\ 28'$ E.; *trouver l'heure moyenne du lieu.*

Angle horaire...... A =	136°	25′		
Angle horaire en temps...	9^h	05^m	40^s	
Asc. dr. de l'étoile.... +	1^h	05^m	$57^s.55$	
Heure sid. du lieu le 24 =	10^h	11^m	$37^s.55$	

T. sid. à 0^h Paris le 24........ =	0^h	07^m	$35^s.85$
Corr. long. $5^h\ 29^m\ 52^s$ E., tab. XIX... —			$54^s.19$
T. sid. à 0^h lieu le 24 .... =	0^h	06^m	$41^s.66$
Heure sidérale...............	10^h	11^m	$37^s.55$
Int. sid. dep. 0^h t. m. du lieu.. =	10^h	04^m	$55^s.89$
Corr. p^r $10^h\ 04^m\ 56^s$, tab. XVIII....—		1	39.10
Heure moyenne cherchée...... =	10^h	03^m	$16^s.79$

Exemple II. — *Trouver l'angle horaire d'une étoile pour laquelle* Æ $= 1^h\ 06^m\ 02^s.52$ *le 8 mars 1857 à* $4^h\ 32^m\ 26^s$ *du matin dans un lieu de longitude* $154°\ 20'$ O.

Heure du lieu le 7 =	16^h	32^m	26^s	t. m.
Longitude O..... +	10	17	20	
Heure de Paris le 8 =	2^h	49^m	46^s	t. m.
T. sid. à 0^h Paris le 8 =	23^h	04^m	$30^s.98$	
Corr. $2^h\ 49^m\ 46^s$ tab. XIX... +			$27^s.89$	
T. sid. à $16^h\ 32^m\ 26^s$ =	23^h	04^m	$58^s.87$	
Heure moy. donnée.... =	16	32	26	
Heure sidérale le 7.... =	15^h	37^m	$24^s.87$	

Heure sidérale.........	15^h	37^m	$24^s.87$
Æ de l'étoile........ —	1	06	02.52
Angle horaire...... =	217°	50′	35″.25
	360°		
Angle au pôle.........	142°	09′	24″.75

L'étoile est à l'est du méridien du lieu.

11. *Soleil.*—L'angle horaire du soleil converti en temps donne l'heure astronomique vraie du lieu d'observation; on passe de l'heure vraie à l'heure moyenne.

Inversement, on passe de l'heure astronomique moyenne donnée à l'heure astronomique vraie, qui, réduite en degrés, donne l'angle horaire cherché.

12. *Lune.*—Pour passer de l'heure moyenne astronomique d'un lieu à l'angle horaire de la lune, on suit la méthode indiquée pour les étoiles; mais le problème inverse exige un calcul de fausse position pour la recherche de l'ascension droite lunaire. Le procédé suivant abrége le problème inverse; il est d'ailleurs suffisant de ne tenir compte que des différences secondes.

La recherche de l'ascension droite à l'aide de la *Connaissance des temps* donne $A = E + \frac{t-T}{I}\Delta E - \frac{t-T}{I}\cdot\frac{I-(t-T)}{2I}\Delta^2 E$

ou autrement $A = E + \frac{t-T}{I}\left\{\Delta E - \frac{\Delta^2 E}{2}\right\} + \left(\frac{t-T}{I}\right)^2 \cdot \frac{\Delta^2 E}{2}.$

Posons $\Delta E - \frac{\Delta^2 E}{2} = D$, $\frac{\Delta^2 E}{2} = C$; on a $I = 12^h$. Soient Æ_0, Æ_{12} les ascensions droites lunaires données par la *Connaissance des temps* à 0^h, à 12^h; Æ l'ascension droite calculée pour l'époque t; on aura

$$\text{Æ} = \text{Æ}_0 + \frac{t-T}{12}\cdot D + \left(\frac{t-T}{12}\right)^2 \cdot C \text{ ou } \text{Æ} = \text{Æ}_{12} + \frac{t-T}{12}\cdot D + \left(\frac{t-T}{12}\right)^2 \cdot C$$

13. *Connaissant l'angle horaire* A *de la lune à Paris, trouver l'heure temps moyen* t *de Paris.* Soient θ l'heure sidérale correspondante à l'heure temps moyen t, θ_0 le temps sidéral à midi moyen de Paris, origine du jour astronomique de l'observation; $\beta = 3^m\,55^s.9094$ t. m. Supposons d'abord $t < 12^h$. On a $A + Æ = \theta$, puis pour la conversion de l'heure sidérale θ en heure moyenne $(\theta - \theta_0)\left(1 - \frac{\beta}{24}\right) = t$

ou
$$\theta - \theta_0 = t\left(1 + \frac{\beta}{24}\right)$$

puisque
$$1 : \left(1 - \frac{\beta}{24}\right) = 1 + \frac{\beta}{24} + \left(\frac{\beta}{24}\right)^2 + \ldots\ldots$$

et que $\frac{\beta}{24} = 0{,}00273043$. On conclut $A + Æ = \theta_0 + t\left(1 + \frac{\beta}{24}\right)$

ou, à cause de
$$Æ = Æ_0 + \frac{t}{12} D + \left(\frac{t}{12}\right)^2 C,$$

on conclut
$$A + Æ_0 + \frac{t}{12} D + \left(\frac{t}{12}\right)^2 C = \theta_0 + t\left(1 + \frac{\beta}{24}\right),$$

et, en extrayant la valeur de $\frac{t}{12}$,
$$\frac{t}{12}\left\{12 + \frac{\beta}{2} - D\right\} = A + Æ_0 - \theta_0 + \left(\frac{t}{12}\right)^2 C,$$

ou enfin
$$\frac{t}{12} = \frac{A + Æ_0 - \theta_0}{12^h\,01^m\,57^s.955 - D} + \frac{\left(\frac{t}{12}\right)^2 . C}{12^h\,01^m\,57^s.955 - D}$$

On calculera d'abord $\frac{t}{12}$ à l'aide du premier terme, et il sera suffisant de corriger au besoin ce premier résultat de la valeur qu'on obtient en le substituant dans le second terme.

Exemple. *Dans la soirée du 7 novembre 1857 à Paris, on trouve l'angle horaire de la lune $254^\circ\,28'\,36''$; on demande l'heure temps moyen correspondante de Paris.*

Angle horaire de la lune $A = 254^\circ\ 28'\ 36''$
Æ ☾ le 7 nov. à 0^h. . $Æ_0 = 123\ \ 26\ \ 19.1$
Somme. . . . . $A + Æ_0 = 17^\circ\ 54'\ 55''.1$
En temps. . . . . $1^h\ 11^m\ 39^s.67$
T. sid. à 0^h le 7 nov. $\theta_0 = -\ 15\ \ 06\ \ 30.63$
$A + Æ_0 - \theta_0 = 10^h\ 05^m\ 09^s.04$

$+\ 7^\circ\ 26'\ 01''.5$
$\Delta E\ +\ 7^\circ\ 06'\ 32''.1 \quad -\ 19'\ 29''.4$
$+\ 6^\circ\ 47'\ 26''.5 \quad -\ 19'\ 05''.6$
$-\ 38'\ 35''$
$\frac{\Delta^2 E}{2} = -\ 9'\ 38''.75 \ldots -38^s.58$
$\Delta E = +\ 7^\circ\ 06'\ 32''.10$
$\Delta E - \frac{\Delta^2 E}{2} = +\ 7^\circ\ 16'\ 10''.85 \ldots D$
D en temps. . . $0^h\ 29^m\ 04^s.72$
$12\ \ 01\ \ 57.955$
$12^h\ 01^m\ 57^s.955 - D = 11^h\ 32^m\ 53^s.235$

Log $(A + Æ_0 - \theta_0) = 4.5600148$
C^t log $\{12^h\ 01^m\ 57^s.955 - D\} = +\ 5.3811862$
$\log \frac{t_1}{12} = \bar{1}.9412010$
$\log 12^h = 4.6354837$
$\log t_1 = 4.5766847$
$t_1 = 10^h\ 28^m\ 49^s.8$
Correct. . . . . $-\ 30^s.6$
Heure de Paris $t = 10^h\ 28^m\ 19^s.2$

Log $\{C = 38^s.58\}$ . . . . . $= 1.5863622$
$\log \left(\frac{t_1}{12}\right)^2$ . . . . $= \bar{1}.8824020$
C^t log $\{12^h\ 01^m\ 57^s.955 - D\} = 5.3811862$
log 12^h. . . . . $= 4.6354837$
log. Correction . . . . $= 1.4854341$
$\Delta^2 E$ étant nég. . . . . $-\ 30^s.58$

14. Supposons $t > 12^h$; posons $t - 12 = t'$. On aura évidemment

$$A + Æ_{12} + \frac{t'}{12} D + \left(\frac{t'}{12}\right)^2 C = \theta_0 + (12 + t')\left(1 + \frac{\beta}{24}\right)$$

d'où on conclut successivement

$$t'\left(1 + \frac{\beta}{24}\right) - \frac{t'}{12} D = A + Æ_{12} - \left(\theta_0 + 12 + \frac{\beta}{2}\right) + \left(\frac{t'}{12}\right)^2 \cdot C$$

$$\frac{t'}{12} = \frac{A + Æ_{12} - (\theta_0 + 12^h\, 01^m\, 57^s.955)}{12^h\, 01^m\, 57^s.955 - D} + \frac{\left(\frac{t'}{12}\right)^2 \cdot C}{12^h\, 01^m\, 57^s.955 - D}$$

Exemple. *Le 8 novembre 1857 à Paris, dans la matinée, on trouve l'angle horaire de la lune 32° 20′ 18″ 6; on demande l'heure temps moyen correspondante de Paris.*

$$\begin{array}{lr}
\text{Angle hor. de la lune } A = & 32^\circ\ 20'\ 18''.6 \\
Æ\ ☾ \text{ le 7 nov. à } 12^h \ldots Æ_{12} = & 130^\circ\ 32\ \ 51.2 \\
\hline
\text{Somme} \ldots\ldots\ldots\ A + Æ_{12} = & 160^\circ\ 53'\ 09''.8 \\
\text{En temps} = & 10^h\ 51^m\ 32^s.65 \\
\text{T. sid. à } 0^h \text{ le 7 nov. } \theta_0 \ldots\ldots - & 15^h\ 06^m\ 30.63 \\
- & 12^h\ 01^m\ 57^s.955 \\
\hline
A + Æ_{12} - (\theta_0 + 12^h 01^m 57^s.955) = & 7^h\ 43^m\ 04^s.07
\end{array}$$

$$\begin{array}{l}
\qquad +7^\circ 06'\ 32''.1 \\
\Delta E \ldots +6^\circ 47'\ 26''.5 - 19'\ 05'',6 \\
\qquad +6^\circ 29'\ 29''.9 - 17'\ 56'',6 \\
\hline
\qquad\qquad -37'\ 02'',2 \\
\dfrac{\Delta^2 E}{2} = -\ 9'\ 15.55 \ldots -37^s.04 \\
\Delta E = +6^\circ\ 47'\ 26''.5 \\
\hline
\Delta E - \dfrac{\Delta^2 E}{2} = +6^\circ 56'\ 42.05 \\
\text{D en temps} \ldots\ldots\ 27^m\ 46^s,8 \\
\qquad 12^h\ 01^m\ 57^s.955 \\
12^h\ 01^m\ 57^s.935 - D = 11^h\ 34^m\ 11^s.2
\end{array}$$

$$\begin{array}{lr}
\log (A + Æ_{12} - \theta_0 - 12^h\ 01^m\ 57^s.955) = & 4.4437964 \\
C^t \log \{ 12^h\ 01^m\ 57^s.955 - D \} = & 5.3803725 \\
\hline
\log \dfrac{t'_1}{12} = & \bar{1}.8241689 \\
\log 12^h = & 4.6354837 \\
\hline
\log t_1 = & 4.4596526 \\
t_1 = & 8^h\ 00^m\ 17^s.2 \\
\text{Correction} & -\ 17^s.1 \\
\hline
\text{H. de Paris 8 nov. matin} = & 8^h\ 00^m\ 00^s.1
\end{array}$$

$$\begin{array}{lr}
\log (C = 37^s,04) \ldots\ldots\ldots\ldots = & 1.5686710 \\
\log \left(\dfrac{t'_1}{12}\right)^2 \ldots\ldots\ldots\ldots = & \bar{1}.6483378 \\
\log 12^h \ldots\ldots\ldots\ldots = & 4.6354837 \\
\text{colog}\left(12 + \dfrac{\beta}{2} - D\right) \ldots\ldots = & 5.3803725 \\
\hline
\log \text{correction} \ldots\ldots\ldots\ldots = & 1.2328650 \\
\text{correction} \ldots\ldots\ldots\ldots = & -\ 17^s,1
\end{array}$$

15. *Connaissant l'angle horaire de la lune dans un lieu quelconque, trouver l'heure temps moyen correspondante du lieu.*

L'angle horaire donné, augmenté ou diminué de la longitude du lieu d'observation suivant qu'elle est ouest ou est, fait connaître l'angle horaire de la lune pour Paris au même instant. On calculera donc l'heure moyenne de Paris correspondant à l'angle horaire de la lune à Paris, puis on conclura l'heure temps moyen du lieu. L'heure approchée de l'observation fait savoir si l'observation est faite avant ou après minuit de Paris.

Exemple. *Le 8 novembre 1857, vers* $8^h\ 15^m$ *du matin, dans un lieu de longitude 148° 23′ 51″ E., on trouve l'angle horaire de la lune 40° 52′ 27″. Calculer l'heure moyenne correspondante du lieu.*

$$\begin{array}{lr}
\text{Angle hor} \ldots\ldots\ldots & 42^\circ\ 52'\ 27'' \\
\text{Long. E} \ldots\ldots\ldots - & 148\ \ 23\ \ 51 \\
\hline
\text{Ang. hor. Paris} \ldots\ldots & 254^\circ\ 28'\ 36''
\end{array}$$

Ang. hor. Paris le 7 au soir 254° 28′ 36″....

$$\begin{array}{lr}
\text{Heure appr. du lieu le 7} = & 20^h\ 15^m \\
\text{Longitude E} \ldots\ldots\ldots - & 9^h\ 53^m\ 35^s.4 \\
\hline
\text{H. appr. de Paris le 7} = & 10^h\ 21^m\ 24^s.6 \\
\text{H. moy. Paris le 7} = & 10^h\ 28^m\ 19^s.2 \\
\text{Long. E} \ldots\ldots\ldots + & 9^h\ 53^m\ 35^s.4 \\
\hline
\text{Heure moy. du lieu le 7} = & 20^h\ 21^m\ 54^s.6
\end{array}$$

16. *Calculer l'heure temps moyen du passage d'un astre au méridien d'un lieu donné.*

Étoiles.—L'ascension droite d'une étoile réduite en temps indique l'heure sidérale du passage de l'étoile au méridien supérieur du lieu d'observation ; on passe de l'heure sidérale à l'heure moyenne du lieu.

Si on veut l'heure moyenne du passage inférieur de l'étoile, on ajoute 12^h à l'ascension droite de l'étoile, et on a l'heure sidérale du passage inférieur de l'étoile; on passe de l'heure sidérale à l'heure moyenne du lieu.

Ce problème n'est qu'un cas particulier du problème précédent dans l'hypothèse $A = 0°$, ou $A = 180°$.

Exemple. — *Trouver les heures moyennes des passages supérieur et inférieur de β de la petite Ourse au méridien d'un lieu situé par une longitude O. $7^h\ 52^m\ 34^s.5$ le 8 juin 1857.*

Æ de β de la petite Ourse ou H. sid. du pass. supér...	14^h	51^m	$15^s.85$
T. sid. le 8 à 0^h du lieu...—	5	08	31.72
Int. sid. dep. 0^h t. m. du lieu	9^h	42^m	$44^s.13$
Conversion Tab. XVIII....		— 1	35.48
H. moy. du pass. sup. le 8..	9^h	41^m	$08^s.65$

T. sid. à 0^h de Paris le 8....	5^h	09^m	$14^s.09$
Corr. p^r long. O. Tab. XIX.	+	1	17.63
T. sid. à 0^h du lieu le 8.....	5^h	08^m	$31^s.72$

Si on avait voulu l'époque temps moyen du passage inférieur :

Æ de β la petite Ourse.....	14^h	51^m	$15^s.85$
H. sid. du pass. inférieur..	26	51	15.85
T. sid. à 0^h du lieu le 8..—	5	08	31.72
Int. sid. dep. 0^h t. m. du lieu	21^h	42^m	$44^s.13$
Correction Tab. XVIII....	—	3	33.43
H. moy. du pass. inf. le 8...	21^h	39^m	$10^s.70$

On serait arrivé au résultat en ajoutant à l'heure moyenne du passage supérieur la valeur de 12^{hs} en temps moyen.

Heure approchée........	21^h	41^m	$08^s.65$
Tab. XVIII pour 12^h.....	—	1^m	$57^s.95$
H. moy. du pass. inf. le 8...	21^h	39^m	$10^s.70$

Soleil.—L'instant du passage du soleil au méridien supérieur d'un lieu quelconque est le midi vrai de ce lieu ou le 0^h temps vrai de ce lieu ; on conclut l'heure moyenne de l'heure vraie.

17. *Calculer l'heure temps moyen du passage de la lune au méridien supérieur de Paris.*

En faisant $A = 0$ dans les formules précédemment démontrées, on aura pour l'heure temps moyen t du passage

$$\frac{t}{12} = \frac{Æ_0 - \theta_0}{12^h\ 01^m\ 57^s.955 - D} + \frac{\left(\frac{t}{12}\right)^2 \cdot C}{12^h\ 01^m\ 57^s.955 - D}$$

si la lune passe au méridien supérieur de Paris avant minuit, et $t - 12 = t'$...

$$\frac{t'}{12} = \frac{Æ_{12} - (\theta_0 + 12^h\ 01^m\ 47^s.955)}{12^h\ 01^m\ 57^s.955 - D} + \frac{\left(\frac{t}{12}\right)^2 \cdot C}{12^h\ 01^m\ 57^s.955 - D}$$

si la lune passe au méridien supérieur de Paris après minuit.

La *Connaissance des temps* donne à 30^s près, pour chaque jour de l'année, l'heure astronomique moyenne du passage de la lune au méridien supérieur de Paris.

18. *Calculer l'heure temps moyen du passage de la lune au méridien supérieur d'un lieu quelconque.* — L'angle horaire de la lune dans le lieu considéré est nul ; à l'aide de la longitude du lieu on conclut l'angle horaire de la lune à Paris à l'instant de son passage au méridien supérieur du lieu considéré. On calcule, comme il a été dit précédemment, l'heure temps moyen de Paris, et on en conclut l'heure moyenne du lieu.

EXEMPLE. *Calculer l'heure temps moyen du passage de la lune au méridien supérieur d'un lieu de longitude* E. 154° 28′ *le* 5 *mars; heure approchée du passage* 8ʰ *du soir.*

La *Connaissance des temps* indique que la lune est à son premier quartier le 3 mars; elle passe alors au méridien vers 6ʰ du soir; sept jours après, à l'époque de la pleine lune, la lune passe au méridien vers minuit; on peut conclure que le 5 mars elle passera au méridien vers 8ʰ du soir.

	360°
Longitude E.	— 154° 28′
Angle hor. Paris.	205° 32′

Angle horaire Paris. $A = 205^\circ 32'$

$Ⱥ$ ☾ le 4 à 12^h. . . . $Ⱥ_{12} = 98^\circ 16' 21''.8$

Somme. . . . . $A + Ⱥ_{12} = 303^\circ 48' 21''.8$

En temps. . . $= 20^h 15^m 13^s.45$

T. sid. à 0^h Paris le 4 $= 22^h 48^m 44^s.76$

$+ 12^h 01^m 57^s.955$

$$12^h + \frac{\beta}{2} + \theta_0 = 10^h 50^m 42^s.715$$

$$A + Ⱥ_{12} = 20^h 15^m 13^s.450$$

$$A + Ⱥ_{12} - \theta_0 - 12^h 01^m 57^s,955 = 9^h 24^m 30^s.7$$

$$\Delta E = + 7^\circ 32' 11''.3$$

$$\frac{\Delta^2 E}{2} = - \quad 4' 32''.2 \ (- 18^s.14)$$

$$\Delta R = \frac{\Delta^2 E}{2} = + 7^\circ 36' 43''.5$$

En temps. . . $30^m 26^s.9$

$12^h 01^m 57^s.955$

$$12^h 01^m 57^s.955 - D = 11^h 31^m 31^s.1$$

H. moy. appr. du lieu le 5. . .	8^h
Longitude E.	— $10^h 17^m 52^s$
Heure Paris le 4.	$21^h 42^m 08^s$

On trouve t_1. . . . . =	$9^h 47^m 46^s.13$
Correction. . . —	$12^s.59$
Heure moy. Paris le 4. . =	$21^h 47^m 33^s.54$
Longitude Est. . . +	$10^h 17^m 52^s$
Heure cherchée le 5. . . =	$8^h 05^m 25^s.54$

Cette méthode ne doit être employée que dans les calculs de précision; la méthode qui suit suffit toujours pour les calculs à la mer.

19. Le mouvement en ascension droite de la lune étant beaucoup plus rapide que celui du soleil, le jour lunaire est plus long que le jour solaire, sa valeur moyenne est $24^{hm} 50^m 26^s$.

La *Connaissance des temps* donne pour chaque jour de l'année l'heure astronomique moyenne du passage de la lune au méridien de Paris; elle indique par un trait — qu'il n'y a pas de passage au méridien de Paris à un jour donné, ce qui arrive parfois à cause de l'excès du jour lunaire sur le jour solaire.

La différence entre les heures astronomiques moyennes de deux passages consécutifs de la lune au méridien de Paris est la valeur du jour lunaire; elle dépasse toujours 24^{hm} et peut être représentée par $24^{hm} + I$. L'intervalle de temps I indique donc le retard temps moyen de la lune dans ses deux passages consécutifs au même méridien (différence en longitude 360°); si on suppose le mouvement de la lune uniforme pendant la durée du jour lunaire, ce qui est suffisant pour le problème qui nous occupe, on trouve par une simple proportion le retard x des passages de la lune aux méridiens de deux lieux différant de L° en longitude; on a

$I : 360^\circ :: x : L$ ou, en exprimant les longitudes en temps, $x = \frac{L}{24} I$.

Si la longitude du lieu donné est ouest, on prend dans la *Connaissance des temps* l'heure T du passage à Paris pour le jour proposé et le *passage suivant* (c'est-à-dire les heures des passages à deux méridiens différant en longitude de 360° O), et on a

$$\text{Heure cherchée} = T + \frac{L}{24} I.$$

Si la longitude du lieu donné est est, on prend dans la *Connaissance des temps* l'heure T du passage à Paris pour le jour proposé et le *passage précédent* (c'est-à-dire les heures des passages à deux méridiens différant en longitude de 360° E.) et on a

$$\text{Heure cherchée} = T - \frac{L}{24} I.$$

EXEMPLE I. — *Calculer l'heure temps moyen du passage de la lune au méridien supérieur d'un lieu de longitude* E. 154° 28', *le* 5 *mars.*

On a 154° 28' = $10^h\ 17^m\ 52^s$.

Passage à Paris le 5 mars..... = $8^h\ 30^m$	Passage à Paris le 5 mars... = $8^h\ 30^m$
Passage à Paris le 4 mars..... = $7^h\ 32^m$	Correction..... = $-\ 24^m.9$
Int. p^r un ch^t en long. 24^h.... $0^h\ 58^m$	Passage au lieu le 5 mars... = $8^h\ 05^m.1$
$24 : 0^h\ 58^m :: 10^h\ 17^m\ 52^s : x \quad x = 24^m.9$	

Le résultat n'est exact qu'à 30^s près au plus; les données de la *Connaissance des temps* sont à 30^s près, et on suppose le mouvement de la lune uniforme.

EXEMPLE II. — *Calculer l'heure temps moyen du passage de la lune au méridien supérieur d'un lieu de longitude* O. 124° 36', *le* 25 *mars.*

On a 124° 36' = $8^h\ 18^m\ 24^s$.—Il n'y a pas de passage à Paris le 25 mars; mais il peut y en avoir pour le lieu considéré; ce passage, s'il a lieu, s'effectue dans l'intervalle de temps qui sépare le passage à Paris le 24 à $23^h\ 45^m$ et le 26 à $0^h\ 35^m$; cette dernière date équivaut au 25 mars $24^h\ 35^m$.

Passage à Paris le 24 mars... = $23^h\ 45^m$	Passage à Paris le 24...... = $23^h\ 45^m$
Passage à Paris le 26 mars... = $0^h\ 35^m$	Correction x... $+\ 17^m.3$
Int. p^r un dépl. en long. 24^h. $0^h\ 50^m$	Passage au lieu le 24...... = $24^h\ 02^m.3$ ou le 25 mars... $0^h\ 02^m.3$
$24 : 0^h\ 50^m :: 8^h\ 18^m\ 24^s : x \quad x = 17^m.3$	

20. Il est inutile de considérer les questions analogues aux précédentes pour les planètes; la marche à suivre est identiquement la même que celle que l'on suit pour la lune; les résultats obtenus sont un peu moins exacts parce que la *Connaissance des temps* donne les éléments planétaires avec moins de précision que les éléments lunaires.

21. *Convertir un intervalle temps lunaire ou temps planétaire en intervalle temps moyen. — Problème inverse.* — L'angle horaire de la lune est connu à deux époques différentes; la différence des deux angles horaires est l'intervalle temps lunaire donné. Pour trouver rigoureusement l'intervalle temps moyen qui correspond à l'intervalle temps lunaire donné, on doit chercher l'heure moyenne correspondante à chaque angle horaire, et faire la différence des deux heures moyennes trouvées.

On peut résoudre le problème de la manière suivante, et les résultats obtenus seront toujours suffisamment exacts dans les questions de navigation où il se présente. L'intervalle P, qui sépare deux passages consécutifs de la lune au méridien de Paris, indique le temps moyen qu'emploie l'angle horaire de la lune pour varier de 0° à 360°; si on considère le mouvement de la lune comme uniforme pendant cet intervalle de temps, on aura, en appelant A, A′ les angles horaires donnés, I_m l'intervalle temps moyen cherché, P : 360° :: I_m : A′ — A, d'où on conclut les égalités suivantes

$$I_m = \frac{A' - A}{24} \cdot P \qquad A' - A = \frac{24}{P} \cdot I_m \qquad A' = A + \frac{24}{P} \cdot I_m,$$

lesquelles permettent de résoudre tous les problèmes de l'énoncé.

EXEMPLE. — *Le* 8 *novembre* 1857, *dans un lieu de longitude* 148° 23′ 51″ E., *à* $8^h\ 21^m\ 54^s6$ *du matin, l'angle horaire de la lune est* 42° 52′ 27″; *quel sera l'angle horaire de la lune à* $10^h\ 52^m\ 36^s8$ *du matin.*

Passage à Paris le 6.......... = $16^h\ 50^m$	$A' = A + \frac{24}{P} \cdot I_m$
Passage à Paris le 7......... = $17^h\ 46^m$	
Différence................ P = $24^h\ 56^m$	log I_m = 3.9562741
	log 24^h = 4.9365137
2me heure du lieu...... = $10^h\ 52^m\ 36^s.8$	colog P = 5.0469172
1re heure du lieu...... = $8^h\ 21^m\ 54^s.6$	log A′ — A = 3.9397050
Différence......... I_m = $2^h\ 30^m\ 42^s.2$	A′ — A { $2^h\ 25^m\ 03^s.72$ / 36° 15′ 55″.80 }
	A = 24° 52′ 27″
	Angle hor. = 79° 08′ 22″.8

En faisant le calcul rigoureusement, on aurait 79° 11′ 54″; dans les applications pratiques, l'intervalle temps donné est toujours fort petit, et les erreurs que donne la méthode sont négligeables.

22. Pour les planètes le calcul est absolument le même, la *Connaissance des temps* donnant pour chaque jour de l'année l'heure astronomique moyenne du passage d'une planète au méridien de Paris.

LIVRE IV.

INSTRUMENTS POUR L'OBSERVATION DES ASTRES. OBSERVATIONS. — CORRECTIONS DES OBSERVATIONS.

CHAPITRE I.

Mesure des longueurs et des angles. — Principes fondamentaux des instruments à réflexion.

1. *Mesure des longueurs.* — *Vernier.* — On se sert pour mesurer les longueurs d'une règle graduée.

Si l'extrémité A d'une longueur donnée AB coïncide avec l'une des di-

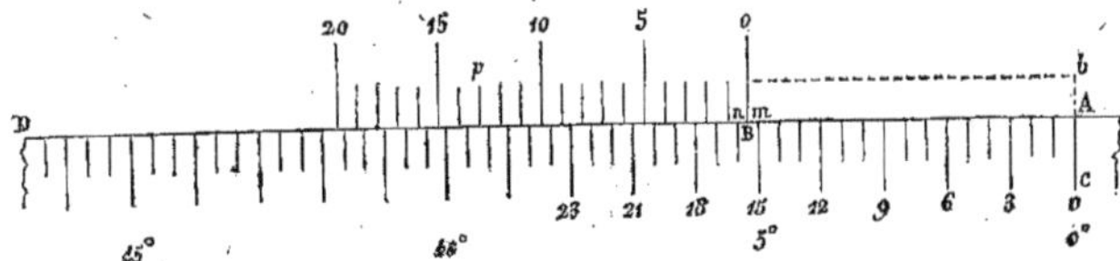

visions C de la règle graduée CD, l'autre extrémité B tombe en général entre deux divisions consécutives m, n.

Le *vernier* est une règle graduée qui sert à évaluer la fraction mB d'une des divisions de la première règle.

Soient n le nombre des divisions d'un vernier, d' sa plus petite division, d la plus petite division de la règle graduée CD; le constructeur fait $nd' = (n - 1)\,d$, d'où $d - d' = \frac{d}{n}$, et le vernier permet d'apprécier les longueurs à la fraction $\frac{1}{n}$ près des divisions de la règle graduée.

En effet, si la division p du vernier coïncide avec une division quelconque de la règle graduée, les divisions successives du vernier en allant vers la droite seront en retrait sur les divisions successives de la règle graduée de

$$d - d',\ 2\,(d - d'),\ 3\,(d - d') \ldots\ldots$$

et par suite la division o du vernier sera en retrait sur la division m de $p\,(d - d')$ ou de $p \cdot \frac{d}{n}$; on aura donc $m\text{B} = p \cdot \frac{d}{n}$, ou

$$\text{longueur AB} = \text{A}m + p \cdot \frac{d}{n}.$$

Admettons que, dans la figure, les divisions graduées de 3 en 3 de la règle CD valent chacune $0^m,01$; on a fait $n = 20$; on trouve $p = 13$. On a donc à $0^m,0005$ près : $AB = 0^m,15 + 13 \cdot \frac{0^m,01}{20} = 0^m,1565$.

Si, la graduation du vernier allant dans le sens de la figure, la graduation de la règle allait de D vers A, on aurait à évaluer la longueur $Bn = d - mB = d - p\frac{d}{n}$.

Remarque. — Si l'on veut évaluer les fractions des divisions d'un cercle gradué, on fait le vernier circulaire et concentrique au cercle gradué de telle façon qu'il puisse glisser dans les deux sens.

2. *Lunettes astronomiques.* — Une lunette astronomique se compose essentiellement d'un *objectif* et d'un *oculaire.*

L'objectif est une lentille convergente qui produit à son foyer une image de l'objet qu'on observe; l'oculaire fait l'office d'une loupe et sert à regarder l'image formée au foyer de l'objectif. L'objectif et l'oculaire sont placés aux extrémités d'un tube cylindrique; l'intérieur de ce tube est noirci, et, par suite, ne peut réfléchir les rayons lumineux qui proviennent de l'objet visé ou des objets qui environnent l'observateur.

Les lunettes font voir les objets plus nettement, ou amplifiés et grossis. Les lunettes astronomiques renversent les objets.

Quand on regarde le ciel avec une lunette, le petit espace exactement circulaire que l'on découvre est le *champ de la lunette.* La vision étant pour l'ordinaire défectueuse sur les bords de l'objectif, on place dans la lunette un *diaphragme*, anneau circulaire et noirci, percé en son centre d'une petite ouverture qui ne laisse passer que les rayons lumineux voisins de l'axe. On peut augmenter ou diminuer le champ de la lunette en donnant au diaphragme une ouverture plus ou moins grande.

On place un *réticule* au foyer des lunettes astronomiques. Le réticule est un cercle portant deux fils très-déliés (de soie, d'araignée ou de platine) qui se croisent à angle droit en son centre.

Lorsqu'on veut viser un point particulier d'un objet on dirige la lunette de telle manière que l'image de ce point coïncide avec le point de rencontre des deux fils du réticule. La coïncidence étant établie, tous les rayons lumineux qui émanent du point visé et traversent l'objectif concourent au point de rencontre des deux fils; l'un d'eux n'est pas dévié, c'est celui qui passe par le *centre optique* de l'objectif. La ligne droite qui va du point de croisée des fils au centre optique de l'objectif passe donc par le point visé; elle constitue la ligne de visée ou *l'axe optique* de la lunette.

La direction que doit avoir la lunette pour qu'il y ait coïncidence de l'image du point visé et du point de croisée des fils est ainsi déterminée; elle est unique.

Il faut remarquer que l'oculaire n'entre pour rien dans la définition de l'axe optique.

L'oculaire des lunettes astronomiques est monté sur un tuyau mobile, qui peut être enfoncé plus ou moins dans le tuyau principal de la lunette; cette disposition permet à l'observateur de régler, selon sa vue, la distance de l'oculaire au réticule. Il faut toujours en profiter pour *mettre la lunette au point*, c'est-à-dire pour placer l'oculaire de telle sorte que l'image de chaque fil du réticule soit parfaitement distincte, unique et bien terminée.

Nota. — Dans les lunettes astronomiques adaptées aux instruments en usage dans la marine, les fils du réticule sont pour l'ordinaire parallèles et équidistants du point de rencontre de l'axe optique avec le plan du réticule.

On cherche à voir l'image du point visé au milieu de l'intervalle des fils sur le diamètre équidistant de chacun d'eux.

3. *Mesure des angles.* — *La distance angulaire* de deux objets est l'angle formé à l'œil par les rayons visuels qui leur correspondent. On peut mesurer les angles au moyen d'une lunette adaptée à un *limbe gradué.*

Le limbe est un cercle taillé dans une feuille de cuivre. On incruste dans l'épaisseur du cercle une plaque circulaire concentrique en argent ou en platine; la surface de cette plaque ne forme qu'un seul et même plan avec la surface du limbe; c'est sur elle que sont gravés les traits fort déliés de la graduation qui tous doivent se couper au centre du limbe.

Les traits de la graduation ont tous la même longueur, à l'exception de ceux qui indiquent les divisions et les sous-divisions principales.

Une alidade portant une lunette est mobile autour du centre du limbe.

L'appareil est supporté par un pied qui permet de placer l'instrument dans une position fixe.

Pour diriger l'axe optique de la lunette sur un objet quelconque, il suffit d'amener l'image de l'objet sur le point de croisée des fils du réticule en déplaçant angulairement le tube de la lunette. Quand on déplace la lunette et avec elle l'axe optique, on fait tourner de la même quantité l'alidade. Les déplacements de l'alidade indiquent donc ceux de l'axe optique et fournissent un moyen de mesurer les angles parcourus par cet axe lorsqu'on l'amène successivement dans diverses directions; il suffit de garnir l'alidade d'un index.

L'alidade porte toujours un vernier; le o de ce vernier est l'index ou la *ligne de foi* de l'alidade.

L'alidade porte aussi deux vis : l'une, la *vis de pression*, est située sous le limbe et permet de fixer l'alidade; l'autre, la *vis de rappel*, est placée latéralement au limbe et permet, quand la vis de pression est fixée, de faire mouvoir très-lentement l'alidade.

4. Quand on vise un objet, on amène à la main l'alidade dans une position telle que l'image de l'objet visé paraisse près du point de croisée des fils du réticule et on serre la vis de pression; puis on emploie la vis de rappel pour rendre la visée exacte, c'est-à-dire pour établir la coïncidence de l'image de l'objet visé et du point de rencontre des fils du réticule.

5. Un limbe est d'ordinaire divisé en 360 parties qui représentent les degrés, puis chaque degré est subdivisé en trois parties égales représentant chacune vingt minutes.

Le vernier renferme ordinairement dix-neuf sous-divisions du limbe, divisées en vingt parties égales et graduées de o à 20; il permet donc d'apprécier la minute.

Pour lire sur le limbe, notez la division du limbe qui est immédiatement à droite du o du vernier, afin d'avoir le nombre exact de degrés et de vingtaines de minutes de l'arc à lire; puis cherchez quelle est la division du vernier qui coïncide le mieux avec une des divisions du limbe; son numéro indique le nombre de minutes à ajouter au nombre exact de degrés et de vingtaines de minutes précédemment trouvé.

Dans la figure on aurait 5° 13′ pour mesure de l'arc AB.

Nota. — Les verniers des instruments modernes permettent d'évaluer les trentaines, les vingtaines ou les quinzaines de secondes.

Si le vernier doit indiquer les quinzaines de secondes, l'artiste divise en 80 parties égales 79 divisions du limbe dont chacune représente 20′; chaque division du vernier diffère ainsi de 15″ de la division du limbe.

Pour lire sur le limbe, on note la division du limbe immédiatement à droite du zéro du vernier, et on a le nombre exact de degrés et de vingtaines de minutes de l'arc à lire; on cherche ensuite quelle est la division du vernier qui coïncide le mieux avec une division du limbe; si c'est la p^e, on doit ajouter p fois 15″ au nombre exact de degrés et de vingtaines de minutes précédemment trouvé.

Pour avoir à vue le nombre de minutes et secondes que contient plusieurs fois 15″, on indique par des traits un peu longs les divisions de quatre en quatre du vernier; ces divisions principales sont numérotées de cinq en cinq. Quand on a trouvé la division du vernier qui coïncide le mieux avec une des divisions du limbe, on cherche le numéro d'ordre de la division du vernier qui est immédiatement à droite de cette division de coïncidence, et ce numéro d'ordre est le nombre de minutes qu'on doit ajouter au nombre exact de degrés et de vingtaines de minutes précédemment trouvé; on voit alors aisément le rang de la division de coïncidence eu égard à la division principale, et suivant qu'elle est la 1re, la 2e, la 3e, on ajoute 15″, 30″, 45″ à la mesure obtenue.

6. *En résumé*, pour avoir la distance angulaire de deux objets, visez l'un d'eux, fixez l'alidade et lisez. Puis déplacez l'alidade sans déplacer en rien le limbe; visez le second objet, fixez de nouveau l'alidade et lisez.

La différence des deux lectures indique l'angle cherché.

7. *Remarque.* — Si l'axe optique de la lunette ne passe pas par le centre du limbe, quelle erreur commet-on sur la mesure d'un angle?

Soient A, B les deux points dont on veut la distance $BCA = \Delta$; soient OA, O'B les directions de l'axe optique dans les deux visées. On a $\Delta = ASB + A - B$.

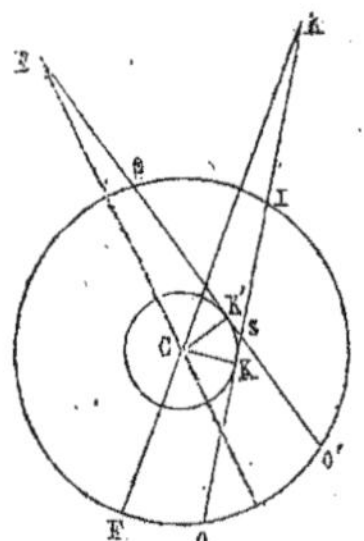

Les arcs QIO′, IO′O sont égaux et par suite $QI = OO'$; l'angle ASB a pour mesure l'arc OO′ indiqué par le limbe; soit $\Delta' = OO'$ la mesure instrumentale; on a $\Delta = \Delta' + A - B$.

D'ailleurs $\sin B = \frac{CK'}{BC}$, $\sin A = \frac{CK}{CA}$; les angles A, B sont assez petits pour pouvoir être remplacés par leurs sinus; posons $CK = r$, $BC = d'$, $AC = d$.

On a $A - B = \frac{r}{\sin 1''}\left(\frac{1}{d} - \frac{1}{d'}\right)$; cette erreur est fort petite et toujours négligeable pourvu que les objets soient suffisamment éloignés ou à des distances à peu près égales.

Les constructeurs font toujours en sorte que l'axe optique et l'axe du cylindre de la lunette se confondent ou diffèrent le moins possible.

8. *Instruments à réflexion pour la mesure des angles.* — Le principe fondamental de la construction des instruments à réflexion dérive de la loi de réflexion de la lumière dont l'énoncé est le suivant :

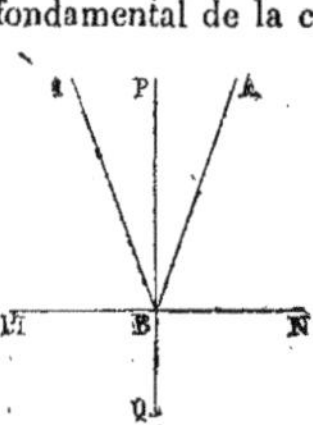

Si un rayon lumineux AB rencontre en B une surface plane réfléchissante MN, et que par le point B on mène une normale PQ à la surface, le rayon AB se réfléchit dans le plan ABP suivant une droite BC; les angles ABP, CBP sont égaux.

Le *rayon incident* est AB, le rayon réfléchi est CB. L'*angle d'incidence* ABP est égal à l'angle de *réflexion* PBC.

De plus, un objet quelconque et son image sont symétriquement placés par rapport à la surface plane réfléchissante.

D'après cela, un miroir est perpendiculaire à un plan si l'image du plan paraît être le prolongement de sa surface.

9. *Mesure des angles au moyen d'un système de deux miroirs plans.* — Soient A, B deux points dont on veut mesurer la distance; MN, PQ deux miroirs plans parallèles; les lignes MN, PQ sont les intersections des miroirs avec un plan qui leur est mené perpendiculairement par les points A, B.

Le rayon lumineux AC se réfléchit sur MN suivant CD; le rayon réfléchi CD devient incident par rapport au miroir PQ et se réfléchit suivant DO parallèle à AC.

Supposons l'œil placé en O sur la ligne DO; la ligne DO parallèle à AC sera le rayon visuel qui va de l'œil à l'objet A si l'objet A est situé à une distance infinie.

Si on donne au miroir MN la position M'N' telle que le rayon lumineux BC' se réfléchisse suivant C'D puis suivant DO, l'angle N'XN des miroirs sert à mesurer la distance angulaire des points A, B. En effet, les rayons lumineux BC', AC se coupent en Y; les angles BC'D, MCC' sont extérieurs aux triangles CC'Y, CC'X, et on a

$$Y = BC'D - C'CY,\ X = MCC' - CC'X;$$

les lois de la réflexion de la lumière donnent

$$BC'D = 180^\circ - 2CC'X,\ ACD \text{ ou } C'CY = 180^\circ - 2MCC',$$

d'où, par soustraction

$$BC'D - C'CY = 2MCC' - 2CC'X, \text{ ou enfin } Y = 2X.$$

L'œil est placé sur la ligne DO, et la distance de l'œil au point Y est toujours assez faible pour que l'angle à l'œil soit égal à l'angle Y; DO est d'ailleurs parallèle à AY.

Il suffit donc de mesurer l'angle N'XN des deux positions successives du miroir MN, pour connaître la demi-distance angulaire des points A, B.

Nota. Si le point A n'est pas situé à une distance infinie, les miroirs MN, PQ ne sont pas parallèles à l'instant où on voit le point A directement et par réflexion. Ils font un angle I, et on commet sur la mesure de l'angle dont on s'occupe une erreur évidemment égale à 2I.

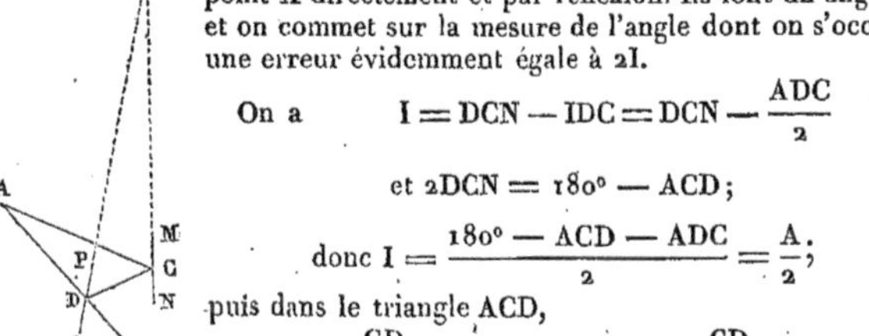

On a $$I = DCN - IDC = DCN - \frac{ADC}{2}$$

et $$2DCN = 180^\circ - ACD;$$

donc $$I = \frac{180^\circ - ACD - ADC}{2} = \frac{A}{2};$$

puis dans le triangle ACD,

$$\sin A = \frac{CD}{AC}\sin CDA, \text{ d'où } \sin 2I = \frac{CD}{AC}\sin CDO.$$

Dans les instruments à réflexion, on a environ $CD = 0^m,1$ et $CDO = 20^\circ$; de plus les angles ne sont pas obtenus à plus de $15''$ près, donc on pourra considérer le point A comme situé à une distance infinie dès que son éloignement sera $AC = \frac{\sin 20^\circ}{\sin 30''}\cdot 0^m.1$ ou 235^m environ.

10. *Miroirs des instruments à réflexion.* — Les miroirs employés dans les instruments à réflexion ne sont point ordinairement des plans métalliques polis, parce que leurs surfaces réfléchissantes s'oxydent à la mer, quel que soit l'alliage avec lequel ces miroirs ont été formés. Les miroirs à glace sont préférés; ils doivent être des parallélipipèdes rectangles de peu d'épaisseur; leur usage repose sur les lois de la réfraction.

11. *Miroir à glace non étamée.* — Quand on interpose entre l'œil et un objet lumineux un milieu à faces parallèles, les rayons lumineux conservent leurs directions. Dans la figure on a imaginé mené par le rayon lumineux quelconque AB un plan normal aux faces du miroir; le rayon incident AB se réfracte suivant BC, puis prend la direction CD parallèle à AB. Ce fait n'a pas besoin de démonstration.

12. *Miroir à glace étamée.* — Menons par un rayon lumineux quelconque AE un plan normal aux faces du miroir. Le rayon incident AE se réfracte suivant EC; il se réfléchit en C sur la face étamée NN', prend la direction CD, se réfracte en D et sort suivant DB.

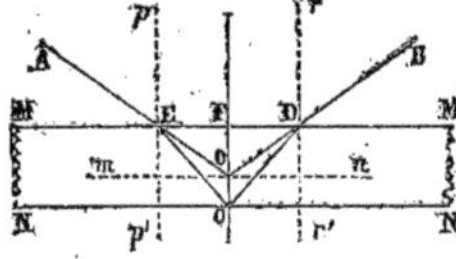

Le rayon incident et le rayon sortant se coupent en O. Les lignes pp', CF, rr' sont normales aux faces du miroir. L'égalité des angles AEp, BDR est évidente d'après les lois de la réfraction; donc le point O est sur la normale CF.

Soient AEp = BDr = I, CEp' = CDr' = R. Les triangles rectangles EFO, EFC donnent $EF = FO.\,\text{Tg I} = FC.\,\text{Tg R}$ d'où $FO = FC.\frac{\text{Tg. R}}{\text{Tg. I}}$; d'ailleurs $\frac{\sin I}{\sin R} = l$, donc $\text{Tg R} = \frac{\sin I}{l\sqrt{1 - \frac{\sin^2 I}{l^2}}}$. Soit e l'épaisseur du miroir.

On a $FO = \frac{e \cos I}{\sqrt{l^2 - \sin^2 I}} = \frac{e}{\sqrt{1 + \frac{l^2 - 1}{\cos^2 I}}}$; pour le verre et l'air, $l = 1.55$, d'où $FO = \frac{e}{\sqrt{1 + \frac{1.4025}{\cos^2 I}}}$.

Pour $I = 0°$, $FO = \frac{e}{1.55} = \frac{100}{155}e = \frac{20}{31}e$ ou $FO = \frac{2}{3}e$ environ.

L'image d'un objet est réfléchie d'autant plus près de la surface que l'angle d'incidence est plus grand.

Chaque rayon lumineux est réfléchi à la même distance quand l'incidence est la même; si donc on reçoit sur un miroir à faces parallèles l'image d'un objet suffisamment éloigné et de peu d'étendue, cette image sera vue sur le plan mn parallèle aux faces du miroir et ne sera nullement déformée. On pourra ne considérer dans le miroir à glace que la ligne mn.

Le miroir de glace à faces parallèles donne exactement les mêmes résultats qu'un miroir métallique dont la position serait mn. Ainsi, l'usage, pour la mesure d'un angle, d'un système de deux miroirs plans métalliques ou d'un système de deux miroirs de glace à faces parallèles repose sur les mêmes principes.

Remarque. Les rayons lumineux conservant leur direction quand on interpose entre l'œil et l'objet un milieu à faces parallèles, on peut viser directement l'un des points à travers une glace à faces parallèles. L'un des miroirs peut n'être étamé que dans sa moitié inférieure. Cette disposition entraîne deux avantages : l'intensité de l'objet vu directement est un peu diminuée, les images directe et réfléchie des objets sont mieux reliées.

CHAPITRE II.

Cercle à réflexion.

Nous ne considérerons que les cercles modernes, tels que ceux qui sortent des ateliers de *Schwartz* dit *Lenoir*, *Lorieux* ou *Brunner*.

1. *Description générale.* — Le cercle à réflexion se compose d'un limbe plan circulaire gradué ; six rayons relient ce limbe à un noyau circulaire central. Le noyau central, les rayons et le limbe sont taillés dans une seule pièce de cuivre.

Les rayons vont en diminuant depuis le noyau jusqu'au limbe, et sont formés en biseaux sur les côtés ; ils aboutissent à une règle de champ circulaire qui s'étend sur toute la circonférence de la partie intérieure du limbe et sert à la fortifier. Les surfaces supérieures des six rayons inclinent un peu du noyau vers le limbe ; leurs surfaces inférieures forment un plan avec la surface inférieure de la règle de champ.

Au centre du limbe, au-dessous du noyau central, est fixée une pièce façonnée en vis extérieurement et destinée à recevoir un manche qui permet de porter commodément l'instrument à la main.

Un *grand miroir*, placé sur le noyau central, est fixé perpendiculairement à l'extrémité d'une alidade mobile autour du centre de l'instrument ; l'autre extrémité de cette alidade repose sur le limbe et porte une vis de pression, une vis de rappel, un vernier et une loupe.

Un *petit miroir*, placé près du limbe, est fixé perpendiculairement sur une alidade mobile autour du centre de l'instrument ; les deux extrémités de cette alidade reposent sur le limbe ; l'une d'elles porte une lunette astronomique, une vis de pression, une vis de rappel ; du côté du petit miroir est un vernier.

Les deux alidades tournent autour du centre du limbe et indépendamment l'une de l'autre.

Tandis que l'une des mains de l'observateur porte l'instrument au moyen du manche, l'autre peut agir sur l'une ou l'autre des alidades, serrer les vis de pression ou faire marcher les vis de rappel.

Les miroirs peuvent être métalliques, mais ce sont en général des glaces de peu d'épaisseur, à faces parfaitement parallèles.

Le grand miroir est complétement étamé, la moitié inférieure du petit miroir est seule étamée ; la moitié supérieure reste transparente.

Devant le grand miroir et sur son alidade, puis sur l'alidade du petit miroir, sont des loges pour le placement des verres colorés destinés au grand miroir ; la première peut en recevoir un, la seconde deux.

Pour le petit miroir, une loge analogue existe derrière lui et sur son alidade ; elle peut recevoir deux verres colorés.

Les distances angulaires que l'on cherche avec un cercle à réflexion, sont mesurées au moyen d'un système de deux miroirs; le déplacement angulaire d'un miroir ou de son alidade représente donc la moitié de l'angle à mesurer.

Le limbe du cercle est divisé en 720 parties égales, que l'on compte comme des degrés; par cette disposition, le déplacement de l'alidade indique sur le limbe l'angle cherché lui-même. Les sous-divisions du limbe sont comptées pour des vingtaines de minutes.

Nota. La boîte qui renferme le cercle à réflexion contient toujours un certain nombre de verres colorés d'opacités différentes, un tourne-vis et une clef à tête carrée pour le maniement des vis de l'instrument, une loupe, deux viseurs, une ventelle.

Les verres colorés sont de deux espèces : les grands verres se placent devant le grand miroir; les petits, dans les deux autres loges.

Un *viseur* est une pièce en cuivre composée de deux parallélipipèdes rectangles fort étroits qui se coupent à angle droit. Les deux viseurs sont d'égales dimensions; on verra ultérieurement quelle hauteur doit avoir chacune des faces d'un viseur.

La *ventelle* est une pièce en cuivre dans l'épaisseur de laquelle est taillée une fenêtre rectangulaire; elle est destinée à être placée dans la loge à verres colorés, qui se trouve derrière le petit miroir.

2. *Observation de la distance angulaire de deux points.*

Si par l'axe de la lunette on imagine un plan perpendiculaire au plan du limbe, la *partie droite* du limbe est située du côté de l'alidade du grand miroir, la *partie gauche* de l'autre côté.

Quand on prend la distance angulaire de deux objets, on dirige l'axe optique de la lunette sur l'un des objets et on fait basculer l'instrument autour de cet axe de telle sorte que les deux objets et l'axe soient dans un plan parallèle à celui du limbe; les rayons du second objet peuvent alors, pour venir se réfléchir sur le grand miroir et de là sur le petit, arriver soit par la droite, soit par la gauche du limbe; on distingue ces deux cas en disant qu'on fait une *observation à droite* ou une *observation à gauche.*

L'*observation croisée* est la réunion de deux observations faites, l'une à droite, l'autre à gauche.

3. *Observation à droite.* — L'alidade du petit miroir est fixe.

La main gauche de l'observateur tient le manche du cercle; la main droite est à l'extrémité de l'alidade du grand miroir.

On vise directement l'objet A situé à gauche, et on fait mouvoir l'alidade du grand miroir jusqu'à ce que l'image directe et l'image doublement réfléchie de A se confondent à l'œil. Les miroirs sont parallèles. On lit, sur la graduation du limbe, la division C qui correspond à la ligne de foi de l'alidade du grand miroir. On vise toujours l'objet A directement, et on fait mouvoir l'alidade du grand miroir jusqu'à ce que l'image doublement réfléchie de l'objet B se confonde à l'œil avec l'image directe de A. On lit sur la graduation du limbe la division C' qui correspond à la ligne de foi de l'alidade du grand miroir. On peut connaître CC', et par suite la distance angulaire cherchée.

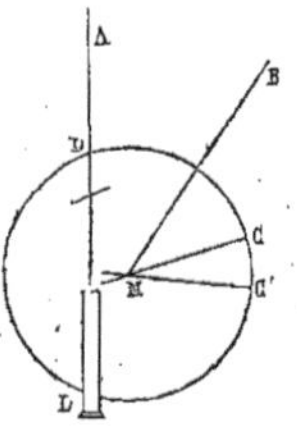

Autrement. L'angle que font l'axe de la lunette et la direction de l'alidade reste constant quand les deux miroirs sont parallèles. On peut au préalable déterminer cet angle avec soin; il n'est plus nécessaire alors quand on observe d'amener les miroirs au parallélisme.

On vise directement l'objet de gauche A, et on fait mouvoir l'alidade du grand miroir jusqu'à ce que l'image doublement réfléchie de l'objet B se confonde avec l'image directe de A.

On lit à chacun des verniers, et l'on tient compte soustractivement de l'arc CD, que l'on nomme *arc de parallélisme*; on trouve la distance cherchée.

Autrement. L'alidade du grand miroir est fixe.

On vise directement l'objet de gauche A, et, tout en visant, on fait mouvoir l'alidade du petit miroir jusqu'à ce que l'image directe de A et l'image doublement réfléchie de B se confondent à l'œil.

On lit à chacun des verniers; on tient compte de l'arc de parallélisme, et on trouve la distance cherchée.

Remarque. On peut tenir l'instrument renversé (le manche en dessus, les miroirs vers le sol), et suivre les règles précédentes en visant directement à l'objet de droite.

4. *Observation à gauche*.—Mêmes règles à suivre que dans l'observation à droite. On vise directement à l'objet de gauche quand l'instrument est renversé, à l'objet de droite dans le cas contraire.

5. *Conditions générales d'une bonne observation*. — Pour observer, on place les fils du réticule parallèlement au plan du limbe; on observe le contact des objets le plus près possible de l'axe de la lunette, ou au moins sur la parallèle équidistante des fils; sinon, on a un angle trop grand, comme mesuré dans un plan incliné sur celui qui contient l'axe et les deux objets.

La lunette doit toujours être au point sur les objets à observer.

L'image réfléchie et l'image directe doivent avoir, autant que possible, la même intensité.

Ces deux conditions sont indispensables pour qu'une observation soit bien faite; ce qui suit montre de quels moyens on dispose pour les remplir.

6. *Lunette*. — Le support de la lunette porte une vis dont l'écrou est perpendiculaire au plan du limbe. Cette vis permet de modifier la distance de la lunette au plan du limbe en déplaçant l'axe optique de la lunette, parallèlement à lui-même.

Si on éloigne la lunette du limbe, les images réfléchies sont moins vives, car les réflexions s'opèrent sur la partie non étamée du petit miroir; les images directes deviennent plus vives. Si on rapproche la lunette du limbe, les images réfléchies deviennent plus brillantes, les images directes deviennent moins brillantes.

La lunette est mise au point dès le début de l'observation; il peut arriver que l'œil se fatigue, que l'intensité des images change, et que, par suite, la lunette ne soit bientôt plus au point. On doit vérifier de temps à autre ce qu'il en est, et maintenir le plus possible la lunette au point.

7. *Verres colorés du petit miroir*. — Les verres colorés placés derrière le petit miroir affaiblissent l'image directe sans changer l'image réfléchie.

On a remarqué qu'un verre vert donnant aux rayons lumineux qui le traversent une couleur agréable et distincte, il pouvait être avantageux d'employer à la fois un verre vert et un verre d'opacité convenable; aussi on a fait double la loge destinée à recevoir les verres colorés.

8. *Ventelle*. — En élevant ou en abaissant la ventelle dans la loge qui est derrière le petit miroir, on augmente ou on diminue l'ouverture qui dépasse la partie étamée du petit miroir. On peut donc faire pâlir les images directes sans rien changer à l'intensité des images réfléchies.

7.

9. *Tablier du petit miroir.* — En relevant le tablier noir placé devant le petit miroir, on affaiblit les images réfléchies et on les rend plus nettes sans changer les images directes.

10. *Verres colorés du grand miroir.* — Les verres colorés placés devant le grand miroir affaiblissent l'image réfléchie sans changer l'image directe.

On ne peut pas dans une observation à gauche se servir des petits verres quand l'angle à mesurer est compris entre 5° 20′ et 34° ; cela tient aux dimensions adoptées dans la disposition des diverses pièces de l'instrument.

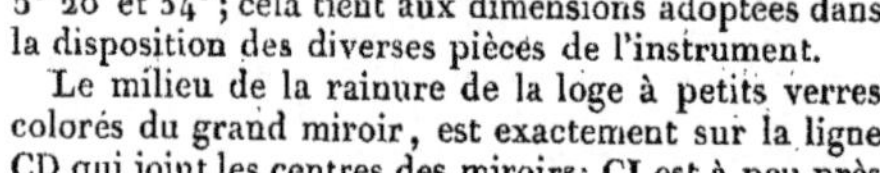

Le milieu de la rainure de la loge à petits verres colorés du grand miroir, est exactement sur la ligne CD qui joint les centres des miroirs; CI est à peu près la moitié de CD.

Soient LA l'axe optique de la lunette, CA′ une parallèle à LA, n, et n' les extrémités de la loge à verres colorés.

On a, en général, Q′CA′ = 34°, QCA′ = 5° 20′.

Les rayons lumineux émanant d'un objet situé dans l'angle Q′CQ sont interceptés en partie par les montures des petits verres avant d'arriver au grand miroir. Cet inconvénient n'existe pas pour une observation à droite.

Nota. — Les distances du centre de l'instrument à l'axe optique de la lunette et au centre de la monture du petit miroir, sont en général dans le rapport de 1 à 3 ; par suite, l'angle LDC est d'environ 19° 30′.

11. *Observation croisée.* — On fixe l'alidade du grand miroir, et on lit sur la graduation du limbe la division qui correspond à la ligne de foi de cette alidade; cette division est dite le *point de départ* de l'observation.

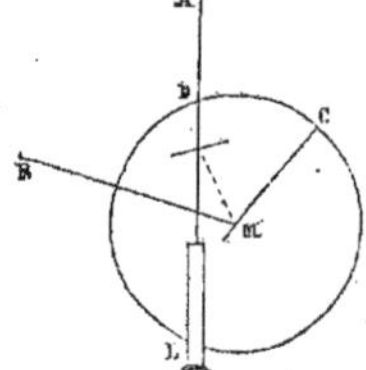

Supposons, pour fixer les idées, qu'on fasse d'abord une observation à gauche.

On vise directement l'objet A situé à droite, et, tout en visant, on fait mouvoir l'alidade du petit miroir jusqu'à ce que l'image directe de A et l'image réfléchie de B se confondent à l'œil. Soit a l'arc de parallélisme; $a = c\text{D}$ est la distance angulaire Δ des objets A, B. Laissant l'alidade du petit miroir fixe, on fait une observation à droite, en visant directement l'objet de droite A, c'est-à-dire en tenant l'instrument le manche en l'air. On fait mouvoir l'alidade du grand miroir jusqu'à ce que l'image directe de A et l'image réfléchie de B se confondent à l'œil. Alors $\Delta = \text{DC}' - a$.

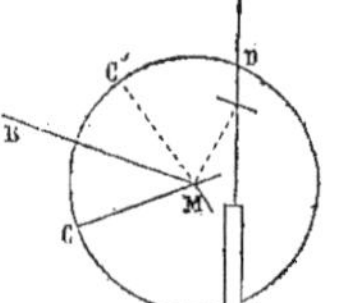

Par suite

$$2\Delta = (a - \text{CD}) + (\text{DC}' - a) = \text{DC}' - \text{DC} = \text{CC}'.$$

Le point de départ a été fixé; le point d'arrivée C′ est connu; on peut donc déterminer la distance angulaire cherchée sans s'occuper de l'arc de parallélisme, sans lire après chaque observation simple à l'un ou à l'autre des verniers.

En recommençant l'observation qui précède, on peut considérer C comme point de départ et obtenir à nouveau le double de la distance angulaire cherchée, et ainsi de suite.

On peut donc fixer le point de départ de l'observation, faire n observations croisées, lire le point d'arrivée définitif, et avoir ainsi $2n$ fois la distance angulaire cherchée.

Nota. — L'idée de mesurer une distance angulaire au moyen d'un multiple de cette distance, est due à l'astronome *Tobie Mayer;* c'est *Borda* qui, le premier, la mit en pratique, et l'appliqua au cercle à réflexion. Le premier cercle construit sur les données de Borda, date de 1771; il sortait des ateliers de Lenoir.

12. On ne commence jamais une observation croisée par une observation à droite, parce qu'il faudrait lire sur le limbe dans un sens opposé à celui de la graduation.

13. *Arc concentrique de Mendoza; curseurs.* — Soit MH la position de l'alidade quand les miroirs sont parallèles. Le point H est le milieu de l'arc CC′ précédemment mesuré.

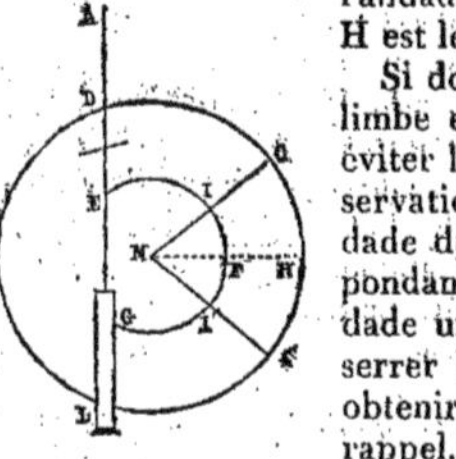

Si donc on conçoit un arc EFG concentrique au limbe et gradué de F en G, et de F en E, on peut éviter le tâtonnement de la seconde partie de l'observation croisée, en mettant immédiatement l'alidade du grand miroir sur la graduation I′, correspondant à la graduation I; on donne ainsi à l'alidade une position assez exacte pour qu'on puisse serrer la vis de pression, et ne faire usage, pour obtenir le contact des images, que de la vis de rappel.

Des curseurs sont mobiles sur l'arc concentrique; on les place d'avance à la main; on leur juxtapose les alidades.

Les curseurs doivent être assez peu serrés pour ne gêner en rien les faibles mouvements que les vis de rappel impriment aux alidades.

14. *Nécessité de la perpendicularité des miroirs au plan du limbe, du parallélisme de l'axe optique de la lunette au plan du limbe.* — Soient B le grand miroir, A le petit miroir, OA la direction du rayon visuel allant directement à l'un des objets, CBAO la marche du rayon lumineux qui arrive du second objet à l'œil, AN et BQ des normales aux miroirs.

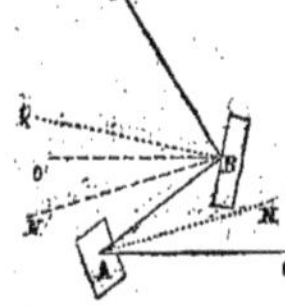

Si les miroirs sont perpendiculaires au plan du limbe, si, de plus, la ligne OA lui est parallèle, les cinq lignes droites de la figure sont dans un même plan, et l'angle formé par les normales AN, BQ est la moitié de l'angle formé par les droites AO, BC.

L'angle des normales ou des miroirs se projette en vraie grandeur sur le plan du limbe. L'instrument donne exactement la distance angulaire cherchée.

Si l'axe optique de la lunette n'est pas parallèle au plan du limbe, et que la perpendicularité des miroirs ait lieu, les plans OAB, ABC ne se confondent pas en un plan unique; ce plan unique, normal aux deux miroirs, serait perpendiculaire à leur intersection, et par suite parallèle au plan du limbe, ce qui ne peut être. Il en est de même si l'un ou l'autre des miroirs n'est pas perpendiculaire au plan du limbe.

Supposons l'axe optique et les miroirs dans une position quelconque; par le point B menons BN′, BO′ parallèles à AN, AO. Un angle trièdre est formé au point B par les trois faces CBO′, ABC, ABO′. L'angle CBO′ est la distance angulaire cherchée Δ. Les lignes BN′, BQ sont bissectrices des faces ABC, ABO′; ces deux normales font l'angle QBN′ = N.

Cherchons une relation entre les angles Δ, N et l'inclinaison α des plans QBN', CBO'. Si on prend trois longueurs égales BA, BC, BO', on forme la pyramide triangulaire BACO'. Les lignes BQ, B'N étant les bissectrices des triangles isocèles ABC, ABO', les lignes QN', O'C sont parallèles. L'intersection des plans QBN', CBO' passe au point B et est parallèle aux lignes QN', CO. Donc, en considérant deux objets suffisamment éloignés pour qu'ils apparaissent à l'œil comme équidistants, on peut dire que le plan de visée (celui qui contient l'œil et les deux objets), et le plan des deux normales, ont pour intersection une parallèle à la ligne qui joindrait les deux objets.

L'inclinaison de ces deux plans dépend de la direction de l'axe optique et des inclinaisons des miroirs sur le plan du limbe. Par la ligne QN' menons le plan DN'Q parallèle au plan BCO'; on a QDN' $=\Delta$. L'angle dièdre DQN'B est égal à l'inclinaison des faces QBN', CBO'; ces deux angles dièdres sont dans la position d'alternes-internes. Les arêtes DB, DN', DQ étant égales, la projection du point D sur le plan QBN' est le centre du cercle circonscrit au triangle BQN' et QSN' $= 2$N.

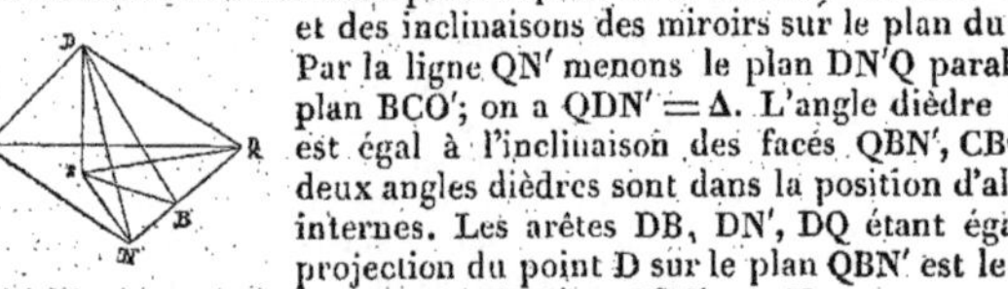

Soit SR perpendiculaire sur N'Q; DRS $=\alpha$.

On a $RQ = RS \cdot \text{tg}\, N = DR \cdot \text{tg}\, \frac{\Delta}{2}$; d'ailleurs $SR = DR \cos \alpha$, donc $\text{tg}\, N \cos \alpha = \text{tg}\, \frac{\Delta}{2}$. Les angles N, $\frac{\Delta}{2}$ étant moindres que $90°$, on a toujours $N > \frac{\Delta}{2}$. La projection X de l'angle N sur le plan du limbe sera la mesure lue pour Δ; on aura toujours $X < N$. En résumé, l'angle X donné par l'instrument et l'angle $\frac{\Delta}{2}$ qu'il devrait donner ne sont pas égaux. Il est donc indispensable que les miroirs soient perpendiculaires au plan du limbe que l'axe optique de la lunette soit parallèle au plan du limbe.

Remarque. L'inclinaison de DN' sur le plan des normales est égale à l'inclinaison de sa parallèle BO', rayon visuel, sur ce même plan. Soit $I = DN'S$; on trouve $\sin N . \cos I = \sin \frac{\Delta}{2}$. L'angle I ne sera l'inclinaison de l'axe optique sur le plan du limbe, que dans le cas où les miroirs seront perpendiculaires, car alors le plan des normales et le plan du limbe sont parallèles.

15. *Rectifications d'un cercle à réflexion.* — Quand on veut observer au cercle à réflexion, il faut, d'après ce qui précède, s'assurer de la perpendicularité des miroirs et du parallélisme de l'axe optique de la lunette au plan du limbe, ou établir ces diverses conditions; c'est ce qu'on appelle *rectifier* l'instrument.

Une rectification secondaire est celle des curseurs; elle consiste à s'assurer que leurs index sont sur les zéros des graduations de l'arc concentrique quand les miroirs bien rectifiés sont parallèles.

Ces diverses rectifications exigent, pour être faites sans hésitation, la connaissance de quelques détails de construction.

16. *Grand miroir.* — *Détails de construction de sa monture.* — 1° La face étamée du grand miroir appuie contre une plaque *p*, qui fait partie de la pièce B, sur la base de laquelle elle est perpendiculaire. Une cage recouvre là plaque p et le grand miroir; trois griffes m maintiennent le contact de la plaque et du grand miroir.

Soutenu d'un côté par la plaque p, de l'autre par les griffes m, le grand miroir ne peut tomber.

Deux vis n traversent la cage du grand miroir et arc-boutent contre p; on les serre jusqu'à ce que le grand miroir ne ballotte plus dans sa monture. Trop serrées, ces vis pourraient courber la glace et la faire éclater.

2° La pièce B est fixée à l'alidade par deux vis V; ces vis lui laissent possible un mouvement de bascule auquel d'ailleurs prête la forme de sa base; ce mouvement se fait autour de la ligne vv comme charnière.

3° Une vis à tête carrée R traverse la pièce B et l'alidade XY; en la serrant ou en la desserrant on donne à la pièce B le mouvement qui lui est possible autour de la ligne vv comme charnière.

Une plaque C fixée à la pièce B par deux vis d consolide la vis R dans la position qu'on lui donne; cette plaque laisse possible à la vis R tout mouvement descendant, et lui rend impossible tout mouvement ascendant. Pour donner à la vis R un mouvement ascendant, il faut desserrer les vis d.

La vis R est dite *vis de rectification.*

En résumé, le jeu de la vis R influe seul sur l'inclinaison du grand miroir, eu égard au plan du limbe.

Remarque. La ligne de base du grand miroir est inclinée sur la direction de son alidade; l'alidade du grand miroir peut ainsi, sans déranger l'alidade du petit miroir, être déplacée de la même quantité de part et d'autre de la position qu'elle occupe lors du parallélisme des miroirs.

17. *Rectification de la perpendicularité du grand miroir. — Voir si le limbe est plan.* — On s'assure d'abord que le grand miroir est solidement tenu dans sa cage.

On fixe l'alidade du grand miroir à toucher celle de la lunette, et on place les deux viseurs V, V', la grande face sur le limbe.

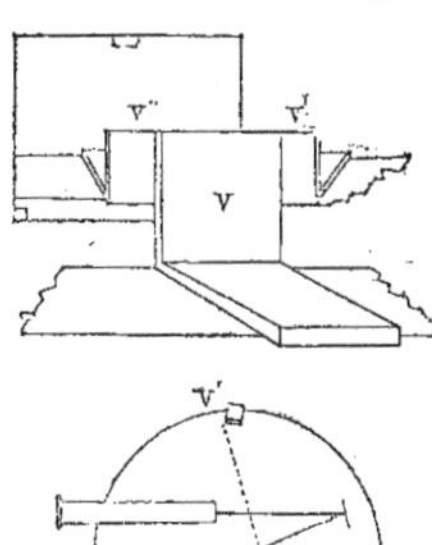

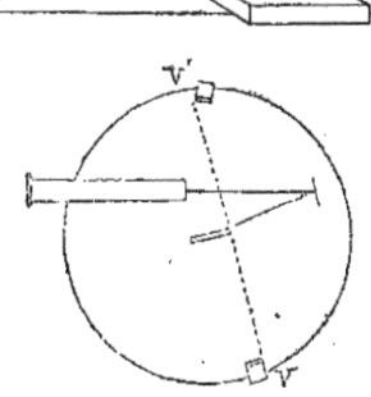

La hauteur des petites faces des viseurs est à peu près la moitié de celle du grand miroir. L'œil étant à la hauteur de l'arête supérieure de V, ce qui a lieu quand l'image réfléchie de cette arête semble partager celle de la prunelle, on dispose le viseur V de telle sorte que son arête supérieure soit vue directement en même temps que l'arête supérieure de V est vue par réflexion.

Si les arêtes supérieures de l'image directe du viseur V' et de l'image réfléchie V'' du viseur V semblent ne former qu'une seule et même ligne, le grand miroir, d'après la loi de réflexion de la lumière, est perpendiculaire au plan du limbe.

Dans le cas contraire, on fait mouvoir la vis de rectification du grand miroir au moyen de la clef à tête carrée, jusqu'à ce qu'il en soit ainsi.

Cette opération étant terminée, si le limbe est plan, le grand miroir lui est perpendiculaire dans toutes les positions des alidades.

18. *Lunette.* — *Détails de construction de sa monture.* — 1° Un montant M est fixé perpendiculairement à l'alidade A du petit miroir, au moyen de vis dont les têtes sont sous l'alidade.

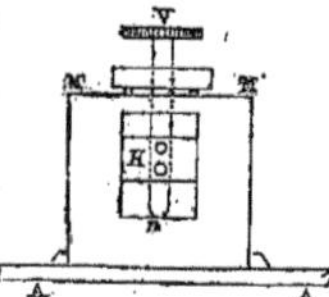

Une vis de rectification V, munie d'une clef à tête carrée, passe entre les deux branches du montant; elle arc-boute en *n*.

Cette vis V fait mouvoir son écrou mobile H perpendiculairement au plan du limbe.

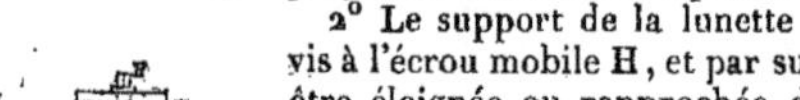

2° Le support de la lunette est fixé par deux vis à l'écrou mobile H, et par suite la lunette peut être éloignée ou rapprochée du plan du limbe sans que son inclinaison, par rapport à ce plan soit modifiée.

3° La lunette est fixée à son support V par une vis S dont l'écrou est parallèle au plan du limbe; cette vis S fait l'office de pivot et laisse possibles diverses inclinaisons de la lunette sur le plan du limbe.

La vis de rectification de la lunette R traverse le support de la lunette et la partie I adhérente à la lunette elle-même. Cette vis permet de donner à la lunette certaines inclinaisons sur le limbe et de la fixer.

4° L'écrou mobile H porte une ligne de foi, et les branches du montant M sont graduées. La distance du zéro du montant au plan du limbe est égale à la hauteur des grandes faces des viseurs.

19. *Rectification du parallélisme de l'axe optique de la lunette au plan du limbe.* — Calez l'instrument de manière à laisser libre l'alidade de la lunette; mettez la ligne de foi de l'écrou mobile sur les zéros des graduations du montant.

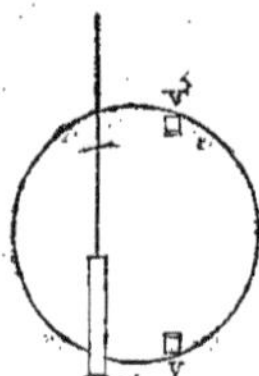

Placez les deux viseurs en V, V', la petite face sur le limbe; cherchez un point éloigné de dix ou quinze mètres et paraissant dans le plan déterminé par les arêtes supérieures des viseurs. Disposez les fils du réticule de la lunette parallèlement au plan du limbe. Visez le point choisi, et voyez si, quand l'alidade de la lunette marche, il paraît décrire une ligne parallèle aux fils et équidistante d'eux.

Si cette condition est remplie, l'axe optique de la lunette et la ligne de foi forment un plan parallèle au plan du limbe; ce plan coïncide en effet avec celui des arêtes supérieures des viseurs.

Si cette condition n'est pas remplie, faites agir la vis de rectification R de la lunette jusqu'à ce qu'elle le soit.

20. *Petit miroir.* — *Détails de construction de sa monture.* — La monture du petit miroir se compose de deux parties bien distinctes.

1° La pièce H est reliée à l'alidade par la vis P qui lui sert de pivot. Les oreilles de cette pièce sont percées de trous rectangulaires traversés par des vis qui elles-mêmes traversent l'alidade; l'espace vide laissé par les vis *m* dans les trous rectangulaires permet de faire tourner à la main la pièce H autour du pivot. P Dans la figure une seule des vis est en place; on voit un des trous rectangulaires.

Une vis, X dont la tête est sous l'alidade, aboutit en *n*; elle sert à fixer la pièce H quand on lui a donné une position qu'elle doit garder; aucun mouvement de la pièce H n'est possible quand cette vis est serrée. Pour faire mouvoir la pièce H, on doit desserrer la vis X; on n'est pas obligé de l'enlever complétement, parce que le trou qui lui sert de passage à travers l'alidade a une forme elliptique qui lui permet un certain jeu.

Les trous S reçoivent les vis qui relient la seconde partie de la monture du petit miroir à la première.

Le trou taraudé R reçoit le bout de la vis de rectification du petit miroir.

2° La seconde partie de la monture du petit miroir est exactement semblable à la monture du grand miroir.

La cage du petit miroir ne recouvre que la partie étamée.

En *résumé*, le petit miroir peut se mouvoir dans deux sens distincts: 1° prendre diverses positions, en conservant son inclinaison sur le plan du limbe, quand on agit sur la pièce H; 2° prendre diverses inclinaisons sur le plan du limbe, quand on manie la vis de rectification.

Remarque. Les bords du petit miroir sont coupés parallèlement à la droite qui joint les milieux des glaces; on diminue ainsi la largeur du petit miroir, et on empêche, autant que possible, qu'il soit rencontré, avant le grand miroir, par les rayons lumineux provenant de l'objet qu'on ne vise pas directement.

21. *Rectification de la perpendicularité du petit miroir. — Rectification des curseurs.*—Le grand miroir et l'axe optique de la lunette sont rectifiés. On s'assure d'abord que le petit miroir est solidement tenu dans sa cage.

On fixe les alidades de telle sorte que les curseurs de l'arc concentrique étant juxtaposés à l'alidade du grand miroir, leurs lignes de foi coïncident avec les zéros des graduations de l'arc concentrique.

1° *Au moyen du disque du soleil.*

Disposez les fils du réticule de la lunette parallèlement au point du limbe, et tenez l'instrument de telle sorte que le plan du limbe soit vertical. Visez directement le soleil; faites mouvoir à la main la monture du petit miroir jusqu'à ce que le centre de l'image réfléchie du soleil vienne sur l'horizontale qui passe par le centre de l'image directe. Serrez la vis X pour fixer la pièce H; les lignes de base des miroirs sont parallèles. Mettez alors la clef à tête carrée en place sur la vis de rectification, et agissez jusqu'à ce que les centres des deux images coïncident. Les miroirs sont évidemment parallèles, et par suite le petit miroir est perpendiculaire au plan du limbe.

Quelques minutes n'étant pas sensibles sur la graduation de l'arc concentrique, on peut au besoin donner quelques tours aux vis de rappel pour la parfaite rectification.

2° *Au moyen d'un objet terrestre.*—Règle analogue.

3° *Au moyen de la ligne d'horizon.*

Disposez les fils du réticule de la lunette parallèlement au plan du limbe; visez directement l'horizon en tenant l'instrument vertical.

Manœuvrez à la main la monture du petit miroir jusqu'à ce que l'image réfléchie de la ligne d'horizon vienne se confondre avec l'image directe. Serrez la vis X pour fixer la pièce H. Les lignes de base des miroirs sont parallèles.

Inclinez ensuite l'instrument; si les miroirs sont parallèles, l'image directe et l'image réfléchie de la ligne d'horizon ne doivent pas se séparer; si elles se séparent, maniez la vis de rectification jusqu'à ce qu'elles restent confondues.

Nota. Il ne suffit pas que les deux lignes directe et réfléchie se confondent quand on tient l'instrument vertical. La ligne d'horizon étant normale au plan du limbe, la coïncidence des deux lignes directe et réfléchie implique seulement le parallélisme des bases des miroirs.

Remarque. La rectification à l'horizon de la mer n'est possible que lorsqu'il est bien net; on préfère viser au disque du soleil quand il est bien terminé.

22. *Images blanches.* — On aperçoit parfois dans le champ de la lunette des images blanches, ou des lumières blanches qui empêchent de bien observer le contact des objets; elles sont le plus souvent occasionnées par les réflexions sur le petit miroir des diverses parties de l'instrument qui avoisinent le grand miroir. Dans le but d'éviter ces réflexions, on donne à certaines parties de l'instrument des formes qui paraissent insignifiantes et qu'on ne pourrait changer sans inconvénient.

Pour détruire les images blanches, on fait tourner à la main le petit miroir jusqu'à ce qu'elles disparaissent totalement ou en partie, ce dont on s'assure en donnant au grand miroir, sans ôter l'œil de la lunette, toutes les positions qu'il peut prendre. On fixe le petit miroir dans la position qui donne constamment ou par intervalles le moins d'images blanches. On les diminue autant que possible en noircissant les parties de l'instrument qui peuvent les occasionner. Il est bon, pendant l'opération qui précède, de mettre la ventelle derrière le petit miroir de manière à intercepter les rayons lumineux qui, provenant de corps étrangers, pourraient arriver dans la lunette.

Il est utile de placer un petit verre coloré entre les deux miroirs pour s'assurer que le petit miroir ne reçoit pas de rayons réfléchis par le grand miroir sans qu'ils aient traversé le verre, ce qu'on reconnaît à la couleur de l'image réfléchie.

Il peut arriver que, les miroirs étant au parallélisme et les curseurs étant rectifiés, il y ait des images blanches; il faut, dans ce cas, sacrifier la commodité des curseurs à la disparition des images blanches.

Remarque. C'est pour éviter les images blanches que les loges destinées aux verres colorés du grand miroir inclinent de 5° environ sur le plan du limbe.

23. *Angle de déviation.* — Il peut arriver que, les miroirs et l'axe optique de la lunette étant rectifiés, l'observateur ne saisisse pas le contact des objets dont il mesure la distance à l'intersection même de l'axe optique et du plan du réticule, et que, par suite, le rayon visuel ait une certaine inclinaison I sur le plan du limbe.

La formule $\sin \frac{\Delta}{2} = \sin N . \cos I$ montre que, dans ce cas, l'angle instrumental est toujours plus grand que l'angle cherché.

En posant $2N - \Delta = x$, et en considérant que les angles I, $\frac{x}{2}$ sont toujours fort petits, on passe aisément de la formule

$$\sin\left(N - \frac{x}{2}\right) = \sin N \cos I$$

à l'expression $x = I^2 \sin 1'' \mathrm{Tg} N$.

La quantité x indique le nombre de secondes à retrancher de l'angle instrumental $2N$ pour obtenir la distance cherchée Δ.

L'inclinaison I du rayon visuel sur le plan du limbe reçoit le nom particulier d'*angle de déviation.*

La difficulté d'apprécier l'angle I fait que la *correction soustractive de l'angle observé eu égard à la déviation est toujours inusitée dans la pratique.*

24. Pour trouver l'angle I, on doit d'abord déterminer, une fois pour toutes, la distance des fils du réticule.

On dispose les fils du réticule perpendiculairement au plan du limbe, et on tient l'instrument de telle sorte que le plan du limbe soit horizontal. Les miroirs étant au parallélisme, on vise un objet quelconque de manière à voir l'image directe sur un des fils du réticule, puis on déplace une des alidades de manière à apercevoir en même temps l'image réfléchie sur le second fil; le déplacement de l'alidade indique la distance angulaire des fils du réticule; on peut croiser.

La distance angulaire des fils varie d'ordinaire entre 1° 30′ et 2°.

25. Pour une observation quelconque, on dispose les fils du réticule parallèlement au plan du limbe.

Soient AOB un plan mené par le rayon visuel normalement au limbe; A, B les intersections de ce plan avec chacun des fils, OC l'axe optique qui divise l'angle AOB en parties égales, OD le rayon visuel suivant lequel on perçoit le contact.

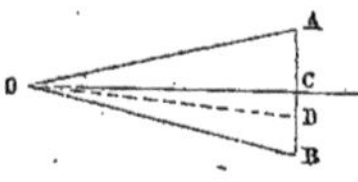

L'angle COD = I est l'angle de déviation; l'angle AOB = A est la distance angulaire des fils du réticule.

Il faut, en observant, estimer à l'œil le rapport $\frac{DB}{DA} = \frac{1}{n}$.

On a $CD = OC \cdot \operatorname{tg} I$, $CB = OC \cdot \operatorname{tg} \frac{A}{2}$ d'où $\operatorname{tg} I = \frac{CD}{CB} \cdot \operatorname{tg} \frac{A}{2}$ ou, parce que les angles I, $\frac{A}{2}$ sont toujours très-petits, $I = \frac{CD}{CB} \cdot \frac{A}{2}$. Le rapport $\frac{DB}{DA} = \frac{1}{n}$ devient $\frac{BC - CD}{BC + CD} = \frac{1}{n}$ d'où $\frac{CD}{CB} = \frac{n-1}{n+1}$. On a donc

$$I = \frac{A}{n+1} \cdot \frac{n-1}{2}.$$

5. La table V de Callet intitulée *Diminution d'un angle observé eu égard à la déviation*, donne les nombres $I^2 \cdot \sin 1'' \cdot \operatorname{Tg} N$.

L'observateur calcule l'angle I et entre dans la table V avec l'angle instrumental pour argument vertical, avec l'angle I pour argument horizontal; en faisant cadrer, il trouve la correction soustractive qu'il doit appliquer à l'angle instrumental.

26. *Miroirs prismatiques.*— Soit NMN′ l'intersection du miroir et d'un plan mené par un rayon lumineux quelconque AB normalement à l'intersection des faces du miroir; nous supposerons cette intersection perpendiculaire au plan du limbe.

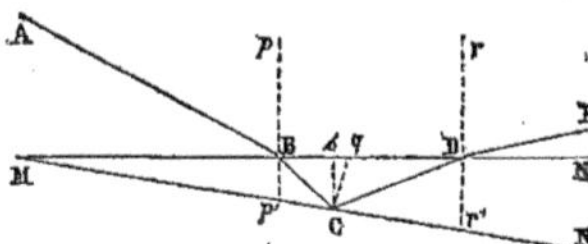

Soit NMN′ = α l'angle des faces du miroir. Le rayon lumineux AB se réfracte suivant BC, se réfléchit en C sur la face étamée MN′ suivant CD, puis se réfracte en D et prend la direction DE.

Soient Cs, Bp, Dr des normales à la face MN, Cq une normale à MN′. Posons $ABp = I$, $CBp' = R$, $CDr' = R'$, $EDr = I'$. On a $qCS = \alpha$ et par suite $BCq = R + \alpha$, $DCq = R' - \alpha$, d'où $R' - R = 2\alpha$. La relation $\frac{\sin I}{\sin R} = \frac{\sin I'}{\sin R'} = l$ montre que de $R' > R$ on conclut $I' > I$.

Soit $I' = I + e$.

L'expression $\frac{\sin(I+e)}{\sin(R+2\alpha)} = l$ devient

$$\sin I \cos e + \sin e \,.\, \cos I = l \sin R \cos 2\alpha + l \,.\, \cos R \sin 2\alpha,$$

ou, parce que les angles e, α sont toujours très-petits,

$$\sin I + e \sin 1'' \,.\, \cos I = l \sin R + 2\alpha l \,.\, \sin 1'' \,.\, \cos R;$$

on en tire
$$e = 2\alpha \sqrt{1 + \frac{1,4025}{\cos^2 I}}.$$

Pour $I = 0^o$, on trouve $e = 3,1 \,.\, \alpha$; l'incidence du rayon émergent est $3,1 \,.\, \alpha$. Pour une même incidence, la valeur de e est proportionnelle à l'angle des faces du miroir. Pour un même miroir, la valeur de e augmente avec l'incidence du rayon lumineux sur le miroir.

27. Si on reçoit sur un miroir prismatique l'image d'un objet suffisamment éloigné, les rayons incidents peuvent être considérés comme parallèles.

L'angle d'incidence étant constant, l'égalité $R' - R = 2\alpha$ indique que tous les rayons émergents sont parallèles.

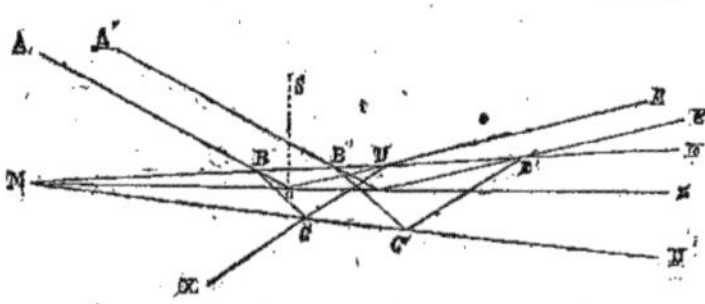

Soient deux rayons incidents AB, A'B'. De la similitude des triangles BOD et B'O'D', BCD et B'C'D', MBC et MB'C' on conclut les rapports égaux

$$\frac{BD}{B'D'} = \frac{BO}{B'O'} = \frac{BC}{B'C'} = \frac{MB}{MB'}$$

ou en résumé $\frac{MB}{MB'} = \frac{BO}{BO'}$; donc les triangles MBO, MB'O' qui ont les angles en B, B' égaux sont semblables et les points O, O' sont sur une ligne droite passant par le point M. C'est sur la droite MZ qu'on voit l'image de l'objet; et néanmoins ce n'est pas sur elle que sont réfléchis les rayons incidents.

En effet, la ligne MC étant bissectrice de l'angle BCX extérieur au triangle BCD, on a $\frac{MD}{MB} = \frac{CD}{CB} = \frac{\cos R}{\cos R'}$. Si la ligne OS, normale à MZ, était bissectrice de l'angle BOD, on aurait $\frac{MD}{MB} = \frac{OD}{OB} = \frac{\cos I}{\cos I'}$; on conclurait l'égalité $\frac{\cos R}{\cos R'} = \frac{\cos I}{\cos I'}$. Cette égalité ne peut exister avec $\frac{\sin I}{\sin I'} = \frac{\sin R}{\sin R'}$, à moins d'avoir $I = I'$ ou $R = R'$, ce qui n'est pas.

C'est de l'inclinaison $BMZ = x$ de la ligne MZ que dépendra la déformation de l'image.

On a $\frac{BB'}{OO'} = \frac{MB}{MO} = \frac{\cos(I+x)}{\cos I}$ ou $\frac{BB'}{OO'} = 1 - x \sin 1'' \,.\, \mathrm{tg}\, I$ à cause de la petitesse de l'angle x. Ainsi $1 - \frac{BB'}{OO'} = x \sin 1'' \,.\, \mathrm{tg}\, I$.

C'est donc en recevant, sous la plus grande incidence possible, les rayons lumineux d'un objet suffisamment éloigné et de peu d'étendue qu'on peut se convaincre le plus aisément, par la déformation de l'image réfléchie, du non-parallélisme des faces d'un miroir.

28. Le meilleur moyen de s'assurer du parallélisme des faces d'un miroir de glace est, avant l'étamage, de fixer ce miroir dans un châssis, de viser avec une lunette fixe, à travers le miroir, un objet éloigné, puis de retourner le miroir et de voir si l'objet reste dans la même direction.

29. *Usage d'un grand miroir prismatique pour la mesure des angles.* — Les faces du petit miroir sont parallèles; les faces du grand miroir forment un angle α.

1° *Point de parallélisme.* — Si les miroirs ne sont pas prismatiques, ils sont parallèles à l'instant où on voit directement et par réflexion un point suffisamment éloigné A. Posons l'angle constant $LmM = 2A$. La ligne Mp étant normale au grand miroir, les angles $A'Mp'$, pMm sont égaux à A.

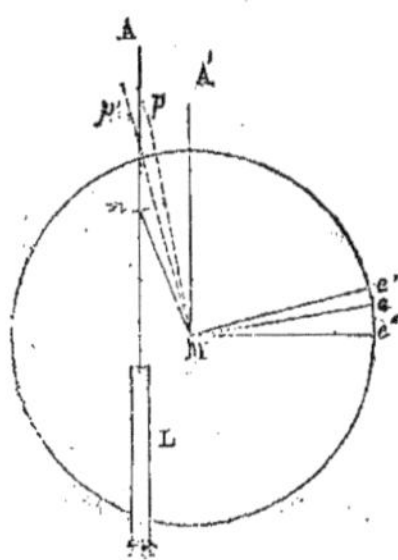

Si les faces du grand miroir convergent vers le centre du limbe, les rayons $A'M$, Mm doivent faire avec la normale au grand miroir des angles inégaux; chacune des lignes $A'M$, mM étant fixe, la normale Mp doit prendre la position Mp' de telle sorte que

$$A'Mp' - mMp' = 2pMp' = 2\alpha \cdot \sqrt{1 + \frac{1,4025}{\cos^2 A}}.$$

L'alidade du grand miroir prend la direction MC', et l'erreur de lecture, à cause de la graduation particulière aux limbes des instruments à réflexion, est $2C'MC = 2pMp' = e$. On a $mMp' = mMp - pMp' = A - \frac{e}{2}$;

donc $e = 2\alpha \sqrt{1 + \frac{1,4025}{\cos^2\left(A - \frac{e}{2}\right)}}$ ou, parce que $\frac{e}{2}$ est fort petit par rapport à A qui est d'environ 10°, $e = 2\alpha \sqrt{1 + \frac{1,4025}{\cos^2 A}}$.

Remarque. Si les faces du grand miroir divergent vers le centre du limbe, on trouve la même valeur e, mais l'alidade du grand miroir prend la position MC''.

2° *Contact à droite.* — Si les miroirs ne sont pas prismatiques, le rayon lumineux émanant du second bojet B suit la route $BMmL$ de telle sorte que les lignes BM, Mm forment des angles égaux avec la ligne Mp normale au grand miroir.

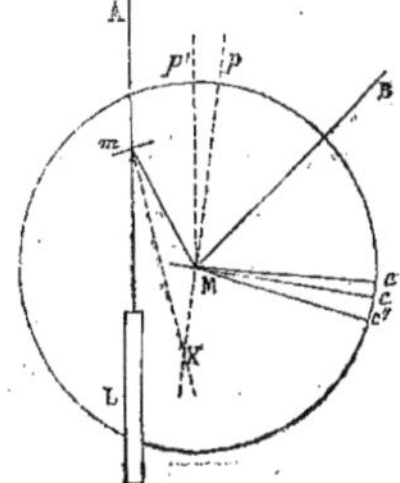

Si les faces du grand miroir convergent vers le centre du limbe, les rayons BM, Mm doivent faire, avec la normale au grand miroir, des angles inégaux; mais chacune des lignes BM, Mm est fixe, donc la normale Mp doit prendre la position Mp' de telle sorte que

$$BMp' - mMp' = 2pMp' = 2\alpha \cdot \sqrt{1 + \frac{1,0425}{\cos^2 mMp'}}.$$

L'alidade du grand miroir prend la direction MC', et l'erreur de lecture, à cause de la graduation particulière aux limbes des instruments à réflexion, est $2C'MC = 2pMp' = e$.

L'angle X que font les normales aux miroirs est la moitié de l'angle Δ mesuré par l'instrument; $mMp' = X + MmX = \frac{\Delta'}{2} + A$,

donc
$$e = 2\alpha \sqrt{1 + \frac{1,4025}{\cos^2\left(\frac{\Delta'}{2} + A\right)}}.$$

D'ailleurs, si les faces du grand miroir divergeaient vers le centre du limbe, on trouverait pour e la même valeur, mais l'alidade du grand miroir prendrait la position MC″

3° *Contact à gauche.* — Même raisonnement.

Si les faces du grand miroir convergent vers le centre du limbe, l'alidade prend la position MC′, et on a

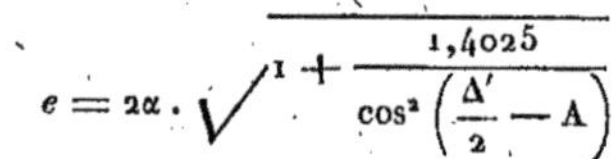

$$e = 2\alpha \cdot \sqrt{1 + \frac{1,4025}{\cos^2\left(\frac{\Delta'}{2} - A\right)}}.$$

Si les faces du grand miroir divergent vers le centre du limbe, l'alidade prend la position MC″ et e a la même valeur.

4° *Observation à droite.* — 1er *cas.* Les faces du grand miroir convergent vers le centre du limbe, ou, ce qui revient au même, le rayon incident tombe du côté de la divergence des faces.

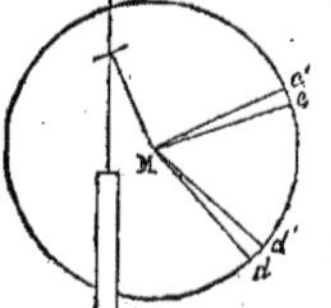

Si le grand miroir n'était pas prismatique, l'alidade prendrait les deux positions successives MC, MD, et on aurait CD $= \Delta$.

Si grand le miroir est prismatique, l'alidade prend les deux positions MC′, MD′ et on a C′D′ $= \Delta'$.

L'angle à mesurer est Δ, l'angle instrumental est Δ'.

Or évidemment $\Delta = \Delta' + DD' - CC'$ ou

$$\Delta = \Delta' + 2\alpha \left\{ \sqrt{1 + \frac{1,4025}{\cos^2\left(\frac{\Delta'}{2} + A\right)}} - \sqrt{1 + \frac{1,4025}{\cos^2 A}} \right\}$$

La quantité entre parenthèses est toujours positive.

2e *cas.* Si le rayon incident tombe du côté de la convergence des faces,

$$\Delta = \Delta' - 2\alpha \left\{ \sqrt{1 + \frac{1,4025}{\cos^2\left(\frac{\Delta'}{2} + A\right)}} - \sqrt{1 + \frac{1,4025}{\cos^2 A}} \right\}$$

5° *Observation à gauche.* — On aura

$$\Delta = \Delta' - 2\alpha \left\{ \sqrt{1 + \frac{1,4025}{\cos^2\left(\frac{\Delta'}{2} - A\right)}} - \sqrt{1 + \frac{1,4025}{\cos^2 A}} \right\}$$

si le rayon incident tombe du côté de la convergence des faces, ou

$$\Delta = \Delta' + 2\alpha \left\{ \sqrt{1 + \frac{1,4025}{\cos^2\left(\frac{\Delta'}{2} - A\right)}} - \sqrt{1 + \frac{1,4025}{\cos^2 A}} \right\}$$

si le rayon incident tombe du côté de la divergence des faces.

La quantité entre parenthèses est positive pour $\Delta > 4A$, nulle pour $\Delta = 4A$, négative pour $\Delta < 4A$.

Nota. L'erreur due à un grand miroir prismatique est moindre dans une observation à gauche que dans une observation à droite.

6° *Observation croisée.* — L'observation croisée est le résultat d'une observation à gauche et d'une observation à droite; en combinant les résultats trouvés ci-dessus, on trouve que :

Si la convergence des faces du miroir a lieu vers le centre du limbe,

$$\Delta = \Delta' + \alpha \left\{ \sqrt{1 + \frac{1,4025}{\cos^2\left(\frac{\Delta'}{2} + A\right)}} - \sqrt{1 + \frac{1,4025}{\cos^2\left(\frac{\Delta'}{2} - A\right)}} \right\};$$

si la divergence des faces a lieu vers le centre du limbe,

$$\Delta = \Delta' - \alpha \left\{ \sqrt{1 + \frac{1,4025}{\cos^2\left(\frac{\Delta'}{2} + A\right)}} - \sqrt{1 + \frac{1,4025}{\cos^2\left(\frac{\Delta'}{2} - A\right)}} \right\}$$

la quantité entre parenthèses est toujours positive.

30. La table VI de Callet intitulée *Erreur pour 1′ d'angle des faces du grand miroir* est calculée d'après les formules précédentes dans lesquelles on fait $\alpha = 1'$, $A = 10°$.

Si on remarque que la formule $e = 2\alpha\sqrt{1 + \frac{1,4025}{\cos^2 I}}$ est déduite des deux égalités $\frac{\sin I}{\sin R} = l$, $\frac{\sin(I + e)}{\sin(R + 2\alpha)} = l$, on trouve un moyen plus commode de calculer les nombres de la table VI.

31. *Déterminer l'angle des faces d'un grand miroir.* — Prenez une longue série d'observations croisées d'une distance aussi grande que possible; retournez le grand miroir dans sa boîte, puis reprenez une série pareille d'observations croisées de la même distance. Il faut avoir soin de rester exactement à la même place pendant les deux séries d'observations.

La différence des mesures obtenues, si elle existe, est évidemment le double de l'erreur commise sur la distance eu égard à l'angle des faces du miroir puisqu'il y a eu retournement.

On calculera, d'après les formules ci-dessus, l'angle des faces du miroir employé, ou bien, les erreurs étant proportionnelles aux angles des faces des miroirs quand l'angle observé est le même, la table VI le donnera par une proportion.

On peut calculer directement une table d'erreurs spéciale au miroir dont on se sert, ou la former à l'aide de la table VI.

32. *L'emploi d'un petit miroir prismatique n'occasionne pas d'erreurs d'observation.* — Le rayon lumineux qui arrive à l'œil après s'être réfléchi sur le grand miroir, rencontre toujours le petit miroir suivant la même direction ; par suite, le point de parallélisme et le point de contact dans les observations simples, ou les deux points de contact dans une observation croisée, sont déplacés de la même quantité et dans le même sens, quand les faces du petit miroir ne sont pas parallèles et donnent le même résultat que si elles l'étaient.

Un effet analogue a lieu pour l'objet vu directement dont les rayons arrivent à l'observateur après avoir traversé la partie transparente du petit miroir.

Remarque. — Une petite glace prismatique n'influe pas sur la mesure des angles, mais elle occasionne deux images de l'objet réfléchi ; la première est produite par les rayons réfléchis à la surface antérieure, la seconde par ceux qui pénètrent dans l'intérieur pour se réfléchir à la surface étamée, et se réfracter ensuite à la surface antérieure ; ces rayons ne prenant pas une direction parallèle à la direction des premiers rayons, forment au foyer de la lunette l'image principale que l'on observe ; ses bords paraissent mal terminés à cause de l'espèce de pénombre qu'occasionne l'autre image, ce qui empêche de bien observer le contact.

33. *Verres colorés prismatiques.* — Les petits verres colorés prismatiques du petit miroir ne donnent pas d'erreurs dans les observations.

Les petits verres colorés prismatiques du grand miroir ne donnent pas d'erreurs dans les observations croisées.

Les grands verres colorés prismatiques du grand miroir donnent des erreurs d'observation ; on peut les éviter dans les observations croisées en retournant le grand verre dans sa loge après tout contact d'ordre pair.

L'imperfection des verres colorés ne produisant aucune erreur quand ils sont placés entre l'œil et la lunette, il faut leur donner cette position toutes les fois qu'on le peut ; on met cette remarque à profit en ajoutant à l'oculaire une pièce circulaire à verre coloré.

34. Pour vérifier un verre coloré, mettez les miroirs au parallélisme, et visez directement le disque du soleil ; établissez le contact des disques. Retournez le verre coloré ; si ses faces sont parallèles, les disques direct et réfléchi seront toujours en contact ; sinon le déplacement angulaire qu'il faut donner à l'alidade pour rétablir le contact est le double de l'erreur occasionnée par ce verre coloré.

35. *Observations générales sur le cercle à réflexion.*

1° *Alidades.* — Les alidades doivent tourner librement et être parfaitement indépendantes ; sinon il faut démonter le noyau central de l'instrument et nettoyer les centres. Les alidades dépendantes font varier le point d'arrivée.

2° *Égalité des divisions du limbe.* — Les cercles modernes sont en général bien gradués. Pour s'assurer de l'égalité des divisions du limbe, on voit si, dans toutes leurs positions, les extrémités des verniers embrassent exactement le même nombre de divisions du limbe.

3° *Verniers, loupes.* — Les verniers doivent bien appliquer, c'est-à-dire qu'il ne doit y avoir aucun jour sensible entre leurs surfaces inférieures et le plan supérieur du limbe.

Si les verniers appliquent mal, le moindre changement dans la position de l'œil fait voir la coïncidence de divisions différentes des verniers et du limbe. Il en est de même quand on ne place pas le centre de la loupe exactement au-dessus des divisions du limbe et du vernier qui paraissent coïncider.

4° *L'instrument doit être bien centré. Le mouvement des alidades doit se faire exactement autour du centre du limbe.* — Placez l'alidade du grand miroir le plus près possible de l'autre alidade, de la partie portant la lunette; fixez l'alidade du grand miroir; lisez aux deux verniers.

Desserrez la vis de pression de l'alidade du grand miroir; déplacez les deux alidades en poussant doucement l'alidade du grand miroir; laissez toujours les alidades le plus près possible l'une de l'autre; fixez, lisez.

Faites cinq ou six fois cette observation.

Si le mouvement des alidades se fait exactement autour du centre, la distance des zéros des deux verniers doit toujours être la même; on trouve en général au plus une différence du demi-ordre des divisions, différence qui peut être attribuée à la lecture.

CAAPITRE III.

Sextant. — Octant.

1. Le sextant se compose d'un limbe plan circulaire gradué, de 60° environ; deux miroirs plans lui sont adaptés perpendiculairement à sa surface. Le grand miroir, placé au centre du limbe, est fixé à l'extrémité d'une alidade mobile autour de ce centre; l'autre extrémité de l'alidade repose sur le limbe et porte une vis de pression, une vis de rappel, un vernier et une loupe. Le petit miroir est fixe; une lunette astronomique est dirigée vers le petit miroir et fixée sur l'un des rayons du limbe. Une poignée située au-dessous du limbe sert à tenir l'instrument pendant l'observation; l'une des mains de l'observateur tient la poignée tandis que l'autre peut agir à l'extrémité de l'alidade et faire mouvoir la vis de pression ou la vis de rappel.

2. L'octant diffère du sextant en ce que son limbe n'embrasse qu'un arc de 45° environ; de plus, il est généralement dépourvu de lunette astronomique. Pour observer à l'octant, on se sert d'une plaque de cuivre percée de un ou deux trous pour diriger le regard; il est préférable d'employer un tube creux en cuivre. Quand l'image réfléchie est très-brillante, on la reçoit sur la partie non étamée du petit miroir, et pour cela on vise par l'ouverture la plus éloignée du plan du limbe; quand l'image réfléchie est faible, on vise par l'ouverture la plus proche du plan du limbe, et on obtient le contact sur la limite des parties étamées et non étamées du petit miroir.

Les octants n'ont pas de loupe marchant avec l'alidade; leurs verniers donnent les minutes; pour apprécier la division du vernier qui coïncide avec une des divisions du limbe, il faut fermer un des yeux et se mettre bien au-dessus des divisions pour lesquelles il y a doute.

3. Les principes d'observation au sextant et à l'octant sont ceux de l'observation à droite au cercle de réflexion; il est inutile de revenir, à propos de ces instruments, sur les questions de miroirs prismatiques, de verres colorés. Les rectifications sont analogues à celles du cercle; les miroirs doivent être perpendiculaires au plan du limbe, l'axe optique de la lunette doit être parallèle au plan du limbe; il suffit de quelques indications sommaires pour rapporter au sextant tout ce qui a été dit à propos du cercle.

4. *Perpendicularité du grand miroir au plan du limbe.* — Pour établir la perpendicularité du grand miroir, on met l'alidade à peu près au milieu du limbe; on pose des viseurs sur le limbe à droite et à gauche de l'alidade, de façon qu'en plaçant l'œil à côté du grand miroir en O, on voit par réflexion l'arête supérieure du viseur V et directement celle du viseur V'; si ces arêtes paraissent dans le prolongement l'une de l'autre, le grand miroir est perpendiculaire au plan du limbe; sinon, on fait mouvoir la vis de rectification du grand miroir jusqu'à ce que cette condition soit remplie.

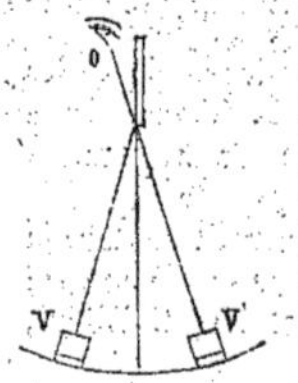

A défaut de viseurs, on place l'alidade vers le milieu du limbe, et, mettant l'œil en O le plus près possible du plan du limbe, on voit si la partie réfléchie du limbe semble être le prolongement de la partie vue directement; si cette condition n'est pas remplie, on fait mouvoir la vis de rectification du grand miroir jusqu'à ce qu'elle le soit; le grand miroir est alors perpendiculaire au plan du limbe.

5. *Lunette de sextant.* — La lunette NN' traverse deux colliers; le premier CC est plus grand que le second C'C' et n'est pas taraudé. Le collier C'C' est taraudé, et ne permet à la lunette que les mouvements qu'il effectue lui-même. Le collier CC est continué par un montant triangulaire M qui traverse le limbe LL perpendiculairement; une vis M', dont l'écrou est le montant triangulaire, permet de rapprocher ou d'éloigner la lunette du plan du limbe.

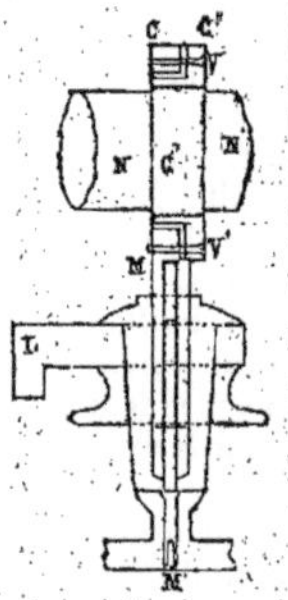

Les colliers CC, C'C' sont réunis au moyen de deux vis V, V'; si l'on serre V en desserrant V', l'axe optique de la lunette penche du côté du limbe vers l'objet visé et inversement; c'est à l'aide de ces deux vis qu'on établit le parallélisme de l'axe optique au plan du limbe en suivant les règles indiquées pour le cercle à réflexion; à défaut de viseurs, le plan du limbe remplace le plan qui passe par les arêtes supérieures des viseurs, et on dispose la lunette le plus près possible du plan du limbe.

6. *Perpendicularité du petit miroir au plan du limbe.* — On vise un objet bien terminé, et on cherche à le voir directement et par réflexion.

1° *Au moyen du disque du soleil.* Disposez les fils du réticule de la lunette parallèlement au plan du limbe, et tenez l'instrument de telle sorte que le plan du limbe soit vertical. Visez directement le soleil; faites mouvoir l'alidade jusqu'à ce que le centre de l'image réfléchie du soleil vienne sur l'horizontale du centre de l'image directe; les lignes de base des miroirs sont parallèles. Mettez alors la clef à tête carrée en place sur la vis de rectification, et agissez jusqu'à ce que les centres des deux images coïncident; les miroirs sont évidemment parallèles, et, le grand miroir étant perpendiculaire au plan du limbe, il en est de même pour le petit miroir.

2° *Au moyen d'un objet terrestre.* — Règle analogue.

3° *Au moyen de la ligne d'horizon.* — Disposez les fils du réticule de la lunette parallèlement au plan du limbe; visez directement l'horizon en tenant l'instrument vertical. Faites mouvoir l'alidade jusqu'à ce que l'image réfléchie de la ligne d'horizon vienne se confondre avec l'image directe; les lignes de base des miroirs sont parallèles. Inclinez ensuite l'instrument; si les miroirs sont parallèles, l'image directe et l'image réfléchie de la ligne d'horizon ne doivent pas se séparer; si elles se séparent, maniez la vis de rectification jusqu'à ce qu'elles restent confondues.

7. *Erreur instrumentale du sextant et de l'octant.* — Quand les miroirs sont au parallélisme, le zéro du vernier et le zéro du limbe doivent coïncider pour que la lecture donne de suite la mesure angulaire cherchée; cette mesure est en effet indiquée par le déplacement de l'alidade sur le limbe. On appelle *erreur de collimation* ou *erreur instrumentale* l'arc du limbe compris entre les zéros du limbe et du vernier; l'erreur instrumentale est évidemment additive aux mesures données par l'instrument quand le zéro du vernier tombe à droite du zéro du limbe, soustractive dans le cas contraire. On détermine l'erreur instrumentale en mettant successivement en contact le bord inférieur ou supérieur de l'image directe du soleil avec le bord supérieur ou inférieur de l'image réfléchie du soleil; on tient l'instrument de telle sorte que le plan du limbe soit vertical. L'erreur instrumentale est la moyenne entre les indications du zéro du vernier; on donne le signe + aux arcs comptés à droite du zéro du limbe, le signe — aux arcs comptés à gauche; la moyenne prend le signe du plus grand des deux arcs. Si les contacts ont été bien établis, la différence algébrique des deux lectures est successivement égale à quatre fois le demi-diamètre du soleil pris dans la connaissance des temps et corrigé de l'accourcissement produit par la réfraction sur un demi-diamètre vertical, table XIV de Callet. Quand on veut détruire l'erreur instrumentale ou la rendre très-faible, on met d'abord les zéros du limbe et du vernier en coïncidence, puis on établit le contact d'un objet très-éloigné et de son image en donnant au petit miroir un mouvement autour de son pivot; on établit ensuite la perpendicularité du petit miroir au plan du limbe à l'aide de la vis de rectification de sa monture. Cette opération est analogue à la rectification du petit miroir du cercle eu égard aux curseurs.

Il est préférable, au lieu d'annuler l'erreur de rectification, ce qui ébranle le petit miroir, de s'attacher simplement à la déterminer avec précision; elle varie très-peu.

CHAPITRE IV.

Observations. — Corrections des observations.

1. *Notions générales sur les observations de hauteur.* — Les navigateurs rapportent les astres au cercle de l'horizon qui termine la partie visible de la mer dont ils sont entourés; l'observateur, placé au centre de ce cercle, en voit tous les points également éloignés du zénith.

La distance angulaire de tous les points de l'horizon au zénith étant connue (90° + dépression apparente), il faut, pour obtenir la distance zénithale ou la hauteur d'un astre, mesurer l'arc du vertical compris entre l'horizon et l'astre. Les instruments à réflexion sont employés à cette mesure; c'est une simple distance à prendre; le limbe de l'instrument doit être tenu dans le vertical de l'astre.

2. Si l'astre se présente comme un point lumineux, on vise directement l'horizon, et on amène l'image réfléchie de l'astre dans le champ de la lunette, puis on serre la vis de pression. Les verticaux étant perpendiculaires à l'horizon, l'arc du vertical est le plus court de tous les arcs de grand cercle qu'on peut mener de l'astre à l'horizon; donc, en balançant

l'instrument autour de l'axe optique de la lunette comme axe, on fait décrire à l'image réfléchie, au-dessous de l'horizon (la lunette renversant les objets), un arc qui a sa convexité du côté de l'horizon. Si on fait mouvoir la vis de rappel et qu'on rapproche l'image réfléchie de l'astre de l'image directe de l'horizon jusqu'à ce que, dans les balancements de l'instrument, l'arc décrit par l'image réfléchie soit tangent à l'image directe de l'horizon, on est certain d'avoir la hauteur exacte. Si l'astre a un disque, il faut que, dans les balancements de l'instrument, l'image réfléchie d'un des bords du disque ne touche l'image directe de l'horizon qu'en un seul point.

3. Si l'astre dont on veut avoir la hauteur se trouve au zénith, tous les points de l'horizon en sont également éloignés; quand on balance l'instrument, l'image réfléchie suit exactement le cercle de l'horizon et ne s'en détache pas un seul instant. La différence de courbure de l'horizon et de l'arc décrit par l'image réfléchie ne devient sensible que pour des hauteurs inférieures à 88°; il est facile de concevoir que la mesure des hauteurs est d'autant plus facile que cette différence est plus grande, et que par suite, il peut y avoir incertitude dans l'observation quand l'astre est fort près du zénith.

4. Quand on navigue près d'une côte, il peut arriver que la partie de l'horizon qui est au-dessous de l'astre soit bornée par la terre; on ne peut se procurer directement la hauteur; si l'instrument le permet, on mesure le supplément de la hauteur. L'observation est la même que précédemment; il faut remarquer cependant que l'arc décrit par l'image réfléchie de l'astre, dans les balancements que l'on donne à l'instrument, a sa concavité tournée vers le zénith, la lunette renversant les objets.

5. *Observation des hauteurs d'étoiles.* — On a beaucoup de difficultés à la mer pour observer les hauteurs d'étoiles; la nuit, l'horizon ne paraît pas bien tranché. Les hauteurs d'étoiles ne peuvent être observées avec succès que peu après le coucher du soleil ou un peu avant le lever; c'est dans ces instants qu'il faut s'en occuper; on s'habitue peu à peu de cette manière à observer les hauteurs de nuit. Il est préférable, quand cela est possible, de viser directement l'étoile; autrement on peut se tromper d'étoile.

6. *Observation des hauteurs de soleil.* — On vise directement à l'horizon. Comme les lunettes renversent, si on met en contact le bord supérieur de l'image du soleil avec l'horizon, on obtient la hauteur du bord inférieur du soleil; si on établit le contact du bord inférieur de l'image du soleil avec l'horizon, on obtient la hauteur du bord supérieur du soleil. On observe ordinairement la hauteur du bord inférieur du soleil.

Quand on fait une observation croisée, il y a avantage, pour l'exactitude du résultat, à établir alternativement le contact de chaque bord de l'image réfléchie avec l'horizon; on obtient la hauteur du centre du soleil. Si on se sert d'un sextant, on peut alterner les observations, prendre successivement la hauteur de chacun des bords du soleil; la moyenne des résultats donne la hauteur du centre. Il est généralement admis que dans l'observation des contacts on fait mordre les images; c'est une donnée de l'expérience. Le mode d'observation indiqué compensera les erreurs de vision de l'observateur.

Pour prendre la hauteur méridienne du soleil, on se met en observation quelques instants avant midi vrai; on prend la hauteur du bord inférieur; on suit alors le soleil dans son mouvement ascendant à l'aide de la vis de rappel de l'alidade, de manière à toujours maintenir le contact déjà établi. Dans le cas où on se sert d'un cercle, on croise très-rapidement dès que l'astre ne paraît plus monter; on s'en dispense quand le soleil passe au méridien près du zénith.

7. *Observation des hauteurs de lune.* — L'observation des hauteurs de lune se fait sans difficulté pendant le jour; on ramène à l'horizon le bord le mieux terminé. La nuit, la plus grande cause d'incertitude vient de la difficulté de bien voir la ligne qui termine l'horizon; on peut juger l'exactitude d'une hauteur de lune d'après la facilité avec laquelle on fait l'observation.

Quand l'intensité de la lune est plus faible que celle de l'horizon, il faut ramener l'image réfléchie de l'horizon à l'image directe de la lune.

Quand on veut observer la lune à l'instant de son passage au méridien, on détermine l'heure, temps moyen, de ce passage. Si la lune culmine à l'instant de son passage, on observe sa hauteur maximum comme il a été dit à propos du soleil; sinon on prend la hauteur à l'instant calculé du passage. Quand la hauteur méridienne de la lune n'est pas hauteur maximum, elle peut différer de cette hauteur maximum de 1′ 30″ environ.

8. *Notions générales sur les observations de distances.* — On vise directement l'astre le moins lumineux, et, tout en le conservant dans le champ de la lunette, on place le plan de l'instrument dans le plan des rayons visuels des deux astres; on fait alors mouvoir l'alidade de manière à amener l'image réfléchie de l'astre le plus lumineux dans le champ de la lunette et à une petite distance de l'image de l'astre qu'on vise directement. On fixe l'alidade avec la vis de pression, et, en balançant l'instrument sur le rayon visuel de l'astre visé directement, on fait passer et repasser l'image réfléchie devant l'image directe; si, pendant ces balancements, on fait mouvoir la vis de rappel jusqu'à ce que les disques des deux astres se touchent en un seul point, l'arc marqué par l'instrument est la distance cherchée.

Si la distance mesurée est supérieure ou inférieure à 90°, la ligne décrite par l'image réfléchie a une certaine courbure, et l'observation est d'autant plus facile que cette courbure est plus grande; si la distance est égale à 90°, la ligne décrite par l'image réfléchie est droite; les observations des distances voisines de 90° offrent donc de l'incertitude.

La méthode est la même pour les distances de deux objets terrestres, d'un astre et d'un objet terrestre; l'arc décrit par l'image réfléchie d'un des points de l'objet que l'on considère doit être tangent à l'objet vu directement.

9. La lune ayant toujours la partie éclairée de son disque tournée vers le soleil, on prend la distance des bords voisins du soleil à la lune. On vise directement la lune; si on a soin de mettre les fils du réticule de la lunette parallèles au plan du limbe, on place le limbe de telle sorte que les fils du réticule soient perpendiculaires à la ligne qui joint les cornes du disque lunaire; le limbe est alors dans le plan qui passe par l'œil et les centres des deux astres, et en faisant mouvoir l'alidade on amène immédiatement, sans aucun tâtonnement, l'image réfléchie du soleil dans le champ de la lunette.

On mesure la distance d'une étoile ou d'une planète au bord le mieux terminé de la lune, et par suite, suivant les cas, la distance au bord voisin ou au bord éloigné.

On doit établir les astres en contact en ayant conscience qu'il y a plutôt séparation que superposition.

10. Deux observations croisées suffisent toujours pour obtenir de bons résultats; on peut, après la première observation croisée, retourner les verres colorés dans leurs loges; les erreurs de parallélisme des faces des verres colorés sont ainsi détruites.

11. *Remarques.* — Les mouvements des astres en hauteur sont très-inégaux, mais les variations qu'ils éprouvent ne sont pas assez grandes pour qu'il ne soit pas permis de supposer, sans craindre d'erreurs sensibles, que, pendant la courte durée de deux observations croisées, les changements en hauteur des astres sont proportionnels aux temps. On note l'heure, la minute, la seconde de chaque contact et l'arc parcouru par l'alidade divisé par le nombre des contacts est la hauteur moyenne correspondante à l'heure moyenne.

On pourra prendre rapidement et sans interruption plusieurs observations au sextant ou à l'octant, noter à chaque contact, l'heure, la minute, la seconde et l'arc qu'indique l'instrument, puis prendre des résultats moyens.

12. La quantité dont les distances varient dans un intervalle de temps donné est bien moins considérable qu'un changement en hauteur dans le même intervalle; l'hypothèse que les changements de distance sont proportionnels au temps peut être considéré dans la pratique comme très-exacte; il faut cependant en excepter le cas où la lune, étant très-près du méridien, doit y passer à une très-grande hauteur; il vaut mieux alors ne pas prendre de distances lunaires pendant la demi-heure qui précède ou suit le passage de la lune au méridien.

13. *Corriger une hauteur*, c'est passer de la hauteur lue sur l'instrument ou de la hauteur instrumentale à la hauteur apparente puis à la hauteur vraie.

Corriger une distance, c'est passer de la distance instrumentale à la distance apparente puis à la distance vraie, c'est-à-dire à la distance vue du centre de la terre.

14. La hauteur instrumentale corrigée des erreurs instrumentales donne la hauteur observée; la hauteur observée corrigée de la dépression apparente due à l'élévation de l'œil de l'observateur fait connaître la hauteur apparente; il suffit de corriger la hauteur apparente de la parallaxe et de la réfraction pour avoir la hauteur vraie.

15. *Corrections des observations d'étoiles.*

1° *Passer de la hauteur instrumentale de l'étoile à la hauteur apparente, puis à la hauteur vraie.*

Il suffit d'indiquer le type suivant :

Hauteur instrumentale de l'étoile..........	=	
Erreur instrumentale....................	=	±
Hauteur observée de l'étoile..............	=	
Dépr. appar. p^r élév. de l'œil. — Tab. VII...	=	— (toujours soustractive).
Hauteur apparente de l'étoile.............	=	
Réfraction. { Réfr. moy. — Table VIII..... / Corr. bar. et therm. de la réfr. moy. — Table VIII (*bis*).... }	=	— (toujours soustractive).
Hauteur vraie de l'étoile..................	=	

2° *Passer de la hauteur vraie d'une étoile à la hauteur apparente et à la hauteur instrumentale.*

On cherche d'abord la réfraction moyenne correspondant à la hauteur vraie; la table VIII donnant les réfractions moyennes qui conviennent aux hauteurs apparentes, la réfraction trouvée est erronée; ajoutée à la hauteur vraie de l'étoile, elle fait connaître une hauteur apparente approchée qui sert à trouver une réfraction moyenne plus exacte, et on opère ainsi jusqu'à ce qu'on arrive à obtenir deux hauteurs apparentes consécutives ayant une différence insensible. La dernière réfraction moyenne, corrigée eu égard aux états barométrique et thermométrique, est ajoutée à la hauteur vraie de l'étoile ; la somme est la hauteur apparente de l'étoile. La hauteur apparente de l'étoile, augmentée de la dépression, conduit à la hauteur observée qui, corrigée en signe contraire des erreurs instrumentales, fait connaître la hauteur instrumentale.

EXEMPLE I. — *On prend avec un sextant la hauteur d'une étoile de 12t 47′ 15″; erreur de collimation + 4′ 30″; therm. — 12°; barom.* 0m.733.

Élévation de l'œil 5m,6. *Trouver la hauteur vraie.*

Hauteur instr.	=	12° 47′ 15″
Erreur instr.	=	4′ 30″
Hauteur observée	=	12° 51′ 45″
Dépr. appar. pour 5m,6	= —	4′ 12″
Hauteur appar.	=	12° 47′ 33″
Réfraction	= —	4′ 25″
Hauteur vraie	=	12° 43′ 08″

Réfr. moy. pr 12° 40′	=	4′ 14″.1
Correct. pr 7′ 33″ haut.	=	2″.4
Réfraction moyenne	=	4′ 11″.7
Correction thermomét.	= +	22″.4
Correction barométr.	= —	9″.1
Réfraction	=	4′ 25″

EXEMPLE II. — *On prend avec un cercle à réflexion la hauteur d'une étoile à l'aide d'une série de six contacts; on lit pour point de départ de l'observation* 641° 01′ 20″ *et pour point d'arrivée* 20° 31′ 40″.

Élévation de l'œil 7m.8 ; *therm.* + 32°; *barom.* 0m.693.

Trouver la hauteur vraie.

Quand on prend avec un cercle à réflexion des séries d'observations croisées, on doit retrancher l'arc lu au point de départ de l'arc lu au point d'arrivée; on augmente au besoin ce dernier d'autant de fois 720° que cela est nécessaire. On obtient ainsi l'arc total parcouru par le zéro du vernier de l'alidade du grand miroir ; cet arc total divisé par le nombre des contacts donne la mesure observée.

Point d'arrivée sur le limbe			=	20° 31′ 40″
Point de départ sur le limbe			= —	641° 01′ 20″
Arc total parcouru			=	99° 30′ 20″
Hauteur observée (le sixième)			=	16° 35′ 03″,3
Dépression apparente pour 7m.8			= —	4′ 57″
Hauteur apparente			=	16° 30′ 06″,3
Réfraction.	Réfr. moy.	3′ 14″,5	= —	3′ 46″,5
	Corr. therm.	+ 14″,8		
	Corr. barom.	+ 17″,2		
Hauteur vraie			=	16° 26′ 19″,8

EXEMPLE III. — *La hauteur vraie d'une étoile est* 12° 43′ 08″.
On a th. — 12°; *barom.* 0m.733. *Trouver la hauteur apparente.*
Quelle est la hauteur apparente?

Hauteur vraie de l'étoile	=	12° 43′ 08″
Réfr. moy. pour 12° 40′	= +	4′ 14″
Hauteur appar. approchée	=	12° 47′ 22″
Réfr. moy. pour 12° 47′ 22″	=	4′ 11″.7
Correct. pour therm. — 12°	+	22″.4
Correct. pr barom. 0m,733	—	9″.1
Réfraction cherchée	=	4′ 25″

Hauteur vraie	=	12° 43′ 08″
Réfraction	= +	4′ 25″
Hauteur apparente	=	12° 47′ 33″

16. *Corrections des observations de soleil ou de planètes.*

Passer de la hauteur instrumentale du soleil ou d'une planète à la hauteur apparente puis à la hauteur vraie.

Il suffit d'indiquer le type suivant:

Hauteur instrumentale d'un bord de l'astre............		=	
Erreur instrumentale................................		±	
Hauteur observée d'un bord de l'astre..................		=	
Dépression apparente pour l'élévation de l'œil. — Tab. VII.		=	— (toujours soustractive).
Hauteur apparente d'un bord de l'astre..................		=	
Demi-diam. en hauteur réfracté...	1° La *Connaissance des temps* donne pour le soleil et les planètes le demi-diam. horiz. qui peut être considéré comme demi-diamètre en hauteur. 2° La tab. XIV donne l'accourc. produit par la réfraction sur les demi-diam. verticaux; on n'en tient compte que dans le cas d'observations voisines de l'horizon (observ. qui doivent être évitées) ou de calculs minutieux.	=	+ (bord inférieur). — (bord supérieur).
Hauteur apparente du centre de l'astre..................		=	
Réfraction.	Réfr. moy. — Table VIII. — Correct. barom. et therm. de la réfr. moy.—Tab. VIII (*bis*).		— (toujours soustractive).
Parallaxe en hauteur.	La *Connaissance des temps* donne la parallaxe horiz. équat., qui pour le soleil et les planètes peut être considéré comme parallaxe horiz. Pour le soleil, tab. IX; pour les planètes, tab. X, on trouve la parallaxe en hauteur.		+ (toujours additive).
Hauteur vraie du centre de l'astre..................		=	

EXEMPLE : *Le* 10 *avril* 1857, *on observe au cercle de réflexion une série de quatre contacts du bord inférieur du soleil; on lit pour point de départ de l'observation* 28° 46′ 20″, *pour point d'arrivée* 130° 12′ 40″.

Élévation de l'œil $8^m.5$; *th.* + 18°; *bar.* $0^m.746$.

Trouver la hauteur apparente et la hauteur vraie du centre du soleil.

Point d'arrivée........	=		130° 12′ 40″
Point de départ........	=		28° 46′ 20″
Arc total..............	=		101° 26′ 20″
Haut. obs. ⨀ (le quart)..	=		25° 21′ 35″
Dépr. app. pour $8^m.5$...	=	—	5′ 10″
Haut. appar. ⨀........	=		25° 16′ 25″
Demi-diam. ⨀ 15′ 58″.8 Accourc..... — 1″.4	+		15′ 57″.4
Haut. appar.. ⨀........	=		25° 32′ 22″.4
Réfr. pour 25° 32′ 22″.4.	=	—	1′ 55″
Réf. moy. = 2′ 01″.5 Corr. ther. = — 4″ Corr. bar. = — 2″.5			
Parall. en haut. tab. IX..	=	+	7″.8
Haut. vraie ⨀.........	=		25° 30′ 35″.2

NOTA. Le problème inverse n'offre aucune difficulté; on diminuerait d'abord la hauteur vraie donnée de la parallaxe en hauteur; on chercherait ensuite pour le résultat la réfraction moyenne, comme il a été dit au sujet des étoiles.

On ferait en sens inverse à la hauteur apparente du centre les corrections du demi-diamètre et de la dépression.

17. *Corrections des observations de lune.*

Passer de la hauteur instrumentale de la lune à la hauteur apparente du centre, puis à la hauteur vraie.

Hauteur instrumentale du bord de la lune.		=	
Erreurs instrumentales.		=	±
Hauteur observée du bord de la lune.		=	
Dépr. appar. pour l'élév. de l'œil. — Table VII.		=	— (toujours soustractive).
Hauteur apparente du bord de la lune.		=	
Demi-diam. en hauteur. réfracté.	1° La *Connaissance des temps* donne le demi-diam. horiz. 2° La table XIII sert à passer du demi-diam. horiz. au demi-diam. en hauteur. 3° La table XIV donne l'accourc. produit par la réfr. sur les demi-diamètres verticaux.	=	+ (bord inférieur). — (bord supérieur).
Hauteur apparente du centre de la lune.		=	
Réfraction.	Réfr. moy. Table VIII. Corr. therm. et barom. Table VIII (*bis*).	—	(toujours soustractive).
Parallaxe en hauteur.	1° La *Connaissance des temps* donne la par. horiz. équat. 2° La table XI sert à convertir la par. hor. équat. en par. hor.; l'argument est la latitude de l'observateur. 3° Le produit de la par. hor. par cos. (haut. app. du centre-réfr.) donne la parall. en hauteur.	+	(toujours additive).
Hauteur vraie du centre de la lune.		=	

EXEMPLE I. *Le 4 mai vers 1^h du matin, temps moyen, dans un lieu situé par une latitude 50° 20′ N., et une longitude 47° 17′ O., on prend avec un sextant la hauteur du bord supérieur de la lune 16° 46′ 30″.*

Erreur de collimation 2′ — 15″; *élév. de l'œil* $7^m.7$; *th.* + 2°; *barom*-$0^m.751$.

Trouver la hauteur apparente et la hauteur vraie du centre.

Heure du lieu le 4 mai.	=	13^h
Longitude O. en temps.	=	3^h 09^m 08^s
Heure de Paris le 4 mai.	=	16^h 09^m 08^s
Demi-diam. horizontal.	=	14′ 49″.7
Augmentation — tab. XIII.	= +	4″.2
Demi-diam. en hauteur.	=	14′ 53″.9
Accourciss. — tab. XIV.	= —	3″.0
Demi-diam. en haut. réfr.	=	14′ 50″.9
Parall. horiz. équatoriale.	=	54′ 25″
Diminut. p^r lat. — tab. XI.	= —	6″.4
Parallaxe horizontale.	=	54′ 18″.6
Log parall. horiz.	=	3,5130311
Log cos 16° 21′ 10″	=	9,9820660
Log par. en haut.	=	3,4950971
Par. en haut.	=	52′ 06″.8

Hauteur instrum. $\overline{☾}$		=	16° 46′ 30″
Erreur instrum.		= —	2′ 15″
Hauteur observée $\overline{☾}$		=	16° 44′ 15″
Dépr. appar. pour $7^m.7$		= —	4′ 55″
Hauteur apparente $\overline{☾}$		=	16° 39′ 20″
Demi-diam. en haut. réfr.		= —	14′ 50″.9
Hauteur apparente $\overline{☾}$		=	16° 24′ 29″.1
Réfr. moy.	3′ 15″.6		
Corr. therm.	+ 6″	—	3′ 19″.4
Corr. barom.	— 2″.2		
Haut. appar. ☾ — réfr.		=	16° 21′ 09″.7
Parall. en hauteur.		= +	52′ 06″.8
Hauteur vraie ☾		=	17° 13′ 16″.5

NOTA. Voir plus bas l'usage de la table XII de Callet.

18. La table XII de Callet sert à trouver la parallaxe en hauteur de la lune, diminuée de la réfraction à l'aide de la hauteur apparente du centre de la lune et de la parallaxe horizontale.

L'argument horizontal de la table XII est la parallaxe horizontale, l'argument vertical est la hauteur apparente; en faisant cadrer, on trouve la parallaxe en hauteur moins la réfraction moyenne, calculée par la formule $P \cdot \cos(H - R_m) - R_m$ dans laquelle P représente la parallaxe horizontale, H la hauteur apparente du centre et R_m la réfraction moyenne qui convient à cette hauteur.

L'argument vertical varie de 10′ en 10′; l'argument horizontal varie de minute en minute.

Sur la droite de chaque page sont deux colonnes intitulées *différences moyennes pour + 10′ hauteur, différences pour + 10″ parallaxe horizontale.*

Pour construire la dernière colonne, on remarque que, la hauteur apparente restant la même et la parallaxe prenant un accroissement p'', on a les deux résultats $P\cos(H - R_m) - R_m$, $(P + p)\cos(H - R_m) - R_m$ dont la différence est $+ p\cos(H - R_m)$. Pour chaque nombre de l'argument vertical on a calculé la valeur $p\cos(H - R_m)$ en faisant $p = 10''$, et cette valeur est par suite placée dans le prolongement de chaque ligne horizontale de la table. La correction que donne une augmentation de parallaxe horizontale est toujours *additive*; une simple proportion donne la correction qui convient à une augmentation quelconque de la parallaxe quand on connaît la correction qui convient à une augmentation de 10″.

Pour construire l'avant-dernière colonne, on remarque que pour deux hauteurs apparentes, H, H + 10′, on a les deux nombres de la table $P\cos(H - R_m) - R_m$, $P\cos(H + 10' - R'_m) - R'_m$ dont la différence est $(R_m - R'_m) - P\{\cos(H - R_m) - \cos(H + 10' - R_m)\}$. Comme il eût été trop long d'établir cette différence pour chaque valeur de la parallaxe, on l'a calculée pour $P = 57'\,30''$, valeur moyenne de la parallaxe horizontale dans la table. La correction due à l'accroissement de hauteur est positive pour les hauteurs voisines de l'horizon, car la quantité $R_m - R'_m$ l'emporte sur le second terme; mais bientôt, la réfraction variant très-peu, elle devient négative; le signe de cette correction est, du reste, placé en haut de la colonne verticale où sont inscrites les différences.

Pour trouver la correction qu'entraîne un accroissement quelconque de hauteur, on admet le principe de la proportionnalité qui, comme on le voit, n'existe pas.

On peut appliquer aux nombres de la table XII les corrections de la réfraction moyenne données table VIII (*bis*); il faut avoir soin d'appliquer en sens contraire.

19. En reprenant l'exemple précédent, on a pour hauteur apparente du centre de la lune 16° 24′ 29″, 1 et pour parallaxe horizontale 54′ 18″,6; th. + 2°; barom. $0^m,751$. Tab. XII, pour 16° 20′ haut.

et 54′ par. hor. on trouve........	Par. en haut. — réfr. moy. = 48′ 32″.7	Réfr. moy. pr 16° 20′ = 3′ 16″.5
pour + 10″ par. hor. on a + 9″.60	d'où pour 18″.6........ + 17″.9	Correct. therm.... = + 6″
pour + 10′ haut. on a.... — 0″.8	d'où pour 4″.5 .... — 0″.4	Correct. barom. .. = — 2″.2
	Par. en haut. — réfr. moy. = 48′ 50″.2	
	Corr. therm. et barom... — 3″.8	
	Par. en haut. — réfr.... = 48′ 46″.4	
	Haut. app. centre... = 16° 24′ 29″.1	
	Hauteur vraie...... = 17° 13′ 15″.5	

Exemple II. — *La hauteur vraie du centre de la lune est 17° 13′ 16″ le 4 mai vers 1^h du matin dans un lieu situé par une latitude 50° 20′ N., une longitude 47° 17′ O. On a th. + 2°; bar. $0^m,751$. Trouver la hauteur apparente du bord supérieur?*

Heure de Paris le 4 mai..........	= 16h 09m 08s	Hauteur vraie du centre C.......	= 17° 13′ 16″
Demi-diam. horizont.	= 14′ 49″.7	Par. en haut. — réfr. moy......	— 48′ 50″.2
Parallaxe horizontale.	= 54′ 18″.6	Corr. th. et barom. de réf. moy...	+ 3″.8
		Hauteur appar. du centre C.....	= 16° 24′ 29″.6
Hauteur vraie du centre..........	= 17° 13′ 16″	Demi-diam. en haut. réfr........	+ 14′ 50″.9
Par. en haut. — réf. pr 17° 10′ et 54′	= — 48′ 29″	Hauteur apparente C̄..........	= 16° 39′ 20″.5
Haut. appar. appr. du centre...	= 16° 24′ 47″		

20. Pour une étoile, pour le soleil, pour une planète, la hauteur apparente est toujours plus grande que la hauteur vraie; car les parallaxes de ces astres sont insensibles ou très-faibles, et par suite sont moindres que la réfraction.

La lune est le seul astre pour lequel la hauteur apparente soit moindre que la hauteur vraie.

21. La distance instrumentale, corrigée des erreurs instrumentales, donne la distance observée; pour obtenir la distance apparente, il faut diminuer la distance observée de la somme des demi-diamètres quand on établit le contact des bords éloignés, l'augmenter dans le cas contraire.

La question de réduction des distances apparentes en distances vraies sera traitée à propos de la détermination des longitudes par les distances lunaires.

CHAPITRE V.

Horizons artificiels.

1. A terre, l'horizon est borné de tous côtés et ne peut servir à l'observation des hauteurs; on a recours aux horizons artificiels, c'est-à-dire à des surfaces planes réfléchissantes, parfaitement horizontales.

Un objet A et son image réfléchie A′ sont, d'après les lois de réflexion de la lumière, symétriquement placés par rapport à une surface plane réfléchissante MN; si on suppose l'œil en O, les angles AON, A′ON sont égaux. On peut viser directement l'image réfléchie A′ et prendre la distance angulaire de l'objet A et de l'image réfléchie A′; on obtient le double de la hauteur apparente de A au-dessus de l'horizon.

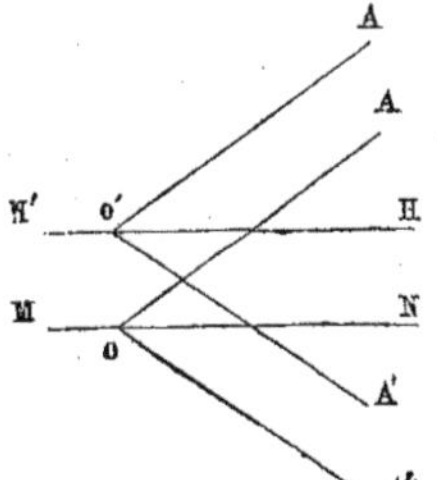

En réalité, l'œil sera en O′ au-dessus de la surface réfléchissante; mais, à cause de l'éloignement de A, les lignes AO, O′A seront parallèles ainsi que les lignes OA′, O′A′, et l'observateur mesurera l'angle AO′A′ égal à l'angle AOA′, ou le double de la hauteur apparente AO′H au-dessus de l'horizon apparent HH′ parallèle à MN.

Les observations à l'horizon artificiel ne donnent lieu à aucune correction de dépression, puisque, d'après ce qui précède, l'œil de l'observateur est sur l'horizon apparent.

L'observation faite au sextant ou à l'octant à l'aide de l'horizon artificiel donne toujours le double de la hauteur instrumentale cherchée; il faut remarquer que les erreurs instrumentales doivent être appliquées à la mesure instrumentale tout entière, et que, par suite, la hauteur instrumentale doit être corrigée de la moitié seulement des erreurs instrumentales; même remarque pour le cercle à réflexion.

2. Les horizons artificiels sont de deux sortes : *horizons à fluides*, *horizons à glaces;* les premiers sont préférables en ce que la surface du liquide est toujours horizontale, tandis que les seconds doivent être calés, c'est-à-dire placés parallèlement à l'horizon, ce qui exige des rectifications et des tâtonnements souvent assez longs.

3. *Horizons à fluides.* — Les horizons à fluides se composent d'une cuvette, remplie d'un liquide (huile ou mercure); on les couvre d'une toiture formée de deux morceaux de tôle ou de deux glaces montés en fer. Cette toiture est destinée à soustraire le liquide à l'action du vent; elle doit être lourde et ne jamais toucher la cuvette qui contient le liquide, à moins que celle-ci ne soit elle-même très-massive.

Le talc de la toiture doit être bien pur, afin que les images ne soient pas affaiblies, et que leur netteté ne soit pas altérée; le talc ne réfractant pas sensiblement les rayons lumineux, son emploi ne donne aucune erreur sur les hauteurs.

Si la toiture est munie de glaces en verre, il n'y aura pas d'erreurs d'observations à craindre dans le cas où les faces opposées des glaces seront bien parallèles. On peut, du reste, éviter les erreurs si les glaces sont disposées de telle sorte qu'on puisse leur faire faire une demi-révolution exacte au milieu des contacts d'une série; si, par exemple, on prend deux contacts, qu'on retourne les glaces, et si on prend deux contacts encore, les erreurs seront compensées. Les horizons à mercure sont très-commodes quand l'atmosphère est calme, et que tout est tranquille aux environs du lieu d'observation, mais lorsqu'il vente, lorsqu'on est dans le voisinage d'une barre, lorsque des voitures ou même des piétons passent fréquemment dans un rayon de 50 à 60 mètres, leur emploi devient impossible ou très-incommode.

On a inventé différents moyens pour que le mercure arrive sans oxyde dans la cuvette; un cornet de papier à pointe très-fine à l'aide duquel on verse le mercure dans la cuvette peut les remplacer tous.

Les horizons à huile ou à goudron sont moins mobiles que les horizons à mercure; ils sont préférables pour les hauteurs de soleil et les hauteurs de lune pendant la nuit; ils ne peuvent être employés à l'observation des hauteurs de lune pendant le jour. On doit les laisser de côté quand le thermomètre descend à 10°; à 8° ou 10° l'huile commence à perdre sa fluidité, à 5° elle se fige; le goudron doit toujours être très-fluide et très-propre. L'excessive mobilité du mercure est fort gênante; mais elle a l'avantage de ne pas permettre d'observations douteuses. Dès que le mercure n'est pas dans un état parfait d'équilibre, sa surface est animée d'un tel mouvement qu'il est impossible de ne pas apercevoir la déformation du disque de l'astre. Il n'en est pas de même pour l'huile et le goudron; c'est surtout à une différence de coloration entre les différents points de l'astre réfléchi dans l'horizon que l'on reconnaît l'agitation de la surface; cette agitation est indiquée par des rides beaucoup plus allongées, beaucoup plus rondes que celles qui couvrent la surface mercurielle, et, par suite, elle est moins vive et moins visible.

Quand on emploie un horizon à fluide, il faut obtenir le contact des images vers le milieu de la surface liquide, parce que l'attraction moléculaire qui agit sur les bords y rend la surface moins plane.

4. *Horizons à glaces.* — La glace est tenue dans une monture par des griffes; la monture repose sur le sol par trois vis calantes. La glace doit être en verre noir. Si la glace est en verre incolore et posée sur une monture noircie, les images perdent de leur pureté parce que l'humidité produit, sur la face inférieure de la glace, des taches blanches ou grises; puis, si les faces de la glace n'étant pas parallèles, la face inférieure n'est pas dépolie, il se produit une double réflexion qui peut causer de fortes erreurs.

La glace ne doit pas balloter dans sa monture, ni s'y trouver trop serrée; l'effort des griffes peut, dans ce dernier cas, courber la surface de la glace, ou même faire éclater la glace.

Quand un horizon à glace est établi parallèlement à l'horizon d'un lieu, on peut, par le procédé suivant, vérifier si la glace est plane. On prend la hauteur méridienne du soleil à l'aide de cet horizon à une époque où le mouvement en hauteur aux environs du méridien est fort petit; le contact ayant été établi au milieu de l'horizon, on promène les images en différents points de la glace; si le contact subsiste toujours, la glace est plane; si les images se détachent ou se mordent, la surface est courbe. Il peut arriver que la courbure provienne de ce que la glace est trop serrée dans sa monture; s'il n'en est pas ainsi, il faut rebuter l'horizon.

5. *Caler un horizon à glace,* c'est rendre la surface supérieure de la glace parfaitement horizontale, ou la disposer de telle sorte qu'elle renferme deux lignes horizontales; on y parvient à l'aide des vis calantes de l'instrument et d'un niveau à bulle d'air.

6. *Le niveau à bulle d'air* se compose essentiellement d'un tube de verre à peu près cylindrique, fermé à ses deux extrémités et rempli presque complétement d'un liquide; la partie du tube qui n'est pas occupée par le liquide est remplie d'air ou bien de vapeur du liquide lui-même; c'est ce qu'on nomme la *bulle d'air.* Le tube est d'ordinaire presque entièrement enveloppé par une garniture métallique destinée à le garantir; cette garniture ne laisse apercevoir que la partie supérieure du tube. En vertu de la pesanteur, le liquide tend toujours à occuper la partie la plus basse du tube et à s'y mettre de niveau; il en résulte que la bulle d'air se porte toujours au point le plus haut du tube; ses mouvements indiquent donc les variations de l'inclinaison du plan sur lequel on pose le niveau.

Si l'intérieur du tube était parfaitement cylindrique, il n'y aurait qu'une seule position du niveau où la bulle serait immobile au milieu du tube, et la plus petite inclinaison la déplacerait indéfiniment, de telle sorte qu'elle se porterait tout entière aux extrémités; pour prévenir cet inconvénient, il faut que l'intérieur du tube soit légèrement arqué. Le milieu de la bulle répond dans chaque position du niveau au point le plus haut du cercle dont l'arc gradué du tube de verre fait partie, c'est-à-dire au point où la tangente à ce cercle est horizontale; le rayon qui aboutit à ce point est la verticale.

7. La garniture métallique du niveau porte à la partie inférieure une règle également métallique. Un niveau est *rectifié* quand la corde de la bulle d'air est parallèle à la règle de base; les niveaux à bulle d'air sont d'ordinaire munis d'une vis de rectification qui permet de faire varier à volonté l'inclinaison de la corde par rapport à la base, et par suite de les rectifier. La rectification doit être souvent vérifiée à cause de la dilatation du métal de la garniture.

Si un niveau rectifié est placé sur une surface inclinée, la bulle d'air se fixe en un certain point; si on lui donne une position inverse en le retournant bout pour bout, la bulle change de lieu dans le tube, mais paraît n'avoir pas bougé par rapport au plan. Si un niveau non rectifié est placé sur une surface horizontale, puis retourné bout pour bout, la bulle occupe toujours la même position dans le tube, et change de lieu par rapport au plan. Ces deux remarques évidentes servent pour s'assurer de la rectification d'un niveau ou pour l'établir au besoin.

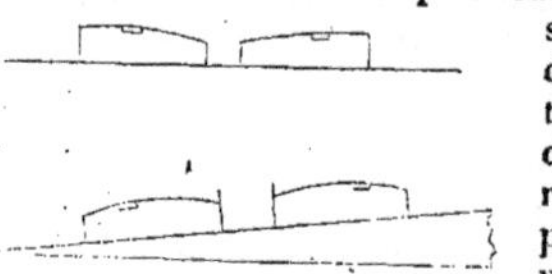

8. *Caler un horizon à glace.*

1° *Le niveau à bulle d'air est muni d'une vis de rectification.* — On place le niveau sur la glace dans une direction quelconque; on agit sur la vis de rectification jusqu'à ce que les deux extrémités de la bulle aboutissent à des divisions à peu près symétriques de la graduation du tube.

On note la division d du tube à laquelle aboutit l'une des extrémités de la bulle, celle qui, par exemple, est située à droite de l'observateur; on retourne le niveau bout pour bout, et on note la division d' du tube à laquelle aboutit l'extrémité de la bulle qui est encore placée à droite de l'observateur. On agit sur la vis de rectification pour faire rétrograder la bulle vers la gauche de $\frac{d'-d}{2}$ ou pour la faire avancer vers la droite de $\frac{d-d'}{2}$ suivant que d' est à droite ou à gauche de d. Le niveau est rectifié. On peut s'assurer, par un nouveau retournement, que l'opération est bien faite et recommencer l'opération si elle n'est pas bien faite; le nouvel écart de l'extrémité de la bulle sera moins grand, on prendra mieux sa moitié, et, après quelques tâtonnements, la rectification sera complétement établie, c'est-à-dire qu'avant et après un retournement, l'extrémité droite de la bulle aboutira à la même division du tube.

Le niveau étant rectifié, on ne doit plus, dans la suite de l'opération, toucher à la vis de rectification.

On place le niveau dans la direction de deux des vis calantes A, B; on meut l'une des vis, la vis B par exemple, jusqu'à ce que les deux extrémités de la bulle aboutissent à des divisions symétriques de la graduation du tube. La ligne AB est horizontale. On place le niveau dans la direction CD passant par la troisième vis calante C perpendiculairement à la direction AB, et on meut la vis C jusqu'à ce que les deux extrémités de la bulle aboutissent à des divisions symétriques de la graduation du tube. La ligne CD est horizontale. La surface supérieure de la glace de l'horizon, renfermant deux lignes horizontales, est elle-même horizontale; dans toute position du niveau sur la glace, les deux extrémités de la bulle doivent aboutir à des divisions symétriques de la graduation du tube.

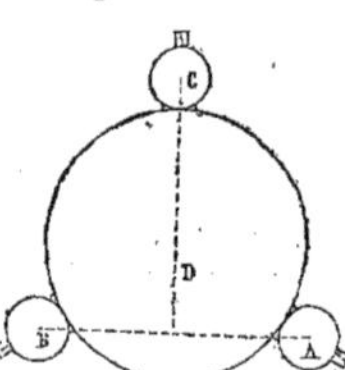

2° *Le niveau n'a pas de vis de rectification.* — Il peut arriver qu'un niveau n'ait pas de vis de rectification ou que la vis se détériore. On opère comme il suit :

On place le niveau suivant AB; on fait mouvoir B jusqu'à ce que les deux extrémités de la bulle aboutissent à des divisions à peu près symétriques de la graduation du tube. On place le niveau suivant CD; on agit sur la vis C et on obtient le résultat analogue. C'est là une rectification provisoire de l'horizontalité de la surface supérieure de la glace.

Ceci fait, on replace le niveau suivant AB; on note la division d du tube à laquelle aboutit l'une des extrémités de la bulle, l'extrémité située, par exemple, à droite de l'observateur. On retourne le niveau bout pour bout; on note la division d' du tube à laquelle aboutit la même extrémité de la bulle, celle qui, maintenant, est située à gauche de l'observateur. On agit sur l'une des vis calantes, sur la vis B par exemple, pour faire rétrograder l'extrémité considérée de la bulle vers la droite de $\frac{d'-d}{2}$ ou pour la faire avancer vers la gauche de $\frac{d-d'}{2}$ suivant que d' est à gauche ou à droite de d. La ligne AB est horizontale. Dans le cas où on craindrait n'avoir pas corrigé exactement de la moitié l'écart de l'extrémité de la bulle, on recommencerait l'opération. La ligne AB sera horizontale quand, avant un retournement, l'extrémité de la bulle à droite de l'observateur correspondant à une division d, il arrivera qu'après le retournement, l'extrémité de la bulle à gauche de l'observateur aboutira à la même direction d.

On place le niveau suivant CD, et on rend la ligne CD horizontale en faisant mouvoir la vis C.

L'horizon est calé.

9. Avant de caler l'horizon, on le dispose de telle sorte que les pointes des vis calantes soient engagées dans des cavités pour qu'elles ne chassent pas pendant l'opération. On fait en sorte que toutes les parties de la monture et les trois vis calantes soient également échauffées par les rayons solaires quand le soleil est sur l'horizon.

Il suffirait au besoin que l'intersection de la glace par le vertical de l'astre fût horizontale; on place, en général, l'horizon de telle sorte que la ligne AB, qui joint deux des vis calantes, soit perpendiculaire au vertical de l'astre; la ligne CD est alors dans ce vertical. Les erreurs sur l'horizontalité de la ligne CD affectent intégralement les hauteurs observées; on peut laisser le niveau sur la glace dans une direction parallèle à CD pendant la durée des observations, voir si l'horizontalité du niveau subsiste, et corriger au besoin ses petits écarts dans cette direction.

Les précautions qu'exige l'horizon à glace font ressortir l'avantage des horizons à huile ou à mercure.

LIVRE V.

CHRONOMÈTRE. — RÉGLER UN CHRONOMÈTRE. — CALCULER LA LONGITUDE A LA MER A L'AIDE DES CHRONOMÈTRES.

CHAPITRE I.

Préliminaires. — Problèmes élémentaires sur les chronomètres. — Régler un chronomètre en le comparant à une pendule réglée.

1. *But du chronomètre.* — On mesure le temps à la mer à l'aide d'un instrument nommé chronomètre ou montre marine.

Le but d'un chronomètre, en navigation, est de faire connaître à un instant donné, dans un lieu quelconque, l'heure temps moyen de Paris.

2. *Marche diurne.* — Si un chronomètre marque plus de 24^h dans un intervalle de 24 heures moyennes, il est en *avance* sur le temps moyen; si un chronomètre marque moins de 24^h dans un intervalle de 24^{hm}, il est en *retard* sur le temps moyen. L'avance ou le retard d'un chronomètre en 24^{hm} est sa marche diurne; la marche diurne prend le signe $+$ si elle indique une avance, le signe $-$ si elle indique un retard.

La marche diurne d'un bon chronomètre est constante; elle doit être petite, pour la commodité des calculs.

3. *État absolu.* — L'état absolu ou l'équation d'un chronomètre à un instant quelconque est la différence qui existe entre l'heure lue au chronomètre et l'heure temps moyen du lieu que l'on considère; pour le trouver, on retranche l'heure du lieu de l'heure lue au chronomètre en ajoutant au besoin 12^h ou 24^h à celle-ci pour rendre la soustraction possible.

Tout chronomètre ayant une marche diurne, son état absolu dans un même lieu est sans cesse variable; il augmente ou diminue, dans un intervalle de 24^{hm}, d'une quantité égale à la marche diurne, suivant qu'elle est positive ou négative. Si, à l'époque temps moyen t d'un lieu donné, l'état absolu du chronomètre est E, il devient dans le même lieu E', à l'époque temps moyen t'; on a $E' = E + x$ et la proportion évidente, puisque la marche diurne m est constante, $\frac{m}{24^{hm}} = \frac{x}{t' - t}$ d'où $x = \frac{m}{24}(t' - t)$, et par suite $E' = E + \frac{m}{24}(t' - t)$.

4. *Régler un chronomètre*, c'est déterminer sa marche diurne, puis son état absolu à une époque temps moyen d'un lieu quelconque; d'ordinaire on règle un chronomètre au midi moyen de Paris d'un jour déterminé.

5. *Trouver la marche diurne d'un chronomètre.* — Pour déterminer la marche diurne m d'un chronomètre, il faut connaître les états

absolus E, E′ de ce chronomètre à deux époques temps moyen t, t' d'un même lieu; on a $m = 24 \cdot \frac{E' - E}{t' - t}$. Si, à l'aide de la table XXIII de Callet, on réduit l'intervalle $t' - t$, nombre complexe de jours, heures, minutes, secondes, en un nombre n de jours et fraction décimale du jour, on a simplement $m = \frac{A' - A}{n}$.

Il faut toujours retrancher l'époque antérieure de l'époque postérieure, et l'état absolu de la première époque de l'état absolu de la seconde époque; le signe de la marche diurne est celui de la différence des états absolus.

Exemple I. — *Le 2 juin à $3^h\ 42^m\ 08^s$ temps moyen de Brest, un chronomètre marquait $5^h\ 30^m\ 18^s$; le 15 juin à $19^h\ 42^m\ 17^s$ temps moyen de Brest, il marque $9^h\ 28^m\ 42^s$; trouver sa marche diurne.*

État absolu le 2 $= 5^h\ 30^m\ 18^s - 3^h\ 42^m\ 08^s = 1^h\ 48^m\ 10^s = E$.
État absolu le 15 $= 21^h\ 28^m\ 42^s - 19^h\ 42^m\ 17^s = 1^h\ 46^m\ 25^s = E'$.

Les états absolus étant déterminés, on dispose ainsi le calcul :

Le 2 juin $3^h\ 42^m\ 08^s$.......... $E = 1^h\ 48^m\ 10^s$	log $1^m\ 45^s$... $= 0{,}0211893$
Le 15 juin $19^h\ 42^m\ 17^s$.......... $E' = 1^h\ 46^m\ 25^s$	— log $13^{j},66677 = 1{,}1356659$
Intervalle $13^{j}\ 16^h\ 00^m\ 09^s$... Marche... $= - 1^m\ 45^s$	log m.... $= 0{,}8855234$
La table XXIII donne $13^{j}\ 16^h\ 00^m\ 09^s = 13^{j},66677$	Marche diurne... $= - 7^s{,}78$

Exemple II. — *Le 12 avril à $15^h\ 17^m\ 42^s{,}5$ temps moyen de Paris, un chronomètre marquait $2^h\ 29^m\ 42^s$; le 28 avril à $3^h\ 29^m\ 17^s.75$ temps moyen de Paris, il marque $2^h\ 42^m\ 40^s$; trouver sa marche diurne.*

État absolu le 12 $= 26^h\ 29^m\ 45^s - 15^h\ 17^m\ 42^s.5 = 11^h\ 12^m\ 03^s.5 = E$.
État absolu le 28 $= 14^h\ 42^m\ 40^s - 3^h\ 29^m\ 17^s{,}75 = 11^h\ 13^m\ 22^s.25 = E'$.

On a ensuite :

Le 12 avril $15^h\ 17^m\ 42^s{,}5$.... $=$ E $11^h\ 12^m\ 13^s{,}5$	log $1^m\ 19^s.75 = 1{,}9017307$
Le 28 avril $3^h\ 29^m\ 17^s{,}75$... $=$ E′ $11^h\ 13^m\ 22^s{,}25$	— log $15^{j},50804 = 1{,}1905569$
Intervalle $15^{j}\ 12^h\ 11^m\ 35^s.25$... Marche $+ 1^m\ 19^s.75$	log m.... $= 0{,}7111738$
La table XXII donne $15^{j}\ 12^h\ 11^m\ 35^s{,}25 = 15^{j},50804$	Marche diurne... $= + 5^s{,}14$

6. Il peut arriver que l'on connaisse les états absolus du chronomètre pour deux époques différentes en des lieux connus; soient E, E′ les états absolus aux époques temps moyen t, t' de deux lieux situés par des longitudes L, L′. A l'époque temps moyen t du lieu de longitude L correspond l'heure temps moyen $t + L' - L$ dans le lieu de longitude L′, en considérant comme positives les longitudes est, comme négatives les longitudes ouest; quand l'état absolu du chronomètre est E dans le premier lieu, il est $E + L - L'$ dans le second lieu, car la somme de l'heure moyenne du lieu considéré et de l'état absolu du chronomètre en ce lieu est toujours égale à l'indication chronométrique.

Le problème revient donc au précédent : on connaît, dans un lieu donné, les états absolus du chronomètre $E + L - L'$, E′, aux époques temps moyen $t + L' - L$, t', trouver sa marche diurne. On a l'égalité

$$m = 24 \cdot \frac{(E' - E) + (L' - L)}{(t' - t) - (L' - L)}.$$

Exemple III. — *Le 3 avril à $3^h\ 50^m\ 26^s$ temps moyen de Brest, un* *chronomètre marquait* $8^h\ 20^m\ 46^s$; *le 7 mai à* $21^h\ 36^m\ 52^s$ *temps moyen de New-York, il marque* $6^h\ 44^m\ 04^s$. *Trouver sa marche diurne.*

Heure à Brest le 3 avril......... = $3^h\ 50^m\ 26^s$
Ch^t en longit. Brest — New-York = $4^h\ 38^m\ 03^s$ O.

Heure à New-York le 2 avril.... = $23^h\ 12^m\ 23^s$ .... E = $8^h\ 20^m\ 44^s - 23^h\ 12^m\ 23^s = 9^h\ 08^m\ 21^s$
Heure à New-York le 7 mai..... = $21^h\ 36^m\ 52^s$ .... E′ = $6^h\ 44^m\ 04^s - 21^h\ 36^m\ 52^s = 9^h\ 07^m\ 12^s$

Intervalle.................... $34^j\ 22^h\ 24^m\ 29^s$........................ Marche....... — $1^m\ 09^s$

La table XXIII donne $34^j\ 22^h\ 24^m\ 29^s = 34^j,93368$....

On se contente, dans la pratique, de ramener l'observation du premier lieu à ce qu'elle eût été dans le second lieu; on arrive de suite au résultat.

log $1^m\ 09^s$............	= 1,8385491
log $34^j,93368$.........	= 1,5432443
log m.............	= 0,2953048
Marche diurne.........	= — $1^s,97$

7. *Intervalles chronométriques.* — Soient I_c un intervalle chronométrique, I_m l'intervalle temps moyen correspondant; on a évidemment la relation $I_m : I_c :: 24^{hm} : 24^{hc}$; en appelant m la marche diurne du chronomètre, on sait que $24^{hc} - 24^{hm} = m$. On conclut $I_c - I_m : m :: I_m : 24^{hm}$ et par suite

$$I_c = I_m\left(1 + \frac{m}{24}\right),\quad I_m = \frac{I_c}{1 + \frac{m}{24}} \text{ ou } I_m = I_c\left(1 - \frac{m}{24}\right).$$

Le terme $\frac{m}{24}$ est toujours assez petit pour qu'on puisse négliger ses puissances supérieures à la première. Il ne faut pas oublier de tenir compte du signe de la marche diurne.

Un chronomètre marque des intervalles trop grands quand sa marche diurne est une avance, des intervalles trop petits dans le cas contraire. L'intervalle chronométrique joue, par rapport à l'intervalle temps moyen, le rôle de l'intervalle temps moyen par rapport à l'intervalle temps vrai.

L'intervalle temps moyen sert d'intermédiaire quand on veut passer de l'intervalle chronométrique à l'intervalle temps vrai ou à l'intervalle temps sidéral correspondant; il en est de même dans les problèmes inverses.

Exemple I. — *On lit* $2^h\ 40^m\ 15^s$ *à un chronomètre dont la marche diurne est* $+ 12^s.7$; *environ* 6^h *après, on lit* $8^h\ 12^m\ 45^s$. *Trouver l'intervalle temps moyen écoulé entre les deux lectures?*

2e h. au chr. = $8^h\ 12^m\ 45^s$	24^h	$+ 12^s.7$
1re h. au chr. = $2^h\ 40^m\ 15^s$	4^h	2.12
Int. chron. = $5^h\ 32^m\ 30^s$	1^h	0.53
Correction........... — $2^s.93$	30^m	0.26
Int. t. m... = $5^h\ 32^m\ 27^s.07$	2^m	0.02
		$2^s.93$

Exemple II. — *A* $21^h\ 48^m\ 16^s$ *t. m. un chronomètre, dont la marche diurne est* $+ 14^s$, *marque* $4^h\ 42^m\ 17^s.5$; *quelle heure marquera-t-il au midi moyen suivant?*

2e h. moy. = $24^h\ 00^m\ 00^s$	24^h	$+ 14^s$
1re h. moy. = $21^h\ 48^m\ 16^s$	2^h	1.17
Int. t. m... = $2^h\ 11^m\ 44^s$	10^m	0.10
Correction......... + $1^s.28$	1^m	0.01
Int. chron.. = $2^h\ 11^m\ 45^s.28$		$1^s.28$
H. au chr... = $4^h\ 42^m\ 17^s.50$		
H. cherchée. = $6^h\ 54^m\ 02^s.78$		

Exemple III. — *On lit* $9^h\ 42^m\ 06^s$ *à un chronomètre dont la marche diurne est* — $9^s.46$; *environ* 16^h *après, on lit* $1^h\ 28^m\ 31^s$. *Trouver l'intervalle temps moyen écoulé entre les deux lectures.*

Le chronomètre ne donnant ses indications que de 0^h à 12^h, il faut ajouter à la seconde heure lue au chronomètre autant de fois 12^h que cela est nécessaire pour avoir à peu près l'intervalle de l'énoncé; dans le cas actuel, on ajoute 24^h.

2e h. au chron. = $1^h\ 28^m\ 31^s$	24^h	— $9^s.46$
1re h. au chron. = $9^h\ 42^m\ 06^s$	12^h	4.73
Int. chron..... = $15^h\ 46^m\ 25^s$	3^h	1.18
Correction............ + 6^s 22	30^m	0.20
Int. t. m...... = $15^h\ 46^m\ 31^s.22$	15^m	0.10
	1^m	0.01
		$6^s.22$

Exemple IV. — *Le 8 avril à* $22^h\ 07^m\ 41^s.5$, *temps moyen, un chronomètre dont la marche diurne est* $-\ 10^s.41$ *marque* $11^h\ 28^m$; *quelle heure marquera-t-il le 9 avril à* $3^h\ 41^m\ 28^s$ *temps moyen?*

2ᵉ heure moyenne le 9........	=	$3^h\ 41^m\ 28^s$
1ʳᵉ heure moyenne le 8........	=	$22^h\ 07^m\ 41^s.5$
Intervalle temps moyen.....	=	$5^h\ 33^m\ 46^s.5$
Correction........................		$-\ 2^s.4$
Intervalle chronomét..........	=	$5^h\ 33^m\ 44^s.1$
H. au chr. le 8 à $22^h\ 07^m\ 41^s,5$	=	$11^h\ 28^m$
H. au chr. le 9 à $3^h\ 41^m\ 28^s$...	=	$5^h\ 01^m\ 44^s,1$

24^h	$-\ 10^s.41$
4^h	1.73
1^h	0.43
30^m	0.22
3^m	0.02
	$2^s.40$

On retranche 12^h à la somme, le chronomètre marquant de 0^h à 12^h.

8. *Déterminer l'état absolu d'un chronomètre par comparaison à une pendule déjà réglée.* — Dans les ports qui ont un observatoire, on peut déterminer l'état absolu d'un chronomètre en le comparant à une pendule déjà réglée. Quand l'observatoire est situé de telle sorte qu'on l'aperçoit de la rade, on convient d'un signal tel que la chute d'une boule ou l'inflammation d'une amorce; ce signal doit être fait à une heure convenue. On a l'état absolu du chronomètre sur le temps moyen du port à une époque déterminée, en retranchant l'heure convenue de l'heure lue au chronomètre à l'instant du signal.

Si l'observatoire n'est pas convenablement situé pour qu'on puisse apercevoir les signaux, comme il est indispensable de déplacer les chronomètres aussi rarement que possible, on se sert d'une bonne montre à secondes qu'on nomme *compteur* pour comparer le chronomètre à la pendule de l'observatoire. On compare à bord le compteur au chronomètre; on emporte le compteur à l'observatoire, et on le compare à la pendule de l'observatoire; puis on revient à bord, et on fait une nouvelle comparaison du compteur au chronomètre; on conclut l'heure qu'indiquait le chronomètre à l'instant de la comparaison du compteur à la pendule. La pendule étant réglée, on connaît l'heure temps moyen qui correspond à l'heure donnée de la pendule; on peut trouver l'état absolu du chronomètre.

Exemple. — *On trouve à bord : heure au compteur,* $2^h\ 04^m\ 17^s$; *heure au chronomètre,* $4^h\ 31^m\ 40^s$. *On se transporte à l'observatoire, et on lit : heure au compteur,* $2^h\ 40^m\ 41^s.5$; *heure à la pendule,* $6^h\ 20^m$. *On revient à bord et on trouve : heure au compteur,* $3^h\ 15^m\ 18^s$; *heure au chronomètre,* $5^h\ 42^m\ 30^s$.

Quelle heure marquait le chronomètre quand la pendule indiquait $6^h\ 20^m$? Entre les deux comparaisons faites à bord, on trouve aisément qu'il s'est écoulé $1^h\ 11^m\ 01^s$ au compteur, $1^h\ 10^m\ 50^s$ au chronomètre. Entre la première comparaison faite à bord et la comparaison faite à l'observatoire, il s'est écoulé $36^m\ 24^s.5$ au compteur; il s'agit de trouver l'intervalle chronométrique x qui correspond à l'intervalle au compteur $36^m\ 24^s.5$. On a $1^h\ 11^m\ 01^s : 1^h\ 10^m\ 50^s :: 36^m\ 24^s.5 : x$, et on conclut, en calculant par logarithmes, $x = 36^m\ 18^s.9$. Le chronomètre marquait donc $4^h\ 31^m\ 40^s + 0^h\ 36^m\ 18^s.9$ ou $5^h\ 07^m\ 58^s.9$ quand la pendule indiquait $6^h\ 20^m$.

9. Il peut arriver que l'observatoire n'indique pas l'heure temps moyen qui correspond à l'heure de la pendule à l'instant de la comparaison; il donne alors la marche diurne de la pendule et son état absolu sur le temps moyen du lieu à une époque déterminée. Un petit calcul, que les exemples ci-dessous indiquent, est alors nécessaire pour la détermination de l'état absolu du chronomètre.

Exemple I. — *Le 14 avril, à Toulon, vers $3^h\ 40^m$ du soir, la comparaison du chronomètre à la pendule de l'observatoire donne : heure au chronomètre, $5^h\ 07^m\ 58^s.9$; heure à la pendule, $6^h\ 20^m$.*

On sait que le 12 avril, à midi moyen de Toulon, la pendule, dont la marche diurne est $+\ 7^s.68$, marquait $2^h\ 42^m\ 28^s.6$. Trouver l'état absolu du chronomètre, à l'instant de la comparaison, sur le temps moyen de Toulon.

H. de la pend. le 12 à 0^h........	$=\ 2^h\ 42^m\ 28.6$
Effet de la m. d. en 2 jours...........	$+\ 15^s.36$
H. de la pend. le 14 à 0^h.......	$=\ 2^h\ 42^m\ 43^s.96$
H. pend. à la compar..........	$=\ 6^h\ 20^m$
Int. pend. de 0^h à la comp......	$=\ 3^h\ 37^m\ 16^s.04$
Correction p^r m. d...................	$-\ 1^s.16$
Int. t. m. de 0^h à la comp. ou h. moy. de Toulon à la comp.	$=\ 3^h\ 37^m\ 14^s.88$

H. moy. Toulon à la comp.	$=\ 3^h\ 37^m\ 14^s.88$
H. au chron............	$=\ 5^h\ 07^m\ 58^s.90$
Etat absolu du chr........	$=\ 1^h\ 30^m\ 44^s.02$

Le 14 avril, à $3^h\ 37^m\ 14^s.88$ temps moyen de Toulon, l'état absolu du chronomètre sur le temps moyen de Toulon est $1^h\ 30^m\ 44^s.02$.

Exemple II. — *Le 20 mai, à Brest, vers $7^h\ 40^m$ du matin, la comparaison du chronomètre à la pendule de l'observatoire donne : heure au chronomètre, $1^h\ 34^m\ 16^s.2$; heure à la pendule, $6^h\ 15^m\ 48^s$.*

On sait que le 14 mai, à midi moyen de Brest, la pendule, dont la marche diurne est — $5^s.42$, marquait $10^h\ 38^m\ 56^s.2$. Trouver l'état absolu du chronomètre sur le temps moyen de Brest à l'instant de la comparaison.

H. pend. le 14 à 0^h..........	$=\ 10^h\ 38^m\ 56^s.2$
Effet de la m. d. en 5 jours..........	$-\ 27^s.1$
H. de la pend. le 19 à 0^h.......	$=\ 10^h\ 38^m\ 29^s.1$
H. pend. à la compar.........	$=\ 6^h\ 15^m\ 48^m$
Int. pend. de 0 à la comp....	$=\ 19^h\ 37^m\ 18^s.9$
Correction p^r m. d.....................	$+\ 4^s.43$
Int. pend. t. m. de 0^h à la comp. ou h. moy. de Brest à la comp.	$=\ 19^h\ 37^m\ 23^s.33$

H. moy. Brest à la comp.	$=\ 19^h\ 37^m\ 23^s.33$
H. au chronomètre......	$=\ 1^h\ 34^m\ 16^s.20$
Etat absolu du chron....	$=\ 5^h\ 56^m\ 52^s.87$

Le 19 mai, à $14^h\ 37^m\ 23^s.33$, temps moyen de Brest, l'état absolu du chronomètre sur le temps moyen de Brest est $5^h\ 56^m\ 52^s.87$.

10. On ramène toujours l'état absolu déterminé à ce qu'il serait lors du midi moyen de Paris qui précède l'instant de la comparaison.

Exemple I. — *Le 14 avril à $3^h\ 37^m\ 14^s.88$ temps moyen de Toulon, un chronomètre dont la marche diurne est —$4^s.64$, marque $5^h\ 07^m\ 58^s.9$. Quelle heure marquait-il à l'instant du midi moyen de Paris qui précède l'observation ?*

La longitude de l'observatoire de Toulon est $14^m\ 22^s$ est; le 14 avril $3^h\ 37^m\ 14^s.88$ temps moyen de Toulon correspond au 14 avril $3^h\ 22^m\ 52^s.88$ temps moyen de Paris. La question revient donc au problème suivant, qui a déjà été traité : le 14 avril à $3^h\ 22^m\ 52^s.88$ temps moyen de Paris, un chronomètre marque $5^h\ 07^m\ 58^s.9$; trouver l'heure qu'il marquait à midi moyen.

L'intervalle temps moyen est $3^h\ 22^m\ 52^s.88$; l'intervalle chronométrique correspondant est $3^h\ 22^m\ 52^s.88 - 0^s.65$ ou $3^h\ 22^m\ 52^s.23$. A midi moyen de Paris le chronomètre marquait $5^h\ 07^m\ 58^s.9 - 3^h\ 22^m\ 52^s.23$ ou $1^h\ 45^m\ 06^s.67$.

Exemple II. — *Le 19 mai à $19^h\ 37^m\ 23^s.33$ temps moyen de Brest, un chronomètre, dont la marche diurne est $+\ 7^s.44$, marque $1^h\ 34^m\ 16^s.2$; quelle heure marquait-il au midi moyen de Paris qui précède l'observation.*

H. à Brest le 19 mai........ =	$19^h\ 37^m\ 23^s.33$
Long. de Brest O,............	$+\ 27^m\ 19^s$
H. à Paris le 19 mai........ ou int. t. m. de 0^h à la comp. =	$20^h\ 04^m\ 42^s.33$
Correction pour m. d...............	$+\ 6^s.22$
Int. chron. de 0^h à la comp. =	$20^h\ 04^m\ 48^s.55$
H. au chron. à la comp.... =	$1\ \ 34^m\ 16^s.20$
H. au chron à midi moyen.. =	$5^h\ 29^m\ 27^s.65$

Tous les problèmes de chronomètres reviennent évidemment à convertir des intervalles temps chronométrique en intervalles temps moyen ou inversement; le simple bon sens suffit toujours pour arriver au résultat.

11. *Régler un chronomètre en le comparant a une pendule réglée.* — On compare pendant un certain nombre de jours le chronomètre à la pendule; on fait autant que possible, pour la commodité des calculs, les comparaisons à la même heure. Chacune des comparaisons donne l'état absolu du chronomètre à une époque déterminée; on combine deux à deux les résultats obtenus, en évitant d'employer des comparaisons trop rapprochées, et on conclut diverses marches diurnes; si ces diverses marches diurnes sont à peu près égales, on est assuré que la marche du chronomètre est régulière, et on prend pour marche diurne définitive la moyenne des marches diurnes. On cherche l'état absolu du chronomètre au midi moyen de Paris qui précède la dernière observation.

Exemple. — *Le 12 mars à midi moyen de Toulon, la pendule de l'observatoire de Toulon, dont la marche diurne est* $+\ 1^s.31$, *marquait* $7^h\ 41^m\ 13^s.5$. *Le 15 mars, vers* $3^h\ 40^m$, *temps moyen de Toulon, on trouve : heure au chronomètre* $8^h\ 47^m\ 25^s.5$, *heure à la pendule* $11^h\ 29^m\ 10^s$. *Le 23 mars vers* $3^h\ 40^m$ *temps moyen de Toulon, on trouve : heure au chronomètre* $8^h\ 43^m\ 26^s$, *heure à la pendule* $11^h\ 25^m\ 30^s$.

Trouver la marche diurne du chronomètre et son état absolu au midi moyen de Paris qui précède la dernière comparaison.

On cherche d'abord les états absolus du chronomètre sur le temps moyen de Paris à l'instant de chaque comparaison.

H. pend. le 12 à 0^h à Toulon.... =	$7^h\ 41^m\ 13^s.50$	H. pend. le 12 à 0^h Toulon....... =	$7^h\ 41^m\ 13^s.50$
Effet de la m. d. en 3 jours............	$+\ 3^s.93$	Effet de la m. d. en 11 jours...........	$+\ 14^s.41$
H. pend. le 15 à 0^h Toulon...... =	$7^h\ 41^m\ 17^s.43$	H. pend. le 23 à 0^h Toulon...... =	$7^h\ 41^m\ 27^s.91$
H. pend. prem. compar......... =	$11^h\ 29^m\ 10^s$	H. pend. seconde compar......... =	$11^h\ 25^m\ 30^s$
Int. pend. de 0^h le 15 à pr. comp. =	$3^h\ 47^m\ 52^s.57$	Int. pend. de 0^h le 23 à sec. comp. =	$3^h\ 44^m\ 02^s.09$
Correction pour m. d................	$-\ 0^s.21$	Correction pour m. d...................	$-\ 0^s.20$
Int. t. m. de 0^h le 15 à pr. comp. ou h. m. Toulon le 15 à pr. comp. =	$3^h\ 47^m\ 52^s.36$	Int. t. m. de 0^h le 23 à sec. comp. ou h. m. Toulon le 23 à sec. comp. =	$3^h\ 44^m\ 01^s.89$
Longitude Est de Toulon...........	$-\ 14^m\ 22^s$	Longitude Est de Toulon...........	$-\ 14^m\ 22^s$
H. m. Paris le 15 à pr. comp..... =	$3^h\ 33^m\ 30^s.36$	H. m. Paris le 23 à sec. comp.... =	$3^h\ 29^m\ 39^s.89$
H. chron. à prem. compar....... =	$8^h\ 47^m\ 25^s.50$	H. chron. à seconde comp....... =	$8^h\ 43^m\ 26^s$
Premier état absolu............ =	$5^h\ 13^m\ 55^s.24$	Second état absolu............... =	$5^h\ 13^m\ 46^s.11$

Connaissant les états absolus du chronomètre pour deux époques temps moyen de Paris, on conclut la marche diurne du chronomètre.

Le 15 mars à $3^h\ 33^m\ 30^s.36$ Paris... $E = 5^h\ 13^m\ 55^s.24$	log $9^s.03$........ = 0.95568
Le 23 mars à $3^h\ 29^m\ 39^s.89$ Paris... $E' = 5^h\ 13^m\ 46^s.11$	log $7^j.99733$..... = 0.902945
Intervalle $7^j\ 23^h\ 56^m\ 09^s.53$... Marche... $-\ 9^s.03$	log m....... = 0.0527428
La table XXXIII donne $7^j\ 23^h\ 56^m\ 09^s.53 = 7^j,99733$	Marche diurne......... $-\ 1^s.13$

Enfin on détermine l'état absolu du chronomètre au midi moyen de Paris qui précède la dernière comparaison.

H. moy. de Paris le 23 ou int. t. m. de 0^h le 23 à la sec. comp.	$= 3^h\ 29^m\ 39^s.89$
Correction pour marche diurne du chronomètre	$-\ 0^s.16$
Intervalle chronom. depuis le 23 à 0^h de Paris jusqu'à sec. comp.	$= 3^h\ 29^m\ 39^s.73$
Heure au chronomètre à l'instant de la sec. compar	$= 8^h\ 43^m\ 26^s$
Heure ou état absolu du chron. le 23 à 0^h temps moyen Paris	$= 5^h\ 13^m\ 46^s.27$

Ainsi, la marche diurne du chronomètre est $- 1^s.13^m$, et le 23 mars, à midi moyen de Paris, il marquait $5^h\ 13^m\ 46^s.27$.

12. On peut trouver la marche diurne du chronomètre en cherchant la marche diurne du chronomètre sur la pendule et la combinant avec la marche diurne de la pendule sur le temps moyen. On termine le problème comme précédemment.

Même exemple :

Le 15 mars à $11^h\ 29^m\ 10^s$ de la pendule, le chronomètre marque $8^h\ 47^m\ 25^s.5$; son état absolu sur la pendule est $E = 8^h\ 47^m\ 25^s.5 - 11^h\ 29^m\ 10^s = 9^h\ 18^m\ 15^s.5$. Le 23 mars à $11^h\ 25^m\ 30^s$ de la pendule, l'état absolu du chronomètre sur la pendule est $E' = 8^h\ 43^m\ 26^s - 11^h\ 25^m\ 30^s = 9^h\ 17^m\ 56^s$.

Le 15 mars $11^h\ 29^m\ 10^s$	$E = 9^h\ 18^m\ 15^s.5$	log 19^s $= 1.2900346$
Le 23 mars $11^h\ 23^m\ 30^s$	$E' = 9^h\ 17^m\ 56^s$	log $7^j.99745$ $= 0.9029515$
Int. pend. $7^j\ 23^h\ 56^m\ 20^s$	Marche $-\ 19^s.5$	log m. d. $= 0.3870831$
La table XXIII donne $7^j\ 23^h\ 56^m\ 20^s = 7^j,99745$		$-\ 2^s.44$

L'intervalle de 24^h à la pendule correspond à l'intervalle temps moyen $24^h\ 0^m\ 01^s.31$; la marche diurne du chronomètre sur le temps moyen est donc $1^s.31 - 2^s.44$ ou $- 1^s.13$.

Il resterait à chercher, comme précédemment, l'heure temps moyen de Paris à l'instant de la seconde comparaison, puis l'état absolu du chronomètre au midi moyen de Paris qui précède la seconde comparaison. Cette seconde méthode conclut donc plus vite au résultat que la première.

13. *Connaissant la marche diurne d'un chronomètre et son état absolu pour un midi moyen déterminé de Paris, conclure de l'heure lue au chronomètre à un instant donné, dans un lieu quelconque, l'heure temps moyen de Paris.*

Ce problème est le plus usuel à la mer; le navigateur possède toujours un chronomètre réglé sur le temps moyen de Paris, c'est-à-dire un chronomètre dont il a calculé la marche diurne et l'état absolu pour un midi moyen déterminé de Paris.

Dans un lieu quelconque, on connaît toujours approximativement l'heure du lieu et la longitude, et par suite l'heure approchée de Paris. Cette heure approchée de Paris indique l'époque du midi moyen de Paris qui précède immédiatement l'instant de la lecture au chronomètre, et par suite le nombre exact de jours écoulés entre l'époque pour laquelle le chronomètre a été réglé et l'époque de l'observation. Des exemples suffisent pour mettre en évidence la marche à suivre dans la résolution de la question.

Exemple I. — *Le 14 mai, vers 1^h temps moyen, dans un lieu situé par une longitude estimée 152° 30' est, on lit au chronomètre $2^h\ 07^m\ 42^s.5$. On sait que le 28 avril, à midi moyen de Paris, ce chronomètre, dont la marche diurne est $+ 5^s.14$, marquait $11^h\ 28^m\ 21^s.51$. Trouver l'heure de Paris à l'instant de la lecture au chronomètre.*

CALCUL PRÉPARATOIRE.

H. app. du lieu le 14 mai	=	$1^h\ 00^m\ 00^s$
Long. estimée E........	—	$10^h\ 10^m\ 00^s$
H. appr. de Paris le 13 mai	=	$14^h\ 50^m\ 00^s$

L'heure approchée de Paris donne l'intervalle chronométrique approché; elle indique si on doit ajouter 12^h ou 24^h à l'indication chronométrique.

H. au chr. le 28 avril à 0^h Paris.........	=	$11^h\ 28^m\ 21^s.51$
Effet de la m. d. du 28 av. 0^h au 13 mai 0^h ou produit de $5^s.14$ par 15^j.........	+	$1^m\ 17^s.10$
H. au chr. le 13 mai à 0^h Paris..........	=	$11^h\ 29^m\ 38^s.61$
Heure lue au chronomètre................	=	$2^h\ 07^m\ 42^s.50$
Int. chron. entre le 13 à 0^h et la lect.....	=	$14^h\ 38^m\ 03^s.89$
Correction pour la marche diurne.......	—	$3^s.14$
Int. t. m. entre le 13 à 0^h Paris et la lect. ou Heure t. m. cherchée de Paris.......	=	$14^h\ 38^m\ 00^s.75$

L'indication chronométrique correspond au 13 mai $14^h\ 30^m\ 06^s.75$, temps moyen de Paris.

Exemple II. — *Le 29 mars, par 78° 31′ 30″ longitude estimée ouest, vers 18^h, on lit au chronomètre $2^h\ 42^m\ 47^s$.*

On sait que le 2 mars, à midi moyen de Paris, ce chronomètre, dont la marche diurne est — $6^s.72$, marquait $3^h\ 24^m\ 35^s.5$. Trouver l'heure de Paris à l'instant de la lecture au chronomètre.

CALCUL PRÉPARATOIRE.

H. appr. du lieu 29 mars	=	$18^h\ 00^m\ 00^s$
Long. estimée O........	+	$5^h\ 14^m\ 06^s$
H. appr. de Paris 29 mars	=	$23^h\ 14^m\ 06^s$

L'heure approchée de Paris donne l'intervalle chronométrique approché; on doit ajouter 24^h à l'indication chronométrique.

H. au chr. le 2 mars à 0^h Paris.........	=	$3^h\ 24^m\ 35^s.50$
Effet de la m. d. du 2 mars 0^h au 29 mars 0^h ou produit de $6^s.72$ par 27^j............	—	$3^m\ 01^s.44$
H. au chr. le 29 mars à 0^h Paris.........	=	$3^h\ 21^m\ 34^s.06$
Heure lue au chronomètre..............	=	$2^h\ 42^m\ 47^s$
Int. chr. entre le 29 à 0^h et la lect........	=	$23^h\ 21^m\ 12^s.94$
Correction pour la marche diurne.......	+	$6^s.53$
Int. t. m. entre le 29 à 0^h Paris et la lect. ou H. cherchée de Paris le 29 mars......	=	$23^h\ 21^m\ 19^s.47$

14. Pour terminer les problèmes élémentaires relatifs au chronomètre, il reste à trouver comment on peut régler un chronomètre par l'observation des astres; cette question exige que l'on connaisse le moyen de déterminer par l'observation des astres l'heure temps moyen d'un lieu ou l'angle horaire d'un astre à un moment donné.

CHAPITRE II.

Calcul d'angle horaire, d'azimut, d'angle de position. — Circonstances favorables au calcul d'angle horaire.

1. *Calcul de l'angle horaire, de l'azimut, de l'angle de position d'un astre dans un lieu donné.* — Quel que soit l'instant auquel on observe un astre dans un lieu quelconque, on trouve toujours le triangle PZA dont les trois sommets sont Z le zénith, le pôle élevé du lieu d'observation P, et le centre de l'astre A; dont les trois côtés sont la distance polaire PA, la distance zénithale vraie ZA du centre de l'astre, la colatitude ZP. Les trois angles sont l'azimut Z, l'angle au pôle P et l'angle de position A.

L'angle de position est l'angle formé au centre de l'astre par le vertical et le cercle de déclinaison de l'astre.

On doit connaître trois des six éléments pour résoudre le triangle; on peut donc calculer l'un quelconque des trois angles quand on connaît les trois côtés. L'observation fait connaître la distance zénithale vraie ZA.

On pourrait entrer dans le calcul avec la déclinaison de l'astre à midi moyen de Paris pour le jour proposé, trouver l'angle horaire, puis l'heure temps moyen de Paris; on recommencerait le calcul avec une déclinaison calculée pour l'heure temps moyen de Paris trouvée, et on obtiendrait une nouvelle heure plus approchée de Paris; on opérerait ainsi jusqu'à ce qu'on trouvât successivement deux heures temps moyen différant fort peu; on aurait alors une heure temps moyen exacte, une déclinaison exacte, et par suite on calculerait rigoureusement l'azimut et l'angle de position.

Ainsi, théoriquement, on peut, à l'aide de l'observation de la hauteur d'un astre et d'un calcul de fausse position, calculer, pour l'instant de l'observation, l'angle horaire, l'azimut, l'angle de position d'un astre, et conclure l'heure temps moyen de l'observation.

Pratiquement, l'heure approchée de l'instant de l'observation est connue et sert à déterminer la distance polaire avec une approximation toujours suffisante; un seul calcul est nécessaire.

2. Les formules ordinaires de trigonométrie sphérique sont applicables à la résolution du triangle PZA; on préfère, dans les calculs de navigation, mettre en évidence la hauteur vraie du centre de l'astre et la latitude du lieu d'observation.

Soient h la hauteur vraie du centre de l'astre, l la latitude du lieu d'observation, δ la distance polaire de l'astre; on a $PA = \delta$, $ZA = 90^\circ - h$, $ZP = 90^\circ - l$. La formule fondamentale de trigonométrie sphérique donne

$$\cos ZA = \cos ZP \,.\, \cos PA + \sin ZP \,.\, \sin PA \,.\, \cos P,$$
$$\cos PA = \cos ZP \,.\, \cos ZA + \sin ZP \,.\, \sin ZA \,.\, \cos Z.$$

On conclut, en posant $h + l + \delta = 2S$:

$\sin h = \sin l \cos \delta + \cos l \sin \delta \cos P$	$\cos \delta = \sin l \sin h + \cos l \cos h \cos Z$
$\cos P = \dfrac{\sin h - \sin l \cos \delta}{\cos l \sin \delta}$	$\cos Z = \dfrac{\cos \delta - \sin l \sin h}{\cos l \cos h}$
$1 - \cos P = 2 \sin^2 \dfrac{P}{2} = \dfrac{\cos l \sin \delta + \sin l \cos \delta - \sin h}{\cos l \sin \delta}$	$1 + \cos Z = 2 \cos^2 \dfrac{Z}{2} = \dfrac{\cos l \cos h - \sin l \sin h + \cos \delta}{\cos l \cos h}$
$2 \sin^2 \dfrac{P}{2} = \dfrac{\sin (l + \delta) - \sin h}{\cos l \sin \delta}$	$2 \cos^2 \dfrac{Z}{2} = \dfrac{\cos (l + h) + \cos \delta}{\cos l \cos h}$
$\sin^2 \dfrac{P}{2} = \dfrac{\sin \left(\dfrac{l + \delta - h}{2}\right) \cdot \cos \dfrac{l + \delta + h}{2}}{\cos l \sin \delta}$	$\cos^2 \dfrac{Z}{2} = \dfrac{\cos \left(\dfrac{l + h + \delta}{2}\right) \cdot \cos \dfrac{l + h - \delta}{2}}{\cos l \cos h}$
$\sin \dfrac{P}{2} = \sqrt{\dfrac{\sin (S - h) \,.\, \cos S}{\sin \delta \cos l}}$	$\cos \dfrac{Z}{2} = \sqrt{\dfrac{\cos S \,.\, \cos (S - \delta)}{\cos l \cos h}}$

Les valeurs de $\sin \frac{P}{2}$, $\cos \frac{Z}{2}$ sont usuelles; elles sont dues à Borda.

3. L'angle P que donne le calcul est l'angle au pôle de l'astre; rappelons que l'angle au pôle et l'angle horaire d'un astre sont égaux quand l'astre est dans l'ouest, que leur somme est égale à 360° quand l'astre est dans l'est.

4. L'azimut d'un astre est, on l'a déjà vu, l'angle formé au zénith par le méridien du lieu et le vertical de l'astre; on le compte sur l'horizon de 0° à 180° à partir du point cardinal de même nom que le pôle élevé ou la latitude, vers l'est ou vers l'ouest, suivant que l'astre est dans l'est ou dans l'ouest; ainsi compté par convention, l'azimut est précisément l'angle Z que donne le calcul. Soient PP′ la ligne des pôles, PZ P′Q′ le méridien du lieu d'observation, QQ′ l'équateur, Z le zénith de l'observateur, NS l'horizon; si A est le centre de l'astre, ZB son vertical, PA son cercle de déclinaison, le calcul donnera l'angle PZA, qui, formé au zénith, a pour mesure l'arc NB de l'horizon. Supposons que, dans la figure, P soit le pôle nord, et que le mouvement diurne ait lieu dans le sens de la flèche; la ligne EO, intersection de l'horizon et de l'équateur, est la ligne est et ouest du lieu d'observation; le point Est est évidemment en E, le point ouest en O; par suite le point nord est en N sur le méridien inférieur du lieu d'observation, le point sud est en S sur le méridien supérieur. L'azimut de l'astre A doit être compté du nord (le pôle élevé est le pôle nord, la latitude est nord) vers l'ouest (l'astre est dans l'ouest). On pourrait dire que l'on compte l'azimut sur l'horizon à partir du méridien inférieur du lieu d'observation vers l'est ou vers l'ouest, suivant que l'astre est dans l'est ou dans l'ouest. Il est indispensable d'être bien fixé sur la convention adoptée en pratique pour compter et nommer un azimut.

L'amplitude est l'angle formé au zénith par le vertical de l'astre et le *premier vertical* du lieu d'observation, c'est-à-dire le vertical des vrais points est et ouest; on la compte sur l'horizon de 0° à 90° à partir du vrai point est ou du vrai point ouest, suivant que l'astre est dans l'est ou dans l'ouest, vers le nord ou vers le sud. On conclut aisément l'amplitude de l'azimut ou inversement. Dans la figure, l'amplitude de l'astre A est OB; on la compterait du vrai point ouest O vers le point sud; elle est égale à l'azimut diminué de 90°.

5. *Cas particuliers du calcul d'angle horaire, d'azimut.*

1° *Lever, coucher apparent d'un astre :* S'il s'agit du lever ou du coucher apparent du centre de l'astre, il faut considérer l'instant où le centre de l'astre est sur l'horizon sensible; la distance zénithale observée du centre de l'astre est égale à 90°; on peut résoudre le triangle PZA. Il est bon de rappeler le type suivant :

Distance zénithale observée....	= 90° 0′ 00″		S'il s'agit du lever ou du coucher apparent du bord d'un astre, la distance zénithale observée du bord dont on s'occupe est égale à 90°; on résont le triangle PZA.
Dépr. appar. pour él. de l'œil. Tab. VII...	+	(touj. add.)	
Distance zénithale apparente............	=		
Réfraction. Tab. VIII, VIII (bis).........	+	(touj. add.)	
Parallaxe en hauteur..................	—	(touj. soustr.)	
Distance zénithale vraie...............	=		

Quand, dans le type précédent, on a obtenu la distance zénithale apparente, on doit tenir compte du demi-diamètre de l'astre, l'ajouter si on considère le bord inférieur, le retrancher dans le cas contraire.

2° *Lever, coucher vrai d'un astre :* Le centre de l'astre, à l'instant du lever ou du coucher vrai, est sur l'horizon rationnel; la distance zénithale vraie est égale à 90°. On pourrait résoudre le triangle PZA pour calculer l'angle au pôle et l'azimut; il vaut mieux remarquer que, dans le triangle sphérique ABO, rectangle en B, les trois sommets sont le centre A de l'astre, le pied B de son cercle de déclinaison sur l'équateur, le vrai point est ou ouest O, suivant qu'il s'agit du lever ou du coucher; que, dans ce triangle, on connaît la déclinaison AB et l'angle opposé AOB qui a pour mesure NQ′ ou la colatitude du lieu d'observation. On peut déterminer BO et conclure l'angle au pôle BQ, puisque OQ = 90°, puis déterminer l'amplitude vraie OA ou l'azimut NA.

On nomme *différence ascensionnelle* l'arc BO de l'équateur compris entre le cercle de déclinaison et le vrai point est ou ouest, suivant qu'il s'agit du lever vrai ou du coucher vrai.

Les égalités $\sin \text{ampl. vr.} = \dfrac{\sin \text{décl.}}{\cos \text{lat.}}$, $\sin \text{diff. asc.} = \dfrac{\text{tg décl.}}{\text{tg. lat.}}$ font connaître l'amplitude vraie et la différence ascensionnelle.

Il est évident, d'après la figure, que l'angle au pôle, à l'instant du lever vrai ou du coucher vrai, est égal à $90° +$ diff. asc., si la latitude et la déclinaison sont de même nom, à $90° -$ diff. asc. dans le cas contraire.

L'amplitude vraie prend le nom d'amplitude vraie ortive ou occase, suivant qu'il s'agit du lever ou du coucher vrai; elle a toujours le nom de la déclinaison. Pour expliquer cette règle qui est si simple, remarquons qu'on sait toujours s'il s'agit du lever ou du coucher de l'astre, et par suite si l'amplitude est comptée de l'est ou de l'ouest; il reste donc à connaître si l'amplitude est comptée vers le nord ou vers le sud, et la règle indique que cette dénomination inconnue est celle de la déclinaison. L'inspection de la figure rend cette règle évidente.

3° *Passage d'un astre au premier vertical.* Lors du passage d'un astre au premier vertical, son azimut est égal à 90°, son amplitude vraie est nulle. Le triangle PZA, rectangle en Z, donne $\cos P = \frac{\text{cotg. lat.}}{\text{tg. dist. pol.}}$; on aurait au besoin $\sin h = \frac{\text{cos dist. pol.}}{\text{sin lat.}}$.

Quand l'astre est visible à l'instant de son passage au premier vertical du lieu d'observation ZOZ', la distance zénithale vraie ZA est aiguë; la colatitude ZP est toujours aiguë; par suite, les deux côtés de l'angle droit PZ, ZA du triangle sphérique rectangle PZA étant aigus, l'hypothénuse PA est aiguë; la latitude et la déclinaison ont même nom. On a donc $\cos P = \frac{\text{cotg. lat.}}{\text{cotg déc.}}$ ou $\cos P = \frac{\text{tg. décl.}}{\text{tg. lat.}}$, puis $\sin h = \frac{\text{sin décl.}}{\text{sin. lat.}}$.

L'égalité $\cos P = \frac{\text{tg. décl.}}{\text{tg. lat.}}$, dans laquelle on a toujours $\cos P < 1$, indique qu'on a aussi tg lat. $>$ tg décl. ou, par suite, que la latitude du lieu d'observation est plus grande que la déclinaison de l'astre considérée.

Géométriquement si pp' représente le parallèle diurne de l'astre, si pQ est la déclinaison de l'astre, on voit qu'un astre ne passe au premier vertical d'un lieu que dans le cas où sa déclinaison est inférieure à la latitude de ce lieu; on voit, de plus, que le passage n'est visible que dans le cas où la latitude du lieu d'observation et la déclinaison de l'astre considéré ont même dénomination.

Un calcul de fausse position, comme celui qui a été indiqué dans le problème général, est nécessaire ici pour arriver au résultat; nous indiquerons dans les applications pratiques comment on l'évite à l'aide d'une table construite dans ce but.

4° *Angle de position droit :* Quand l'angle de position est droit, le triangle PZA, rectangle en A, donne $\cos P = \frac{\text{tg. dist. pol.}}{\text{cotg. lat.}}$; on aurait au besoin $\sin h = \frac{\text{sin lat.}}{\text{cos dist. pol.}}$. En donnant des développements analogues à ceux qui ont été présentés pour le passage au premier vertical, on verrait que l'angle de position d'un astre ne peut devenir droit que dans le cas où la déclinaison de cet astre est plus grande que la latitude du lieu d'observation, puisque l'astre est visible à l'instant où l'angle de position est droit, si sa déclinaison a même nom que la latitude du lieu d'observation.

On a les formules

$$\cos P = \frac{\text{cotg . décl.}}{\text{cotg lat.}} \text{ ou } \cos P = \frac{\text{tg . lat.}}{\text{tg . décl.}}, \ \sin h = \frac{\text{sin lat.}}{\text{sin décl.}}.$$

On évite le calcul de fausse position indispensable pour arriver au résultat à l'aide d'une table construite dans ce but.

6. *Erreurs à craindre sur l'angle horaire.* — Considérons le problème général du calcul d'angle horaire; on veut, à l'aide de l'observation de la hauteur d'un astre, déterminer en un lieu donné l'angle horaire de cet astre.

Les trois éléments du calcul sont la hauteur vraie de l'astre, la latitude du lieu d'observation, la distance polaire de l'astre. On peut craindre des erreurs d'observation ou une erreur sur la hauteur vraie, une erreur sur la position du lieu d'observation, sur sa latitude, enfin une erreur sur la déclinaison. Nous laisserons de côté l'erreur sur la déclinaison, qui est en général très-faible dans les calculs usuels.

7. Une erreur d'observation entraîne toujours une erreur sur l'angle horaire. Les erreurs correspondantes sur la hauteur et sur l'angle au pôle sont toujours de signe contraire; en effet, les angles au pôle diminuent quand les hauteurs augmentent; si P, P' sont les angles au pôle correspondant aux hauteurs h, $h + dh$, on a P'ZP ou $P' = P - \alpha$; à l'erreur positive $+ dh$ sur la hauteur, correspond l'erreur négative $- \alpha$ ou $- dP$ sur l'angle au pôle. Donc, quand l'astre est dans l'ouest, l'erreur sur l'angle horaire et l'erreur sur la hauteur ont des signes différents; quand l'astre est dans l'est, on a $(360^\circ - P) = (360^\circ - P') + dP$, l'erreur sur l'angle horaire et l'erreur sur la hauteur ont même signe. Ainsi

Avant le passage au méridien. Astre dans l'est.	Après le passage au méridien. Astre dans l'ouest.
Erreur sur la hauteur +	Erreur sur la hauteur —
Erreur sur l'angle hor. +	Erreur sur l'angle hor. +

Cherchons une relation entre les erreurs correspondantes sur la hauteur et sur l'angle horaire. Soient Z le zénith, P le pôle élevé, A le centre de l'astre. Du point P comme pôle avec PZ pour arc décrivons un arc de petit cercle qui aura la position mm' si $Z < 90^\circ$, la position nn' si $Z > 90^\circ$. Admettons que dans l'observation on commette une erreur $Zq = dh$ sur la hauteur; la hauteur observée est trop grande, la distance zénithale est diminuée; du point A comme pôle, avec Aq pour rayon, décrivons l'arc de petit cercle Z'Z''. On voit que, la hauteur étant trop grande, l'angle au pôle ZPA diminue; il devient Z'PA si $Z < 90^\circ$ ou Z''PA si $Z > 90^\circ$. Dans tous les cas, le triangle ZqZ' peut être considéré comme rectiligne; il est rectangle en q et donne $Zq = ZZ' . \cos qZZ'$; or $Zq = dh$; l'arc de parallèle ZZ', décrit du point P comme pôle, a pour mesure le produit de l'angle ZPZ' ou dP par le sinus de ZP ou par $\cos l$; d'ailleurs $qZZ' = PZZ' - PZA = 90^\circ - Z$; on a donc l'expression $dh = dP . \cos l . \sin Z$ ou $dP = -\dfrac{dh}{\sin Z . \cos l}$; on doit mettre le signe — d'après ce qui a été dit en commençant.

8. Supposons que la latitude du lieu d'observation ne soit pas bien connue; appelons dl l'erreur sur la latitude.

Du point A comme pôle, avec AZ pour arc, décrivons un arc de petit cercle qui aura la position mm' si $Z < 90^\circ$, la position nn' si $Z > 90^\circ$. Soit $Zq = dl$; la colatitude est diminuée, l'erreur dl sur la latitude est positive. Du point P comme pôle, avec Pq pour rayon, décrivons l'arc de petit cercle Z'Z''. On voit que la latitude étant trop grande, l'angle au pôle augmente si $Z < 90^\circ$, il diminue dans le cas contraire. Dans tous les cas, le triangle ZQZ″ peut être considéré comme rectiligne; il est rectangle en q et donne $Z''q = qZ \,.\, \text{tg} \,.\, qZZ''$. On a $Zq = dl$; l'arc de petit cercle qZ'' décrit du point P comme pôle a pour mesure le produit de l'angle $qPZ'' = dZ$ par le sinus de PZ; enfin

$$qZZ'' = AZZ'' - AZP = 90^\circ - Z;$$

donc il vient

$$dP \,.\, \cos l = dl \,.\, \text{cotg}\, Z \text{ ou } dP = dl\, \frac{\text{cotg}\, Z}{\cos l}.$$

Les erreurs correspondantes sur la latitude et sur l'angle au pôle sont de même nom ou de nom contraire, suivant que l'azimut de l'astre est inférieur ou supérieur à 90°.

9. *Circonstances favorables au calcul d'angle horaire.* — En appelant dh, dl des erreurs sur la hauteur, sur la latitude, dP l'erreur sur l'angle au pôle ou sur l'angle horaire, on a

$$dP = -\frac{dh}{\sin Z \,.\, \cos l}, \quad dP = dl \,.\, \frac{\text{cotg}\, Z}{\cos l}.$$

La valeur de dP est minimum dans le premier cas si sin Z est le plus grand possible ou si Z est le plus voisin possible de 90°; elle est minimum dans le second cas si cotg P est minimum, c'est-à-dire si Z est le plus voisin possible de 90°. Donc : *Les circonstances favorables au calcul d'angle horaire sont celles où l'azimut de l'astre observé est le plus voisin possible de* 90°.

Remarquons que l'on a $dh = -dP \,.\, \sin Z \,.\, \cos l$; le changement en hauteur dh est le plus grand possible quand sin Z est maximum; on peut donc dire :

Les circonstances favorables au calcul d'angle horaire sont celles où le mouvement en hauteur de l'astre observé est le plus rapide possible; sous cette forme d'énoncé, les circonstances favorables sont évidentes à priori; si, dans le mouvement diurne, l'astre décrivait un parallèle dont le plan fût parallèle au plan de l'horizon, ce qui arriverait pour les habitants des pôles, la hauteur de l'astre serait constante et ne pourrait servir évidemment à la mesure de l'angle horaire.

On se sert encore d'autres énoncés pour les circonstances favorables. Si, la latitude et la déclinaison étant de même nom, la latitude est plus grande que la déclinaison, l'astre passe au premier vertical et son passage est visible; on doit observer le plus près possible du passage au premier vertical.

Si la latitude et la déclinaison sont égales et de même nom, l'astre est au zénith à l'instant de son passage au premier vertical; on doit observer lors de la plus grande hauteur possible.

Si la latitude et la déclinaison étant de même nom, on a $l < d$, on aura $\sin l < \sin d$, et à fortiori $\sin l \sin h < \sin d$; l'égalité $\cos Z = \dfrac{\sin l - \sin l \sin h}{\cos l \cos h}$ indique que cos Z sera toujours positif, et que par suite on aura toujours $Z < 90^\circ$. On doit observer lors du plus grand azimut possible; si géométriquement on considère un astre dont le parallèle diurne est pp', dont la déclinaison pQ, plus grande que la latitude ZQ, est de même nom qu'elle, on voit évidemment que les azimuts Nb, Nb'..... seront toujours inférieurs à 90°, et que l'azimut maximum NB aura lieu quand le vertical de l'astre sera tangent au parallèle diurne; or à ce moment le méridien PA, perpendiculaire sur pp', sera également perpendiculaire sur ZA et l'angle de position de l'astre sera droit.

Si la latitude et la déclinaison sont de noms contraires, l'azimut est le plus voisin possible de 90° quand l'astre est à son lever ou à son coucher; il faut observer les moindres hauteurs possibles. Ainsi, en résumé :

Les circonstances favorables au calcul d'angle horaire sont :

1° *latitude et déclinaison de même nom :*

$l > d$..... *passage de l'astre au premier vertical,*
$l = d$..... *lors de la plus grande hauteur possible,*
$l < d$..... *angle de position droit;*

2° *latitude et déclinaison de nom contraire : observation des moindres hauteurs possibles.*

Rappelons qu'on doit éviter d'observer des hauteurs inférieures à 12° ou 15°, des hauteurs supérieures à 84° ou 86°; les premières à cause de l'incertitude sur les réfractions, les secondes à cause de la difficulté d'observation.

10. En considérant la formule $dP = dl. \frac{\cot Z}{\cos l}$ et en tenant compte des valeurs que prend l'azimut aux divers moments du mouvement diurne, on forme aisément les tableaux suivants qui nous seront plus tard d'une grande utilité.

1° Latitude et déclinaison de même nom : $l > d$.

Lever vrai. → Pass. au 1er vert.	Pass. au 1er vert. → Pass. au mér.	Pass. au mér. → Pass. au 1er vert.	Pass. au 1er vert. → Coucher vrai.
$Z < 90°$	$Z > 90°$	$Z > 90°$	$Z < 90°$
Erreur lat...... +	Erreur lat...... +	Erreur lat...... +	Erreur lat...... +
Erreur ang. hor. —	Erreur ang. hor. +	Erreur ang. hor. —	Erreur ang. hor. +

2° Latitude et déclinaison de même nom : $l < d$.

Avant le passage au méridien, l'azimut est inférieur à 90°; l'erreur sur la latitude et l'erreur correspondante sur l'angle horaire ont des signes contraires; après le passage au méridien, l'azimut est inférieur à 90°, l'erreur sur la latitude et l'erreur correspondante sur l'angle horaire ont même signe.

3° Latitude et déclinaison de noms contraires.

Avant le passage au méridien, l'azimut est supérieur à 90°, l'erreur sur la latitude et l'erreur correspondante sur l'angle horaire ont même signe; après le passage au méridien, l'azimut est supérieur à 90°, l'erreur sur la latitude et l'erreur correspondante sur l'angle horaire ont des signes contraires.

CHAPITRE III.

Régler un chronomètre par l'observation des astres. — Calcul de longitude par les chronomètres.

1. *Déterminer l'heure temps moyen d'un lieu et l'état absolu d'un chronomètre par l'observation des astres.*

On observe la hauteur d'un astre dans les circonstances favorables au calcul d'angle horaire. La table XXV de Callet, intitulée : *Angle horaire et hauteur d'un astre à l'instant favorable pour déterminer l'heure*, est construite dans le but d'indiquer l'époque approchée des circonstances favorables quand la latitude du lieu d'observation et la déclinaison de l'astre ont même dénomination; sa construction est basée sur l'emploi des formules $\cos P = \frac{\text{tg . décl.}}{\text{tg . lat.}}$, $\sin h = \frac{\text{sin décl.}}{\text{sin lat.}}$ quand la latitude est plus grande que la déclinaison, c'est-à-dire quand l'astre est visible à l'instant de son passage au premier vertical; elle est basée sur l'emploi des formules $\cos P = \frac{\text{tg . lat.}}{\text{tg . décl.}}$, $\sin h = \frac{\text{sin lat.}}{\text{sin décl.}}$ quand la latitude est inférieure à la déclinaison, c'est-à-dire quand l'angle de position de l'astre peut être droit. La table XXV ne donne réellement que l'angle au pôle de l'astre; si, ce qui est rare, on observe, pour déterminer l'heure, un astre autre que le soleil, on passe par des calculs à vue de l'angle au pôle indiqué par la table à l'heure moyenne approchée correspondante. Si la latitude et la déclinaison sont de noms contraires, on observe lors des moindres hauteurs possibles.

On note l'heure au chronomètre à l'instant de l'observation ainsi que l'heure estimée du lieu. L'heure estimée du lieu combinée à la longitude du lieu donne l'heure correspondante approchée de Paris pour laquelle on calcule la distance polaire de l'astre à la seconde près, ainsi que tous les autres éléments nécessaires de la *Connaissance des temps*. On corrige la hauteur instrumentale de l'astre et on conclut la hauteur vraie.

La formule $\sin \frac{P}{2} = \sqrt{\frac{\sin(s-h) \cdot \cos s}{\sin \delta \cos l}}$ fait trouver l'angle au pôle de l'astre; on passe de l'angle au pôle à l'angle horaire, puis à l'heure temps moyen du lieu à l'aide des méthodes précédemment indiquées; on peut obtenir l'état absolu du chronomètre.

2. En général on prend plusieurs séries de hauteurs, et, pour la hauteur moyenne de chaque série et l'heure moyenne correspondante approchée de Paris, on calcule l'heure temps moyen du lieu. On obtient plusieurs états absolus du chronomètre, et si les séries de hauteurs sont prises rapidement et à peu d'intervalle, on prend pour état absolu du chronomètre la moyenne des états absolus obtenus.

On prend un nombre impair de séries; on rejette les résultats qui diffèrent trop du résultat moyen. Les séries de calculs ont l'avantage de faire ressortir les fautes de calcul; les moyennes donnent une compensation des petites erreurs inhérentes au mode de calcul.

3. *Régler un chronomètre par l'observation.* — La règle à suivre est la même que pour régler un chronomètre en le comparant à une pendule réglée; on obtient ici l'état absolu du chronomètre à diverses époques à l'aide de l'observation.

Exemple I. — *Le 3 mai 1857, à Brest, on a trouvé par l'observation que le chronomètre marquait* $11^h 42^m 24^s.5$ *à* $19^h 49^m 01^s$, *temps moyen de Paris.*

Le 11 mai vers $19^h 04^m$ *temps moyen de Brest, on prend au cercle à réflexion et à l'horizon artificiel, trois séries de hauteurs du bord inférieur du soleil, et, en faisant les moyennes on trouve :*

Heures au chronomètre.	*Hauteurs ⨀.*
$11^h 23^m 02^s.5$	$24° 03' 32''$
$11^h 25^m 19^s.5$	$24° 26' 15''$
$11^h 27^m 07^s.5$	$24° 44' 09''$

Le thermomètre indiquait $+16°$, *le baromètre* $0^m.782$.

On demande la marche diurne du chronomètre et son état absolu sur le temps moyen de Paris le 12 mai à midi moyen de Paris.

L'observation du 3 mai donne $3^h\ 53^m\ 23^s.5$ pour état absolu du chronomètre sur le temps moyen de Paris; ne connaissant pas la marche diurne, nous supposerons que cet état convient aux heures des observations du 11 mai.

Heure approchée de l'observation le 11 mai à Brest..... =	$19^h\ 04^m$
Longitude de Brest............................ =	$27^m\ 19^s$ O.
Heure présumée de Paris à l'instant de l'observation le 11 =	$19^h\ 31^m\ 19^s$

Ce calcul préparatoire indique qu'on doit ajouter 12^h aux heures conclues du chronomètre.

	1re série.	2e série.	3e série.
Heure au chronom........ =	$11^h\ 23^m\ 02^s.5$	$11^h\ 25^m\ 19^s.5$	$11^h\ 27^m\ 07^s.5$
État présumé............ −	3 53 23 .5	3 53 23 .5	3 53 23 .5
H. appr. de Paris le 11.... =	$19^h\ 29^m\ 39^s$	$19^h\ 31^m\ 56^s$	$19^h\ 33^m\ 44^s$
Décl. calculée (diff. sec.)... =	18° 08′ 49″ B	18° 08′ 50″ B	18° 08′ 52″ B
Distance polaire......... =	71° 51′ 11″	71° 51′ 10″	71° 51′ 08″
Hauteur vraie ☉......... =	24° 17′ 20″	24° 40′ 05″	24° 58′ 01″
Latitude de Brest......... =	48° 23′ 32″ B		
h =	24° 17′ 20″	24° 40′ 05″	24° 58′ 01″
δ =	71 51 11 ..... c^t sin = 0.0221571	71 51 10 0.0221578	71 51 08 0.0221592
l =	48 23 32 ..... c^t cos = 0.1778138	48 23 32 0.1778138	48 23 32 0.1778138
2S =	144° 32′ 03″	144° 54′ 47″	145° 12′ 41″
S =	72 16 01 .... cos = 9.4837051	72 27 23 9.4791888	72 36 20 9.4755960
S−h =	47 58 41 .... sin = 9.8709236	47 47 18 9.8696235	47 38 19 9.8685913
Somme... =	19.5545996	19.5487839	19.5441603
1/2 somme = log sin $\frac{P}{2}$....... =	9.7772998	9.7743919.5	9.7720801.5
$\frac{P}{2}$	36° 47′ 08″.8	36° 30′ 01″.53	36° 16′ 32″.4
	× 8	× 8	
Angle au pôle........... =	$4^h\ 54^m\ 17^s.17$	$4^h\ 52^m\ 00^s\ 20$	$4^h\ 50^m\ 12^s.32$
Heure vraie Brest........ =	19 05 42 .83	19 07 59 .80	19 09 47 .68
Longit. Brest...........	+ 27 19	+ 27 19	+ 27 19
H. vraie Paris........... =	19 33 01 .83	19 35 18 .80	19 37 06 .68
Eq. du temps........... =	11 56 07 .64	11 56 07 .64	11 56 07 .63
H. moy. Paris........... =	19 29 09 .47	19 31 26 .44	19 33 14 .31
H. au chron............. =	11 23 02 .50	11 25 19 .50	11 27 07 .50
1er état absolu chron..... =	$3^h\ 53^m\ 53^s.03$	$3^h\ 53^m\ 53^s.06$	$3^h\ 53^m\ 53^s.19$

Ainsi le 11 mai....	à $19^h\ 29^m\ 09^s.47$	Paris..... État absolu.....	$3^h\ 53^m\ 53^s.03$
	à $19^h\ 31^m\ 26^s\ 44$	....	$3^h\ 53^m\ 53^s.06$
	à $19^h\ 33^m\ 14^s.31$	....	$3^h\ 53^m\ 53^s.19$
Moyennes { le 11 mai	à $19^h\ 31^m\ 16^s.74$	Paris..... État absolu.....	$3^h\ 53^m\ 53^s.09$
Moyennes { le 3 mai	à $19^h\ 49^m\ 01^s$	....	$3^h\ 53^m\ 23^s.50$
En 7^j....	$23^h\ 42^m\ 15^s.74$	.... Marche........	+ $29^s.59$

La table XXIII donne $7^j\ 23^h\ 42^m\ 15^s.74 = 7^j.98769$.

log $29^s.59$..... = 1.4711450	Le 11 mai à $19^h\ 31^m\ 16^s.74$............. État absolu = $3^h\ 53^m\ 53^s\ 09$
log $7^j.98769$... = 0.9024217	Int. t. m. à 0^h le 12. $4^h\ 28^m\ 43^s.26$.... Correction. = $0^s.69$
log m..... = 0.5687233	
Marche diurne.. + $3^s.70$	État absolu le 12 mai à 0^h t. m. de Paris........... = $3^h\ 53^m\ 53^s.78$

EXEMPLE II. — *Le 2 mars 1857, vers $12^h\ 20^m$ temps moyen d'un lieu situé par une latitude 36° 42′ S., une longitude 75° 30′ 38″ O., on a observé trois séries de hauteurs de Sirius, et on a eu :*

Heures au chronomètre.		*Hauteurs de Sirius.*
$6^h\ 28^m\ 19^s$	....	29° 08′ 52″
$6^h\ 29^m\ 42^s.5$	....	28° 52′ 07″
$6^h\ 31^m\ 26^s$	....	28° 31′ 21″

Le thermomètre indiquait + 22°, le baromètre $0^m.788$.

Par des observations de la même étoile dans le même lieu, on trouve que le 11 mars 1857, à $17^h\ 52^m\ 31^s$, temps moyen de Paris, le chronomètre marque $7^h\ 00^m\ 24^s.08$.

Trouver la marche diurne du chronomètre et son état absolu sur le midi moyen de Paris qui précède la dernière observation.

H. appr. de l'obs. le 2... $= 12^h\ 20^m\ 00^s$	Temps sidéral à 0^h t. m. de Paris le 2 mars.	$= 22^h\ 40^m\ 51^s.66$
Longitude ouest....... $= 5^h\ 02^m\ 03^s$	Table XIX pour long. $5^h\ 02^m\ 03^s$ ouest...	$+\ 0^h\ 00^m\ 49^s.62$
H. appr. de Paris le 2... $= 17^h\ 22^m\ 03^s$	Temps sidéral à 0^h t. m. du lieu le 2 mars.	$= 22^h\ 41^m\ 41^s.28$

L'observation indique que Sirius est dans l'ouest, les hauteurs diminuant. Les *Éphémérides* donnent pour Sirius Æ $= 6^h\ 38^m\ 51^s.86$ $d = 16°\ 31'\ 28''.2$ A; on conclut $\delta = 73°\ 28'\ 32''$.

	1re *série.*		2e *série.*		3e *série.*	
Haut. vr. =	29° 07′ 08″		28° 50′ 22″		28° 29′ 35″	
Dist. pol. =	73 28 32	ct cos = 0.0183180	73 28 32	0.0183180	73 28 32	0.0183180
Latit.... =	36 42	ct sin = 0.0959471	36 42	0.0959471	36 42	0.0959471
2S =	139° 17′ 40″		139° 00′ 54″		138° 40′ 07″	
S =	69 38 50	sin = 9.5413289	69 30 27	9.5441732	69 20 03	9.5476725
— h =	40 31 42	cos = 9.8127957	40 40 05	9.8140314	40 50 28	9.8155535
	Somme...	= 19.4683897		19.4724697		19.4774911
1/2 somme = log sin $\frac{P}{2}$.......		= 9.7341948.5		9.7362348.5		9.7387455.5
$\frac{P}{2}$ =	32° 50′ 11″.5		33° 00′ 38″.9		33° 13′ 36″.8	
Angle horaire en temps...	= $4^h\ 22^m\ 41^s.53$		....	$4^h\ 24^m\ 05^s.19$	....	$4^h\ 25^m\ 48^s.91$
Æ de Sirius.............	+ 6 38 51 .86		....	6 38 51 .86	....	6 38 51 .86
Heure sidér. du lieu.....	= $11^h\ 01^m\ 33^s.39$		....	$11^h\ 02^m\ 57^s.05$	....	$11^h\ 04^m\ 40^s.77$
T. sid. à 0^h du lieu le 2...	— 22 41 41 .28		....	— 22 41 41 .28	....	— 22 41 41 .28
Int. sid. depuis 0^h.......	= $12^h\ 19^m\ 52^s.11$		....	$12^h\ 21^m\ 15^s.77$	....	$12^h\ 22^m\ 59^s.49$
Corr. Tab. XVIII.......	— 2 01 .21		....	— 2 01 .44	....	— 2 01 .72
Heure moy. du lieu le 2..	= $12^h\ 17^m\ 50^s.90$		....	$12^h\ 19^m\ 14^s.33$	....	$12^h\ 20^m\ 57^s.77$
Long. ouest du lieu.....	= 5 02 02 .53		....	5 02 02 .53	....	5 02 02 .53
Heure moy. Paris le 2....	= $17^h\ 19^m\ 53^s.43$		....	$17^h\ 21^m\ 16^s.86$	....	$17^h\ 23^m\ 00^s.30$
Heure au chronom.......	= 6 28 19		....	6 29 42 .50	....	6 31 26
Etat absolu chron........	= $1^h\ 08^m\ 25^s.57$		....	$1^h\ 08^m\ 25^s.64$	....	$1^h\ 08^m\ 25^s.70$

Ainsi le 2 mars...	à $17^h\ 19^m\ 53^s.43$ Paris.....	État absolu.....	$1^h\ 08^m\ 25^s.57$
	à 17 21 16 .86..........................		1 08 25 .64
	à 17 23 00 .30..........................		1 08 25 .70
Moyennes	le 2 à $17^h\ 21^m\ 23^s.53$ Paris.....	Etat absolu.....	$1^h\ 08^m\ 25^s.62$
	le 11 à 17 52 31		$1\ 07\ 53^s.08$
	Intervalle $9^j\ 0^h\ 31^m\ 07^s.47$.....	Marche........	— $32^s.54$

La table XXIII donne $9^j\ 0^h\ 31^m\ 07^s.47 = 9^j.02161$.

log $32^s.54$....... = 1.5124175	Le 11 mars à $17^h\ 52^m\ 31^s$ Paris... État absolu... $= 1^h\ 07^m\ 53^s.08$
log $9^j.02161$.... = 0.9552841	Variation pour $17^h\ 52^m\ 31^s$.................... = + $2^s.69$
log *m*...... = 0.5571334	
Marche diurne... — $3^s.61$	État absolu à 0^h t. m. de Paris le 11............. $= 1^h\ 07^m\ 55^s.77$

4. *Calculer la longitude d'un lieu à l'aide d'un chronomètre réglé.* — Le navigateur possède toujours un chronomètre dont il connaît la marche diurne et l'état absolu sur un midi moyen déterminé de Paris; ce chronomètre indique à un moment donné, dans un lieu quelconque, l'heure temps moyen de Paris. On a les égalités :

Heure de Paris = heure du lieu + longitude O. du lieu.
Heure de Paris = heure du lieu — longitude E. du lieu.

Si donc on calcule l'heure temps moyen d'un lieu à l'aide de l'observation de la hauteur d'un astre, la différence entre cette heure et l'heure temps moyen de Paris conclue de l'heure au chronomètre à l'instant de l'observation fait connaître la longitude du lieu d'observation.

4. On observe plusieurs séries de hauteurs dans les circonstances favorables, et on note les heures correspondantes du chronomètre à chaque contact; on obtient les hauteurs moyennes qui correspondent.

On fait le point pour l'instant auquel on a observé; on conclut la latitude estimée et la longitude estimée du lieu d'observation.

Chaque heure au chronomètre donne une heure correspondante de Paris; on calcule la distance polaire de l'astre pour la moyenne des heures de Paris, ainsi que tous autres éléments nécessaires de la *Connaissance des temps.* Cette manière de faire suppose le cas usuel où on a pris les séries de hauteurs rapidement et à peu d'intervalle.

Chaque hauteur donnera lieu à un calcul d'angle horaire et servira à déterminer l'heure temps moyen du lieu. Chacune des heures moyennes trouvées combinée à l'heure correspondante de Paris donnera une valeur de la longitude; on rejettera les longitudes qui s'écarteront trop de la moyenne des résultats; la longitude adoptée sera la moyenne des longitudes.

On emploie surtout pour le calcul de longitude l'observation des hauteurs du soleil; on peut aussi se servir des hauteurs d'étoiles quand l'horizon est très-nettement terminé. On doit éviter les hauteurs de lune, car, si le chronomètre ne marchait pas très-régulièrement, il résulterait souvent de l'erreur commise sur l'heure de Paris une erreur notable sur la distance polaire et l'ascension droite de la lune, et par suite une forte erreur sur la longitude.

5. *Remarques.* — On néglige généralement à la mer, pour le calcul de longitude, dans la correction des hauteurs, les petites corrections qui proviennent de l'état atmosphérique et influent sur la réfraction moyenne.

On ne fait jamais les calculs qu'en nombres ronds de dizaines de secondes, c'est-à-dire les log. sin, les log. cos. sont pris à vue dans la table de Callet. Cette manière de faire est très-suffisamment rigoureuse; en effet, en arrondissant les nombres de secondes, on commet au plus des erreurs de 5″ sur les données du calcul; or peut-on répondre de l'exactitude à 5″ près de la latitude estimée, de la hauteur vraie, de la distance polaire? Ce n'est que dans les calculs à terre pour régler les chronomètres qu'on doit calculer aussi rigoureusement que possible; ce n'est que dans les observations à terre qu'on peut compter sur une grande exactitude des données.

On doit obtenir le demi-angle au pôle à la demi-seconde près.

Exemple I. — *Le 9 juin 1857 vers 20ʰ, temps moyen d'un lieu situé par une latitude estimée 40° 29′ 50″ N., une longitude estimée 166° 24′ E., on a observé, aux environs du premier vertical, trois séries de hauteurs du* ***bord inférieur du soleil, dont les moyennes sont :***

Heures au chronomètre.	*Hauteurs.*
$2^h\ 17^m\ 38^s.5$	37° 14′
$2^h\ 19^m\ 37^s$	37° 36′ 29
$2^h\ 21^m\ 36^s.5$	37° 59′ 12″

L'œil était élevé de $7^m.8$.

On sait que le 15 *mai* 1857, *à midi moyen de Paris, le chronomètre, dont la marche diurne est* — $2^s.46$, *marquait* $5^h\ 24^m\ 15^s.66$. *On demande la longitude du lieu d'observation.*

On cherche d'abord l'heure temps moyen de Paris correspondante à l'heure au chronomètre pour la série du milieu.

H. appr. du lieu le 9... = 20^h	État du chron. le 15 mai à 0^h de Paris............ = $5^h\ 24^m\ 15^s.66$
Long. estimée E....... = $11^h.1$	Retard du chron. du 15 mai 0^h au 9 juin 0^h (25^j)... = — 1 01 .5
H. appr. de Paris le 9... = $8^h.9$	État du chron le 9 juin à 0^h de Paris............ = $5^h\ 23^m\ 14^s.16$
	Heure au chron à la seconde série.............. = 2 19 37
Ce calcul préparatoire sert à trouver la date du midi moyen de Paris qui précède immédiatement l'instant de l'observation.	Int. chron. du 9 à 0^h à l'inst. de 2e série.......... = $8^h\ 56^m\ 22^s.84$
	Correction pour marche diurne................ + 0 .92
	Int. t. m. du 9 à 0^h à l'inst. de 2e série......... ou h. moy. de Paris le 9 à la 2e série............ = $8^h\ 56^m\ 23^s.76$

Au lieu de faire un calcul semblable au précédent pour chacune des heures lues au chronomètre, on remarque que les intervalles chronométriques qui séparent les observations sont assez petits ainsi que la marche diurne pour qu'on puisse regarder ces intervalles comme des intervalles temps moyen. On a alors :

H. au chr. 2e série.. = $2^h\ 19^m\ 37^s$	H. chr. 3e série.. = $2^h\ 21^m\ 36^s.50$	1re heure Paris = $8^h\ 54^m\ 25^s.26$
H. au chr. 1re série.. = 2 17 38 .50	H. chr. 2e série.. = 2 19 37	2e heure Paris = 8 56 23 .76
Intervalle......... = $1^m\ 58^s.50$	Intervalle....... = $1^m\ 59^s.50$	3e heure Paris = 8 58 23 .26
H. de Paris à 2e série = 8 56 23 .76	H. Paris à 2e série = 8^h 56 23 .76	Somme... = $19^m\ 12^s.28$
H. de Paris à 1re série = $8^h\ 54^m\ 25^s.26$	H. Paris à 3e série = $8^h\ 58^m\ 23^s.26$	H. moy. Paris = $8^h\ 56^m\ 24^s.09$

Pour l'heure moyenne de Paris $8^h\ 56^m\ 24^s.09$ on calcule la distance polaire du soleil et l'équation du temps. On trouve, en ne tenant compte bien entendu que des premières différences :

Distance polaire = 67° 00′ 23″; Équation du temps = $11^h\ 58^m\ 57^s.86$.

On corrige ensuite les hauteurs observées du bord inférieur du soleil; enfin on opère le calcul des heures temps moyen.

1re *série.*		2e *série.*		3e *série.*	
Haut. vr. = 37° 23′ 41″		37° 46′ 10″		38° 08′ 54″	
Dist. pol. = 67 00 23	c^t sin = 0.0359560	67 00 23		67 00 23	
Latit... = 40 29 50	c^t cos = 0.1189365	40 29 50		40 29 50	
Somme.. = 144° 53′ 54″.....	= 0.1548925	145° 16′ 23″	0.1548925	145° 39′ 07″	0.1548925
1/2 som. = 72 26 57	cos = 9.4793420	72 38 11	9.4748560	72 49 33	9.4702505
1/2 S — h = 35 03 16	sin = 9.7591921	34 52 01	9.7571444	34 40 39	9.7550822
	Somme... = 19.3934266		19.3868929		19.3802252
1/2 somme ou log sin $\frac{P}{2}$.....	= 9.6967133		9.6934464.5		9.6901126
$\frac{P}{2}$ = 29° 49′ 43″,3		29° 34′ 58″.1		29° 20′ 03″.8	
× 8		× 8		× 8	
Angle au pôle...........	= $3^h\ 58^m\ 37^s.77$	....	$3^h\ 56^m\ 39^s.75$	....	$3^h\ 54^m\ 40^s.51$
H. vraie du lieu.........	= 20 01 22 .23	....	20 03 20 .25	....	20 05 19 .45
Équation du temps......	= 11 58 57 .86	....	11 58 57 .86	....	11 58 57 .86
H. moy. du lieu.........	= $20^h\ 00^m\ 20^s.09$	....	$20^h\ 02^m\ 18^s.11$	....	$20^h\ 04^m\ 17^s.35$
H. moy. Paris..........	= 8 54 25 .26	....	8 56 23 .76	....	8 58 23 .26
Longitude Est...........	= $11^h\ 05^m\ 54^s.83$	....	$11^h\ 05^m\ 54^s.35$	....	$11^h\ 05^m\ 54^s.09$

Longitude moyenne = $11^h\ 05^m\ 54^s.42$ Est = 166° 28′ 36″ Est.

L'heure moyenne du lieu est 20^h 02^m 18^s.52 le 9 juin; l'heure correspodante au chronomètre 2^h 19^m 37^s.33.

EXEMPLE II. — *Le 20 mai 1857, vers 15^h temps moyen d'un lieu situé par une latitude estimée 26° 04′ 10″ S., une longitude estimée 60° O., on a observé trois séries de hauteurs de Fomalhaut; on a eu les moyennes :*

Heures au chronomètre.		*Hauteurs.*
6^h 02^m 24^s	....	33° 02′ 15″
6^h 04^m 21^s.5	....	33° 27′ 45″
6^h 06^m 18^s.5	....	33° 53′ 10″

L'œil était élevé de 6^m.5.

Le 2 mai, à midi moyen de Paris, le chronomètre, dont la marche diurne est + 6^s.12, *marquait* 11^h 10^m 40^s.09.

Trouver la longitude du lieu d'observation.

L'observation indique que Fomalhaut est dans l'est, car les hauteurs vont en augmentant.

On trouvera :

Heure appr. de Paris le 20 mai...............	=	19^h
Heure de Paris à l'instant de la seconde série...		18^h 51^m 46^s.44

En considérant les intervalles chronométriques entre les séries comme des intervalles temps moyen, on conclut :

Heure de Paris à l'instant de la première série......	18^h 49^m 48^s.94
Heure de Paris à l'instant de la troisième série......	18^h 53^m 43^s.44

Donc : heure moyenne de Paris. . . 18^h 51^m 46^s.44 le 20 mai.

On trouve dans la *Connaissance des temps,* pour Fomalhaut :

Æ = 22^h 49^m 45^s.43; *d* = 30° 22′ 34″.9 A; dist. pol. = 59° 37′ 25″.1.

On calcule le temps sidéral le 20 à 18^h 51^m 46^s.27 temps moyen de Paris :

Temps sidéral le 20 à 0^h de Paris..............	=	3^h 52^m 19^s.49
Table XIX... pour 18^h 51^m 46^s..............	+	3^m 05^s.92
Temps sidéral le 20 à 18^h 51^m 46^s.27...........	=	3^h 55^m 25^s.41

On corrige les hauteurs observées, et pour chaque hauteur vraie on cherche l'heure temps moyen du lieu.

	1re *série.*		2e *série.*		3e *série.*	
Haut. vr. =	32° 56′ 14″		33° 21′ 46″		33° 47′ 12″	
Latit.... =	16 04 10	c^t cos = 0.0173096	16 04 10		16 04 10	
Dist. pol. =	59 37 25	c^t sin = 0.0641229	59 37 25		59 37 25	
Somme.. =	108° 37′ 49″	..... = 0.0814325	109° 03′ 21″	0.0814325	109° 28′ 47″	0.0814325
1/2 som. =	54 18 54	cos = 9.7659250	54 31 40	9.7636587	54 43 23	9.7614042
1/2 S — *h* =	21 22 40	sin = 9 5617162	21 09 54	9.5575516	20 57 11	9.5533956
	Somme...	= 19.4090737		19.4026428		19.3962323
1/2 somme ou log sin $\frac{P}{2}$.....		= 9.7045368.5		9.7013214		9.6981161.5
$\frac{P}{2}$ =	30° 25′ 39″.6		30° 10′ 47″.1		29° 56′ 06″.2	
	× 8		× 8		× 8	
Angle au pôle.......... =		4^h 03^m 25^s.28	....	4^h 01^m 26^s.28	....	3^h 59^m 28^s.83
Angle horaire.......... =		19 56 34.72	....	19 58 33.72	....	20 00 31.17
Ascension droite....... +		22 49 45.43	....	22 49 45.43	....	22 49 45.43
Heure sidérale......... =		18^h 46^m 20^s.15	....	18^h 48^m 19^s.15	....	18^h 50^m 16^s.60
T. sid. à l'observ....... —		3 55 25.41	....	3 55 25.41	....	3 55 25.41
H. moy. du lieu........ =		14^h 50^m 54^s.74	....	14^h 52^m 53^s.74	....	14^h 54^m 51^s.19
H. moy. de Paris....... =		18 49 48.94	....	18 51 46.44	....	18 53 43.44
Longitude ouest....... =		3^h 58^m 54^s.20	....	3^h 58^m 52^s.70	....	3^h 58^m 52^s.25

Longitude moyenne = 3^h 58^m 53^s.05 ouest = 59° 43′ 16″ ouest.

L'heure moyenne du lieu est $14^h\ 52^m\ 53^s.2$ le 20 mai ; l'heure correspondante au chronomètre est $6^h\ 04^m\ 21^s.33$.

6. Il importe, comme on le verra plus tard, de noter l'heure moyenne du lieu d'observation et l'heure au chronomètre correspondante.

CHAPITRE IV.

Considérations diverses sur les chronomètres.

1. *Chronomètres à bord.* — Quelques jours avant le départ, ou mieux encore quelques jours avant la mise en rade, on embarque les chronomètres ; il est préférable de les prendre avant la sortie du port, afin d'éviter leur transport en canots.

Pour porter un chronomètre d'un lieu dans un autre, on le fixe dans sa boîte au moyen de l'arrêt, et on le cale avec soin pour le rendre immobile ; on le porte avec précaution, en ayant soin de ne pas lui donner de secousses et en évitant surtout les mouvements circulaires. Il est dangereux de transporter le chronomètre en tenant sa boîte par la poignée ou en la plaçant dans un mouchoir noué : il est préférable de porter la boîte à deux mains en la séparant du corps. A bord on place autant que possible les montres dans une chambre non habitée, loin des masses de fer, à l'abri de l'humidité et près du milieu du bâtiment, où les mouvements de tangage sont moins sensibles ; à bord des petits bâtiments, les montres sont en général chez le capitaine, car là seulement on peut trouver un emplacement convenable.

Il faut que les chronomètres soient sous clef, à l'abri des indiscrétions ou des maladresses ; leur boîte doit reposer sur un billot construit exprès ; ce billot doit être isolé des cloisons et reposer sur le pont, auquel on le fixe solidement. Pour plus de sûreté, on pose la boîte de la montre sur de la sciure de bois, sur de la laine, sur du crin ou sur un sachet renfermant l'une de ces matières ; ou la cale entre quatre listeaux au moyen de sachets semblables. Une fois la montre placée à bord, on ne doit jamais la déplacer sans une nécessité absolue.

Le remontage des chronomètres doit se faire tous les jours à la même heure, à 9^h du matin par exemple ; il doit être opéré avec précaution et sans brusquerie ; la main qui tient la montre ne doit lui imprimer aucun mouvement. Quand on a plusieurs chronomètres à bord, on les place à 15 ou 20 centimètres au moins l'un de l'autre.

Afin de constater les écarts de marche des divers chronomètres, on les compare immédiatement après le remontage à l'un d'eux ; on inscrit ces comparaisons en notant leur date.

Quand on tire le canon à bord d'un navire, il est bon de faire tenir les montres à deux mains ; on peut encore les placer sur un lit et les recouvrir d'oreillers ou de couvertures, afin d'amortir les secousses et les vibrations.

2. *Comparer deux chronomètres entre eux.* — Dans les observations ordinaires, il suffit d'avoir les comparaisons des chronomètres à la seconde près ; la manière de comparer est par suite assez indifférente ; mais quand on règle les montres, soit par des observations directes, soit à l'aide de pendules réglées, il devient indispensable d'apprécier au moins la demi-seconde; on fera bien alors d'employer les procédés suivants ou des procédés analogues. Les chronomètres battent en général la demi-seconde ou les deux cinquièmes de seconde; dans ce dernier cas, les coïncidences de l'aiguille des secondes et des divisions du cadran n'ont lieu que sur les divisions paires du cadran.

1° Supposons que deux chronomètres A, B battent la demi-seconde; on compare le chronomètre B au chronomètre A.

Écrivez d'avance l'heure, la minute, le nombre rond de dizaines de secondes que doit marquer prochainement le chronomètre A. Quinze secondes avant l'arrivée de l'aiguille des secondes de A sur le nombre rond de dizaines de secondes qui est inscrit, prévenez par le mot *attention!* la personne qui veille l'aiguille des secondes de B. Dix secondes avant l'arrivée de l'aiguille des secondes de A sur le nombre rond de dizaines de secondes qui est inscrit, comptez haut à chaque double battement, c'est-à-dire de deux en deux battements 0, 1, 2..... 9, *top!* La personne qui suit l'aiguille des secondes de B saisit l'instant du *top!* et dicte l'heure, la minute la seconde et la demi-seconde correspondantes.

Il est facile d'avoir la demi-seconde en comptant les battements de l'aiguille des secondes de B à partir d'un nombre de secondes de ce chronomètre. Si, à partir de 35^s, par exemple, on compte sept battements jusqu'au moment du *top!* le nombre de secondes de B, au moment du *top!* est $35^s + \frac{7^s}{2}$ ou $38^s.5$.

2° Le chronomètre A marque les deux cinquièmes de secondes, le chronomètre B la demi-seconde; on compare le chronomètre B au chronomètre A.

Inscrivez d'avance l'heure, la minute et un nombre pair de secondes que doit marquer prochainement le chronomètre A. Sept ou huit secondes avant la coïncidence de l'aiguille des secondes de A avec la division inscrite du cadran, avertissez par le mot *attention!* la personne qui suit l'aiguille de B et compte les battements; au moment de la coïncidence de l'aiguille des secondes de A avec la division inscrite du cadran, un *top!* bref et distinct permettra de saisir la seconde et la demi-seconde qu'indique le chronomètre.

3° Les deux chronomètres A, B battent les deux cinquièmes; on compare B à A.

Inscrivez d'avance l'heure, la minute et un nombre pair de secondes que doit marquer prochainement le chronomètre A; quinze secondes avant l'instant inscrit, avertissez par le mot *attention!* la personne qui suit B, puis, dix secondes avant l'instant inscrit, dites : *Comptez!* Dès que l'aiguille des secondes de B se trouve sur une division paire du cadran, la personne qui suit B énonce à haute voix le nombre de secondes (supposons 42^s), puis continue en suivant les battements avec les doigts :

42^s... 1... 2... 3... 4... 44^s... 1... 2... 3... 4... 46^s.... etc.

Si, lors du passage de l'aiguille des secondes de A sur la division inscrite d'avance, le compteur prononçait 3 après 44^s, cela signifierait que l'on doit écrire 44^s et trois battements; ou, puisque chaque battement vaut $\frac{2^s}{5}$ ou $\frac{4^s}{10}$, $44^s + \frac{12^s}{10} = 45^s.2$. Ainsi, à l'époque inscrite de A, le nombre de secondes indiqué par B serait $45^s.2$.

La personne qui suit les battements pourrait encore compter :

42^s... 4... 8... 12... 16... 44^s... 4... 8... 12... 16... 46^s.... etc.

Si elle prononce 12 après 44^s à l'époque inscrite de A, on voit que le nombre de secondes indiqué par B est $44^s + \frac{12}{10}$ ou $45^s.2$ Il suffit d'ailleurs de prendre quelques comparaisons pour comprendre parfaitement tout ce qui les concerne.

3. *Considérations sur la marche des chronomètres.* — Dans tous les calculs que nous avons indiqués sur les chronomètres, nous avons supposé constante la marche diurne du chronomètre; nous avons dit qu'on devait régler les chronomètres aussi souvent et surtout aussi exactement que possible; la marche diurne une fois déterminée doit servir pour tous les calculs jusqu'à ce qu'on la fixe de nouveau soit par des observations directes, soit par des comparaisons du chronomètre à une pendule déjà réglée. Or un chronomètre serait parfait si sa marche diurne était régulière; une marche diurne constante ne peut donc pas être espérée.

M. Lieussou, ingénieur hydrographe, dans un Mémoire publié en 1854, a exposé ses recherches sur les irrégularités de marche des chronomètres; il a donné une formule qui permet de corriger chaque jour la marche diurne des influences du changement de température, de l'âge des huiles ou du défaut d'isochronisme du régulateur du chronomètre. M. Lieussou est arrivé à sa formule en suivant pendant une année soixante chronomètres à l'observatoire de Paris; il notait chaque jour l'état absolu de chaque chronomètre sur le midi moyen de Paris, puis la température moyenne diurne que l'expérience indique être, pour un lieu quelconque, celle de 9^h du matin; il concluait pour chaque jour la marche diurne de chaque chronomètre.

Les soixante chronomètres ont conduit, par leurs indications, à des résultats analogues.

Supposons d'abord qu'on cherche, pour un même chronomètre, dans le registre d'observations, les époques de même température : le registre donnera :

Température diurne..... t..... Époque T..... Marche diurne..... m
Température diurne..... t..... Époque T'..... Marche diurne..... m'
Température diurne..... t..... Époque T''..... Marche diurne..... m''
....

Soient x le nombre exact de jours écoulés entre les époques T, T', et x' entre les époques T', T''. M. Lieussou a trouvé qu'on avait :

$$m' = m + bx,\ m'' = m' + bx',\ m'' = m + b\,(x + x').$$

Le coefficient b est constant pour un même chronomètre; dans les chronomètres de la marine militaire, b ne dépasse pas $0^s.01$.

Si maintenant on prend, pour un même chronomètre, dans le registre d'observations, les indications à des époques où les températures sont différentes, on aura :

Température diurne..... t..... Époque T..... Marche diurne.... m
Température diurne..... t'..... Époque T'..... Marche diurne.... m'

M. Lieussou a trouvé qu'on avait, en appelant a la marche diurne à une époque initiale, x le nombre de jours écoulés entre cette époque initiale et l'époque T, x' le nombre de jours écoulés entre cette époque initiale et l'époque T',

$$m = a + bx - c\,(\theta - t)^2,\quad m' = a + bx' - c\,(\theta - t')^2$$

b étant le coefficient précédemment trouvé pour le chronomètre dont on s'occupe, c, θ deux coefficients constants pour un même chronomètre.

4. Les recherches de M. Lieussou n'ont porté que sur des chronomètres suivis pendant un an à l'observatoire de Paris; pour un chronotre exposé à tous les accidents d'une longue navigation, l'expérience doit décider si les constantes a, b, c, θ, déterminées avant le départ, peuvent servir pour toute la campagne ou être calculées à nouveau de temps à autre. Il est probable que les constantes c, θ, qui dépendent de la compensation du chronomètre, sont invariables.

5. Les constantes a, b, c, θ peuvent être déterminées pour un chronomètre donné au moyen de quatre marches diurnes observées à des températures et à des époques différentes.

Une fois les constantes déterminées, on a, en appelant E_0, m_0, l'état absolu, la marche diurne du chronomètre observés au départ,

$$m = m_0 + bx - c\,(\theta - t)^2$$

En appelant m la marche diurne, b la température diurne (9^h du matin) pour une époque qui arrive x jours après le départ.

On peut déterminer pour chaque jour la marche diurne; on a ainsi pour l'état chaque jour

$$\text{État} = E_0 + m_1 + m_2 + m_3 + \ldots\ldots$$

Si on ne veut calculer la marche diurne du chronomètre que tous les dix jours, on pourra écrire

$$m = m_0 + 10\,b - c\left\{\theta - \frac{t_1 + t_2 + t_3 \ldots\ldots + t_{10}}{10}\right\}^2$$

et on aura un résultat suffisamment exact.

LIVRE VI.

CALCUL DE LATITUDE A L'AIDE DES HAUTEURS MÉRIDIENNES ET CIRCUMMÉRIDIENNES DES ASTRES; A L'AIDE DES HAUTEURS DE L'ÉTOILE POLAIRE.

CHAPITRE Ier.

Hauteurs méridiennes, circumméridiennes.

1. *Hauteurs méridiennes.* — Soient PP' la ligne des pôles, PZQP'N' le méridien du lieu d'observation, Z le zénith de l'observateur, QQ' l'équateur, NS l'horizon. Nous supposerons que le pôle P est le pôle nord. La ligne des pôles divise le méridien du lieu en deux parties égales : l'une, qui contient le zénith, est le méridien supérieur; l'autre est le méridien inférieur.

Passage au méridien supérieur. Si la latitude du lieu d'observation et la déclinaison de l'astre observé ont même nom, l'astre peut, lors de son passage au méridien supérieur, être en A ou en A'. Si l'astre est en A, l'observateur fait face au nord pour mesurer, au cercle à réflexion ou au sextant, la hauteur méridienne instrumentale de l'astre de laquelle il déduit la hauteur méridienne vraie AN et la distance zénithale méridienne vraie ZA. On a ZQ = AQ — AZ ou

latitude N. = déclin. N. + dist. zén. mér. vraie (face au N.).

Si l'astre est en A', l'observateur fait face au sud pour mesurer la hauteur méridienne instrumentale de l'astre de laquelle il déduit la distance zénithale méridienne vraie ZA'. On a ZQ = ZA' + A'Q ou

latitude N. = déclin. N. + dist. zén. mér. vraie (face au S.).

Si la latitude du lieu d'observation et la déclinaison de l'astre observé ont nom contraire, l'astre est en A'' lors de son passage au méridien supérieur ; l'observateur fait face au sud pour mesurer la hauteur méridienne instrumentale de l'astre, de laquelle il déduit la distance zénithale méridienne vraie ZA''. On a ZQ = ZA'' — A''Q, ou

latitude N. = dist. zén. mér. vraie (face au S.) — déclin. S.

De ces considérations on déduit la règle pratique suivante :

On donne à la distance zénithale méridienne vraie le nom du point cardinal (N. ou S.) auquel on tourne le dos pendant l'observation de la hauteur méridienne. La somme de la distance zénithale méridienne vraie et de la déclinaison, si elles ont même nom, leur différence, dans le cas contraire, fait connaître la latitude qui a toujours le nom de la plus forte des deux quantités.

Passage au méridien inférieur. Pour qu'un astre soit visible lors de son passage au méridien inférieur, il doit être placé entre le pôle élevé et l'horizon, en A''' par exemple; sa déclinaison a même nom que la latitude du lieu d'observation et est plus grande que sa hauteur vraie. On a PN = NA''' + PA''' ou

$$\text{latitude} = \text{hauteur mér. vraie} + \text{distance polaire.}$$

2. D'après ce qui précède, si on appelle H la hauteur vraie d'un astre, δ sa distance polaire lors de son passage au méridien supérieur, l la latitude du lieu d'observation, on a $H = l + \delta$ si l'astre passe au méridien supérieur entre le pôle et le zénith, et $H = 180^\circ - (l + \delta)$ dans les deux autres cas.

Pour le passage au méridien inférieur, en prenant une notation analogue à la précédente, on a toujours $H = l - \delta$.

3. *Hauteurs circumméridiennes.* — Les hauteurs observées peu de temps avant ou peu de temps après le passage d'un astre au méridien sont dites hauteurs circumméridiennes.

Soient, à un moment quelconque, dans un lieu de latitude l, h la hauteur vraie, δ la distance polaire, P l'angle au pôle d'un astre; on a, dans le triangle sphérique dont les trois sommets sont le pôle élevé, le centre de l'astre, le zénith,

$$\sin h = \sin l \cos \delta + \sin \delta \cos l \cos P$$

ou, à cause de $\cos P = 1 - 2 \sin^2 \frac{P}{2}$

$$\sin h = \sin l \cos \delta + \sin \delta \cos l - 2 \sin \delta \cos l \sin^2 \frac{P}{2}, \quad \sin h = \sin (l + \delta) - 2 \sin \delta \cos l \sin^2 \frac{P}{2}.$$

Premier cas. — La déclinaison de l'astre considéré est constante. Soit H la hauteur méridienne supérieure vraie de l'astre; on a $H = l + \delta$ ou $H = 180^\circ - (l + \delta)$. L'égalité $\sin h = \sin (l + \delta) - 2 \sin \delta \cos l \sin^2 \frac{P}{2}$, donne dans les deux cas $\sin h = \sin H - 2 \sin \delta \cos l \sin^2 \frac{P}{2}$,

d'où $$\sin H - \sin h = 2 \sin \delta \cos l \sin^2 \frac{P}{2}.$$

Or, on a $\sin H - \sin h = 2 \sin \frac{H - h}{2} \cdot \cos \frac{H + h}{2}$, ou, puisque $\frac{H + h}{2} = H - \frac{H - h}{2}$, on obtient

$$\sin H - \sin h = 2 \sin \frac{H - h}{2} \cos \cdot \left(H - \frac{H - h}{2}\right);$$

en développant $\cos \left(H - \frac{H - h}{2}\right)$, on a

$$\sin H - \sin h = 2 \sin \frac{H - h}{2} \left(\cos H \cdot \cos \frac{H - h}{2} + \sin H \cdot \sin \frac{H - h}{2}\right),$$

et, en effectuant la multiplication du second membre et remarquant l'égalité $\sin (H - h) = 2 \sin \frac{H - h}{2} \cos \frac{H - h}{2}$,

$$\sin(H-h)\cdot\cos H+2\sin H\cdot\sin^2\frac{H-h}{2}=2\sin\delta\cos l\sin^2\frac{P}{2}.$$

On tire de cette égalité la valeur de sin (H — h),

$$\sin(H-h)=2\,\frac{\sin\delta\cos l}{\cos H}\cdot\sin^2\frac{P}{2}-2\,\mathrm{tg}\,H\cdot\sin^2\frac{H-h}{2}.$$

Si le moment où on a observé la hauteur vraie h est assez voisin de l'instant du passage de l'astre considéré au méridien supérieur pour qu'on puisse poser $\sin(H-h)=(H-h)\sin 1''$, $\sin\frac{P}{2}=\frac{P}{2}\sin 1''$, on a

$$H-h=\frac{\sin\delta\cos l}{\cos H}\cdot\frac{P^2}{2}\sin 1''-\mathrm{tg}\,H\cdot\frac{(H-h)^2}{2}\sin 1''.$$

4. Pour mettre la valeur de H — h sous une forme commode, transformons le premier terme du second membre $\frac{\sin\delta\cos l}{\cos H}\cdot\frac{P^2}{2}\sin 1''$.

Exprimons l'angle au pôle de l'astre en minutes de temps de l'astre; P exprime des secondes de degré, $\frac{P}{15}$ exprimera des secondes de temps, $\frac{P}{15.60}$ ou $\frac{P}{900}$ des minutes de temps; posons $\frac{P}{900}=p$ ou $P=900\,p$.

Le terme $\frac{\sin\delta\cos l}{\cos H}\cdot\frac{P^2}{2}\cdot\sin 1''$ est devenu $\frac{1}{2}\cdot\overline{900}^2\cdot\sin 1''\cdot\frac{\sin\delta\cos l}{\cos H}\cdot p^2$.

Posons encore $\alpha=\frac{1}{2}\,\overline{900}^2\sin 1''\cdot\frac{\sin\delta\cos l}{\cos H}$; la valeur de H — h s'écrira

$$H-h=\alpha\,p^2-\mathrm{tg}\,H\cdot\frac{(H-h)^2}{2}\sin 1''.$$

Soit d la déclinaison de l'astre à l'instant de l'observation. Si, la latitude et la déclinaison ayant même nom, la déclinaison est plus grande que la latitude, on a $\delta=90^\circ-d$, $H=l+\delta=90^\circ-(d-l)$, et

$$\alpha=\frac{1}{2}\,\overline{900}^2\cdot\sin 1''\cdot\frac{\cos d\,.\cos l}{\sin(d-l)}.$$

Si, la latitude et la déclinaison ayant même nom, la latitude est plus grande que la déclinaison, on a $\delta=90^\circ-d$, $H=180^\circ(l+\delta)=90^\circ-(l-d)$, et

$$\alpha=\frac{1}{2}\,\overline{900}^2\sin 1''\cdot\frac{\cos d\,.\cos l}{\sin(l-d)}.$$

Si la latitude et la déclinaison n'ont pas même nom, on a

$$\delta=90^\circ+d,\ H=180^\circ-(l+\delta)=90^\circ-(l+d),\ \text{et}$$

$$\alpha=\frac{1}{2}\,\overline{900}^2\sin 1''\cdot\frac{\cos d\,.\cos l}{\sin(l+d)}.$$

5. La valeur approchée de H — h est αp^2; la hauteur circumméridienne étant voisine du méridien, on peut, dans le second membre de l'égalité $H-h=\alpha\,p^2-\frac{1}{2}\,\mathrm{tg}\,H\cdot(H-h)^2\sin 1''$, substituer à H — h la valeur approchée αp^2; on a

$$H - h = \alpha p^2 - \frac{1}{2}\,\text{tg}\,H \cdot \alpha^2 p^4 \sin 1''.$$

Dans le second membre, le second terme est toujours fort petit par rapport au premier; et par suite on conclut qu'*un astre qui n'a pas de mouvement en déclinaison culmine au méridien supérieur.*

En navigation, on néglige le second terme du second membre, et on écrit simplement $H = h + \alpha p^2$; alors αp^2 représente le changement en hauteur de l'astre entre l'instant de l'observation et l'instant du passage au méridien; si on fait $p = 1^m$, α représente le changement en hauteur de l'astre pendant la minute de temps (temps de l'astre observé) qui précède ou qui suit le passage de l'astre au méridien supérieur.

6. La table XXVI de Callet intitulée: *Changement en hauteur d'un astre pendant la minute qui précède ou qui suit son passage au méridien*, donne les valeurs de α; elle est divisée en deux parties distinctes. Dans la première partie de la table, on suppose que la latitude et la déclinaison ont même nom; on a alors $\alpha = \frac{1}{2}\,\overline{900}^2 \cdot \sin 1'' \cdot \frac{\cos d \cos l}{\sin(d-l)}$ ou $\alpha = \frac{1}{2}\,\overline{900}^2 \sin 1'' \frac{\cos d \cos l}{\sin(l-d)}$; les valeurs de α sont infinies, comme on le voit pour $l = d$; la hauteur méridienne est alors de $90°$. Dans la seconde partie de la table, on suppose que la latitude et la déclinaison n'ont pas même nom; on a alors $\alpha = \frac{1}{2}\,\overline{900}^2 \cdot \sin 1'' \cdot \frac{\cos d \cos l}{\sin(l+d)}$.

L'argument horizontal de la table est la déclinaison de l'astre observé, l'argument vertical est la latitude du lieu d'observation. Les nombres de la table sont calculés au demi-centième de seconde près. On doit remarquer, pour le calcul direct de α, que $\log \frac{1}{2}\,\overline{900}^2 \cdot \sin 1'' = 0.2930299$.

Les traits ⟷ qu'on rencontre parfois dans la première partie de la table indiquent que la valeur de α est infinie; l'application de la formule précédemment démontrée est alors impossible.

7. Si on connaît h, p, α, on peut conclure la valeur de la hauteur méridienne vraie $H = h + \alpha p^2$ et trouver la latitude du lieu d'observation. Pour déterminer α on emploie la déclinaison de l'astre et la latitude estimée du lieu d'observation; on indiquera ultérieurement comment on se procure p.

La valeur approchée de H donnée par la formule $H = h + \alpha p^2$ peut être diminuée du terme $\frac{1}{2}\,\text{tg}\,H \cdot \alpha^2 p^4 \sin 1''$ qu'on calculerait à l'aide de la valeur approchée de H.

Si on emploie la valeur $H = h + \alpha p^2$, on commet sur la hauteur méridienne H, et par suite sur la latitude, une certaine erreur; si cette erreur ne doit pas, pour les besoins de la navigation, dépasser une quantité e, on pose $\frac{1}{2}\,\text{tg}\,H \cdot \alpha^2 p^4 \sin 1'' < e$ et on conclut

$$p < \sqrt[4]{\frac{2e}{\alpha^2 \sin 1'' \cdot \text{tg}\,H}};$$

la valeur de e est exprimée en secondes de degrés. On trouve ainsi une limite de l'intervalle de temps (temps de l'astre) pendant lequel les hauteurs circumméridiennes peuvent être employées à la recherche de la latitude; cet intervalle de temps est variable; il est d'autant plus grand que la hauteur méridienne de l'astre observé (on la connaît toujours approximativement) est moindre, et que le changement en hauteur de l'astre pendant la minute de temps qui précède ou qui suit le passage au méridien est petit. On voit encore ici que les hauteurs circumméridiennes ne peuvent être employées si l'astre est au zénith ou très-près du zénith à l'instant de son passage au méridien supérieur.

Les préliminaires de la table XXVI de Callet contiennent un tableau qui facilite la recherche du temps pendant lequel on peut prendre les circumméridiennes; on a supposé $e = 60'' = 1'$, puisqu'à la mer il suffit de déterminer sa position à la minute près. L'argument du tableau est la distance zénithale méridienne de l'astre; on trouve en regard de l'argument, et sur la même ligne horizontale, le nombre

$$\sqrt[4]{\frac{2e}{\sin 1''.\,\mathrm{Tg\,H}}} \text{ ou } \sqrt[4]{\frac{2e}{\sin 1''.\cot g\,(90^\circ - \mathrm{H})}},$$

le quotient de ce nombre par $\sqrt{\alpha}$ donne le temps limité.

Exemple. — *Dans un lieu de latitude estimée 46° N., on demande pendant combien de temps (temps de l'astre observé) on peut se servir, pour déterminer la latitude à 1′ près, des hauteurs circumméridiennes d'un astre dont la déclinaison est 20° Sud.*

Pour une distance zénithale $46^\circ + 20^\circ = 66^\circ$, le tableau donne le nombre 86. La table XXVI (seconde partie) donne $\alpha = 1''.40$. La racine carrée de α tombe entre 1 et 2; le temps limité est $\frac{86}{2}$ ou 43^{m}. On est certain que les hauteurs circumméridiennes de l'astre dont on s'occupe pourront être employées, pour la recherche de la latitude à 1′ près, pendant 43^{m} avant et pendant 43^{m} après le passage de l'astre au méridien, c'est-à-dire pendant un intervalle de temps total de $1^{h}\,26^{m}$ (temps de l'astre observé).

On aurait une limite plus exacte du temps en remarquant que $\sqrt{1{,}40}$ tombe entre 1,1 et 1,2; on aurait ainsi $p < \frac{86}{1{,}2}$ ou $p < 71^{m}$. Le calcul direct de la formule donnerait $p < 73^{m}$

Nota. — Si on veut chercher le temps pendant lequel la formule $\mathrm{H} = h + \alpha p^2$ peut donner la latitude à 10″ près, on calcule directement

$$\sqrt[4]{\frac{2e}{\alpha^2 \sin 1''.\,\mathrm{tg\,H}}}.$$

log ($2e = 20''$)......	= 1.3010300	On trouve qu'on peut employer les circumméridiennes 46^{m} avant et 46^{m} après le passage de l'astre au méridien. Ce calcul montre que la manière approchée qui a été indiquée pour trouver le temps limite, donne toute certitude qu'on fait les observations à des moments convenables.
colog tg ($\mathrm{H} = 24^\circ$)..	= 0.3514169	
colog sin 1″........	= 5.3144251	
colog ($\alpha = 1''{,}4)^2$...	= 9.7077440	
Somme........	= 6.6746160	
Le quart.......	= 1.6686540	
	$46^{m}.6$	

8. Si on considère la hauteur circumméridienne voisine de l'instant du passage de l'astre au méridien inférieur, on a $\mathrm{H} = l - \delta$. L'égalité $\sin h = \sin l \cos \delta + \sin \delta \cos l \cos \mathrm{P}$ subsiste; si on désigne par P′ l'angle formé au pôle élevé par le cercle de déclinaison de l'astre et le méridien inférieur du lieu d'observation, on a $\mathrm{P} = 180^\circ - \mathrm{P}'$ et par

suite $\sin h = \sin l \cos \delta - \sin \delta \cos l \cos P'$. Des transformations analogues à celles qui ont été faites précédemment donnent

$$h - H = \frac{\sin \delta \cos l}{\cos H} \cdot \frac{P'^2}{2} \sin 1'' + \frac{1}{2} \operatorname{tg} H (h - H)^2 \sin 1''.$$

En appelant d la déclinaison qui correspond à la distance polaire δ, on a $\delta = 90° - d$, $H = l - \delta = l + d - 90°$; par suite $\cos H = \sin (l + d)$. Si on nomme p le nombre de minutes de temps (temps de l'astre observé) qui s'écoule entre l'instant de l'observation et l'instant du passage au méridien inférieur, on pose

$$\frac{\sin \delta \cos l}{\cos H} \cdot \frac{P'^2}{2} \sin 1'' = \frac{1}{2} \overline{900}^2 \cdot \sin 1'' \cdot \frac{\cos d \cos l}{\sin (l + d)} \cdot p^2.$$

On aura encore $\alpha = \frac{1}{2} \overline{900}^2 \cdot \sin 1'' \cdot \frac{\cos d \cos l}{\sin (l + d)}$, et la seconde partie de la table XXVI servira pour trouver le nombre α. On aura, en résumé

$$H = h - \alpha p^2 - \frac{1}{2} \operatorname{tg} H \cdot \alpha^2 p^4 \sin 1''.$$

La hauteur minimum d'un astre dont la déclinaison est constante est sa hauteur méridienne inférieure. On se servira simplement de la formule $H = h - \alpha p^2$, et on déterminera comme précédemment le temps pendant lequel les hauteurs circumméridiennes peuvent être employées à la recherche de la latitude.

9. *Hauteurs circumméridiennes. — Second cas : la déclinaison de l'astre considéré n'est pas constante.* — Au moment de l'observation, on a l'égalité $\sin h = \sin (l + \delta) - 2 \sin \delta \cos l \sin^2 \frac{P}{2}$, et, en posant suivant les cas qui se présentent, $H' = l + \delta$ ou $H' = 180° - (l + \delta)$, on arrive à la formule $H' = h + \alpha p^2$. Si H est la hauteur méridienne supérieure de l'astre, Δ sa distance polaire à l'instant du passage au méridien, on a $H = l + \Delta$ ou $H = 180° - (l + \Delta)$.

La relation $H = l + \Delta$ peut s'écrire

$$H = l + \delta + \Delta - \delta = H' + \Delta - \delta;$$

la relation $H = 180° - (l + \Delta)$ peut s'écrire

$$H = 180° - (l + \delta) + \delta - \Delta = H' + \delta - \Delta.$$

Donc, dans le cas où, la latitude et la déclinaison ayant même nom, la déclinaison est plus grande que la latitude,

$$H = h + \Delta - \delta + \alpha p^2,$$

et, dans tous les autres cas, $H = h + \delta - \Delta + \alpha p^2$.

On néglige l'effet insensible du changement en déclinaison sur la valeur de α. La recherche du nombre α se fait comme il a été dit précédemment; on trouve aussi comme précédemment le temps pendant lequel les hauteurs circumméridiennes peuvent servir à la recherche de la latitude.

Appelons D la déclinaison méridienne de l'astre, d la déclinaison à l'instant de l'observation, on trouve aisément ce qui suit :

Si la latitude et la déclinaison ayant même nom, la déclinaison est plus grande que la latitude,

$$H = h + D - d + \alpha p^2.$$

Si, la latitude et la déclinaison ayant même nom, la latitude est plus grande que la déclinaison,

$$H = h + d - D + \alpha p^2.$$

Si la latitude et la déclinaison sont de différente dénomination,

$$H = h + d - D = \alpha p^2.$$

On doit donc tenir compte, pour trouver la hauteur méridienne vraie, du changement en déclinaison de l'astre dans l'intervalle de temps qui s'écoule entre l'instant de l'observation de la hauteur circumméridienne et l'instant du passage au méridien.

10. Posons $d - D = x$; l'égalité $H = h + x + \alpha p^2$ montre que *la hauteur méridienne supérieure d'un astre, dont la déclinaison n'est pas constante, peut ne pas être hauteur maximum.* Soient en effet h, h' deux hauteurs circumméridiennes prises de part et d'autre du méridien; la première, une minute (temps de l'astre) avant le passage, la seconde, une minute après. On aura $H = h + x + \alpha$, $H = h' - x + \alpha$; il est bien évident que x change de signe, la déclinaison allant dans le même sens, c'est-à-dire croissant constamment ou diminuant constamment depuis la première observation jusqu'à la dernière. La hauteur méridienne serait maximum si on avait à la fois $H > h$, $H > h'$; il faut évidemment, pour que cette double condition soit remplie, avoir $x < \alpha$. Si donc le changement en déclinaison de l'astre pendant une minute de temps est supérieur au changement en hauteur pendant une minute de temps, l'astre ne culmine pas au méridien. De tous les astres, la lune est celui dont le mouvement en déclinaison peut être le plus grand; *la lune est le seul astre pour lequel la hauteur méridienne peut ne pas être hauteur maximum.*

11. La remarque qui précède est fort importante. La recherche de la latitude à l'aide de l'observation de la hauteur méridienne d'un astre est commode quand l'astre culmine au méridien; l'observateur saisit aisément l'instant de la culmination et prend bien la hauteur méridienne. L'observation devient incertaine quand l'astre ne culmine pas au méridien; il faut déterminer en effet l'instant précis auquel on doit observer.

Les hauteurs méridiennes ne peuvent donner une bonne latitude que dans le cas où l'astre culmine au méridien. Il est du reste facile de trouver si, dans le lieu d'observation à un jour donné, l'astre culmine ou ne culmine pas lors de son passage au méridien.

Exemple. — *La lune culmine-t-elle lors de son passage au méridien supérieur de Brest (lat. 48°.4 N.) le 5 avril 1857?*

L'heure approchée du passage de la lune au méridien supérieur de Brest le 5 avril est $9^h\ 45^m$. La déclinaison de la lune le 5 avril à 12^h est 10° 38′ 37″ B; le changement en déclinaison en 12^h est 2° 48′ 36″ ou 168′.6.

Changement en 12^h.....	168′.6	La table XXVI, première partie, donne $\alpha = 2''.14$ pour 48° latitude et 11° déclinaison. Or $14''.05 > 2''.14$; donc la lune ne culmine pas.
— en 12^m.....	168″.6	
— en 1^m.....	14″.05	

Nota. L'inspection de la table XXVI montre que la lune culminerait lors de son passage le 5 avril au méridien des lieux qui auraient pour longitude 0° et qui auraient une latitude nord comprise entre 4° et 18°.

12. Dans le cas où l'astre observé a un mouvement en déclinaison, la hauteur méridienne inférieure est donnée par la formule

$$H = h + (D - d) - \alpha p^2.$$

On arrive à ce résultat en suivant la marche précédemment indiquée et en employant des notations analogues. On voit que, l'astre observé ayant un mouvement en déclinaison, la hauteur méridienne inférieure peut ne pas être hauteur minimum.

CHAPITRE II.

Calculer la latitude à l'aide de hauteurs méridiennes et circumméridiennes.

1. *Calcul de la latitude à l'aide de la hauteur méridienne d'un astre.* — On sait déterminer l'instant du passage d'un astre au méridien supérieur d'un lieu; nous admettons qu'on n'observe jamais que les hauteurs méridiennes des astres qui culminent à l'instant de leur passage au méridien.

Quelques instants avant l'instant du passage au méridien, on se met en observation; l'observateur saisit aisément l'instant de la culmination et prend la hauteur méridienne. Le point, fait pour l'instant de l'observation, donne la latitude estimée et la longitude estimée du lieu d'observation. L'heure du passage de l'astre au méridien de l'observateur, combinée à la longitude estimée, fait connaître l'heure de Paris pour laquelle on calcule la déclinaison de l'astre et tous autres éléments nécessaires de la *Connaissance des temps*. On corrige la hauteur méridienne observée pour avoir la hauteur méridienne vraie, puis la distance zénithale méridienne vraie.

Pendant l'observation on constate aisément si on fait face au nord ou face au sud; la distance zénithale méridienne vraie prend le nom du point cardinal (N. ou S.) auquel on tournait le dos pendant l'observation de la hauteur méridienne. La somme de la distance zénithale méridienne vraie et de la déclinaison, si elles ont même nom, leur somme dans le cas contraire, fait connaître la latitude, qui a toujours le nom de la plus forte des deux quantités.

Exemple I. — *Le 10 juin 1857, dans un lieu situé par une latitude estimée 27° 57′ S., une longitude estimée $2^h\ 54^m\ 30^s$ O., on a observé, face au N., la hauteur méridienne* $\underline{\odot}$ *de 38° 52′ 15″, l'œil élevé de $4^m.6$. On demande la latitude.*

H. du pass. au lieu le 10...	=	$0^h\ 00^m\ 00^s$ t. v.	Hauteur vraie ⊙.. = 39° 03′ 08″
Longitude ouest.........	+	$2^h\ 54^m\ 30^s$	Dist. zénithale.... = 50° 56′ 52″ A
			Déclinaison...... = 23° 03′ 06″ B
Heure de Paris le 10......	=	$2^h\ 54^m\ 30^s$ t. v.	Latitude sud..... = 27° 53′ 46″
Equation du temps à vue..	=	$11^h\ 59^m\ 08^s$	
Heure de Paris le 10......	=	$2^h\ 53^m\ 38^s$ t. m.	
Déclinaison le 10 à $2^h\ 53^m\ 38^s$	=	23° 03′ 06″ B	

Exemple II. — *Le 25 mai 1857, dans un lieu situé par une latitude estimée 51° 45 N., une longitude estimée $4^h\ 01^m\ 27^s$ O., on a observé, face* *au S., la hauteur méridienne ☾ de 66° 47′ 52″, l'œil élevé de 8^m; erreur instrumentale — 10′ 10″. On demande la latitude.*

Avant d'observer, il faut savoir si la lune culminera à l'instant de son passage au méridien supérieur. La *Connaissance des temps* indique que la lune passe au méridien supérieur de Paris le 25 à $1^h\ 55^m$, et le 26 à $2^h\ 59^m$. L'heure approchée du passage dans le lieu est donc le 25 à 2^h, et l'heure de Paris correspondante est le 25 à 6^h.

La déclinaison de la lune le 25 à 0^h est 28° 32′ B; le changement en 12^h est 14′ 06″.9 ou 14′.115; on conclut que la variation de la déclinaison en 1^m est 1″.18. La table XXVI de Callet montre que le changement en hauteur de la lune, pendant la minute qui précède ou qui suit son passage au méridien, est plus grand que le changement en déclinaison en 1^m; en effet, pour une latitude de 52°, le changement en hauteur augmente avec la déclinaison et a une valeur de 2″.35 pour une déclinaison de 24°. La lune culmine donc lors de son passage au méridien, et la hauteur méridienne donnera une bonne latitude.

Changement en 12^h.....	14′.115
— en 12^m....	14″.115
— en 1^m....	1″.18

On calcule l'heure du passage de la lune à 30^s près à l'aide de la longitude estimée; on conclut l'heure de Paris correspondante pour laquelle on calcule la déclinaison (en tenant compte des différences secondes) et tous autres éléments nécessaires de la *Connaissance des temps*. La latitude estimée sert à corriger la parallaxe horizontale équatoriale.

Heure du passage le 25......	$2^h\ 05^m\ 44^s$
Longitude ouest........	+ $4^h\ 01^m\ 27^s$
Heure de Paris le 25........	$6^h\ 07^m\ 11^s$

Déclinaison le 25 à 0^h..	28° 31′ 39″.1 B.
Correction diff. prem...	— 7′ 11″.9
Correction diff. sec....	+ 3′ 29″.8
Déclinaison calculée...	28° 28′ 06″.3 B.

Demi-diam. horizontal.......	16° 20′.3″
Parall. horiz. équat..........	59° 57′.2″
Parallaxe horizontale........	59° 50′.1″

Hauteur vraie du centre.	= 66° 39′ 44″.4
Dist. zénithale.........	= 23° 20′ 15″.6 B
Déclinaison...........	= 28° 28′ 06″.3 B
Latitude nord.........	= 51° 48′ 21″.9

Dans cet exemple, l'oubli de la correction provenant des différences secondes eût affecté la déclinaison, et par suite la latitude d'une erreur de — 3′ 29″.8.

2. *Usage des hauteurs circumméridiennes pour le calcul de latitude.* — L'observation des astres lors de leur passage au méridien n'est pas toujours possible; les hauteurs circumméridiennes peuvent servir à trouver une bonne latitude; elles ont de plus le double avantage de ne point fatiguer l'observateur dans l'observation des contacts et de présenter des vérifications.

Les hauteurs circumméridiennes du soleil étant plus usuelles sont les seules que nous considérerons; on conclura facilement les modifications à faire quand il s'agira d'astres autres que le soleil.

3. *Premier cas.* — Le matin on a pu faire un calcul de longitude dans un lieu A; on a déterminé l'heure temps vrai du lieu A correspondante à une heure lue au chronomètre. L'heure temps vrai obtenue retranchée de 24^h indique l'intervalle temps vrai qui sépare, dans le lieu A, l'instant du calcul de longitude de l'instant du midi vrai; cet intervalle temps vrai, ajouté à l'heure lue au chronomètre lors du calcul de longitude, donne l'heure approchée que marquera le chronomètre au midi vrai du lieu A. A l'aide de la latitude estimée et de la déclinaison du soleil qui ont servi au calcul de longitude, on détermine, au moyen de la table XXVI de Callet et du tableau qui se trouve dans les préliminaires de cette table, le temps limite pendant lequel les hauteurs circumméridiennes peuvent servir à la recherche de la latitude. On conclut les heures au chronomètres qui limitent cet intervalle de temps, et on a ainsi les époques chronométriques entre lesquelles on peut, dans le lieu A, observer des hauteurs circumméridiennes.

Depuis l'instant du calcul de longitude on a fait route, et les observations de hauteurs se font en un lieu nouveau B; mais on peut, à cause des faibles déplacements que la route faite occasionne en latitude et en longitude, considérer les calculs préparatoires effectués pour le lieu A comme donnant des indications fort suffisantes pour le lieu B.

On observe plusieurs hauteurs circumméridiennes, et, à chaque contact, on note l'heure correspondante au chronomètre; on prend la moyenne des hauteurs, la moyenne des heures au chronomètre.

On trouve, à l'aide des routes faites depuis qu'on a quitté le lieu A jusqu'au moment des observations, les différences en latitude et en longitude des lieux A, B; on conclut la latitude estimée et la longitude estimée du lieu B.

L'heure du passage du soleil au méridien supérieur du lieu B est $0^h\ 00^m\ 00^s$ t. v.; la longitude estimée de B fait connaître l'heure temps vrai correspondante de Paris; on conclut l'heure temps moyen de Paris pour laquelle on calcule la déclinaison du soleil.

On passe de la hauteur moyenne observée à la hauteur vraie du centre du soleil.

On calcule exactement l'heure indiquée par le chronomètre à l'instant du midi vrai du lieu B. Les différences entre cette heure et les heures de contact de chacune des observations circumméridiennes représentent les intervalles, temps chronométrique, qui séparent l'instant de chacune des observations de l'instant du midi vrai; elles sont toujours assez petites pour qu'on puisse négliger la correction qu'on devrait leur faire subir pour les réduire en intervalles temps vrai; on les regarde donc comme étant les nombres p, p', p''.....

$$\left.\begin{array}{l} H = h + \alpha p^2 \\ H = h' + \alpha p'^2 \\ H = h'' + \alpha p''^2 \\ \dots\dots\dots\dots \end{array}\right\} H = \frac{h + h' + h'' + \dots\dots}{\text{nombre de hauteurs}} + \alpha\,\frac{p^2 + p'^2 + p''^2 + \dots\dots}{\text{nombre de hauteurs}}$$

On élève les nombres p, p', p''..... au carré, et on prend le carré moyen. La latitude estimée du lieu B et la déclinaison méridienne calculée servent pour trouver le facteur α de la table XXVI. Le produit de α par le carré moyen ajouté à la hauteur moyenne circumméridienne vraie fait connaître la hauteur méridienne du soleil dans le lieu B; on a calculé la déclinaison méridienne du soleil; on conclut la latitude du lieu B.

La hauteur méridienne vraie devrait être corrigée du changement en déclinaison du soleil entre l'heure moyenne des observations et l'instant du midi vrai. Cette correction est toujours négligeable à la mer quand il s'agit du soleil; on doit en tenir compte dans les observations de précision à terre, et ne jamais l'oublier quand l'astre observé est la lune.

Les intervalles chronométriques que, dans le cas du soleil, nous considérons comme intervalles temps vrai et comme étant les nombres p, p', p''..... peuvent toujours être considérés comme des intervalles temps moyen, à cause de la petitesse ordinaire de la marche diurne des chronomètres. Si l'astre observé est une étoile, on se procure les nombres p, p', p''..... en réduisant les intervalles temps moyen en intervalles temps sidéral; si l'astre observé est la lune, on réduit les intervalles temps moyen en intervalles temps lunaire.

Exemple I. — *Le 15 avril au matin, à $7^h\,42^m\,24^s$ t. v. d'un lieu situé par une latitude estimée 26° 40′ N. et une longitude $7^h\,42^m\,53^s$ E., le chronomètre marquait $10^h\,39^m\,12^s.9$.*

Depuis on a fait 52 milles au N. 63° O. du monde, et, dans ce nouveau lieu, faisant face au sud, on a eu les observations circumméridiennes :

Hauteurs ☉.	*Heures au chronomètre.*
72° 16′ 00″	$2^h\,49^m\,52^s$
72 22 15	2 54 28.5
72 25 40	2 59 15
72 25 20	3 02 17
72 18 40	3 08 46

Élévation de l'œil $7^m.2$; erreur instrumentale — 1′ 16″ ; marche diurne du chronomètre — $10^s.86$. Trouver la latitude.

Heure vraie le 14.......	= $19^h\,42^m.4$	Décl. 10° B. / Latit. 27° N. } Tab. XXVI (1re partie)... $\alpha = 5''.89$
Interv. à midi vrai......	= $4^h\,17^m.6$	
Heure au chronom......	= $10^h\,39^m.2$	Dist zén. mér. appr. $l-d = 17°$... Nombre 52.
H. appr. du chr. à 0^h t. v.	= $2^h\,56^m.8$	

La racine carrée de α tombe entre 2 et 3; le temps limite d'observation des circumméridiennes est $\frac{52}{3}$ ou 17^m. Les heures au chronomètre entre lesquelles on pourra observer sont donc $2^h\,56^m.8 - 17^m$ et $2^h\,56^m.8 + 17^m$, c'est-à-dire $2^h\,39^m.8$ et $3^h\,13^m.8$. Ce calcul préparatoire peut se faire à vue et immédiatement après l'exécution du calcul de longitude.

La table IV pour faire le point indique qu'une route de 52 milles faite au N. 63° O. du monde donne un changement en latitude N. de 23′.6 et un chemin ouest de $46^m.3$; la latitude du lieu où on a observé les circumméridiennes est donc 27° 03′.6 N. De la latitude moyenne et du chemin ouest on conclut le changement en longitude 52′ O. ou $3^m\,28^s$ O. La longitude du lieu où on a observé les circumméridiennes est $7^h\,39^m\,25^s$ O.

Heure du 1er lieu t. v. le 14 avril.................	$19^h\,42^m\,24^s$
Changement en longitude ouest.................	— $3^m\,28^s$
Heure du 2e lieu t. v. le 14 avril.................	$19^h\,38^m\,56^s$
Intervalle t. v. au midi vrai du 15.................	$4^h\,21^m\,04^s$
Marche t. v. sur t. m. + $15^s.06$ / Marche t. m. sur chr. + $10^s.86$ / Marche t. v. sur chr. + $25^s.92$ } Pour $4^h\,21^m\,04^s$ et + $25^s.92$ }....	— $4^s.7$
Intervalle chron. au midi vrai du 15.............	$4^h\,20^m\,59^s.3$
Heure au chronomètre.........................	$10^h\,39^m\,12^s.9$
Heure au chronomètre à midi vrai...............	$3^h\,00^m\,12^s.2$

Interv. des observ. à midi vrai.		Carrés.
$10^m\,20^s.2$.......	$10^m.34$	106.92
$5^m\,43^s.7$.......	$5^m.73$	32.83
$1^m\,07^s.2$.......	$1^m.12$	1.25
$2^m\,04^s.8$.......	$2^m.08$	4.33
$8^m\,33^s.8$.......	$8^m.56$	73.27
	Somme........	218.60
	Carré moyen...	43.72

Table XXVI.... p^r lat. 27° N. et décl. 10° B........ $\alpha = 5''.89$
Produit du carré moyen par α.............. 257″.5 ou 4′ 17″.5

H. t. v. du pass. le 15..	$0^h\,00^m\,00^s$
Longitude est........	$-7^h\,39^m\,25^s$
H. t. v. de Paris le 14.	$16^h\,20^m\,35^s$
Equat. du temps à vue.	+ 4^s
H. t. m. de Paris le 14.	$16^h\,20^m\,39^s$
Déclinaison calculée	9° 44′ 03″.5 B
Haut. moy. circumm.	72° 21′ 35″
Haut. vraie circumm.	72° 31′ 15″.5
Changement en haut.	+ 4′ 17″.5
Hauteur vraie mérid.	72° 35′ 33″
Dist. zénith. mérid.	17° 24′ 27″ N.
Déclinaison calculée.	9° 44′ 03″.5 N.
Latitude nord.	27° 08′ 30″.5

On peut vérifier le résultat auquel on arrive en appliquant le calcul qu'on vient de faire à une combinaison quelconque des hauteurs.

	Somme.		Somme.		Somme.
Trois prem. carrés...	141	Trois prem. haut..	226° 63′ 55″	Deux dern. haut..	144° 44′ 00″
Carré moyen.......	47	Haut. moyenne...	72° 21′ 18″	Haut. moyenne...	72° 22′ 00″
Produit par α.......	4′ 36″.8	Hauteur vraie....	72° 30′ 58″.6	Hauteur vraie....	72° 31′ 40″.6
		Changem. en haut.	4′ 36′.8	Changem. en haut.	3′ 48″.5
		Haut. méridienne.	72° 35′ 35″.4	Haut. méridienne.	72° 35′ 29″.1
	Somme.	Dist. zén	17° 24′ 24″.6	Dist. zénith......	17° 24′ 30″.9
Deux derniers carrés.	77.6	Déclinaison......	+ 9° 44′ 03″.5	Déclinaison......	+ 9° 44′ 03″.5
Carré moyen......	38.8				
Produit par α.......	3′ 48″.5	Latitude nord....	27° 08′ 28″.1	Latitude nord....	27° 08′ 34″.4

Exemple II. — *Le* 31 *mai* 1857, *à* 19ʰ 04ᵐ 35ˢ.5 *t. v. d'un lieu situé par une latitude estimée* 20° *S. et une longitude* 11ʰ 14ᵐ 25ˢ.6 *E., un chronomètre dont la marche diurne est* + 18ˢ.45 *marquait* 5ʰ 18ᵐ 42ˢ. *Depuis lors jusqu'aux environs de midi, on a fait :*

24.ᵐ6 *au S.* 82° *E., dér.* 4° *trib., variat* 24° *NE.*
29.ᵐ9 *au N.* 40° *E., dér.* 3° *bâb., variat.* 24° *NE.*

et dans ce nouveau lieu, l'œil élevé de 7ᵐ.5, *faisant face au N., on a eu :*

Hauteurs ☉.	*Heures au chronomètre.*
47° 31′ 54″	9ʰ 56ᵐ 43ˢ
47 38 04	10 03 19
47 40 27	10 12 03

On demande la latitude.

Heure vraie le 31..... 19ʰ 04ᵐ.6	Décl. 22° B. / Latit. 20° S. } Tab. XXVI (2ᵉ partie).... α = 2″.56
Int. a midi vrai....... 4ʰ 55ᵐ.4	
Heure au chron...... 5ʰ 18ᵐ.7	Dist. zén. mér. appr. = d + l = 42°... Nombre = 68
H. appr. du chr. à midi 10ʰ 14ᵐ.1	Temps limite d'observation = $\frac{68}{\sqrt{\alpha}} = \frac{68}{2}$ ou 34ᵐ.

Les heures au chronomètre entre lesquelles on pourra observer des hauteurs circumméridiennes sont 10ʰ 14ᵐ.1 — 34ᵐ et 10ʰ 14ᵐ.1 + 34ᵐ, c'est-à-dire 9ʰ 40ᵐ.1 et 10ʰ 48ᵐ.1.

Routes corrigées. { S. 54° E... milles 24.6... ch. S. 14′.7... ch. E. 20′.2
N. 61° E... milles 29.9... ch. N. 14′.5... ch. E. 26′.2

Le chemin total S. 0′.2 sert à trouver la latitude du second lieu qui est 20° 0′.2 S.; à l'aide de la latitude moyenne et du chemin total E. 46ᵐ.4, on trouve le changement en longitude 49′ E. ou 3ᵐ 16ˢ E. La longitude du second lieu est donc 11ʰ 17ᵐ 41ˢ.6 E.

Heure du 1er lieu t. v. le 31 mai		$19^h\ 04^m\ 35^s.5$
Changement en longitude est		$+\ 3^m\ 16^s$
Heure du 2e lieu t. v. le 31 mai		$19^h\ 07^m\ 31^s.5$
Int. au midi vrai du 1er juin		$4^h\ 52^m\ 08^s.5$
Marche t. v. sur t. m. — $8^s.77$	Pour $4^h\ 52^m\ 08^s.5$ et $27^s.22$	
Marche t. m. sur chr. — $18^s.45$		..... $+\ 5^s.5$
Marche t. v. sur chr. — $27^s.22$		
Int. chron. au midi vrai du 1er juin		$4^h\ 52^m\ 14^s$
Heure au chronomètre		$5^h\ 18^m\ 42^s$
Heure au chron. à midi vrai		$10^h\ 10^m\ 56^s$

Interv. des observ. à midi vrai.		Carrés.
$14^m\ 13^s$	$14^m.22$	202.12
$7^m\ 37^s$	$7^m.62$	58.02
$1^m\ 07^s$	$1^m.17$	1.36
	Somme	261.50
	Carré moyen	87.17

Tab. XXVI... pr décl. 22° B. et lat. 20° S. .... $\alpha = 2''.56$
Produit du carré moyen par α .... $223''.2$ ou $3'\ 43''.2$

H. v. du pass. le 1 juin	$00^h\ 00^m\ 00^s$
Longitude est	$-11^h\ 17^m\ 41^s.6$
H. v. de Paris 31 mai	$=12^h\ 42^m\ 18^s.4$
Equation du temps.	$11^h\ 57^m\ 26^s.7$
H. t. m. de Paris 31	$=12^h\ 39^m\ 45^s.1$
Déclinais. calculée	$22^\circ\ 01'\ 45''.5$ B
Haut. moy. circumm.	$47^\circ\ 36'\ 49''$
Haut. vraie circumm.	$47^\circ\ 46'\ 58''.3$
Changement en haut.	$3'\ 43''.2$
Hauteur vraie mérid.	$47^\circ\ 50'\ 41''.5$
Dist. zénithale sud.	$42^\circ\ 09'\ 18''.5$
Déclinaison nord...	$22^\circ\ 01'\ 45''.5$
Latitude sud......	$20^\circ\ 07'\ 33''$

En combinant les deux premières hauteurs, on trouve latitude Sud 20° 07′ 33″3.

4. *Second cas.* — Il peut arriver que l'on n'ait pas pu faire de calcul de longitude dans la matinée, et que, par suite, le chronomètre n'ait pas été comparé au temps vrai. L'estime fera toujours connaître une heure approchée du chronomètre à midi vrai, et on cherchera les heures chronométriques entre lesquelles on pourra observer des hauteurs circumméridiennes.

Supposons qu'on ait observé deux hauteurs dans un intervalle de temps assez court pour que les déplacements de l'observateur en latitude et en longitude soient négligeables. On a les deux égalités $H = h + \alpha p^2$, $H = h' + \alpha p'^2$ et par suite $h + \alpha p^2 = h' + \alpha p'^2$ d'où $p^2 - p'^2 = \dfrac{h' - h}{\alpha}$. Si les observations ont été faites d'un même côté du méridien, la différence des heures au chronomètre donne $p - p'$, car les petits intervalles chronométriques peuvent sans erreur sensible être considérés comme intervalles temps vrai; on conclut $p + p' = \dfrac{h' - h}{\alpha(p + p')}$; on connaîtra p, p'. Si les observations ont été faites de part et d'autres du méridien, la différence des heures au chronomètre donne $p + p'$; on conclut

$$p - p' = \frac{h' - h}{\alpha(p + p')};$$

on connaîtra p, p'. Les angles au pôle étant connus, on continuera le calcul comme précédemment.

La différence des hauteurs observées est très-sensiblement égale à $h' - h$ différence des hauteurs vraies. Les changements en déclinaison sont encore négligeables.

Exemple. — *Le 1er juin 1857, aux environs du midi vrai d'un lieu situé par une latitude estimée 20° S., une longitude estimée $11^h\ 17^m\ 42^s$ E., l'œil élevé de $7^m.5$ et faisant face au N., on a eu :*

	Hauteurs ☉.		*Heures au chron.*
Avant midi....	47° 31′ 54″	....	$9^h\ 56^m\ 43^s$
	47 38 04	....	10 03 19
Après midi......	47 40 29	....	10 12 03

On demande la latitude.

Cet exemple est tiré du précédent; l'heure temps moyen de Paris à l'instant du passage est le 31 mai $12^h\ 39^m\ 44^s.7$; la déclinaison calculée 22° 01′ 45″.5 B.

Avant 0^h... $9^h\ 56^m\ 43^s$	diff. $6^m.6 \times 2.56 = 16.9$	47° 31′ 54″	$370''\ldots p + p' = \frac{370}{16.9} = 21^m.9$
Avant 0^h... $10^h\ 03^m\ 19^s$		47° 38′ 03″	
Après 0^h... $10^h\ 12^m\ 03^s$	diff. $8^m.73 \times 2.56 = 22.35$	47° 40′ 29″	$145''\ldots p' - p'' = \frac{145}{22.35} = 6^m.49$

Des égalités $p - p' = 6^m.6$, $p + p' = 21^m.9$, on conclut

$$p = 14^m.25,\ p' = 7^m.65.$$

Des égalités $p' + p'' = 8^m.73$, $p' - p'' = 6^m.49$, on conclut

$$p' = 7^m.61,\ p'' = 1^m.12.$$

On aura donc

$$p = 14^m.25 \text{ et } p^2 = 203.06;\ p' = 7^m.63 \text{ et } p'^2 = 58.22;$$

$$p'' = 1^m.12 \text{ et } p''^2 = 1.25.$$

La somme des carrés est 262.53; le carré moyen 87.51. On a $\alpha = 2'.56$.

Hauteur moyenne vraie circumméridienne.....	47° 46′ 58″.3
Produit de α par le carré moyen............	3′ 44″
Hauteur méridienne vraie..................	47° 50′ 42″.3
Distance zénithale méridienne vraie..........	42° 09′ 17″.7 sud
Déclinaison méridienne.....................	22° 01′ 45″.5 nord
Latitude.................................	20° 07′ 32″.2 sud

On aurait pu aussi combiner entre elles la première et la dernière observation, par exemple. On aurait eu :

Avant 0^h..... $9^h\ 56^m\ 43^s$ / Après 0^h..... $10^h\ 12^m\ 03^s$ } Différence ou somme des angles au pôle $p + p' = 15^m.33$.

La différence des deux hauteurs est 47° 40′ 29″ — 47° 31′ 54″ = 8 35″ ou 515″.

On a $\alpha = 2''.56$; donc $p - p' = \frac{515''}{15.33 \times 2.56} = \frac{515}{39.24} = 13^m.12$.

De $p + p' = 15^m.33$ et $p - p' = 13^m.12$; on conclut

$$p = 14^m.23,\ p' = 1^m.11;$$

Par suite on a

$$p^2 = 202.49,\ p'^2 = 1.23, \text{ d'où pour carré moyen } 101.86.$$

Moyenne des deux hauteurs circumméridiennes...	47° 36′ 11″.5
Hauteur moyenne vraie circumméridienne.......	47° 46′ 20″
Produit du carré moyen par $\alpha = 2''.56$.........	+ 4′ 20″.8
Hauteur vraie méridienne...................	47° 50′ 40″.8
Distance zénithale vraie méridienne............	42° 09′ 19″.2 Sud
Déclinaison méridienne......................	22° 01′ 45″.5 Nord
Latitude..................................	20° 07′ 33″.7 Sud

5. Si on a pu prendre plusieurs contacts circumméridiens, on abrégera le calcul de tous les angles horaires, qui est fort long, en déterminant un seul angle horaire qui, ajouté ou retranché selon le cas à l'heure lue au chronomètre, indiquera l'heure du chronomètre à midi. On se procurera ensuite tous les autres angles horaires par de simples soustractions. Cette manière de faire sera plus courte que la précédente, mais elle n'offrira pas l'avantage de présenter des vérifications; de plus, il faudra être bien sûr des deux contacts que l'on choisit pour déterminer l'un des angles horaires, car l'erreur commise se reproduirait sur tous les autres.

EXEMPLE. *Le* 15 *avril, vers midi d'un lieu situé par une latitude estimée* 26° 40′ *N. et une longitude estimée* 7ʰ 39ᵐ 25ˢ *O., l'œil élevé de* 7ᵐ.2, *on a observé avec un sextant dont l'erreur instrumentale est* — 1′ 16″, *et on a eu faisant face au sud :*

Hauteurs ⊙.	*Heures au chronometre.*
72° 16′ 00″	2ʰ 49ᵐ 52ˢ
72 22 15	2 54 28.5
72 25 40	2 59 .15
72 25 20	3 02 17
72 18 40	3 08 46

Trouver la latitude.

Cet énoncé est tiré de l'exemple I qui précède; l'heure temps moyen de Paris à l'instant du passage est le 14 avril 16ʰ 20ᵐ 39ˢ; la déclinaison calculée est 9° 44′ 03″5 B.

Les deux premières hauteurs ont été observées avant midi vrai.

Avant 0ʰ... 2ʰ 49ᵐ 52ˢ
Avant 0ʰ... 2ʰ 54ᵐ 28ˢ.5 } différence ou différence des angles au pôle $p' - p = 4.608$.

La différence des deux hauteurs est 72° 22′ 15″ — 72° 16′ = 6′ 15″ ou 375″.

La table XXVI donne $\alpha = 5''.89$; par suite

$$p + p' = \frac{375}{4.608 \times 5.89} = \frac{375}{27.14} = 13^{m}.82.$$

On conclut $p = 9^{m}.215$ ou 9ᵐ 12ˢ.9. L'heure que marquait le chronomètre à midi vrai est donc 2ʰ 49ᵐ 52ˢ + 9ᵐ 12ˢ.9 = 2ʰ 59ᵐ 04ˢ.9. En faisant les différences entre 2ʰ 59ᵐ 04ˢ.9 et chacune des heures lues au chronomètre à l'instant des observations, on aura l'intervalle de chaque observation à midi vrai.

Intervalles à midi vrai.		Carrés.
9ᵐ 12ˢ.9	9ᵐ.215	84.92
4ᵐ 36ˢ.4	4ᵐ.61	21.25
10ˢ.1	0ᵐ.17	0.03
3ᵐ 12ˢ.1	3ᵐ.20	10.25
9ᵐ 41ˢ.1	9ᵐ.685	93.78
	Somme	210.23
	Carré moyen	42.046
Produit du carré moyen par α		4′ 07″.7

Hauteur moy. circumm.	72° 21′ 35″
Hauteur vraie circumm.	72° 31′ 15″.5
Changement en hauteur.	+ 4′ 07″.7
Hauteur vraie mér.	72° 35′ 23″.2
Dist. zénith. vraie mér.	17° 24′ 36″.8 N.
Déclinaison calculée	9° 44′ 03″.5 N.
Latitude Nord	27° 08′ 40″.03

6. Si le chronomètre avait été réglé sur Paris, il eût été facile de déterminer l'heure moyenne de Paris, puis l'heure vraie de Paris correspondante au midi vrai du lieu, c'est-à-dire la longitude du lieu. On ne doit user de ce moyen pour trouver la longitude que dans le cas où on ne peut en employer un autre; les hauteurs circumméridiennes, très-favorables au calcul de latitude, sont très-défavorables au calcul de longitude. Il faudra avoir recours à de nombreuses moyennes des angles horaires obtenus par les hauteurs circumméridiennes, tenir compte des changements en déclinaison pour peu que la variation en 24^h soit un peu forte; on obtiendra l'heure du chronomètre à midi vrai du lieu; malgré toutes les précautions, on n'obtiendra pas une très-bonne longitude.

Exemple. *Le 8 juin 1857, à midi moyen de Paris, un chronomètre dont la marche diurne est* $+ 11^s.21$, *marque* $0^h\ 40^m\ 12^s.03$.

Le 15 juin 1857, vers midi d'un lieu situé par une latitude estimée $49^\circ\ 50'$ *N. et une longitude estimée* $4^h\ 20'$ *O., l'œil élevé de* $6^m.4$ *et faisant face au S., on a eu :*

Heures au chronomètre.	*Hauteurs* ☉.	
$4^h\ 42^m\ 10^s$	62° 59′ 50″	*avant midi.*
4 53 41	63 14 15	
5 21 50	63 01 04	*après midi.*

On demande la latitude et la longitude.

L'heure approchée de Paris à l'instant du passage du soleil au méridien est le 15 juin $4^h\ 20^m$ t. v.

Déclin. le 15 à 0^h 23° 20″ B, Latitude estimée 49° 50″ N } Table XXVI... $\alpha = 2''.56$; dist. zén. mér. 27°; nombre 59.

Le temps limite d'observation est $\dfrac{59}{\sqrt{\alpha}} = \dfrac{59}{2}$ ou $29^m.5$.

Avant 0^h $4^h\ 42^m\ 10^s$	$p - p' = 11^m.52$	62° 59′ 50″	$h' - h = 865''$	$p + p' = \dfrac{865}{11.52 \times 2.56} = \dfrac{865}{29.49} = 29^m.33$
Avant 0^h $4^h\ 53^m\ 41^s$	$p + p'' = 39^m.67$	63° 14′ 15″	$h'' - h = 74''$	$p - p'' = \dfrac{74}{101.56} = 0^m.73$
Après 0^h $5^h\ 21^m\ 50^s$	$p' + p'' = 28^m.15$	63° 01′ 04″	$h' - h'' = 791''$	$p'' - p' = \dfrac{791}{72.06} = 10^m.98$

Les deux premières hauteurs donnent $p = 20^m.42$, $p' = 8^m.90$; la première et la troisième $p = 20^m.20$, $p'' = 19^m.47$; la seconde et la troisième $p' = 8^m.58$, $p'' = 19^m.56$. En prenant les moyennes des valeurs de p, p', p'', on obtient :

$p = 20^m.31 = 0^h\ 20^m\ 18^s.6$	$p' = 8^m.74 = 0\ \ 08^m\ 44^s.4$	$p'' = 19^m.51 = 0^h\ 19^m\ 30^s.6$
Heure au chronom. $= 4^h\ 42^m\ 10^s$	.... $= 4^h\ 53^m\ 41^s$	.... $= 5^h\ 21^m\ 50^s$
H. au chron. à midi $= 5^h\ 02^m\ 28^s.6$	.... $= 5^h\ 02^m\ 25^s.4$	.... $= 5^h\ 02^m\ 19^s.4$

On prend la moyenne des trois heures qui précèdent, et on considère cette moyenne comme heure marquée par le chronomètre à midi.

Heure au chron. à midi........	$5^h\ 02^m\ 24^s.50$
Etat abs. du chr. le 15 à 0^h Paris.	$41^m\ 30^s.77$
H. appr. de Paris le 15.........	$4^h\ 20^m\ 53^s.73$
Correction pour marche diurne...	$-\ 2^s.04$
H. de Paris t. m. le 15.......	$4^h\ 20^m\ 51^s.69$
Equation du temps............	$-\ 8^s.93$
H. de Paris le 15 à 0^h t. v. du lieu *ou longitude O. du lieu*........	$4^h\ 20^m\ 42^s.76$
Déclin. calculée pour le 15 juin à $4^h\ 20^m\ 51^s.69$ t. m. de Paris.............	23° 20′ 32″.8 B.

Moyenne des hauteurs............	63° 05′ 03″
Haut. vraie circumm.............	63° 15′ 54″.3
$p^2 = 412.50$, $p'^2 = 76.40$, $p''^2 = 380.64$ } moy. 289,85 par α...	$+$ 12′ 22″
Haut. vraie mérid................	63° 28′ 16″.3
Dist. zén. vr. mérid..............	26° 31′ 43″.7 N
Déclinaison....................	23° 20′ 32″.8 N
Latitude nord..................	49° 52′ 16″.5

7. Dans les exemples qui précèdent, les observations étaient fort rapprochées l'une de l'autre, et on admettait que le navire ne s'était pas déplacé dans le court intervalle de temps qui les séparait. On ne doit pas faire cette hypothèse dans le cas, où le temps pendant lequel les hauteurs circumméridiennes peuvent servir à la recherche de la latitude, étant considérable, les observations ont été faites à des intervalles de temps assez grands; on doit alors tenir compte des déplacements en latitude et en longitude.

Supposons qu'en deux lieux de latitudes l, l', où les hauteurs méridiennes seront H, H', on ait pris deux hauteurs circumméridiennes h, h'; soient p, p' les angles au pôle de l'astre en chacun des lieux d'observation, α le facteur de la table XXVI. On a $H = h + \alpha p^2$, $H' = h' + \alpha p'^2$, d'où $H' - H = h' - h + \alpha(p'^2 - p^2)$. La différence $H' - H$ est égale au changement en latitude $l' - l$, que nous représenterons par λ; alors $(p' - p)(p + p') = \dfrac{h - h' + \lambda}{\alpha}$. La hauteur h' est celle que l'on observe dans le second lieu; la hauteur du premier lieu observée dans le second lieu eût été $h + \lambda$.

Les exemples qui suivent indiqueront le moyen de se procurer les angles au pôle de l'astre en chaque lieu; on sait qu'au même instant il est plus tard à l'est, plus tôt à l'ouest.

Exemple I. *Dans la matinée du 17 juin 1857, à 9ʰ 22ᵐ 17ˢ.5 t. v. d'un lieu situé par une latitude estimée 42° 10′ S., une longitude 3ʰ 49ᵐ 10ˢ E., un chronomètre dont la marche diurne est — 18ˢ marquait 11ʰ 48ᵐ 16ˢ.*

On fait 25 milles au N. 48° O. du monde, et, dans cette premiere station, on a avant midi :

Hauteur ⊙... 24° 09′ 36″ .... *Heure au chron...* 2ʰ 06ᵐ 52ˢ.5.

Le navire filant 12 nœuds dans la meme direction, on a, dans une seconde station, après midi :

Hauteur ⊙... 24° 16′ 05″ .... *Heure au chron...* 2ʰ 47ᵐ 59ˢ.

Le navire conservant la même vitesse et la même direction, on a, dans une troisième station, après midi :

Hauteur ⊙... 23° 48′ 35″ .... *Heure au chron...* 3ʰ 08ᵐ 35ˢ.

On faisait face au nord pendant les trois observations; l'œil élevé de 4ᵐ.8. Trouver la latitude de la troisième station.

Depuis le matin à la prem. obs...	25ᵐ	au N. 48° O...	16ᵐ.7 N.	18ᵐ.6 O.	Chᵗ en long.	1ᵐ 40ˢ O.
Int. des deux pr. obs. 41ᵐ 06ˢ.5	8ᵐ.2	au N. 48° O...	5ᵐ.4 N.	5ᵐ.9 O.	—	0ᵐ 32ˢ.8 O.
Int. des deux dern. obs. 20ᵐ 36ˢ	4ᵐ.1	au N. 48° O...	2ᵐ.7 N.	3ᵐ.0 O.	—	0ᵐ 16ˢ.8 O.

Changement total en lat. 24′.8 N............. en long. 2ᵐ 29ˢ.6 O.
Position estimée de la trois. station : lat. 41° 45′.2 S., long. 3ʰ 46ᵐ 40ˢ.4 E.

Cherchons l'heure temps moyen de Paris correspondante au midi vrai de la troisième station, et calculons la déclinaison du soleil pour cette heure.

Heure 3ᵉ st. le 17 juin = 0ʰ 00ᵐ 00ˢ t. v.	Latit. 42° S. / Décl. 23° B. } Table XXVI.. $\alpha = 1'',48$.
Longitude est....... — 3ʰ 46ᵐ 40ˢ.4	
Heure Paris le 17 juin = 20ʰ 13ᵐ 19ˢ.6 t. v.	Dist. zén. approchée........ 65°.
Equation du temps... + 30ˢ.3	Nombre du tableau......... 85.
Heure Paris le 17 juin = 20ʰ 13ᵐ 49ˢ.9 t. m.	Limite du temps d'observat. $\dfrac{85}{\sqrt{\alpha}} = \dfrac{85}{2}$,
Déclinaison calculée. ...... 23° 23′ 59″.6 B.	ou 42ᵐ.5 avant midi et 42ᵐ.5 après midi.

Cherchons les angles au pôle de l'astre à chacune des stations.

Heure vraie le 16 juin.... $= 21^h\ 22^m\ 17^s.5$
Ch^t en long. 3e station... $= 2^m\ 29^s.6$ O.

Heure vraie 3e st. le 16... $= 21^h\ 19^m\ 47^s.9$
Int. à midi vrai.......... $= 2^h\ 40^m\ 12^s.1$ t. v.

t. v. sur t. m. -12.92
t. m. sur chr. $+18$
t. v. sur chr. $+5.08$ } Correct...... $-0^s.6$

Int. chronom. à midi vrai. $= 2^h\ 40^m\ 11^s.5$
Heure au chronom....... $= 11^h\ 48^m\ 16^s$

H. au chr. à 0^h t. v. 3e stat. $= 2^h\ 28^m\ 27^s.5$
H. au chr. à l'obs. 3e stat.. $= 3^h\ 08^m\ 35^s$

$p'' = 0^h\ 40^m\ 07^s.5 = 40^m.12$

$p = 20^m.76 \ldots\ p^2 = 430.98$
$p' = 19^m.80 \ldots\ p'^2 = 392.04$
$p'' = 40^m.12 \ldots\ p''^2 = 1609.61$ } Carré moyen 810.88

Produit du carré moyen par α.............. $20'\ 0''.01$

Si le premier lieu se confondait avec le troisième, l'angle au pôle pour la première observation serait :

$$2^h\ 28^m\ 27^s.5 - 2^h\ 06^m\ 52^s.5 = 21^m\ 35^s;$$

or le premier lieu est à l'est du troisième de $32^s.8 + 16^s.8 = 49^s.6$; donc, pour la première observation, l'angle au pôle est

$$p = 21^m\ 35^s - 49^s.6 = 20^m\ 45^s.4$$

ou $20^m.76$; on retranche $49^s.6$, parce que la première observation est faite avant 0^h. L'angle au pôle pour le second lieu est

$$p' = 3^h\ 08^m\ 35^s - 2^h\ 28^m\ 27^s.5 + 16^s.8 = 19^m.80;$$

on ajoute $+16^s.8$, parce que, l'observation étant faite après 0^h, le second lieu est à l'est du premier.

En courant vers le sud, on augmente la latitude, ou par suite la distance zénithale méridienne; on diminue donc les hauteurs. Ainsi, pour ramener les hauteurs des deux premières stations à l'horizon de la troisième, il faut les augmenter des changements en latitude.

Hauteur du premier lieu réduite... $24^\circ\ 09'\ 36'' + 8'\ 06'' = 24^\circ\ 17'\ 42''$
Hauteur du second lieu réduite... $24\ \ 16\ \ 05 + 2\ \ 35 = 24\ \ 18\ \ 40$
Hauteur du troisième lieu.............................. $23\ \ 48\ \ 35$ } Haut. moy... $24^\circ\ 08'\ 19''$.

Hauteur moyenne circumméridienne..........	$24^\circ\ 08'\ 19''$
Hauteur circummér. vraie..................	$24\ \ 18\ \ 10.1$
Changement en hauteur......................	$+\ \ 20\ \ 00.1$
Hauteur méridienne vraie..................	$24^\circ\ 38'\ 10''.2$
Dist. zénith. vraie mérid..................	$65\ \ 21\ \ 49.8$ S.
Déclinaison calculée........................	$23\ \ 23\ \ 59.6$ B.
Latitude sud..................................	$41^\circ\ 57'\ 50''.2$ (3e station).

Exemple II. *Le 2 juin 1857, vers $23^h\ 20^m$ d'un lieu situé par une latitude estimée $39^\circ\ 10'$ S. et une longitude estimée $5^h\ 21^m$ E., on a eu :*

Hauteur ☉... $27^\circ\ 31'\ 10''$ .... *Heure au chron...* $8^h\ 20^m\ 10^s$.

Après un déplacement de 7'.1 en latitude N., de 50^s en longitude O., on a, après midi :

Hauteur ☉... $27^\circ\ 57'\ 50''$ .... *Heure au chron...* $9^h\ 31^m\ 11^s$.

On faisait face au Nord pendant les deux observations; l'œil était élevé de $6^m.8$. La marche diurne du chronometre est $+12^s.72$.

Trouver la latitude de la seconde station.

Heure au chron. 1re station $= 8^h\ 20^m\ 10^s$
Heure au chron. 2e station $= 9^h\ 31^m\ 11^s$

Int. chronom............ $= 1^h\ 11^m\ 01^s$

chr. sur t. m. $+12^s.72$
t. m. sur t. v. $+9^s.52$
chr. sur t. v. $+22^s.24$ } Corr...... -01^s

Intervalle temps vrai..... $= 1^h\ 11^m\ 00^s$

On a couru à l'O. et augmenté terv. ch^t long. 50^s O.

$p + p' = 1^h\ 10^m\ 10^s = 70^m.77$
$\alpha\,(p + p') = 113.68$

Heure vraie 2e stat. le 3 juin... $= 0^h\ 00^m\ 00^s$
Longitude est.............. $- 5^h\ 20^m\ 10^s$

Heure vraie Paris le 2........ $= 18^h\ 39^m\ 50^s$
Equation du temps........... $= 11^h\ 57^m\ 47^s.4$

Heure t. m. de Paris le 2..... $= 18^h\ 37^m\ 37^s.4$

Déclinaison calculée......... $22^\circ\ 19'\ 23''.5$ B.

Latit. 39° S.
Décl. 22° B. } Table XXVI....... $\alpha = 1''.62$

Limite du temps d'observation..... $\frac{81}{2} = 40^m.5$

On a couru vers le nord dans l'intervalle des deux observations; la latitude étant sud, on doit augmenter la première hauteur 27° 31′ 10″ du changement en latitude 7′ 06″ pour la ramener à l'horizon de la seconde; la première hauteur réduite est donc 27° 38′ 16″.

Pour avoir les angles au pôle p, p', on a

$$p - p' = \frac{27^\circ\, 57'\, 50'' - 27^\circ\, 38'\, 16''}{\alpha\,(p + p')} = \frac{1174''}{113.68} = 10^{m}.33;$$

puis $p + p' = 70^{m}.17$. On conclut :

$p = 40^{m}.25\ldots\ p^2 = 1620.06$ }
$p' = 29^{m}.92\ldots\ p'^2 = 895.21$ } moy. 1257.64

Produit du carré moyen par α........	33′ 57″.4
Première hauteur réduite........	27° 38′ 16″
Seconde hauteur................	27° 57′ 50″
Somme..........	55° 36′ 06″

Moyenne des hauteurs	27° 48′ 03″
Haut. vraie circumm.	27° 57′ 30″.2
Changement en haut.	+ 33′ 57″.4
Hauteur vraie mérid.	28° 31′ 27″.6
Dist. zén. vr. mérid.	61° 28′ 32″.4 S.
Déclinaison calculée.	22° 19′ 23″.5 B.
Latitude sud.......	39° 09′ 08″.9

CHAPITRE III.

Latitude par l'étoile polaire.

1. Si une étoile était précisément située sur la voûte céleste au pôle élevé du lieu d'observation, sa hauteur vraie à un moment quelconque serait la latitude de ce lieu. La distance polaire de l'étoile polaire est environ 1° 27′; sa petitesse permet de calculer facilement la latitude d'un lieu à l'aide de la hauteur de l'étoile polaire en ce lieu.

2. A un moment quelconque, dans un lieu de latitude l, entre la hauteur vraie h, la distance polaire δ, l'angle au pôle P d'un astre, on a la relation $\sin h = \sin l \cos \delta + \sin \delta \cos l \cos \mathrm{P}$. Si la distance polaire est assez petite pour qu'on puisse poser $\cos \delta = 1$, $\sin \delta = \delta \sin 1''$, on conclut $\sin h = \sin l + \delta \sin 1'' \cos l \cos \mathrm{P}$. La hauteur vraie et la latitude diffèrent peu; si on pose $h = l + x$ ou $\sin h = \sin l \cos x + \sin x \cos l$, on remarquera que x est assez petit pour qu'on puisse écrire $\cos x = 1$, $\sin x = x \sin 1''$, ou par suite $\sin h = \sin l + x \sin 1'' \cos l$.

Les deux égalités

$$\sin h = \sin l + \delta \sin 1'' \cos l \cos \mathrm{P}, \qquad \sin h = \sin l + x \sin 1'' \cos l$$

donnent $x = \delta \cos \mathrm{P}$; ainsi $h = l + \delta \cos \mathrm{P}$; *à un moment quelconque, la latitude du lieu d'observation est égale à la hauteur vraie de l'étoile polaire diminuée du produit de sa distance polaire par le cosinus de son angle au pôle.*

Exemple. *Le* 15 *mai* 1857, *à* 21ʰ 10ᵐ 52ˢ *t. m. d'un lieu situé par une latitude estimée* 35° 29′.5 *N. et une longitude* 3ʰ 40ᵐ 17ˢ *O., un chronomètre dont la marche diurne est* + 8ˢ.88 *marquait* 11ʰ 42ᵐ 28ˢ.

On fait 115 *milles au S.* 40° *O. du monde, et dans ce nouveau lieu, vers* 10ʰ *du soir, on a, l'œil élevé de* 7ᵐ.2 :

Hauteur de la polaire... 32° 29′ 15″ ...... *Heure au chron*... 0ʰ 30ᵐ 17ˢ.

Trouver la latitude du lieu d'observation.

On a fait 115 milles au S. 40° O. du monde, d'où ch. S. 88ᵐ.1; ch. O. 73ᵐ.9; ch. long. 6ᵐ O.

La position estimée du lieu d'observation est : lat. 34° 01'.4 S.; long. 3ʰ 46ᵐ 17ˢ O.

Première heure au chron.	11ʰ 42ᵐ 28ˢ	Heure 1ᵉʳ lieu le 15 mai.	= 21ʰ 10ᵐ 52ˢ
Seconde heure au chron.	0ʰ 30ᵐ 17ˢ	Changement en long. O.	— 6ᵐ 00ˢ
Intervalle chronométr...	12ʰ 47ᵐ 49ˢ	Heure 2ᵉ lieu le 15 mai..	= 21ʰ 04ᵐ 52ˢ
Corr. pour marche diurne	— 4ˢ.74	Intervalle temps moyen..	= 12ʰ 47ᵐ 44ˢ.26
Intervalle temps moyen..	12ʰ 47ᵐ 44ˢ.26	Heure t. m. de l'obs. le 16	= 9ʰ 52ᵐ 36ˢ.26

L'heure temps moyen du lieu d'observation étant trouvée, on conclut celle de Paris le 16 mai 13ʰ 38ᵐ 53ˢ.26, et on cherche l'angle au pôle de la polaire.

Heure de l'observ. le 16...	= 9ʰ 52ᵐ 36ˢ.26	Hauteur vraie de la polaire.........	= 32° 22' 58''.4
Æ moyenne du soleil.....	= 3ʰ 38ᵐ 47ˢ.79	log (δ = 87' 14''.5)	= 3.7188752
Heure sidérale du lieu....	— 13ʰ 31ᵐ 24ˢ.05	log cos (P = 173°)	= 9.9973647
Æ de la polaire.........	= 1ʰ 06ᵐ 10ˢ.64		3.7162399
Angle horaire...........	= 12ʰ 25ᵐ 13ˢ.41	δ cos P = — 1° 26' 42''.8...	+ 1° 26' 42''.8
Angle au pôle...........	= 11ʰ 34ᵐ 46ˢ.59	Latitude nord....................	= 33° 49' 41''.2
Angle au pôle en degrés...	173° 41' 38''.85		

La polaire est dans l'est.

Le produit δ cos P est négatif, et par suite la correction est additive, parce que cos 173° est négatif.

Quelquefois on cherche la correction à l'aide de la table IV pour faire le point; on y entre avec l'angle au pôle considéré comme angle de route, et le nombre de minutes de la distance polaire considérée comme nombre de milles; le nombre correspondant de la colonne N. S. indique le nombre de minutes de la correction.

Dans le cas actuel, on entrerait dans la table avec 180° — 174° ou 6° et 87'.2, et on trouverait pour correction 86'.5 ou 1° 26' 30''.

5. La recherche de la latitude à l'aide des hauteurs de la polaire est usuelle dans le cas où la hauteur méridienne du soleil, étant voisine de 90°, devient difficile à observer.

La formule qui précède n'est qu'approchée; pour avoir une formule plus exacte, on fera le calcul suivant :

Si, dans l'égalité $\sin h = \sin l \cos \delta + \sin \delta \cos l \cos P$, on pose $\cos \delta = 1 - \frac{\delta^2}{1.2} \sin^2 1''$, $\sin \delta = \delta \sin 1''$, on obtient

$$\sin h = \sin l + \frac{\delta}{1} \sin 1'' \cos l \cos P - \frac{\delta^2}{1.2} \sin^2 1'' \sin l.$$

On peut écrire $h = l + X.\delta + X'.\delta^2$, en désignant par X, X' des coefficients indéterminés; on a

$$\sin h = \sin l \cos \{X.\delta + X'\delta^2\} + \cos l \sin \{X.\delta + X'\delta^2\};$$

en développant et négligeant les puissances de δ supérieures à la seconde, c'est-à-dire en posant

$$\cos(X.\delta + X'\delta^2) = 1 - \frac{\delta^2}{1.2} \sin^2 1''. X^2,$$
$$\sin(X\delta + X'\delta^2) = X\delta \sin 1'' + X'\delta^2 \sin 1'',$$

on aura

$$\sin h = \sin l + \frac{\delta}{1} \sin 1''. X \cos l - \frac{\delta^2}{1.2} \sin^2 1'' \left(X^2 \sin l - \frac{2X' \cos l}{\sin 1''}\right).$$

On a déjà d'ailleurs

$$\sin h = \sin l + \frac{\delta}{1} \sin 1'' \cos P \cos l - \frac{\delta^2}{1.2} \sin^2 1'' \sin l.$$

En égalant les coefficients des mêmes puissances de δ, on conclut $X = \cos P$, $\sin l = X^2 \sin l - \frac{2 X' \cos l}{\sin 1''}$ ou $X' = -\frac{1}{2} \operatorname{tg} l \sin^2 P . \sin 1''$, et, parce que l diffère très-peu de h, on écrit

$$X' = -\frac{1}{2} \sin 1''. \operatorname{tg} h \sin^2 P.$$

La formule plus exacte est donc

$$l = h - \delta \cos P + \frac{\delta^2}{2} \sin 1'' \operatorname{tg} h \sin^2 P.$$

On ne doit tenir compte du troisième terme que dans le cas d'une forte latitude; dans l'exemple précédent, ce terme eût donné $+0''.5$.

Le troisième terme montre que les circonstances favorables pour l'application de la formule $l = h - \delta \cos P$ sont celles où l'angle au pôle est voisin de 0^h ou de 12^h.

LIVRE VII.

CALCUL DE LONGITUDE ET DE LATITUDE A L'AIDE DE DEUX HAUTEURS. — CALCUL DE LA VARIATION DU COMPAS.

CHAPITRE I.

Calculer la latitude, la longitude, à l'aide de deux hauteurs.

1. *Préliminaires.* — Les données d'un calcul de longitude par les chronomètres sont la hauteur vraie déduite de l'observation, la latitude estimée du lieu d'observation, les éléments de la *Connaissance des temps* calculés pour l'heure temps moyen de Paris, que l'on conclut de l'heure marquée par le chronomètre à l'instant de l'observation.

On doit considérer comme exacts les éléments calculés de la *Connaissance des temps*, parce que l'heure temps moyen de Paris est toujours bien connue, et la hauteur vraie, parce qu'une bonne observation est la base indispensable de tout calcul de navigation. Si le calcul de longitude par les chronomètres conduit à une longitude erronée du lieu d'observation, l'erreur sur le résultat doit être considérée comme provenant d'une erreur sur la latitude estimée.

Ceci posé, supposons qu'on prenne deux hauteurs du même astre ou de deux astres différents, et qu'avec chacune de ces hauteurs on fasse un calcul de longitude par les chronomètres. Si la latitude estimée est rigoureusement exacte, la longitude à laquelle conduit le premier calcul, corrigée du changement en longitude de l'observateur dans l'intervalle des deux observations, doit être identique à la longitude obtenue par le second calcul. La non-identité des deux résultats impliquera nécessairement une latitude estimée erronée.

Conclure de la différence des deux longitudes obtenues l'erreur sur la latitude estimée, et rectifier par suite la longitude du calcul, tel est le problème à résoudre. C'est là le problème général de la navigation, qui consiste à déterminer à un moment quelconque la position de l'observateur, c'est-à-dire la latitude et la longitude du vaisseau.

2. *Méthode abréviative de M. Louis Pagel, lieutenant de vaisseau, pour trouver, dans un calcul d'angle horaire, la variation sur l'angle horaire en temps correspondant à une variation de* $+1'$ *sur la latitude.*

Soient h la hauteur vraie, δ la distance polaire d'un astre, l la latitude du lieu d'observation; faisons un calcul d'angle horaire avec les données suivantes : $h = 13° 56' 50''$, $\delta = 91° 34'$, $l = 70° 20' 30''$.

En recommençant le calcul avec la même hauteur vraie, la même distance polaire, avec les latitudes $l + 20''$, $l + 1'$, on trouvera les variations sur l'angle au pôle en temps correspondant à des variations de $+ 20''$, de $+ 1'$ sur la latitude.

$h =$ 13° 56′ 50″		13° 56′ 50″		13° 56′ 50″	
$\delta =$ 91 34	c^t sin = 0.0001624	91 94	0.0001624	91 34	0.0001624
$l =$ 70 20 30	c^t cos = 0.4731304	70 20 50	0.4732483	70 21 30	0.4734842
2S = 175° 51′ 20″		175° 51′ 40″		175° 52′ 20″	
S = 87 55 40	cos = 8.5582190	87 55 50	8.5576367	87 56 10	8.5564698
$-h$ = 73 58 50	sin = 9.9827993	73 59	9.9828054	73 59 20	9.9828175
	Somme... = 19.0143111		19.0138528		19.0129339
1/2 somme = log sin $\frac{P}{2}$...... =	9.5071555.5		9.5069264		9.5064669.5
$\frac{P}{2} = 18° 45' 09''.9$ (8)		$\frac{P'}{2} = 18° 44' 32''.15$		$\frac{P''}{2} = 18° 43\ 18''.16$	
Angle au pôle en temps...... =	$2^h\ 30^m\ 01^s.21$	....	$2^h\ 29^m\ 56^s.29$	....	$2^h\ 29^m\ 46^s.42$

En comparant les trois résultats qu'on vient d'obtenir, on conclut :

Variation de l'angle au pôle en temps pour une variation de $+ 20''$ latit. $= - 4^s.92$
Variation de l'angle au pôle en temps pour une variation de $+ 1'$ latit. $= - 14^s.79$

Les accroissements des logarithmes sont à fort peu près proportionnels aux accroissements des arcs, quand ces derniers accroissements sont petits; par suite, une proportion permet de déduire la variation sur l'angle au pôle en temps correspondante à une variation de $+ 1'$ sur la latitude de la variation qui correspond à un changement de $+ 20''$ sur la latitude. Le triple de $- 4^s.92$ est en effet $- 14^s.76$ qui diffère fort peu de $- 14^s.79$.

Au lieu d'établir un double calcul comme nous venons de le faire, remarquons que, la latitude augmentant de $20''$, la demi-somme et la demi-somme diminuée de la hauteur vraie augmentent chacune de $10''$. Les tables de logarithmes de Callet donnent à vue la variation d'un logarithme pour une variation de $10''$ sur l'arc; en doublant cette variation, ou mieux en ajoutant deux variations consécutives, on a la variation d'un logarithme pour une variation de $20''$ sur l'arc. Les signes des variations des logarithmes n'offrent aucun embarras; les log-cos diminuent quand l'arc augmente, et par suite leurs compléments augmentent; les log-sin augmentent avec l'arc.

On dispose le calcul de la manière suivante :

$h =$ 13° 56′ 50″			
$\delta =$ 91 34 ...	c^t sin = 0.0001624		
$l =$ 70 20 30 ...	c^t cos = 0.4731304	$+ 20''$	$+ 1179$ (toujours $+$)
2S = 175° 51′ 20″			
S = 87 55 40 ...	cos = 8.5582190	$+ 10''$	$- 5823$ (toujours $-$)
S $- h$ = 73 58 50 ...	sin = 9.9827993	$+ 10''$	$+ 61$ (toujours $+$)
	Somme..... 19.0143111	Somme alg. $= p = - 4583$	
1/2 somme = log sin $\frac{P}{2}$... =	9.5071555.5		$2p = - 9166$
	0992		
	5635 | 620 / 9.09		$d = + 620$
$\frac{P}{2} = 18° 45' 09''.09$ (8)			
Angle au pôle en temps... =	$2^h\ 30^m\ 01^s.21$.....	$\frac{2p}{d} = \frac{- 9166}{+ 620} = - 14^s.78$	

La somme algébrique p des trois variations logarithmiques est la différence qu'entraîne sur 2 log-sin $\frac{P}{2}$ le changement $+ 20''$ en latitude; il faut diviser par 2, puis multiplier par 10 et diviser par la différence tabulaire $+ 620$ (toujours le signe $+$) pour avoir la variation du demi-angle au pôle en secondes de degré; $\frac{p}{2} \cdot \frac{10}{620}$. On multiplie par 2 pour connaître la variation de l'angle au pôle en degrés, et on divise par 15 pour la réduire en temps; $\frac{p}{2} \cdot \frac{10}{620} \cdot \frac{2}{15}$. Si on veut connaître la variation de l'angle au pôle en temps correspondant à une variation de $+ 1'$ sur la latitude, on multiplie ce dernier résultat par 3, et on a

$$\frac{p}{2} \cdot \frac{10}{620} \cdot \frac{2}{16} \cdot 3 \text{ ou } \frac{2p}{620}.$$

Ainsi, doublez la somme algébrique des trois variations logarithmiques et divisez le résultat par la différence tabulaire dont on se sert pour trouver le nombre d'unités de secondes du demi-angle au pôle; le quotient indique en secondes de temps la variation qu'entraîne sur l'angle au pôle en temps de variation de $+ 1'$ sur la latitude, et son signe est celui de la somme algébrique des trois variations logarithmiques.

Dans le calcul précédent, la variation de l'angle au pôle en temps $- 14^s,78$ correspond à une variation de $+ 1'$ sur la latitude.

3. Si l'astre observé est dans l'ouest, l'angle au pôle est égal à l'angle horaire; les variations de l'angle au pôle et de l'angle horaire ont même valeur et même signe. Si l'astre observé est dans l'est, l'angle horaire est le complément à 24^h de l'angle au pôle; la variation sur l'angle horaire est donc égale et de signe contraire à la variation sur l'angle au pôle.

4. Quand on fait un calcul de longitude par les chronomètres, on cherche d'abord l'angle horaire en temps de l'astre observé; puis, à l'aide des éléments de la *Connaissance des temps* calculés pour l'heure temps moyen de Paris qui correspond à l'heure au chronomètre à l'instant de l'observation, on passe par voie d'additions ou de soustractions de l'angle horaire en temps de l'astre observé à l'heure temps moyen du lieu d'observation. Les éléments calculés de la *Connaissance des temps* peuvent être considérés comme exacts; donc à une variation de $+ 1'$ sur la latitude correspondent des variations égales et de même signe sur l'angle horaire en temps de l'astre observé et sur l'heure temps moyen du lieu d'observation fournis par le calcul.

5. *Calculer la latitude et la longitude par deux hauteurs.* — Nous considérons toujours les longitudes est comme positives, les longitudes ouest comme négatives.

Soient, dans un premier lieu d'observation, h la hauteur vraie, δ la distance polaire d'un astre, l la latitude estimée, H_p l'heure temps moyen de Paris; on peut trouver l'heure temps moyen H du premier lieu d'observation; on conclut pour longitude L du premier lieu d'observation fournie par le calcul $L = H - H_p$.

L'observateur fait route; l'estime indique au bout d'un certain temps un changement en longitude γ, un changement en latitude λ; l'intervalle de temps écoulé depuis la première observation est assez petit pour que l'estime donne γ, λ sans erreur sensible.

Soient dans le nouveau lieu h' la hauteur vraie, δ' la distance polaire, $l+\lambda$ la latitude estimée, H'_p l'heure temps moyen de Paris; on peut trouver l'heure temps moyen H du second lieu d'observation; on conclut pour longitude L' du second lieu d'observation fournie par le calcul, $L' = H' - H'_p$.

Si les données des deux calculs sont bonnes, c'est-à-dire si la latitude estimée est exacte, on aura $L' = L + \gamma$. Si cette égalité n'existe pas, la latitude estimée est erronée; soit R l'erreur sur la latitude estimée, erreur exprimée en minutes de degré.

En faisant les calculs de longitude par les chronomètres, on a cherché les variations a, b sur les heures temps moyen des lieux d'observation correspondantes à une variation de $+1'$ sur la latitude estimée. Admettons, ce qui sera toujours vrai quand R sera petit et quand les hauteurs observées ne seront pas circumméridiennes, que, la variation sur l'heure temps moyen du lieu d'observation étant a pour une variation de $+1'$ sur la latitude, la variation sur l'heure temps moyen du lieu d'observation est Ra pour une variation de R minutes sur la latitude.

L'heure moyenne du premier lieu d'observation n'est pas H, mais elle est $H+Ra$; la longitude du premier lieu d'observation n'est pas $H-H_p$, mais elle est $H+Ra-H_p$ ou $L+Ra$.

L'heure moyenne du second lieu d'observation n'est pas H', mais elle est $H'+Rb$; la longitude du second lieu d'observation n'est pas $H'-H'_p$, mais elle est $H'+Rb-H'_p$ ou $L'+Rb$.

On a donc l'égalité $L+\gamma+Ra = L'+Rb$, d'où

$$R = \frac{L' - (L+\gamma)}{a-b}.$$

Ainsi prenez deux hauteurs du même astre ou de deux astres différents; faites avec chacune des hauteurs un calcul de longitude par les chronomètres; concluez les longitudes de chaque station. La différence des deux longitudes obtenues, divisée par la différence des variations a, b, fait connaître la valeur et le signe de l'erreur commise sur la latitude estimée.

La longitude réelle est $L'+Rb$ ou $L+\gamma+Ra$.

Cette méthode de calcul n'est au fond, nous le démontrerons, qu'une méthode de calcul de fausse position. Si R est très-grand, on ne peut plus admettre que a, Ra sont les variations de l'heure temps moyen du lieu correspondantes à des variations $+1'$, R minutes, sur la latitude; mais on peut dans ce cas, qui se présentera rarement à la mer, recommencer les calculs avec une latitude déjà corrigée, et obtenir à l'aide de nouveaux calculs une latitude exacte, et par suite une longitude exacte.

Exemple I. — *Le 26 mai, vers* 22^h *t. m. d'un lieu situé par une latitude estimée* 30° 30′ *S., et une longitude estimée* $5^h\,50^m$ *O., l'œil élevé de* $7^m.4$, *on a : heure au chronomètre* $0^h\,42^m\,17^s$, *hauteur* ☉ 30° 33′ 10″. *On fait* $45^m.5$ *au N.* 72° *O. du compas, variation* 17° *NE., dérive* 5° *bâbord, et dans ce nouveau lieu, le* 27 *mai, vers* 2^h *temps moyen, on obtient : heure au chronomètre* $4^h\,44^m\,36^s$, *hauteur* ☉ 30° 31′ 40″.

On sait que le 7 *mai, à midi moyen de Paris, le chronomètre, dont la marche diurne est* $+9^s.46$, *marquait* $8^h\,56^m\,07^s.25$.

Trouver la latitude et la longitude des lieux d'observation.

La table IV, pour faire le point, donne pour $45^m.5$ au N. 60° O. du monde, chemin N. $22^m.75$, chemin O. $39^m.4$, puis changement en longitude $3^m\,02^s$ O. La latitude de la première station est 30° 30′ S.; la latitude de la seconde station est 30° 07′ 15″ S.

PREMIÈRE STATION.

Heure t. m. de Paris le 27.....	$3^h\ 42^m\ 59^s.09$
Déclinaison calculée..........	$21°\ 21'\ 59''.8$ B.
Equation du temps...........	$11^h\ 56^m\ 52^s.25$

$h = 30°\ 42'\ 38''$			
$\delta = 111\ \ 22$	$c^t \sin = 0.0309254$		
$l = 30\ \ 30$	$c^t \cos = 0.0646796$	$+\ 248$	
$2S = 172°\ 34'\ 38''$			
$S = 86\ \ 17\ \ 19$	$\cos = 8.8111101$	$-\ 3245$	
$S - h = 55\ \ 34\ \ 41$	$\sin = 9.9163983$	$+\ 144$	
	Somme..... $= 18.8231134$	$p = -2853$	
	$\log \sin \frac{P}{2} \ldots = 9.4115567$		
	5005		
	5620 | 788		
	| $7''.13$		

$$\frac{P}{2} = 14°\ 56'\ 57''.13$$

Angle au pôle en temps	$= 1^h\ 59^m\ 35^s.62$
Heure vraie 1er lieu...	$= 22^h\ 00^m\ 24^s.38$
Équation du temps...	$= 11^h\ 56^m\ 52^s.25$
Heure t. m. 1er lieu...	$= 21^h\ 57^m\ 16^s.63$
Heure t. m. de Paris..	$= 3^h\ 42^m\ 59^s.09$
Long. O. 1er lieu....	$= 5^h\ 45^m\ 42^s.46$
Chᵗ en long. O......	$= +\ 3^m\ 02^s$
Long. O. 2e lieu.....	$= 5^h\ 48^m\ 44^s.46\ \ -(L+\gamma)$

On a $\frac{2p}{d} = -\frac{5706}{788} = -7^s.24 \ldots\ldots\ a = +7^s.24$

SECONDE STATION.

Heure t. m. de Paris le 27.....	$7^h\ 45^m\ 16^s.50$
Déclinaison calculée...........	$21°\ 23'\ 38''.6$ B.
Équation du temps...........	$11^h\ 56^m\ 53^s.44$

$h' = 30°\ 41'\ 08''$		
$\delta' = 111\ \ 23\ \ 39$	$c^t \sin = 0.0310078$	
$l + \lambda = 30\ \ 07\ \ 15$	$c^t \cos = 0.0629933$	$+\ 245$
$2S' = 172°\ 12'\ 02''$		
$S' = 86\ \ 06\ \ 01$	$\cos = 8.8325757$	$-\ 3090$
$S' - h' = 55\ \ 24\ \ 53$	$\sin = 9.9155444$	$+\ 145$
	Somme...... $= 18.8421212$	$p' = -2700$
	$\log \sin \frac{P'}{2} \ldots = 9.4210606$	
	0100	
	5060 | 771	
	| 6.56	

$$\frac{P'}{2} = 15°\ 17'\ 16''.56$$

Angle au pôle en temps	$= 2^h\ 02^m\ 18^s.21$
Heure vraie 2e lieu....	$= 2^h\ 02^m\ 18^s.21$
Équation du temps....	$= 11^h\ 56^m\ 53^s.44$
Heure t. m. 2e lieu....	$= 1^h\ 59^m\ 11^s.65$
Heure t. m. de Paris...	$= 7^h\ 45^m\ 16^s.50$
Long. O. 2e lieu......	$= 5^h\ 46^m\ 04^s.85\ \ -L$

On a $\frac{2p'}{d'} = -\frac{5400}{771} = -7^s \ldots\ldots\ldots\ b = -7^s$

Les deux longitudes du calcul diffèrent; donc la latitude estimée est erronée; on aura

$$R = \frac{-L' + (L+\gamma)}{a-b} = \frac{+2^m\ 39^s.61}{+14^s.24} = +\frac{159.61}{14.24} = 11'.21.$$

La latitude estimée est trop faible de $11'.21$ ou de $11'\ 12''.6$.

Les longitudes rectifiées sont

$-(L+\gamma) + Ra = -5^h\ 48^m\ 44^s.46 + 1^m\ 21^s.16 = -5^h\ 47^m\ 23^s.30$;

ou encore

$-L' + Rb = -5^h\ 46^m\ 04^s.85 - 1^m\ 18^s.47$ ou $-5^h\ 47^m\ 23^s.32$;

un seul de ces calculs suffit. Ainsi, en résumé, les résultats sont les suivants :

Première station.....	Latit. $30°\ 41'\ 12''.6$ S.	Longit. $5^h\ 44^m\ 21^s.31$ O.
Seconde station......	Latit. $30°\ 18'\ 27''.6$ S.	Longit. $5^h\ 47^m\ 23^s.31$ O.

On ne prend jamais les logarithmes des lignes trigonométriques qu'en nombres ronds de dizaines de secondes; il faut faire exception pour les log-sin des arcs de 0° à 5° et pour les log-cos des arcs compris entre 85° et 90°; les tables de Callet donnent à vue ces logarithmes à la seconde.

Si on recommençait les deux calculs précédents avec les latitudes corrigées, on trouverait que ces latitudes sont trop fortes de $4'',5$ et on aurait identiquement les mêmes longitudes.

EXEMPLE II. — *Le 5 juin, vers* 19^h *t. m. d'un lieu situé par une latitude estimée* 40° 37′ *N. et une longitude estimée* $3^h\ 42^m$ *O., l'œil élevé de* $7^m,6$*, on a eu : heure au chronomètre* $11^h\ 02^m\ 47^s$*, hauteur* ☊ 25° 26′ 30″.

On fait $20^m.5$ *au N. 40° E. du monde, et dans ce nouveau lieu on a : heure au chronomètre* $1^h\,49^m\,27^s$, *hauteur* ☉ *56° 43′ 20″ vers* 22^h *t. m.*

On sait que le 17 mai, à midi moyen de Paris, le chronomètre, dont la marche diurne est $+\,12^s.04$, *marquait* $0^h\,20^m\,30^s.87$.

Trouver la latitude et la longitude des lieux d'observation.

La table IV, pour faire le point, donne pour $20^m.5$ au N. 40° E. du monde, chemin N. $15^m,7$, chemin E. $13^m.2$, puis changement en longitude $1^m\,10^s$ E. La latitude de la première station est 40° 37′ N.; la latitude de la seconde station est 40° 52′ 42″ N.

PREMIÈRE STATION.

Heure t. m. de Paris le 5...... $22^h\,38^m\,16^s.01$
Déclinaison calculée,.......... 22° 40′ 53″.3 B.
Équation du temps........... $11^h\,58^m\,19^s.56$

$h =$ 25° 35′ 29″
$\delta =$ 67 19 07 c^t sin = 0.0349541
$l =$ 40 37 c^t cos = 0.1197113 + 361

$2S =$ 133° 31′ 36″
$S =$ 66 45 48 cos = 9.5960703 — 491
$S-h =$ 41 10 19 sin = 9.8184401 + 241

Somme..... = 19.5691758 $p = +111$

log sin $\frac{P}{2}$... = 9.7845879

5843
360 | 274
1.31

$\frac{P}{2} =$ 37° 30′ 51″.31

Angle au pôle en temps = $5^h\,00^m\,06^s.84$
Heure vraie 1er lieu... = $18^h\,59^m\,53^s.16$
Équation du temps.... = $11^h\,58^m\,19^s.56$

Heure t. m. 1er lieu... = $18^h\,58^m\,12^s.72$
Heure t. m. de Paris... = $22^h\,38^m\,16^s.01$

Long. O. 1er lieu..... = $3^h\,40^m\,03^s.29$
Ch^t^ en long. E........ = $-\,1^m\,10^s$

Long. O. 2e lieu...... = $3^h\,38^m\,53^s.29$ — (L + γ)

On a $\frac{2p}{d} = +\frac{222}{274} = +\,0^s.81$.... $a = -\,0^s.81$

SECONDE STATION.

Heure t. m. de Paris le 6..... $1^h\,24^m\,54^s.62$
Déclinaison calculée.......... 22° 41′ 35″.9 B.
Équation du temps............ $11^h\,58^m\,20^s.80$

$h' =$ 56° 53′ 40″
$\delta' =$ 67 18 24 c^t sin = 0.0349981
$l+\lambda =$ 40 52 42 c^t cos = 0.1214165 + 365

$2S' =$ 165° 04′ 46″
$S' =$ 82 32 23 cos = 9.1134528 — 1608
$S'-h' =$ 25 38 43 sin = 9.6362724 + 438

Somme..... = 18.9061398 $p' = -805$

log sin $\frac{P'}{2}$... = 9.4530699

0574
1250 | 711
1.75

$\frac{P'}{2} =$ 16° 29′ 21″.76

Angle au pôle en temps = $2^h\,11^m\,54^s.90$
Heure vraie 2e lieu.... = $21^h\,48^m\,05^s.10$
Équation du temps.... = $11^h\,58^m\,20^s.80$

Heure t. m. 2e lieu.... = $21^h\,46^m\,25^s.90$
Heure t. m. Paris..... = $1^h\,24^m\,54^s.62$

Long. O. 2e lieu..... = $3^h\,38^m\,28^s.72$ — L′

On a $\frac{2p'}{d'} = -\frac{1610}{711} = -\,2^s.26$... $b = +\,2^s.26$

Les deux longitudes du calcul diffèrent, donc la latitude estimée est erronée; on a

$$R = \frac{-L' + (L+\gamma)}{a-b} = \frac{+\,24.57}{-\,3.07} = -\,8'.$$

La latitude estimée est trop forte de 8′.

Les longitudes rectifiées sont :

$$-(L+\gamma) + Ra = -\,3^h\,38^m\,53^s.29 + 6^s.48 = -\,3^h\,38^m\,46^s\,81\,;$$

puis $-\,3^h\,38^m\,28^s.72 - 18^s.08 = -\,3^h\,38^m\,46^s.80$. Ainsi en résumé les résultats sont :

Première station.......	Latit. 40° 29′ N.	Longit. $3^h\,39^m\,56^s.8$ O.
Seconde station.......	Latit. 40° 44′.7 N.	Longit. $3^h\,38^m\,46^s.8$ O.

Si on recommençait les deux calculs précédents avec les latitudes corrigées, on trouverait que ces latitudes sont trop fortes de 1″,6, et on aurait les mêmes longitudes.

Le signe de a, d'après des démonstrations précédemment faites, indique que, dans le premier lieu d'observation, le soleil n'avait pas encore passé au premier vertical; le signe de b indique que, dans le second lieu d'observation, on a pris la hauteur du soleil après son passage au premier vertical.

EXEMPLE III. — *Le 16 mars, vers 9ʰ t. m. d'un lieu situé par une latitude estimée 20° 14′ N. et une longitude estimée 9ʰ 26ᵐ E., l'œil élevé de 8ᵐ, on a eu : hauteur de Sirius, 43° 17′ 20″; heure au chronomètre, 0ʰ 42ᵐ 27ˢ.5.*

On fait 29 milles au S. 43° O., et dans ce nouveau lieu on a : hauteur de Sirius, 23° 06′ 55″; heure au chronomètre, 2ʰ 35ᵐ 08ˢ.5. Sirius était dans l'ouest.

On sait que le 1ᵉʳ mars, à midi moyen de Paris, le chronomètre, dont la marche diurne est — 10ˢ.48, marquait 1ʰ 12ᵐ 23ˢ.8.

Trouver la latitude et la longitude des deux lieux d'observation.

La table IV, pour faire le point, indique que pour 29ᵐ au S. 43° O. du monde on a chemin S. 21ᵐ.2, chemin O. 19ᵐ.8, ou changement en longitude 1ᵐ 24ˢ O. La latitude estimée de la première station est 20° 14′ N.; celle de la seconde est 19° 52′ 48″ N.

PREMIÈRE STATION.

Heure t. m. de Paris le 15	23ʰ 32ᵐ 40ˢ.68
Temps sidéral	23ʰ 35ᵐ 58ˢ.94
Déclinaison de Sirius	16° 31′ 29″ A.
Ascension droite de Sirius	6ʰ 38ᵐ 51ˢ

$h =$ 43° 11′ 17″			
$\delta =$ 106 31 25	cᵗ sin =	0.0183130	
$l =$ 20 14	cᵗ cos =	0.0274761	+ 155
$2S =$ 169° 56′ 42″			
$S =$ 84 58 21	cos =	8.9426959	— 2394
$S - h =$ 41 47 04	sin =	9.8236800	+ 235
		18.8121650	$p =$ — 2004

$\log \sin \frac{P}{2} =$ 9.4060825

0216

6090 | 800 | 7.60

$\frac{P}{2} =$ 14° 45′ 27″.60

Angle horaire en temps	=	1ʰ 58ᵐ 03ˢ.68
Æ de Sirius	=	6ʰ 38ᵐ 51ˢ
Heure sidérale	=	8ʰ 36ᵐ 54ˢ.68
Temps sidéral	—	23ʰ 35ᵐ 58ˢ.94
Heure t. m. 1ᵉʳ lieu	=	9ʰ 00ᵐ 55ˢ.74
Heure t. m. Paris	=	23ʰ 32ᵐ 40ˢ.68
Long. E. 1ᵉʳ lieu	=	9ʰ 28ᵐ 15ˢ.06
Chᵗ en long. O.	=	— 1ᵐ 24ˢ
Longit. E. 2ᵉ lieu	=	9ʰ 26ᵐ 51ˢ.06 + (L + γ)

On a $\frac{2p}{d} = -\frac{4008}{800} = -$ 5ˢ.01 … $a = -$ 5ˢ.01

SECONDE STATION.

Heure t. m. de Paris le 16	1ʰ 25ᵐ 22ˢ.51
Temps sidéral	23ʰ 36ᵐ 17ˢ.45

$h' =$ 22° 59′ 38″			
$\delta' =$ 106 31 25	cᵗ sin =	0.0183130	
$l + \lambda =$ 19 52 48	cᵗ cos =	0.0266857	+ 152
$2S' =$ 149° 23′ 51″			
$S' =$ 74 41 55.5	cos =	9.4213950	— 769
$S' - h' =$ 51 42 17.5	sin =	9.8947792	+ 166
		19.3611729	$p' =$ — 451

$\log \sin \frac{P}{2} =$ 9.6805864.5

5577

2875 | 386 | 7.45

$\frac{P}{2} =$ 28° 38′ 17″.45

Angle horaire en temps	=	3ʰ 49ᵐ 06ˢ.33
Æ de Sirius	=	6ʰ 38ᵐ 51ˢ
Heure sidérale	=	10ʰ 27ᵐ 57ˢ.33
Temps sidéral	=	23ʰ 36ᵐ 17ˢ.45
Heure t. m. 2ᵉ lieu	=	10ʰ 51ᵐ 39ˢ.88
Heure t. m. Paris	=	1ʰ 25ᵐ 22ˢ 51
Long. E. 2ᵉ lieu	=	9ʰ 26ᵐ 17ˢ.37 + L′

On a $\frac{2p'}{d'} = -\frac{902}{386} = -$ 2ˢ.34 … $b = -$ 2ˢ.34

Les deux longitudes du calcul diffèrent; donc la latitude estimée est erronée; on a

$$R = \frac{L' - (L + \gamma)}{a - b} = \frac{-33^s.69}{-2^s67} = + 12'.62.$$

La latitude estimée est trop faible de 12′ 37″.

Les longitudes rectifiées sont

$$(L + \gamma) + Ra = 9^h 26^m 51^s.06 - 1^m 03^s.23 = 9^h 25^m 47^s.83;$$

puis $L' + Rb = 9^h 26^m 17^s.37 - 29^s.53 = 9^h 26^m 47^s.84$. En résumé on arrive aux résultats suivants :

Première station....... Latit. 20° 26′ 37″ N. Longit. $9^h 27^m 11^s.83$ E.
Seconde station....... Latit. 20° 05′ 25″ N. Longit. $9^h 26^m 47^s.84$ E.

En recommençant les calculs avec les latitudes corrigées, on trouve une nouvelle correction de $-$ 0′,04 sur la latitude et une longitude $9^h 26^m 49^s.04$ E.

Exemple IV. — *Le 20 mai, vers 16h t. m. d'un lieu situé par une latitude estimée 34° 28′ 30″ S. et une longitude $5^h 20^m$ O., l'œil élevé de $7^m.6$, on a observé simultanément la hauteur d'Antarès dans l'ouest 40° 50′ 50″, et la hauteur de Fomalhaut dans l'est 56° 06′ au moment où le chronomètre marquait $1^h 24^m 17^s$.*

On sait que le 2 mai à midi moyen de Paris, le chronomètre, dont la marche diurne est $+ 2^s.11$, marquait $3^h 50^m 22^s.5$.

Trouver la latitude et la longitude du lieu d'observation.

On trouve heure t. m. de Paris le 20 mai $21^h 33^m 14^s.63$, et pour temps sidéral $3^h 55^m 51^s.94$.

ANTARÈS.

Déclinaison................ = 26° 06′ 52″ A.
Ascension droite.............. = $16^h 20^m 41^s.28$

$h =$	40° 44′ 49″			
$\delta =$	63 53 08	c^t sin =	0.0467619	
$l =$	34 28 30	c^t cos =	0.0838761	+ 289
$2S =$	139° 06′ 27″			
$S =$	69 33 13	cos =	9.5432538	− 565
$S - h =$	28 48 24	sin =	9.6829016	+ 383
			19.3568234	$p = + 107$
		$\log \sin \frac{P}{2} =$	9.6784117	$d = + 388$

$$\frac{P}{2} = 28^\circ\ 28'\ 55''.25$$

Angle horaire en temps = $3^h 47^m 51^s.37$
Ascension droite Antarès = $16^h 20^m 41^s.28$

Heure sidérale du lieu... = $20^h 08^m 32^s.65$
Temps sidéral......... − $3^h 57^m 55^s.94$

Heure t. m. du lieu.... = $16^h 12^m 40^s.71$
Heure t. m. de Paris... = $21^h 33^m 14^s.63$

Longit. O. du lieu..... = $5^h 20^m 33^s.92$ $-(L + \gamma)$

On a $\frac{2p}{d} = + \frac{214}{388} = + 0^s.55$.... $a = + 0^s.55$

FOMALHAUT.

Déclinaison................ = 30° 22′ 35″ A.
Ascension droite.............. = $22^h 49^m 45^s.43$

$h' =$	56° 00′ 28″			
$\delta' =$	59 37 25	c^t sin =	0.0641229	
$l' =$	34 28 30	c^t cos =	0.0838761	+ 289
$2S' =$	150° 06′ 23″			
$S' =$	75 03 11	cos =	9.4115005	− 789
$S' - h' =$	19 02 43	sin =	9.5136191	+ 610
			19.0731186	$p = + 110$
		$\log \sin \frac{P'}{2} =$	9.5365593	$d' = + 575$

$$\frac{P'}{2} = 20^\circ\ 07'\ 14''.90$$

Angle horaire en temps = $21^h 19^m 02^s.01$
Ascension dr. Fomalhaut = $22^h 49^m 45^s.43$

Heure sidérale du lieu... = $20^h 08^m 47^s.44$
Temps sidéral......... − $3^h 55^m 51^s.94$

Heure t. m. du lieu.... = $16^h 12^m 55^s.50$
Heure t. m. de Paris... = $21^h 33^m 14^s.63$

Long. O. du lieu...... = $5^h 20^m 19^s.13$ $- L'$

On a $\frac{2p'}{d'} = + \frac{220}{575} = + 0^s.38$... $b = - 0^s.38$

$$\text{On aura } R = \frac{- L' + (L + \gamma)}{a - b} = \frac{+ 14^s.79}{+ 0^s.93} = + 15'.9 = 15' 54''.$$

Pour rectifier la longitude $- L' + Rb = - 5^h 20^m 19^s.13 - 6^s.04 = - 5^h 20^m 25^s.17$. En résumé, on a pour résultats :

Latitude...... 34° 44′ 24″ S. Longitude...... $5^h 20^m 25^s.17$ O.

6. *Circonstances favorables pour l'application de la méthode.* — La formule de rectification pour la latitude est $R = \frac{L' - (L + \gamma)}{a - b}$; si a, b, différant très-peu, ont le même signe, le dénominateur est très-petit, et par suite la moindre erreur sur a ou sur b influe beaucoup sur la valeur de R; il est donc avantageux que a, b aient des signes contraires; on doit prendre des observations de différente espèce, soit par rapport au premier vertical, soit par rapport au méridien.

Soient a' la variation de l'heure temps moyen du premier lieu d'observation pour une variation de $+1'$ sur la hauteur; b' la quantité analogue pour le second lieu d'observation; S l'erreur d'observation que nous supposerons la même sur deux hauteurs prises par le même observateur. En suivant le raisonnement fait précédemment, la longitude réelle du second lieu serait $L + Ra + Sa'$; la longitude réelle du second lieu serait $L' + Rb + Sb'$; on doit avoir l'identité $L + \gamma + Ra + Sa' = L' + Rb + Sb'$; d'où on conclut $R = \frac{L' - (L + \gamma)}{a - b} + S\,\frac{b' - a'}{a - b}$. C'est là la véritable valeur de R; en ne tenant compte que du premier terme, comme nous l'avons fait, on commet une erreur qui est la moindre possible quand a', b' ont même signe, quand a, b ont des signes contraires. La circonstance la plus favorable au calcul est donc celle où l'on prend des observations de part et d'autre du méridien, après et avant le passage au premier vertical.

On se place dans les circonstances les plus favorables en observant deux astres situés l'un dans l'est, l'autre dans l'ouest, de telle sorte que, l'un ayant déjà passé au premier vertical, l'autre n'y ait pas encore passé; il est inutile de mentionner la seconde condition, quand la latitude est moindre que la déclinaison ou quand la latitude et la déclinaison ont des noms contraires.

7. *Justification de la méthode.* — Pour justifier la méthode générale qui vient d'être exposée, nous donnerons les explications suivantes, quoiqu'elles ne soient pas élémentaires.

L'erreur sur l'angle au pôle du calcul doit être considérée comme provenant de l'erreur sur la latitude estimée; en désignant par P, P' les angles au pôle, par l la latitude estimée, par λ le changement en latitude, on a $P = f(l)$, $P' = \varphi(l + \lambda)$.

Soient A l'erreur sur l'angle au pôle P correspondante à une erreur de R minutes sur la latitude estimée, B la quantité analogue pour l'angle P', on a rigoureusement

$$A = R f'(l) + \frac{R^2}{1.2}\sin 1' f''(l) + \ldots\ldots \qquad B = R\varphi'(l+\lambda) + \frac{R^2}{1.2}\sin 1'\varphi''(l+\lambda) + \ldots\ldots$$

puis évidemment $L + \gamma + A = L' + B$ ou $A - B = L' - (L + \gamma)$; donc

$$L' - (L + \gamma) = R\,\{f'(l) - \varphi'(l+\lambda)\} + \frac{R^2}{1.2}\sin 1'\,\{f''(l) - \varphi''(l+\lambda)\}\ldots\ldots$$

Pour les quantités a, b, dont on sait la signification, on aura

$$a = f'(l) + \frac{\sin 1'}{1.2} f''(l) + \ldots\ldots \qquad b = \varphi'(l+\lambda) + \frac{\sin 1'}{1.2}\varphi''(l+\lambda) + \ldots\ldots$$

et on conclura :

$$L' - (L + \gamma) = R(a - b) + \frac{R^2 - 1}{1.2}\sin 1'\,\{f''(l) - \varphi''(l+\lambda)\} + .$$

ou

$$\frac{L' - (L + \gamma)}{a - b} = R_1 = R + \frac{R^2 - 1}{2(a - b)}\sin 1'\,\{f''(l) - \varphi''(l+\lambda)\} + \ldots\ldots$$

en appelant R la valeur approchée que donnent les calculs pour l'erreur sur la latitude estimée.

Dans la formule précédente on pourrait calculer exactement les valeurs $f''(l)$, $\varphi''(l+\lambda)$,..... et trouver la valeur de R par un calcul de fausse position. On peut faire ce calcul de fausse position en recommençant les calculs avec la latitude corrigée jusqu'à ce qu'on arrive à trouver une correction négligeable.

La méthode exposée n'est donc au fond qu'une méthode de calcul de fausse position; tous les calculs de navigation sont d'ailleurs dans le même cas. Il est évident qu'un premier calcul suffira dans les cas usuels, l'erreur sur la latitude estimée n'étant jamais très-forte.

8. *Cas particuliers de la méthode.* — Il peut arriver que l'une des hauteurs ait été observée très-près de l'instant du passage de l'astre au premier vertical; il peut advenir aussi que l'une des hauteurs soit circumméridienne.

Exemple I. — *Le 24 mai 1857, par une latitude estimée 39° 38′ N. et une longitude estimée $4^h\ 58^m$ O., l'œil élevé de $7^m.3$, on observe vers 20^h t. m., et on a hauteur ⊙ 34° 04′ 25″, heure au chronomètre $11^h\ 51^m\ 25^s.3$.*

On fait $16^m.4$ au S. 36° E. du monde, et dans ce nouveau lieu on a hauteur ⊙ 58° 19′ 25″, heure au chronomètre $1^h\ 59^m\ 54^s.7$.

Le 1er mai, à midi moyen de Paris, le chronomètre, dont la marche diurne est + $3^s.66$, marquait $11^h\ 01^m\ 57^s.44$.

Trouver la latitude et la longitude des lieux d'observation.

Le calcul de point indique un changement en latitude 13′.6 S. et un changement en longitude 50^s E. entre les deux observations; la latitude estimée du second lieu d'observation est 39° 24′ 42″ N.

PREMIÈRE OBSERVATION.	SECONDE OBSERVATION.
Heure t. m. de Paris... 25 mai $0^h\ 47^m\ 56^s.24$	.... 25 mai $2^h\ 56^m\ 25^s.31$
Équation du temps.......... $11^h\ 56^m\ 38^s.56$	.... $11^h\ 56^m\ 39^s.11$
Déclinaison calculée........ 21° 00′ 08″.9 B.	.... 21° 01′ 05″.3 B
$h =$ 34° 14′ 07″	58° 29′ 55″
$\delta =$ 68 59 51 c^t sin = 0.0298563	68 58 55...... 0.0299049
$l =$ 39 38 c^t cos = 0.1134290 + 349	39 24 42...... 0.1120394.... + 346
$2S =$ 142° 51′ 58″	166° 53′ 32″
$S =$ 71 25 59 cos = 9.5029838 — 627	83 26 46...... 9.0573556.... — 3
$S-h =$ 37 11 52 sin = 9.7814398 + 272	24 56 51...... 9.6250893.... + 3
Somme..... = 19.4277089 $p = -1$	Somme..... 18.8243892.... $2p = -2068$
log sin $\frac{P}{2}$... = 9.7138544.5	log sin $\frac{P}{2}$... 9.4121946
8305	1309
2395 | 348 / 6.88	6370 | 788 / 8.08 $\frac{2p}{d} = -2^s.62$
$\frac{P}{2} =$ 31° 09′ 36″.88	$\frac{P}{2} =$ 14° 58′ 18″.08
Angle hor. en temps.... $4^h\ 09^m\ 16^s.92$	.... $1^h\ 59^m\ 46^s.41$
Heure t. v. du lieu.... $19^h\ 50^m\ 43^s.08$	.... $22^h\ 00^m\ 13^s.59$
Équation du temps.... $11^h\ 56^m\ 38^s.56$	.... $11^h\ 56^m\ 39^s.11$
Heure t. m. du lieu.... $19^h\ 47^m\ 21^s.64$	.... $21^h\ 56^m\ 52^s.70$
Heure t. m. de Paris... $0^h\ 47^m\ 56^s.24$	.... $2^h\ 56^m\ 25^s.31$
Longit. O. du 1er lieu. $5^h\ 00^m\ 34^s.60$	.... $4^h\ 59^m\ 32^s.61$ — L′ $b = +2^s.62$
Changement en long. E. — 50^s	
Longitude O. du 2e lieu $4^h\ 59^m\ 44^s.60$ — (L + γ)	
$a = 0$	$R = \frac{-L' + (L+\gamma)}{-b} = \frac{+11.99}{-2^s.62} = -4'.58$

On conclut les résultats suivants :

Premier lieu d'observation.....	Lat. 39° 33'.4 N.	Long. 5ʰ 00ᵐ 34ˢ.6 E.
Second lieu d'observation......	Lat. 39° 20'.1 N.	Long. 4ʰ 59ᵐ 44ˢ.6 E.

On a ainsi une solution fort élégante du problème dont l'énoncé est le suivant : Connaissant l'heure temps vrai d'un lieu, déterminer sa latitude à l'aide d'une hauteur du soleil. On calcule l'heure temps vrai du lieu avec la latitude erronée ; la différence entre cette heure temps vrai, qui n'est qu'approchée, et l'heure temps vrai réelle est divisée par b ; le quotient indique le signe et la valeur de l'erreur commise sur la latitude estimée.

EXEMPLE II. — *Le 7 mai 1857, par une latitude estimée 48° N. et une longitude estimée 3ʰ O., on a observé avant midi vrai : hauteur ☉ 58° 24′ 55″, heure au chronomètre 2ʰ 04ᵐ 21ˢ.5.*

On fait 28ᵐ au S. 42° E. du monde, et dans ce nouveau lieu, le 8 mai, on a : hauteur ☉ 48° 26′ 15″, heure au chronomètre 4ʰ 35ᵐ 53ˢ. Élévation de l'œil 6ᵐ.6. Le 1ᵉʳ mai à midi moyen de Paris, le chronomètre, dont la marche diurne est + 6ˢ.6, marquait 11ʰ 24ᵐ 00ˢ.24.

Trouver la latitude et la longitude de chacun des lieux d'observation.

Le calcul de point indique pour l'intervalle qui sépare les deux observations un changement en longitude 1ᵐ 52ˢ E, un changement en latitude 20′.6 S. La latitude estimée de la seconde station est 47° 39′ 12″ N.

	PREMIER LIEU.	SECOND LIEU.
Heure t. m. de Paris le 8 mai...	2ʰ 39ᵐ 27ˢ.73	.... 5ʰ 10ᵐ 58ˢ.53
Équation du temps............	11ʰ 56ᵐ 17ˢ.05	.... 11ʰ 56ᵐ 16ˢ.70
Distance polaire..............	72° 49′ 08″	.... 72ʰ 47′ 22″

On pourrait traiter la question par la méthode ordinaire, mais la première hauteur est évidemment circumméridienne, et il faudrait recommencer plusieurs fois les calculs pour arriver à trouver exactement la correction de la latitude. La méthode suivante est plus expéditive.

On cherche d'abord, à l'aide de la latitude estimée, l'heure temps vrai approchée du second lieu ; on conclut l'heure temps vrai approchée de la première observation, et par suite l'intervalle approché qui sépare l'instant de la première observation de midi vrai. Cet intervalle approché sert à faire un calcul de circumméridienne et à trouver une correction approchée de la latitude estimée.

$h =$ 48° 36′ 47″			
$\delta =$ 72 47 22	cᵗ sin = 0.0198961		
$l =$ 47 39 12	cᵗ cos = 0.1715838	+	462
2S = 169° 03′ 21″			
S = 84 31 40	cos = 8.9793806	−	2198
S−h = 35 54 53	sin = 9.7683189	+	291
	Somme..... = 18.9391794	$2p =$ −	2890
	$\log \sin \frac{P}{2}$... = 9.4695897	$d =$ +	682
	$\frac{P}{2} =$ 17° 08′ 53″.08......	$a =$ −	4ˢ.24
Heure t. v. second lieu..............			2ʰ 17ᵐ 11ˢ.08

Heure t. m. Paris 2ᵉ observ...		5ʰ 10ᵐ 58ˢ.53
Heure t. m. Paris 1ʳᵉ observ...		2ʰ 39ᵐ 27ˢ.73
Interv. t. m. des deux observ...		2ʰ 31ᵐ 30ˢ.80
Marche + 3ˢ.4 du t. v. sur t. m.	+	0ˢ.36
Interv. t. v. des deux observ..		2ʰ 31ᵐ 31ˢ.16
Heure t. v. appr. du 2ᵉ lieu...		2ʰ 17ᵐ 11ˢ.08
Heure t. v. du 2ᵉ lieu à 1ʳᵉ obs.		23ʰ 45ᵐ 39ˢ.92
Changem. en long. E.......	−	1ᵐ 52ˢ
Heure t. v. appr. de la 1ʳᵉ obs..		23ʰ 43ᵐ 47ˢ.92
Valeur approchée de p......		16ᵐ 12ˢ.08

Pour une latitude estimée 48° N. et une déclinaison 17° N., la table XXVI de Callet donne $\alpha = 2''.44$. Les préliminaires de la table donnent le nombre 61 ; la limite du temps pendant lequel les hauteurs sont circumméridiennes est $\frac{61}{\sqrt{\alpha}}$ ou $\frac{61}{2}$ ou $30^m.5$. La première hauteur observée est donc bien circumméridienne.

On a $p = 16^m.2$ et $p^2 = 262.44$
$\alpha p^2 = 10'\ 40''.4$

La latitude estimée est trop faible de $24'.5$; on a donc $R = +24'.5$; d'ailleurs $b = -4^s.24$; ainsi $Rb = -1^m\ 43^s.88$; c'est là correction à faire à l'angle horaire vrai de la seconde station et à l'angle horaire déduit pour la première.

Première hauteur vraie...	58° 35′ 42″
Changement en hauteur...	+ 10′ 40″
Hauteur mér. vraie......	58° 46′ 22″.4
Dist. zénith. mérid......	31° 13′ 37″.6
Déclinaison..............	17° 10′ 52″.4
Latitude approchée......	48° 24′ 30″ N.

Le calcul indique que la correction Rb est additive à l'angle au pôle de la première station, dont la nouvelle valeur plus approchée est alors $p' = 16^m\ 12^s.08 + 1^m\ 43^s.88 = 17^m\ 55^s.96 = 17^m.9$.

On aura de nouveau $p'^2 = 320.41$, $\alpha = 2''.44$ et $\alpha p'^2 = 13'\ 01''.8$.

La latitude approchée déjà trouvée doit être corrigée par conséquent de $13'\ 01''.8 - 10'\ 40''.4$ ou de $2'\ 21''.4$. La latitude définitive sera $48°\ 24'\ 30'' - 2'\ 21''.4$ ou $48°\ 22'\ 08''.6$ pour la première station.

La correction de la latitude estimée étant $R = +22'\ 08''.6$ ou $+22'.13$; on aura $Rb = -1^m\ 33^s.83$. On aura

Heure vr. appr. 2ᵉ lieu...	2ʰ 17ᵐ 11ˢ.08
Correction..............	— 1ᵐ 33ˢ.83
Heure vraie 2ᵉ lieu.......	2ʰ 15ᵐ 37ˢ.25
Équation du temps.......	11ʰ 56ᵐ 16ˢ.70
Heure t. m. 2ᵉ lieu.......	2ʰ 11ᵐ 53ˢ.95
Heure t. m. de Paris.....	5ʰ 10ᵐ 58ˢ.53
Longitude ouest.........	2ʰ 59ᵐ 04ˢ.58

Premier lieu.	latitude	48° 22′.1 N.
	longitude	3ʰ 00ᵐ 56ˢ.58 O.
Second lieu.	latitude	48° 01′.5 N.
	longitude	2ʰ 59ᵐ 04ˢ.58 O.

9. *Les courants.* — La méthode de calcul qui vient d'être exposée permet de déterminer les courants. Supposons en effet qu'on ait fait trois observations; le calcul pour les deux premières stations indique la position exacte de la première station; le calcul pour les deux dernières stations fixe la position exacte de la seconde station; on peut donc conclure l'action des courants de la comparaison des résultats donnés par l'estime aux résultats des calculs.

On peut, en multipliant les stations, avoir incessamment, à de courts intervalles, l'action des courants; action importante à connaître dans les levés hydrographiques sous voiles.

CHAPITRE II.

Calcul de la variation du compas.

1. La variation du compas est l'angle que forme la vraie ligne Nord et Sud avec la ligne Nord et Sud du compas; on l'obtient à un moment quelconque par la comparaison de l'azimut magnétique ou observé et de l'azimut vrai ou calculé, ou par la comparaison de l'amplitude magnétique ou observée et de l'amplitude vraie ou calculée.

La variation est NO ou NE, suivant que la pointe N. de l'aiguille aimantée tombe sur la partie O. ou sur la partie E. de la rose vraie.

On compte les relèvements magnétique et vrai à partir du même point cardinal; on retranche toujours le relèvement magnétique du relèvement vrai; la différence algébrique entre le relèvement vrai et le relèvement magnétique donne la variation avec son signe. Les relèvements ont le signe + quand ils sont comptés dans le sens nord-est-sud-ouest, le signe — dans le cas contraire.

Exemples :

Azimut vrai...	N. 98° 50′ E.	+ 98° 50′	S. 118° 49′ E.	— 118° 49′	Amp. vr. E. 7° 27′ S.	+ 7° 27′
Azimut magn..	N. 27° 45′ E.	+ 27° 45′	S. 25° 30′ O.	+ 25° 30′	Amp. m. E. 46° 40′ N.	— 46° 40′
Variation.	71° 05′ NE.	+ 71° 05′	144° 19′ NO.	— 144° 19′	Variat.... 54° 07′ NE.	+ 54° 07′

2. *Calcul de la variation à l'aide de l'observation d'un astre qui a atteint une certaine hauteur au-dessus de l'horizon.* — Deux observateurs prennent au même instant, l'un la hauteur de l'astre, l'autre son relèvement au compas; on note l'heure au chronomètre. L'heure du chronomètre fait connaître l'heure temps moyen de Paris pour laquelle on calcule tous les éléments nécessaires de la *Connaissance des temps.*

La formule $\cos\frac{z}{2} = \sqrt{\frac{\cos S \cdot \cos(S-\delta)}{\cos h \cdot \cos l}}$ fait connaître l'azimut vrai, qui, combiné avec l'azimut magnétique, sert à trouver la variation.

On ne doit jamais apporter trop de rigueur dans ce calcul, à cause du peu d'exactitude d'un relèvement et de la difficulté de naviguer au plus au degré près. Il faut faire le calcul en nombres ronds de dizaines de secondes, et ne jamais chercher les unités de secondes du demi-azimut vrai.

Plus l'astre est élevé au-dessus de l'horizon, plus le relèvement est difficile à prendre; autant que possible on observe un astre dont la hauteur ne dépasse pas 8 à 12 degrés.

Exemple. — *Le 26 mai, vers* 22^h *t. m. d'un lieu situé par une latitude estimée* 30° 30′ *S. et une longitude estimée* $5^h\ 50^m$ *O., l'œil élevé de* $7^m.4$, *on a :*

h. au chr. $0^h\ 42^m\ 17^s$, haut. ☉ 30° 33′ 10″, relèv. magn. ☉... N. 16° 20′ E.

On sait que le 7 mai, à midi moyen de Paris, le chronomètre dont la marche diurne est $+ 9^s.46$, *marquait* $8^h\ 56^m\ 07^s.25$.

Calculer la variation du compas.

Heure t. m. de Paris le 27... $3^h\ 42^m\ 59^s.09$	$h =$ 30° 42′ 38″... $c^t \cos h$..... = 0.0656262
Déclinaison calculée....... 21° 21′ 59″.8 B.	$\delta =$ 111° 22′
Hauteur vraie ☉......... 30° 42′ 38″	$l =$ 30° 30′....... $c^t \cos l$..... = 0.0646796
	$2S =$ 172° 34′ 38″
	$S =$ 86° 17′ 19″... $\cos S$..... = 8.8111101
Azimut vrai.. S 147° 19′ 20″ E. — 147° 19′ 20″	$\delta - S =$ 25° 04′ 41″... $\cos(\delta - S)$ = 9.9570003
Azimut magn. S 163° 40′ E. — 163° 40′	Somme........ = 18.8984162
Variation.... 16° 21′ NE. + 16° 20′ 40″	$\log \cos \frac{z}{2}$...... = 9.4492081
	$\frac{z}{2}$...... = 73° 39′ 40″

Il faut rappeler que l'azimut vrai donné par le calcul est compté à partir du point cardinal de même nom que la latitude vers l'est ou vers l'ouest, suivant que l'astre dont on s'occupe est dans l'est ou dans l'ouest.

Dans le chapitre précédent, l'énoncé du problème actuel a servi à faire un calcul de longitude; en recherchant la variation de l'angle au pôle pour une variation de $+ 1'$ sur la latitude, on a trouvé $\frac{\partial p}{d} = -7^s.24 = -1'.81$; on sait que cette variation a pour valeur $\frac{\cot g\, z}{\cos l}$; on a donc $\frac{\cot g\, z}{\cos l} = -1.81$; le signe — indique que l'azimut vrai dépasse 90°. En faisant le calcul, on a :

log (— 1.81)...... = 0.2576786	L'azimut vrai, plus grand que 90°, a pour valeur 180° — 32° 40′ 10″ ou 147° 19′ 50″; ce résultat diffère de 30″ seulement du résultat précédemment trouvé; cette différence est tout à fait négligeable.
log cos l......... = 9.9353204	
log cotg z......... = 0.1929990	
Angle corresp...... 32° 40′ 10″	

3. *Calcul de la variation à l'aide de l'observation d'un astre à l'instant de son lever vrai ou de son coucher vrai.* — L'instant le plus favorable pour obtenir le relèvement magnétique d'un astre est celui où sa hauteur est la moindre possible; l'observation d'un astre à l'instant de son lever ou de son coucher vrai rend les calculs très-commodes et fort courts.

Un astre est à son lever vrai ou à son coucher vrai quand son centre est sur l'horizon; en ce moment sa hauteur vraie est nulle. Un calcul de fausse position donne, en supposant à l'astre un disque circulaire de 16′ de rayon, et en ne considérant que les réfractions moyennes :

Hauteur apparente du bord supérieur......	42′.5
Hauteur apparente du centre............	28′.6
Hauteur apparente du bord inférieur.......	14′.9

Le diamètre vertical apparent est 27′.6. Pour un observateur dont l'œil serait élevé de 4^m (dépression, 3′.5), la hauteur apparente du bord inférieur de l'astre serait 18′.4, quantité égale aux deux tiers de 27′.6.

Ainsi, pour un observateur dont l'œil est élevé de 4^m et dans les conditions barométrique et thermométrique de la réfraction moyenne, on peut dire que, *à l'instant du lever ou du coucher vrai d'un astre dont le demi-diamètre est* 16′, *le bord inférieur de cet astre paraît élevé au-dessus de l'horizon des deux tiers de son diamètre vertical.*

On ne fait en général le calcul de variation qu'à l'aide de l'observation du soleil, et nous raisonnerons dans l'hypothèse que l'observation du soleil a été faite.

On relève le centre du soleil au compas de variation quand, peu après le lever ou avant le coucher de cet astre, son bord inférieur paraît élevé au-dessus de l'horizon d'environ les deux tiers du diamètre vertical apparent; on lit dans la *Connaissance des temps*, la déclinaison du soleil pour le midi moyen de Paris, la plus proche de l'instant de l'observation. La table XXIV de Callet, intitulée *amplitude vraie*, est construite d'après la formule $\sin \text{ampl. vraie} = \frac{\sin \text{déclin.}}{\cos \text{latit.}}$ et donne l'amplitude vraie ortive ou occase. On entre dans la table XXIV avec la latitude estimée pour argument horizontal, avec la déclinaison pour argument vertical; en faisant cadrer, on trouve l'amplitude vraie exprimée en degrés et fraction décimale de degrés.

L'amplitude vraie a toujours le nom de la déclinaison.

On combine le relèvement magnétique et l'amplitude vraie pour avoir la variation.

Exemple. — *Le 5 juin 1857, par une latitude estimée 40° 57′ N. et une longitude estimée 3ʰ 44ᵐ O., vers 16ʰ 30ᵐ, on a relevé le centre du soleil à son lever vrai au N. 82° E. du monde; on demande la variation.*

Tab. XXIV.	Latit. estimée... 41°	Amplitude vraie E. 30°.5 N....	— 30°.5
	Décl. le 6 à 0ʰ... 22°.7 B.	Amplitude magn. E. 8° N....	— 8°
		Variation......... 22°30′ NO...	— 22°.5

4. Il serait complétement inutile de calculer l'heure temps moyen du lever ou du coucher vrai.

On peut encore trouver la variation du compas en observant un astre lors de son lever ou de son coucher apparent, lors de son passage au premier vertical, lors de son passage au méridien; ce sont là des problèmes qui ne sont pas usuels et ne peuvent être considérés que comme exercices de calcul. Tout ce qui a été dit précédemment sur le calcul d'angle horaire, d'azimut, d'angle de position, ne peut laisser aucune difficulté sur ces questions.

5. *Calculer la variation du compas à l'aide de relèvements astronomiques.* — Quand on veut trouver la valeur exacte de la variation à terre ou en vue d'une côte, on emploie la méthode que nous allons exposer.

Quatre observateurs prennent au même instant : la hauteur instrumentale d'un astre A, la hauteur instrumentale d'un objet terrestre O., la distance instrumentale de l'astre à l'objet, le relèvement magnétique de l'objet.

On note l'heure au chronomètre; on conclut l'heure temps moyen de Paris, pour laquelle on calcule tous les éléments nécessaires de la *Connaissance des temps.*

Dans le triangle PZA, dont les trois côtés sont la colatitude estimée, la distance polaire, la distance zénithale vraie, on détermine l'angle Z, azimut vrai de l'astre. Dans le triangle OZA′ dont les trois côtés sont la distance zénithale apparente de l'astre, la distance zénithale apparente de l'objet, la distance apparente du centre de l'astre à l'objet, on détermine l'angle OZA.

En combinant convenablement l'azimut vrai de l'astre avec l'angle des verticaux de l'astre et de l'objet, on détermine l'azimut vrai PZO de l'objet; on connaît le relèvement magnétique de l'objet, on conclut la variation. La règle suivante est évidente :

En observant la hauteur de l'astre, on est placé dans le vertical de l'astre, et on reconnaît aisément si l'objet est à droite ou à gauche de ce vertical. On donne le signe + à l'angle des verticaux dans le premier cas, le signe — dans le second cas. La somme algébrique de l'azimut vrai de l'astre et de l'angle des verticaux donne avec son signe l'azimut vrai de l'objet.

Exemple I. — *Le 30 mai, vers 5ʰ 17ᵐ t. m. d'un lieu situé par une latitude 48° 06′ 10″ N., le chronomètre indique 18ʰ 54ᵐ 30ˢ, t. m. de Paris, quand la hauteur du bord inférieur du soleil était observée de 23° 04′ 10″, la distance du sommet d'un morne au bord voisin de l'astre de 113° 16′ 20″, le morne à droite du vertical du soleil, et au N. 58° E. du compas, le sommet du morne de 1° 55′ 50″. Élévation de l'œil, 5ᵐ.7.*

Calculer le relèvement vrai ou astronomique du morne et la variation du compas.

AZIMUT VRAI DU SOLEIL.			
δ = 68° 04′ 27″			
l = 48 06 10....	c^t cos...	=	0.1753559
h = 23 13 35....	c^t cos...	=	0.0367018
2S = 139° 24′ 12″			
S = 69 42 06....	cos...	=	9.5401920
S—δ = 1 37 39....	cos...	=	9.9998247
	Somme....	=	19.7520744
	log cos $\frac{z}{2}$...	=	9.8760372
	$\frac{z}{2}$...	=	41° 15′ 50″
Azimut vrai du soleil ....N. 82° 33′ 40″ O.			

ANGLE DES VERTICAUX.			
Dist. appar.....	=	113° 32′ 08″	
Haut. app. ⊙...	=	23 15 42....	0.0368194
Haut. app. objet.	=	1 51 36....	0.0002292
2S	=	138° 39′ 26″	
S	=	69 19 43....	9.5478009
S — dist.	=	44 12 25....	9.8554036
		Somme......	19.4402531
		1/2 somme...	9.7201266
Demi-angle..........................			58° 20′
Angle des verticaux..............			116° 40′

Azimut vrai ⊙...............	N. 82° 31′.7 O.....	— 82° 31′.7
Angle des vert................	116° 40′ à droite...	+ 116° 40′
Azimut vrai du morne.........	N. 34° 08′.3 E......	+ 34° 08′.3
Azimut magnétique du morne...	N. 58° E..........	+ 58°
Variation du compas...........	23° 51′.7 NO......	— 23° 51′.7

Pour calculer l'angle des verticaux de l'astre et de l'objet, on se sert d'une formule analogue à celle qui sert à trouver l'azimut vrai du soleil; la hauteur apparente du soleil remplace la hauteur vraie; la hauteur du morne remplace la latitude, la distance apparente remplace la distance polaire.

EXEMPLE II. — *Le 14 mars 1857, vers 20ʰ t. m. d'un lieu situé par une latitude 23° 52′ 10″ S., le chronomètre indique qu'il est à Paris le 14 mars 18ʰ 38ᵐ 33ˢ t. m. au moment où on observe :*

Hauteur d'un sommet 1° 54′ 30″; hauteur ☉̲ *27° 36′ 20″; distance du sommet au bord voisin du soleil 132° 17′ 30″.*

Le sommet est à gauche du vertical du soleil et au N. 86° 30′ O. du compas.

L'œil était élevé de 7ᵐ.9. Calculer le relèvement astronomique du sommet et la variation du compas.

AZIMUT VRAI DU SOLEIL.			
δ = 87° 52′ 19″			
h = 27 45 44....	c^t cos...	=	0.0531071
l = 23 52 10....	c^t cos...	=	0.0388306
2S = 139° 30′ 13″...			
S = 69 45 06....	cos...	=	9.5391659
δ—S = 18 07 13....	cos...	=	9.9779111
	Somme.......	=	19.6090147
	log cos $\frac{z}{2}$......	=	9.8045073
	$\frac{z}{2}$.....	=	50° 23′ 30″
	z.....	=	100° 47′

ANGLE DES VERTICAUX.			
Dist. app........	=	132° 33′ 36″	
H. app. ⊙........	=	27 47 26...	0.0532291
H. app. sommet...	=	1 49 31...	0.0002203
2S	=	162° 10′ 33″	
S	=	81 05 16...	9.1900570
d—S	=	51 28 20...	9.7944141
			19.0379205
			9.5189602
Demi-angle.......................			70° 42′ 40″
Angle des verticaux..............			141° 25′ 20″

Azimut vrai du soleil...........	S. 100° 47′ E.....	— 100° 47′
Angle des verticaux (à gauche)....	141° 25′.3	— 141° 25′.3
Azimut vrai du sommet...........	S. 242° 12′.3 E..... S. 117° 47′.7 O.....	— 242° 12′.3 360°
		+ 117° 47′.7
Azimut magnétique du sommet....	N. 86° 30′ O..... S. 93° 30′ O.....	+ 93° 30′
Variation du compas...............	24° 17′.7 NE....	+ 24° 17′.7

6. Cette méthode pour trouver la variation offre l'avantage de pouvoir trouver facilement, à terre surtout, par un grand nombre d'observations, le relèvement de l'objet terrestre. Il faut que l'objet relevé soit parfaitement déterminé ; l'observation doit donc se faire pendant que le soleil est sur l'horizon ou peu de temps après son coucher. Dans ce dernier cas, on observerait une étoile ou une planète.

LIVRE VIII.

LONGITUDE PAR LES DISTANCES LUNAIRES.

CHAPITRE I.

Correction des distances lunaires.

1. *Calcul de longitude par les distances lunaires.* — Le problème général des longitudes se réduit, comme on le sait, à celui-ci : Déterminer en un lieu quelconque, à un instant donné, l'heure de ce lieu et l'heure de Paris. La différence entre l'heure du lieu et l'heure de Paris fait connaître la longitude du lieu.

La *Connaissance des temps* donne pour tous les jours possibles de l'année, de trois heures en trois heures, à 0^h, 3^h, 6^h... 24^h, temps moyen de Paris, les distances vraies du centre de la lune aux centres du Soleil, de Mars, de Vénus, de Jupiter, de Saturne, et aux neuf étoiles Aldébaran, Fomalhaut, α de Pégase, Pollux, Régulus, α du Bélier, α de l'Aigle, α de la Vierge, Antarès. Les distances vraies sont celles que verrait un observateur placé au centre de la terre.

Un observateur situé en un point quelconque du globe, sachant passer d'une distance lunaire instrumentale à la distance vraie correspondante, pourra, par un problème connu, conclure l'heure temps moyen de Paris correspondante; si, de plus, il détermine d'une manière quelconque l'heure temps moyen simultanée du lieu, il aura tous les éléments nécessaires pour obtenir la longitude du lieu d'observation.

2. Corriger une distance, c'est passer de la distance instrumentale à la distance apparente, puis à la distance vraie.

La correction d'une distance exige qu'on connaisse au même moment la hauteur apparente et la hauteur vraie du centre de la lune, la hauteur apparente et la hauteur vraie du centre du second astre, la distance apparente des centres de la lune et du second astre.

3. Supposons d'abord trois observateurs : le plus exercé prend la distance lunaire, le moins habile observe la hauteur de la lune, et le troisième, la hauteur du second astre. Les observateurs des hauteurs suivent les astres dans leur mouvement en hauteur, et stoppent quand l'observateur de la distance, ayant obtenu un bon contact, le signale par un top très-bref. On répète plusieurs fois ces observations simultanées pour avoir plusieurs séries; on a eu soin de noter l'heure au chronomètre à chacun des contacts. On fait le point pour l'époque des observations, afin d'avoir la latitude estimée et la longitude estimée du lieu d'observation; l'heure approchée du bord et la longitude estimée font connaître l'heure approchée de Paris pour laquelle on calcule les éléments de la *Connaissance des temps* qui sont nécessaires pour corriger les hauteurs.

Si un seul observateur doit faire les observations, il prendra, en notant les heures correspondantes au chronomètre :

1° Une hauteur de lune H à l'heure t,
2° Une hauteur du second astre h à l'heure θ',
3° La distance d à l'heure T,
4° Une hauteur du second astre h' à l'heure θ',
5° Une hauteur de la lune H' à l'heure t',

et il calculera les corrections à appliquer aux hauteurs pour les faire correspondre à l'époque T de la distance, en admettant que ces hauteurs varient proportionnellement au temps, hypothèse d'autant plus vraie que les observations extrêmes seront plus rapprochées, et que les astres seront plus voisins du premier vertical ou de l'angle de position droit. On conclura les observations simultanées :

$$h + \frac{T - \theta}{\theta' - \theta}(h' - h), H + \frac{T - t}{t' - t}(H' - H) \text{ et } d.$$

L'observateur de la distance facilite toujours son observation en faisant marquer à l'instrument la distance approchée prise dans la *Connaissance des temps* pour l'heure approchée de Paris correspondante à l'époque de l'observation.

4. Il est bon de se faire immédiatement une idée du soin avec lequel doivent être faites les corrections de distances. Soit δ une erreur sur la distance vraie ; si l'on veut obtenir l'erreur résultante sur l'heure de Paris, on aura en appelant Δ la variation de distance pour 3^h :

$$\text{Erreur en temps} = 3^h . \frac{\delta}{\Delta} \text{ ou erreur en longitude} = \frac{\delta}{\Delta} . 45^\circ.$$

La valeur de Δ est comprise entre les limites extrêmes $1^\circ 17'$ et $1^\circ 55'$; l'erreur en longitude est donc comprise entre $\frac{45^\circ . \delta}{1^\circ 55'}$, et $\frac{45^\circ . \delta}{1^\circ . 17'}$ ou bien entre $23\,\delta$ et $35\,\delta$.

Une erreur de 10″ sur la distance vraie donne donc des erreurs en longitude comprises entre 3′ 50″ et 5′ 50″. On verra qu'une petite erreur sur la distance apparente se porte tout entière sur la distance vraie.

5. *Corrections des distances lunaires.* — Admettons que trois observateurs aient pris au même instant, l'un la hauteur d'un bord de la lune, le second la hauteur d'un second astre, le troisième la distance des bords voisins ou des bords éloignés de la lune et du second astre.

On corrige les hauteurs instrumentales, et on obtient les hauteurs apparentes et les hauteurs vraies des centres des astres. La distance instrumentale doit être corrigée des erreurs instrumentale, puis de la somme des demi-diamètres en hauteur réfractés pour qu'on obtienne la distance apparente des centres.

Théoriquement, l'observateur qui prend la distance doit estimer l'inclinaison des demi-diamètres des astres sur la verticale, et chercher dans la table XIV de Callet l'accourcissement produit par la réfraction sur chacun d'eux. Dans la pratique, on laisse de côté cette appréciation erronée de l'inclinaison des demi-diamètres sur la verticale, et on ne tient compte que de la somme des demi-diamètres en hauteur, à moins qu'on ne calcule directement l'inclinaison de chacun des demi-diamètres sur la verticale.

6. *Méthode trigonométrique pour la correction des distances lunaires.* — Les effets de la réfraction et de la parallaxe se produisent tout entiers dans les verticaux. Soient Z le zénith de l'observateur, L, S, les positions apparentes des centres du soleil et de la lune, S', L', leurs positions vraies; LS est la distance apparente des centres des deux astres, L'S' est leur distance vraie.

La résolution du triangle ZSL, dont on connaît les trois côtés, fait obtenir l'angle Z; on connaît alors dans le triangle ZS'L' deux côtés et l'angle compris, et par suite on peut calculer la distance vraie.

Exemple. — *Le 29 avril 1857, vers 2^h t. m. d'un lieu situé par une latitude 20° 40' 10' S. et une longitude estimée 5^h 40' O., trois observateurs ont pris simultanément :*

1° *Distance des bords voisins du soleil et de la lune*... 75° 21' 01"
2° *Hauteur du bord inférieur du soleil*.............. 43° 23' 11"
3° *Hauteur du bord supérieur de la lune*............ 22° 14' 01"

L'œil était élevé de 5^m.4; le thermomètre indiquait + 18°, *le baromètre* 0^m.7 92. *On demande la distance vraie des centres de la lune et du soleil.*

H. t. m. de Paris le 29............ 7^h 40^m	Demi-diam. horiz. de la lune.... 15' 46".2
	Demi-diam. du soleil.......... 15' 53".7
	Parallaxe horizontale lunaire.... 57' 50".7

Haut. obs. ☾.......... 22° 14' 01"	☉..... 43° 23' 11"	Dist. appar. ☉—☾...... 75° 21' 01"	
Dépression............ — 4 07	.... — 4 07	Demi-diam. ☉......... + 15 53.7	
Haut. appar. ☾........ 22° 09' 54"	☉..... 43° 19' 04"	Demi-diam. en haut. ☾... + 15 52.2	
Demi-diam. en haut. réfr. — 15 50	.... + 15 53.1	Dist. appar. des centres... 75° 52' 46".9	
Haut. appar. ☾......... 21° 54' 04"	☉...... 43° 34' 57".1		
Par. en haut. — réfr.... + 51 15	.... — 55.6		
Hauteur vraie ☾........ 22° 45' 19"	☉...... 43° 34' 01".5		

Calcul de l'angle Z.

LS = 75° 52' 47"	
ZL = 68 05 56	c^t sin = 0.0325321
ZS = 46 25 03	c^t sin = 0.1400321
2S = 190° 23' 46"	
S = 95 11 53	sin = 9.9982102
S—LS = 19 19 06	sin = 9.5195870
	Somme = 19.6903614
	$\log\cos\frac{Z}{2} = 9.8451807$
	$\frac{Z}{2} = 45° 33' 44''.28$
	Z = 91° 07' 28".6

Calcul de la distance vraie.

sin Z = 9.9999164	cos Z = 8.2928475
sin ZL' = 9.9648088	tg ZL' = 0.3773269
sin ML' = 9.9647252	tg ZM = 8.6701744
angle = 67° 13' 06".4	angle = 2° 40' 44".6
ML' = 112° 46' 53".6	ZM = 177° 19' 15".4
	ZS' = 46° 25' 58".6
	MS' = 130° 53' 16".9

cos MS' = 9.8159647
cos ML' = 9.5879564
cos L'S' = 9.4039211

Distance vraie.................. = 75° 19' 02".1

On trouverait facilement les angles S, L, dont les valeurs sont :

$$\sin S = \frac{\sin Z}{\sin LS} \cdot \sin ZL, \qquad \sin L = \frac{\sin Z}{\sin LS} \cdot \sin ZS$$

on aurait :

log sin Z = 9.9999164	
colog sin LS = 0.0133242	
0.0132405	.... 0.0132405
log sin ZL = 9.9674679	log sin ZS = 9.8599679
log sin S = 9.9807084	log sin L = 9.8732084
S = 73° 02' 54"	L = 48° 18' 52"

Ces valeurs peuvent servir, à l'aide de la table XIV de Callet, à trouver l'erreur qu'on a commise sur la distance apparente en négligeant l'accourcissement produit par la réfraction sur les demi-diamètres inclinés des astres.

La table XIV (première partie) donne 2″.2 pour accourcissement produit par la réfraction sur le demi-diamètre vertical de la lune, puis la table XIV (seconde partie) donne le facteur 0.45 pour une inclinaison 48°; le demi-diamètre en hauteur de la lune aurait donc dû être diminué de 2″.2 × 0.45 ou de 0″.99 avant d'être ajouté à la distance apparente des bords voisins du soleil et de la lune. On trouverait de même que le demi-diamètre du soleil aurait dû être diminué de 0″.6 × 0.1 ou de 0″.06. La distance apparente dont on s'est servi est donc trop forte de 1″,05 ou de 1″,1, et par suite, on le verra, la distance vraie est trop forte de la même quantité. La distance vraie réelle est donc 75° 19′ 01″.

7. *Méthode de Borda pour la réduction des distances lunaires.* — Soient d, H, h, les mesures apparentes, d', H′, h' les mesures vraies. Les triangles ZSL, ZS′L′, donnent, à l'aide du principe fondamental de trigonométrie,

$$\left.\begin{aligned}\cos d &= \sin H \sin h + \cos H \cos h \cos Z\\ \cos d' &= \sin H' \sin h' + \cos H' \cos h' \cos Z\end{aligned}\right\}\ \text{d'où}\ \left\{\begin{aligned}\cos d &= 2\cos H \cos h \cos^2\frac{Z}{2} - \cos(H+h)\\ \cos d' &= 2\cos H' \cos h' \cos^2\frac{Z}{2} - \cos(H'+h')\end{aligned}\right.$$

La première égalité conduit à

$$\cos^2\frac{Z}{2} = \frac{\cos d + \cos(H+h)}{2\cos H \cos h} = \frac{\cos\frac{1}{2}(d+H+h)\,.\,\cos\frac{1}{2}(H+h-d)}{\cos H \cos h}.$$

La seconde devient, quand on retranche chacun de ses membres de un,

$$\sin^2\frac{d'}{2} = \cos^2\frac{H'+h'}{2} - \cos H' \cos h' \cos^2\frac{Z}{2} \text{ ou } \sin^2\frac{d'}{2} = \cos^2\frac{(H'+h')}{2}\left\{1 - \frac{\cos H' \cos h' \cos^2\frac{Z}{2}}{\cos^2\frac{1}{2}(H'+h')}\right\}$$

La quantité entre parenthèses est positive, comme égale au quotient de deux carrés, et par suite on peut poser :

$$\frac{\cos H'.\cos h'.\cos^2\frac{Z}{2}}{\cos^2\frac{1}{2}(H'+h')} = \sin^2 A\text{; on conclut } \sin\frac{d'}{2} = \cos\left(\frac{H'+h'}{2}\right)\cdot\cos A.$$

Ainsi, en posant $d + H + h = 2S$, la méthode de Borda revient à l'application des deux égalités suivantes, qui sont calculables par logarithmes :

$$\sin A = \frac{1}{\cos\frac{1}{2}(H'+h')}\sqrt{\frac{\cos H'.\cos h'.\cos S.\cos(S-d)}{\cos H \cos h}},\quad \sin\frac{d'}{2} = \cos\left(\frac{H'+h'}{2}\right).\cos A.$$

L'angle A est moindre que 90°, car $\sin\frac{d'}{2}$, $\cos\frac{H'+h'}{2}$ sont positifs.

Exemple. Nous prenons les données de l'exemple précédent.

$d = 75^\circ\ 52'\ 47''$		
$H = 21\ \ 54\ \ 04$	..... $c^t \cos = 0.0325321$	
$h = 43\ \ 34\ \ 57$	..... $c^t \cos = 0.1400321$	
$2S = 141^\circ\ 21'\ 48''$		
$S = 70\ \ 40\ \ 54$	.... $\cos = 9.5195870$	
$d - S = 5\ \ 11\ \ 53$	.... $\cos = 9.9982102$	
$H' = 22\ \ 45\ \ 19$	.... $\cos = 9.9648088$	
$h' = 43\ \ 34\ \ 01.5$	.... $\cos = 9.8600791$	
$H' + h' = 66^\circ\ 19'\ 20''.5$	Somme... $= 39.5152493$	
$\frac{1}{2}(H' + h') = 33\ \ 09\ \ 40.2$	1/2 somme $= 19.7576246.5$	log sin $A = 9.8348290.5$
	$\cos = 9.9227956$	$A = 43^\circ\ 07'\ 44''.2$
	$\cos A = 9.8632140$	
	$\log \sin \frac{d'}{2} = 9.7860096$	On indiquera ultérieurement les simplifications qui doivent être apportées dans l'application des formules de Borda.
	$\frac{d'}{2} = 37^\circ\ 39'\ 31''.06$	
	$d' = 75^\circ\ 19'\ 02''.1$	

8. *Remarques.* — *Tables XXVII et XXVIII de Callet.* — Pour les étoiles et pour les planètes dont la parallaxe est insensible, le facteur $\frac{\cos h'}{\cos h}$ diffère peu de l'unité; si R est la réfraction qui convient à la hauteur apparente h, on a $h - R = h'$, et par suite

$$\frac{\cos (h - R)}{\cos h} = \frac{\cos h'}{\cos h} = \cos R + \sin R \,.\, \operatorname{tg} h.$$

Si on néglige les puissances de R supérieures à la première, on obtient $\frac{\cos h'}{\cos h} = 1 + R \sin 1''.\ \operatorname{tg} h$, puis, en remplaçant R par sa valeur approchée $60''.567 \operatorname{cotg} h$, on a $\frac{\cos h'}{\cos h} = 1.000294$.

La table XXVIII de Callet donne les valeurs de $\log \frac{\cos h'}{\cos h}$ pour les étoiles et pour les planètes dont la parallaxe est insensible; l'argument est la hauteur apparente; on y fait $h' = h -$ réfr. moy. Pour le soleil, il faut avoir égard à la parallaxe en hauteur p; on a $h' = h - R + p$, d'où

$$\frac{\cos h'}{\cos h} = \frac{\cos (h - R + p)}{\cos h} = \frac{\cos (h - R)}{\cos h} - p \sin 1''. \frac{\sin (h - R)}{\cos h}$$

ou

$$\frac{\cos h'}{\cos h} = 1.000294 - p \sin 1'' \operatorname{tg} h$$

en négligeant les puissances de R ou de p supérieures à la première et en remplaçant R par sa valeur approchée $60''.567 \operatorname{cotg} h$.

La table XXVII de Callet donne pour le soleil les valeurs de $\log \frac{\cos h'}{\cos h}$; l'argument est la hauteur apparente, et on y tient compte de la réfraction moyenne seulement.

9. On doit toujours avoir égard aux indications thermométrique et barométrique quand on se sert des tables XXVII et XXVIII. Pour la réfraction moyenne, $\frac{\cos h'}{\cos h} = 1 + R_m \sin 1'' \operatorname{tg} h$; si le thermomètre étant à $+10^\circ$, le baromètre marque $0^m.770$, on a

$$\frac{\cos h'}{\cos h} = 1 + R_m \sin 1'' \operatorname{tg} h \cdot \frac{0^m.770}{1^m.760}.$$

La différence entre les deux valeurs est $+\frac{1}{76} R_m \sin 1'' \operatorname{tg} h$.

On sait d'ailleurs que $\log(1+x) = M\left(x - \frac{x^2}{2} + \frac{x^3}{3} - \ldots\ldots\right)$; dans le cas qui nous occupe, on a donc $\log \frac{\cos h'}{\cos h} = MR \sin 1'' \operatorname{tg} h$ en négligeant les puissances de R sin 1''. tg h supérieures à la première.

Ainsi, les valeurs de $\log \frac{\cos h}{\cos h'}$, données pour les valeurs de la réfraction moyenne, doivent être augmentées de $\frac{1}{76}$ de leur quotité pour une augmentation de 1 centimètre dans la hauteur de la colonne barométrique. Or, pour des hauteurs de 10°, de 90°, la table XXVIII donne pour $\log \frac{\cos h}{\cos h'}$, les quantités 10,0001227 et 10,0001180; on a $\frac{1227}{76} = 16$, puis $\frac{1180}{76} = 15.53$; on peut donc dire d'une manière très-suffisamment exacte, en remarquant qu'un raisonnement analogue au précédent peut être fait pour la table XXVII :

Pour un centimètre d'augmentation dans la hauteur de la colonne barométrique, augmentez de 16 unités les nombres des tables XXVII et XXVIII; pour un centimètre de diminution, diminuez-les de 16 unités. On verrait de même que pour 1° d'augmentation de la température, il faut diminuer les nombres des tables de 5 unités, et pour 1° de diminution, les augmenter de 5 unités.

Nous avions dans l'exemple précédent :

Hauteur apparente ☉......	43° 34′ 57″.1......	colog cos =	0.1400321
Hauteur vraie ☉.......	43° 34′ 01″.5......	log cos =	9.8600791
		$\log \frac{\cos h}{\cos h'}$ =	10.0001112

Le thermomètre était à + 18°, le baromètre à $0^m.792$.

Pour une hauteur apparente 43° 24′, la hauteur apparente qui, dans la table XXVII, est la plus rapprochée de la hauteur donnée, on trouve.................................. 10,00001100

Pour une augmentation de 8°........	— 51
Pour une augmentation de $0^m,32$.....	— 40
Valeur de $\log \frac{\cos h}{\cos h'}$, table XXVII....	10,0001111

10. *Manière usuelle d'employer les formules de Borda pour la réduction des distances lunaires.* — On est arrivé au développement de la distance vraie en fonction de la distance apparente. Soient d' la distance vraie des centres du soleil et de la lune, d leur distance apparente, r la réfraction, et p la parallaxe qui conviennent à la hauteur du centre du soleil, P, R les quantités analogues pour la lune, on a :

$$d' = d + (r-p)\cos S - (P-R)\cos L$$
$$+ \frac{\sin 1''}{2}\left[(r-p)^2 . \sin^2 S . \operatorname{cotg} d + \frac{2 \sin S . \sin L}{\sin d}(r-p)(P-R) + (P-R)^2 . \sin^2 L . \operatorname{cotg} d\right]$$

en négligeant les termes qui contiennent sin 1″ à une puissance autre que la première. Dans ce développement, S, L représentent les angles aux centres apparents des astres dans le triangle ZSL.

Le développement est applicable au cas où on considère la distance de la lune à une étoile quand on y fait $p = 0$.

En appliquant à l'exemple précédent, et en rappelant qu'on a :
$d = 75° 52' 46''.9$, $r - p = 55''.6$, $P - R = 51' 15''$, $S = 73° 02' 54''$, $L = 48° 18' 52''$,
on trouve :

log $(r-p)$ = 1.7450748 log cos S = 9.4647352	log $(P-R)$ = 3.4878451 log cos L = 9.8228492	Les termes de la parenthèse donneraient, dans l'ordre où ils sont écrits à la formule, 0″.001, 0″.61 et 3″.22, d'où il résulte une correction de 3″.83 sur la distance vraie approchée. Les termes négligés donneraient 0″.2 environ.
1.2098100 + 16″.21	3.3106943 — 34′ 05″	
— 33′ 48″.79		
Distance apparente.... 75° 52′ 46″.90		
Distance vraie appr... 75° 18′ 58″.11		
Correction........ + 3″.83		
Distance vraie......... 75° 19′ 01″.94		

Ce développement n'est pas usuel, mais sa seule inspection conduit à poser des conclusions d'une grande utilité pour simplifier l'emploi des formules de Borda. Ces conclusions évidentes sont les suivantes :

1° *Une petite erreur sur la distance apparente se porte tout entière sur la distance vraie ;*

2° *Il est inutile d'avoir exactement les hauteurs apparentes et les hauteurs vraies, pourvu qu'on connaisse exactement les valeurs $P - R$, $r - p$, ou les différences qui existent entre une hauteur apparente et la hauteur vraie correspondante.*

D'après cela, on peut négliger pour le calcul quelques secondes à la distance apparente, pourvu qu'on ajoute le même nombre de secondes à la distance vraie qu'on obtient, diminuer ou augmenter une hauteur apparente de quelques secondes pourvu qu'on diminue ou qu'on augmente la hauteur vraie correspondante du même nombre de secondes.

Exemple I. — Nous reprenons les données précédentes.

Haut. appar. ☉ 43° 34′ 57″.1	*Haut. appar.* ☾ 21° 54′ 04″	*Dist. appar.* 75° 52′ 46″.9
Haut. vraie. ☉ 43° 34′ 01″.5	*Haut. vraie.* ☾ 22° 45′ 19″	

d = 75° 52′ 40″	Table XXVII. = 10.0001111	On prend les hauteurs apparentes et la distance apparente en nombres ronds de dizaines de secondes, de telle sorte que la demi-somme de ces trois quantités soit elle-même un nombre rond de dizaines de secondes. Dans l'exemple, on a eu
h = 43 35	.... c[t] = 0.0325287	$d = 75° 52' 40''$, $h = 43° 35'$, $H = 21° 54'$.
H = 21 54		On a par là fait augmenté la hauteur apparente du soleil de 2″.9, et par suite on doit augmenter la hauteur vraie du soleil de la même quantité, c'est-à-dire prendre 43° 34′ 04″.4 pour hauteur vraie du soleil.
2S = 141° 21′ 40″	.... cos = 9.5196110	On a diminué la hauteur apparente de la lune de 4″, et par suite on doit augmenter la hauteur vraie de la lune de la même quantité, c'est-à-dire prendre 22° 45′ 15″ pour hauteur vraie de la lune.
S = 70 40 50	.... cos = 9.9982108	
H′ = 22 45 15	.... cos = 9.9648123	
h' = 43 34 04.4	Somme...... = 39.5152739	
$H' + h'$ = 66° 19′ 19″.4	1/2 somme... = 19.7576369.5	
$\frac{H'+h'}{2}$ = 33 09 39.7	.... cos = 9.9227963	
	log sin A = 9.8348406.5	
	A = 43° 07′ 39″.4	
	cos A = 9.8632037	
	cos $\frac{H'+h'}{2}$ = 9.9227963	
	log sin $\frac{d'}{2}$ = 9.7860000	
	$\frac{d'}{2}$ = 37° 39′ 27″.55	
Distance vraie approchée...............	= 75° 18′ 55″.1	
Secondes négligées.....................	= + 6″.9	
Distance vraie..........................	= 75° 19′ 02″	

En résumé, on applique les formules de Borda aux données suivantes :

Haut. appar. ☉ 43° 35′	*Haut. appar.* ☾ 21° 54′	*Dist. appar.* 75° 52′ 40″,
Haut. vraie. ☉ 43° 34′ 04″.4	*Haut. vraie.* ☾ 22° 45′ 15″	

et on trouve une distance vraie approchée 75° 18′ 55″.1 à laquelle on doit ajouter 6″.9, quantité négligée sur la distance apparente. Cette manière d'opérer est la seule à suivre; elle est parfaitement rigoureuse, et abrége les calculs d'une manière notable.

EXEMPLE II. — *Le 18 avril 1857, dans un lieu situé par une latitude 17° N. et une longitude* $8^h\ 33^m$ *E., on a fait deux séries d'observations des distances d'Antarès au bord éloigné de la lune, et on a eu :*

Première série.	*Haut. appar. d'Antarès*.....	34° 14′ 12″	*Distance*........ 67° 38′ 18
—	*Haut. appar. du centre* ☾...	37° 08′ 05″	
Seconde série.	*Haut. appar. d'Antarès*.....	33° 46′ 05″	*Distance*........ 67° 39′ 26″.
—	*Haut. appar. du centre* ☾...	37° 38′ 17″	

Pour la première série l'heure t. m. du lieu est $16^h\ 58^m\ 55^s.02$ *; elle est* $17^h\ 01^m\ 56^s$ *pour la seconde série.*

Le thermomètre marquait + 12°, *le baromètre* $0^m.766$

Trouver les distances vraies d'Antarès au centre de la lune.

PREMIÈRE SÉRIE.		SECONDE SÉRIE.	
Heure de Paris t. m. le 18......	$8^h\ 25^m\ 55^s.02$	Heure de Paris le 18............	$8^h\ 28^m\ 56^s$

Demi-diamètre horizontal ☾............ 15′ 42″.1
Parallaxe horizontale ☾............... 57′ 36″.4

	Première série	Seconde série
Hauteur apparente d'Antarès...............	34° 14′ 12″	33° 46′ 05″
Hauteur vraie d'Antarès..................	34 12 46.4	33 44 38
Hauteur apparente ☾......................	37 08 05	37 38 17
Hauteur vraie..........................	37 52 44.6	38 22 39.4
Distance apparente bords.................	67° 38′ 18″	67° 39′ 26″
Demi-diamètre en hauteur ☾..............	15 52	15 52
Distance apparente des centres............	67° 22′ 26″	67° 23′ 34″

Première série		Seconde série	
d = 67° 22′ 30″		67° 23′ 30″	
h = 34 14 10	Tab. XXVIII. = 10.0001223	33 46 10	.... 10.0001223
H = 37 08	...... c¹ cos = 0.0984148	37 38 20	.... 0.1013432
2S = 138° 44′ 40″		138° 48′ 00″	
S = 69 22 20	.... cos = 9.5469070	69 24 00	.... 9.5463472
S−d = 1 59 50	.... cos = 9.9997361	2 00 30	.... 9.9997331
H′ = 37 52 39.6	.... cos = 9.8972551	38 22 42.4	.... 9.8942757
h' = 34 12 44.4	Somme...... = 39.5424353	33 44 43	.... 39.5418215
H′+h' = 72° 05′ 24″	1/2 somme... = 19.7712176	72° 07′ 25″.4	.... 19.7709107
$\frac{H'+h'}{2}$ = 36 02 42	..... — cos = 9.9077096	36 03 42.7	.... 9.9076166
	log sin A = 9.8635080		.... 9.8632941
	A = 46° 54′ 45″		.... 46° 52′ 56″.5
	log cos A = 9.8344935		.... 9.8347376
	+ log cos $\frac{H'+h'}{2}$ = 9.9077096		.... 9.9076166
	log sin $\frac{d'}{2}$ = 9.7422031		.... log sin $\frac{d'}{2}$ = 9.7423542
	$\frac{d'}{2}$ = 33° 31′ 38″.64		.... $\frac{d'}{2}$ = 33° 32′ 26″.19
Distance vraie approchée...............	= 67° 03′ 17″.3		.... 67° 04′ 52″.4
Secondes négligées.....................	= — 4″		.... + 4″
Distance vraie.........................	= 67° 03′ 13″.3		.... 67° 04′ 56″.4

11. *Nouvelle simplification de la méthode de Borda dans le cas d'une série d'observations de distances lunaires.* — Quand, à l'aide des formules de Borda, on a réduit une des distances lunaires d'une série d'observations, on connaît la différence qui existe entre une distance apparente de la série et la distance vraie correspondante. En appliquant cette différence à toutes les distances apparentes de la série, on a les valeurs approchées de toutes les distances vraies. La simplification dont nous nous occupons consiste à calculer les corrections que doivent subir ces distances vraies approchées ; toutes les remarques précédemment faites pour simplifier l'emploi des formules de Borda sont d'ailleurs toujours applicables.

Dans le triangle dont les trois sommets sont le zénith et les centres apparents des astres, on a $\cos^2 \frac{Z}{2} = \frac{\cos S \,.\, \cos(S - d)}{\cos H \,.\, \cos h}$; dans le triangle dont les trois sommets sont le zénith et les centres vrais des astres, on a $\cos^2 \frac{Z}{2} = \frac{\cos S' \,.\, \cos(S' - d')}{\cos H' \,.\, \cos h'}$; on conclut

$$\frac{\cos S \,.\, \cos(S - d)}{\cos H \,.\, \cos h} \,.\, \cos H' \cos h' = \cos S' \,.\, \cos(S' - d').$$

On peut trouver la valeur exacte B de $\log \cos S' \,.\, \cos(S' - d')$ en calculant le logarithme du premier membre de la dernière égalité. On trouve directement une valeur approchée B' de $\log. \cos S' \,.\, \cos(S' - d')$ en prenant pour d' sa valeur approchée connue. Si, en opérant ce dernier calcul, on cherche la variation δ qu'entraîne sur $\log \cos S' \,.\, \cos(S' - d')$ une augmentation de $+ 20''$ sur la distance vraie, on trouve, à l'aide de la proportion $\frac{+ 20''}{\delta} = \frac{x''}{B - B'}$, la correction que doit subir la distance vraie approchée.

Exemple. — Nous prenons les données du dernier exemple.

On a trouvé, par les formules de Borda, que la distance vraie approchée de la première série était 67° 03′ 13″.3 ; la distance apparente était 67° 22′ 26″ ; la différence est 19′ 12″.7.

La distance vraie approchée de la seconde série sera donc 67° 23′ 34″ — 0° 19′ 12″.7 ou 67° 04′ 21″.3.

d =	67° 23′ 30″				
h =	33 46 10	....	Tab. XXVIII... =	0.0001223	
H =	37 38 20	....	.... cᵗ cos =	0.1013432	
2S =	138° 48′ 00″				
S =	69 24 00	....	.... cos =	9.5463472	
S — d =	2 00 30	....	.... cos =	9.9997331	
H′ =	38 22 42.4	....	.... cos =	9.8942757	
h' =	33 44 43	....	Somme........ =	19.5418215....	B
d' =	67 04 14.6	... + 20″			
2S′ =	139° 11′ 40″				
S′ =	69 35 50	... + 10″	.... cos =	9.5423492....	— 566
S — d' =	2 31 35.4	.. — 10″	.... cos =	9.9995776....	+ 9
			Somme........ =	19.5419268....	B′
			B =	19.5418215....	δ = — 557
			B — B′ =	— 1053	

$$\frac{(B - B') \times 20''}{\delta} = + 0^\circ\ 00'\ 37''.8$$

Distance vraie supposée..	67°	04′	14″.6
Distance vraie approchée..	67°	04′	52″.4
Secondes négligées..		+	4″
Distance vraie..	67°	04′	56″.4

Toute la première partie du calcul est complétement conforme à la première partie du calcul précédemment fait à l'aide des formules de Borda.

On prend pour d' une valeur peu différente de $67^\circ\ 04'\ 21''.3$, et telle que $\frac{H'+d'+d'}{2}$ soit un nombre rond de dizaines de secondes; dans l'exemple on a fait $d' = 67^\circ\ 04'\ 14''.6$. En prenant cos S', on lit la différence tabulaire logarithmique 566 qui est toujours négative. En prenant cos (S' — d'), on lit la différence tabulaire logarithmique 9 qui, dans le cas qui nous occupe, a le signe +; elle aurait le signe — si on avait $d' > S'$. La valeur de log cos S'. cos (S'—d') diminue donc de 557 unités décimales du dernier ordre quand d' augmente de 20″; or il faut opérer sur la distance vraie supposée de telle sorte qu'on puisse annuler la différenee 1053 qui existe entre la valeur exacte et la valeur approchée de log cos S'. cos (S'— d'). On doit donc écrire :

$$-557 : +20'' :: -1053 : x''$$

et conclure

$$x = +\frac{1053 \cdot 20}{557} = 37''.8.$$

La distance vraie supposée doit donc être augmentée de 37″.8; il ne faut pas, du reste, oublier la correction qui provient des secondes négligées sur la distance apparente.

Cette manière de faire est évidemment plus expéditive que celle qui résulte de l'emploi ordinaire des formules de Borda.

12. *Calcul des hauteurs. — Moyen de les trouver quand on ne les a pas observées.* — L'observation des hauteurs est parfois impossible; on est alors obligé de les calculer. Le chronomètre fournit toujours une heure moyenne assez approchée de Paris pour qu'on puisse trouver l'angle horaire de l'astre et conclure sa hauteur vraie.

Première méthode. — Dans le triangle dont les trois sommets sont le zénith, le pôle et le centre vrai de l'astre, on connaît l'angle au pôle, la colatitude et la distance polaire, soit deux côtés et l'angle compris; on peut obtenir le troisième côté.

Exemple. — *Le 18 avril, dans un lieu situé par une latitude $16^\circ\ 58'\ 52''$ N. et une longitude $8^h\ 33^m$ E., trouver les hauteurs vraies d'Antarès à $16^h\ 58^m\ 55^s.02$, à $17^h\ 01^m\ 56^s$, à $17^h\ 06^m\ 17^s.98$ t. m. du lieu.*

Heure moy. du lieu le 18.....		$16^h\ 58^m\ 55^s.02$	
Temps sidéral..............	+	$1^h\ 47^m\ 32^s.81$.....	Calculé pour le 18 à $8^h\ 25^m\ 55^s.02$ t. m. de Paris.
Heure sidérale du lieu.......		$18^h\ 46^m\ 27^s.83$	
Æ d'Antarès...............	—	$16^h\ 20^m\ 40^s.66$.....	Déclinaison d'Antarès $26^\circ\ 06'\ 50''.6$ A.
Premier angle horaire........		$2^h\ 25^m\ 47^s.17$	
Interv. $3^m\ 00^s.98$ t. m. en t. s.	+	$3^m\ 01^s.49$.....	Intervalle $3^m\ 00^s.98$ t. m. entre les deux premières heures données.
Second angle horaire........		$2^h\ 28^m\ 48^s.66$	
Interv. $4^m\ 21^s.98$ t. m. en t. s.	+	$4^m\ 22^s.72$.....	Intervalle $4^m\ 21^s.98$ t. m. entre les deux dernières heures données.
Troisième angle horaire......		$2^h\ 33^m\ 11^s.38$	

Pour la résolution du triangle de position, nous abaissons du sommet Z une perpendiculaire ZM sur le côté PA.

PREMIÈRE HAUTEUR.

cos P = 9.9054745	sin l = 9.4654530
cotg l = 0.5151884	cos MA = 9.8345948
tg PM = 0.4206629	c^t cos PM = 0.4499181
PM = 69° 12′ 45″.9	sin h = 9.7499659
δ = 116 06 50.6	h = 34° 12′ 53″
MA = 46° 54′ 04″.7	

SECONDE HAUTEUR.

cos P = 9.9011861	sin l = 9.4654530
cotg l = 0.5151884	cos MA = 9.8330597
tg PM = 0.4163745	c^t cos PM = 0.4461648
PM = 69° 01′ 27″.7	sin h = 9.7446775
δ = 116 06 50.6	h = 33° 44′ 40″
MA = 47° 05′ 22″.9	

TROISIÈME HAUTEUR.

cos P = 9.8947625	sin l = 9.4654530
cotg l = 0.5151884	cos MA = 9.8307151
tg PM = 0.4099509	c^t cos PM = 0.4405497
PM = 68° 44′ 22″.3	sin h = 9.7367178
δ = 116 06 50.6	h = 33° 03′ 08″
MA = 47° 22′ 28″.3	

Les trois hauteurs vraies d'Antarès sont donc :

Première observation....	34° 12′ 53″
Seconde observation.....	33° 44′ 40″
Troisième observation...	33° 03′ 08″

Seconde méthode. — La méthode actuelle est beaucoup plus expéditive que la précédente. On peut d'abord supposer qu'on n'ait aucune notion sur la valeur de la hauteur, et chercher l'une des trois hauteurs, celle de l'heure intermédiaire par exemple, par la méthode précédente. La hauteur trouvée est considérée comme hauteur approchée pour les deux autres heures, et sert à faire un calcul d'angle horaire; ce calcul d'angle horaire donne une valeur approchée B′ de l'angle horaire dont on connaît la valeur exacte B; en le faisant on détermine la variation a^s de l'angle horaire pour une variation de + 1′ sur la hauteur; la proportion $\frac{+1'}{a^s} = \frac{x'}{B - B'}$ donne la correction en minutes x qui doit être appliquée à la hauteur approchée.

Ainsi, supposons que par la méthode précédente on ait trouvé la seconde hauteur 33° 44′ 40″; considérons cette hauteur comme hauteur approchée pour les deux autres heures.

PREMIÈRE HAUTEUR.

h = 33° 44′ 40″			
δ = 116 06 51	c^t sin =	0.0467619	
l = 16 58 52	c^t cos =	0.0913587	
2S = 166° 50′ 23″			
S = 83 25 11	cos =	9.0591847	− 1825
S−h = 49 40 31	sin =	9.8821749	− 179
	Somme... =	19.0074802	p = − 2004
	log sin $\frac{P}{2}$ =	9.5037401	$2p$ = −4008
	$\frac{P}{2}$ =	18° 36′ 00″.8	$\frac{2p}{d}$ = −6^s.41

Angle hor. approché.....	= 2^h 28^m 48^s.11	
Angle hor. exact.........	= 2^h 25^m 47^s.17	
Différence.............	= − 3^m 00^s.94	a = − 6^s.41

$+1' : -6^s.41 :: x : -3^m 00^s.94 ... x = +\frac{180.94}{6.41} = 28'.23$

Correction de la hauteur...............	+	0° 28′ 13″.8
Hauteur approchée......................		33° 44′ 40″
Première hauteur......................		34° 12′ 53″.8

TROISIÈME HAUTEUR.

Le calcul d'angle horaire est le même pour la recherche de la troisième hauteur; si l'astre avait un mouvement en déclinaison, ce mouvement serait négligeable, à cause du peu d'intervalle des observations.

Angle horaire approché =	2^h 28^m 48^s.11
Angle horaire exact... =	2^h 33^m 11^s.38
Différence.......... =	+ 4^m 23^s.27

$x = -\frac{263.27}{6.41} = -41'.07$

Correction de la hauteur	−	0° 41′ 04″.2
Hauteur approchée....		33° 44′ 40″
Troisième hauteur.....		33° 03′ 35″.8

L'observateur pourra presque toujours, soit avant, soit après les observations de distance, prendre vivement l'observation de la hauteur et avoir ainsi directement sa valeur approchée. La meilleure manière consiste à faire mesurer la hauteur de l'astre par un second observateur pendant qu'on observe les distances ; il est suffisant d'avoir cette mesure au degré près.

CHAPITRE II.

Exemples de calculs de longitude par les distances lunaires.

1. EXEMPLE I. — *Le 29 avril 1857, vers 2ʰ t. m. d'un lieu situé par une latitude estimée 20° 40ᵐ 10″ S. et une longitude estimée 5ʰ 40ᵐ O., trois observateurs ont pris simultanément :*

1° *Distance des bords voisins de la lune et du soleil*. . 75° 21′ 01″
2° *Hauteur du bord inférieur du soleil*. . . . . 43° 23′ 11″
3° *Hauteur du bord supérieur de la lune*. . . . . 22° 14′ 01″

l'œil élevé de 5ᵐ.4. Le thermomètre indiquait + 18°, *le baromètre* 0ᵐ.792 ; *on demande la longitude du lieu d'observation.*

H. appr. t. m. de Paris le 29.	7ʰ 40ᵐ	Hauteur apparente ☉.	43° 34′ 57″.1
Demi-diam. horizontal ☾.	15′ 46″.2	Hauteur vraie. . . . ☉.	43° 34′ 01″.5
Parallaxe horizontale ☾.	57′ 50″.7	Hauteur apparente ☾.	21° 54′ 04″
Demi-diamètre du soleil.	15′ 53″.7	Hauteur vraie. . . . ☾.	22° 45′ 19″

Distance apparente des centres. . . . . 75° 52′ 46″.9
Distance vraie des centres (précédemment trouvée). . . . 75° 19′ 02″

Une fois la distance vraie déterminée, il faut chercher l'heure t. m. de Paris correspondante.

Distance vraie connue.	75° 19′ 02″	+ 1° 34′ 10″	— 0′ 25″
Dist. vraie le 29 à 6ʰ Paris. . . .	74° 26′ 53″	+ 1° 33′ 45″	— 0′ 24″
Différence.	0° 52′ 09″	+ 1° 33′ 21″	Somme. . . . — 49″
			Diff. sec. . . — 24″.5

log 3ʰ = 4.0334238
log diff. = 3.4954056
col. diff. pr. = 6.2498775
log $t_1 - T$ = 3.7787069
$t_1 - T$ = 1ʰ 40ᵐ 07ˢ.7
4 $(t_1 - T)$ = 6ʰ 40ᵐ 30ˢ.8

Avec le quadruple de $t_1 - T$ et 24″.5, on cherche dans la table XV la correction provenant des différences secondes ; elle est égale à + 2″.97.

---

log 3ʰ = 4.0334238
col. diff. pr. = 6.2498775
log 2″.97 = 0.4727564
log correction = 0.7560577
correction = 5ˢ.70

Heure approchée de Paris t. m. le 29.	7ʰ 40ᵐ 07ˢ.7
Correction des différences secondes.	— 5ˢ.7
Heure de Paris t. m. le 29 avril.	7ʰ 40ᵐ 02ˢ

L'heure de Paris temps moyen est employée à la recherche de la déclinaison du soleil et de l'équation du temps ; on fait, à l'aide de la hauteur du soleil, un calcul d'angle horaire pour déterminer l'heure temps moyen du lieu.

$h =$	43° 34′ 01″.5		
$\delta =$	104 38 02.7	... c^t sin $=$	0.0143210
$l =$	20 40 10	... c^t cos $=$	0.0288947
$2S =$	168° 52′ 14″.2		
$S =$	84 26 07.1	..... cos $=$	8.9865730
$S - h =$	40 52 05.6	..... sin $=$	9.8158019
		Somme... $=$	18.8455906
		log sin $\frac{P}{2} =$	9.4227953
		$\frac{P}{2} =$	15° 21′ 02″.3

Heure t. v. du lieu le 29.............. =	2^h 02^m $48^s.31$
Équation du temps.............. =	11^h 57^m $10^s.20$
Heure moy. du lieu le 29.............. =	1^h 59^m $58^s.51$
Heure moyenne de Paris.............. =	7^h 40^m 02^s
Longitude ouest.............. =	5^h 40^m $03^s.49$
ou en degrés.............. =	81° 00′ 52″.35

En résumé, le calcul de la longitude par les distances lunaires consiste, quand on a réduit les distances apparentes en distances vraies, à trouver l'heure vraie temps moyen de Paris correspondante à un élément donné de la *Connaissance des temps*, puis à chercher, par un procédé connu, l'heure temps moyen du lieu d'observation.

Exemple II. — *Le 8 avril 1857, à 4^h 25^m 17^s t. m. d'un lieu situé par 31° 31′ 10″ latitude N. et par une longitude estimée 8^h 07^m E., un chronomètre dont la marche diurne est $+ 2^s.56$, marquait 8^h 53^m 24^s.*

Depuis lors on a fait $124^m.5$ au S. 48° O. du monde, et dans ce nouveau lieu, vers 17^h t. m., un observateur, l'œil élevé de $6^m.2$, a obtenu :

Heures au chronomètre :

9^h 33^m 06^s.....	*Hauteur*..... ☾.....	13° 23′ 05″
9^h 35^m 18^s.....	*Dist. d'Antarès* ☽.....	55° 09′ 05″
9^h 38^m 36^s.....	*Hauteur*..... ☾.....	13° 38′ 15″

On a pris la distance d'Antarès au bord éloigné de la lune. La hauteur d'Antarès était 28° environ. Le thermomètre indiquait + 17° et le baromètre $0^m,770$. Trouver la longitude.

Le problème de point apprend que depuis l'observation faite dans le premier lieu, on a eu changement en latitude 23′.3 S., changement en longitude 7^m 12^s O. La position estimée du lieu d'observation de la distance est donc : latitude 30° 07′ 52″ N., longitude 7^h 59^m 48^s E.

H. au chron. premier lieu..........	8^h 53^m 24^s
H. au chron. second lieu..........	9^h 35^m 18^s
Intervalle chronométrique..........	12^h 41^m 54^s
Correction pour marche diurne...	— $1^s.36$
Intervalle temps moyen..........	12^h 41^m $52^s.64$
Heure du premier lieu..........	4^h 25^m 17^s
H. du pr. lieu obs. de la dist......	17^h 07^m $09^s.64$
Chang. en long. O..............	— 7^m 12^s
H. de l'observ. de la dist..........	16^h 59^m $57^s.44$
Longitude E..................	7^h 59^m 58^s
H. de Paris t. m. le 8..........	9^h 00^m $09^s.64$

Différence des hauteurs ☾..............	13′ 10″
Interv. entre les obs. des haut..........	5^m 30^s
Interv. de 1re haut. à distance..........	2^m 12^s
$5^m.5 : 790'' :: 2^m.2 : x$..... $x = +$ 5′ 16″	
Première hauteur de la lune..........	13° 23′ 05″
Haut. ☾ à l'obs. de dist..............	13° 28′ 21″

Demi-diam. horiz. ☾..............	14′ 46″.3
Demi-diam. en hauteur..............	14′ 49″.4
Parallaxe horizontale..............	54′ 00″.6
Æ d'Antarès..............	16^h 20^m $40^s.39$
Déclin. d'Antarès..............	26° 06′ 46″.9 A.
Temps sid. le 8 à 9^h 00^m $09^s.6$...	1^h 08^m $12^s.9$

Hauteur apparente ☾..............	13° 38′ 40″.7
Hauteur vraie.... ☾..............	14° 27′ 17″.1

Distance apparente des bords.......	55° 09′ 05″
Demi-diam. de la lune..............	— 14′ 49″.4
Distance apparente des centres......	54° 54′ 15″.6

CALCUL DE LA HAUTEUR D'ANTARÈS.

H. moy. du lieu	$16^h\ 59^m\ 57^s.64$	$h = 28°\ 00'\ 00''$	
Temps sidéral.	$1^h\ 08^m\ 12^s.90$	$\delta = 116\ \ 06\ \ 50$	c^t sin = 0.0467619
Heure sidérale.	$18^h\ 08^m\ 10^s.54$	$l = 30\ \ 07\ \ 52$	c^t cos = 0.0630422
Æ Antarès....	$16^h\ 20^m\ 40^s.39$	$2S = 174°\ 14'\ 42''$	
Angle horaire. .	$1^h\ 47^m\ 30^s.15$	$S = 87\ \ 07\ \ 21$	cos = 8.7007101 .... — 4187
		$S - h = 59\ \ 07\ \ 21$	sin = 9.9336209 .... — 126

Somme... = 18.7441351 $\qquad p = -4313$

$\log \sin \frac{P}{2} = 9.3720675.5 \qquad 2p = -8626$

$\frac{P}{2} = 13°\ 37'\ 24''.8 \qquad \frac{2p}{d} = -\frac{8626}{869} = -9^s.93$

Angle horaire approché....... = $1^h\ 48^m\ 59^s.31$
Angle horaire exact.......... = $1^h\ 47^m\ 30^s.15$

Différence............... — $1^m\ 29^s.16$........ $\frac{8916}{993} = 8'.97$

Hauteur supposée d'Antarès........ $28°\ 00'\ 00''$
Correction...................... + $8'\ 58''$

Hauteur vraie d'Antarès........... $28°\ 08'\ 58''.2$
Réfraction corrigée............ + $1'\ 48''.4$

Hauteur apparente d'Antarès....... $28°\ 10'\ 46''.6$

CALCUL DE LA DISTANCE VRAIE.

$d = 54°\ 54'\ 10''$
$h = 28\ \ 10\ \ 50$ ... Tab. XXVIII = 10.0001202
$H = 13\ \ 38\ \ 40$ .... c^t cos = 0.0124328

$2S = 96°\ 43'\ 40''$
$S = 48\ \ 21\ \ 50$ .... cos = 9.8224279
$d - S = 6\ \ 32\ \ 20$ .... cos = 9.9971656
$H' = 14\ \ 27\ \ 16.4$ .... cos = 9.9860305
$h' = 28\ \ 09\ \ 01.6$ ...... Somme... = 39.8181770
$H' + h' = 42°\ 36'\ 18''$ ...... 1/2 somme = 19.9090885
$\frac{H' + h'}{2} = 21\ \ 18\ \ 09$ .... — cos = 9.9692646

log sin A = 9.9398239
A = $60°\ 31'\ 46''.8$
log cos A = 9.6919411
$+ \log \cos \frac{H'+h'}{2} = 9.9692646$

$\log \sin \frac{d'}{2} = 9.6612057$

$\frac{d'}{2} = 27°\ 16'\ 52''.55$

Distance vraie approchée.................. $54°\ 33'\ 1''.45$
Secondes négligées......................... + $5''.6$

Calculs auxiliaires pour trouver l'heure t. m. de Paris.

log 3^h.............. = 4.0334238
log diff............... = 2.2907022
colog diff. p.......... = 6.2697023

log $(t_1 - T)$........... = 2.5938283
$t_1 - T$................ = $0^h\ 06^m\ 32^s.49$
4 $(t_1 - T$.............. = $0^h\ 26^m\ 09^s.96$

La correction des différences secondes est — $0''.09$.

log 3^h................. = 4.0334238
log $0''.09$............... = $\bar{2}.9542425$
colog diff. p............ = 6.2697023

log correct.............. = $\bar{1}.2573686$

Correction........ — $0^s.18$

Distance vraie.......................... $54°\ 33'\ 50''.7$ $\quad 1°\ 29'\ 38''$
Distance le 8 à 9^h Paris.................. $54°\ 37'\ 06''$ $\quad 1°\ 29'\ 34''$ $\quad$ + 4'' / + 5'' } diff. sec. + 4''.5
Différence.......................... $3'\ 15''.3$ $\quad 1°\ 29'\ 29''$

Heure approchée de Paris................ $9^h\ 06^m\ 32^s.49$
Correction des diff. secondes............. — $0^s.18$

Heure t. m. de Paris le 8 avril........... $9^h\ 06^m\ 32^s.31$
Heure t. m. du lieu....................... $16^h\ 59^m\ 57^s.64$

Longitude E. { en temps............... $7^h\ 53^m\ 25^s.33$
{ en degrés.............. $118°\ 21'\ 19''.95$

EXEMPLE III. — *Le 31 mars 1857, à $20^h\ 30^m\ 15^s$ t. m. d'un lieu situé par une latitude 40° 17′ 24″ N. et par une longitude $5^h\ 24^m$ O., le chronomètre, dont la marche diurne est — $6^s.66$, marquait $1^h\ 27^m\ 11^s$.*

Depuis lors on a fait 31^m au N. 70° O. du monde, et dans ce nouveau lieu, le chronomètre marquant $4^h\ 49^m\ 30^s$, on a trouvé 92° 01′ 14″ pour distance des bords voisins du soleil et de la lune.

Le thermomètre indiquait + 22°, le baromètre $0^m.749$.

Trouver la longitude.

Le problème de point donne pour position estimée du lieu où on a observé la distance : latitude 40° 28′ N., longitude $5^h\ 26^m\ 32^s$ O. Le changement en longitude est $2^m\ 32^s$ O.

H. au chron. 1er lieu..........	$1^h\ 27^m\ 11^s$
H. au chron. observ. de dist....	$4^h\ 49^m\ 30^s$
Intervalle chronométrique......	$3^h\ 22^m\ 19^s$
Corr. pour marche diurne......	+ $0^s.94$
Intervalle temps moyen........	$3^h\ 22^m\ 19^s.94$
H. moy. du premier lieu.......	$20^h\ 30^m\ 15^s$
H. moy. 1er lieu à l'observ......	$23^h\ 52^m\ 34^s.94$
Changement en longitude O....	— $2^m\ 32^s$
Heure moyenne du lieu........	$23^h\ 50^m\ 02^s.94$
Longitude O.................	+ $5^h\ 26^m\ 32^s$
H. t. m. de Paris le 1er avril....	$5^h\ 16^m\ 34^s.94$

Demi-diam. horizontal ☾....		15′	44″		
Parallaxe horizontale ☾....		57′	39″.9		
Déclinaison de la lune.......	27°	57′	53″	B.
Demi-diam. du soleil........		16′	01″.6	
Déclinaison du soleil........	4°	43′	05″.1	B.
Equation du temps..........		3^m	$50^s.8$	

Tous ces éléments sont calculés pour le 1er avril, à $5^h\ 16^m\ 34^s.94$, temps moyen de Paris.

CALCUL DE LA HAUTEUR DU SOLEIL (*elle est circumméridienne*).

Heure moyenne du lieu............	$23^h\ 50^m\ 02^s.94$
Equation du temps..............	— $3^m\ 50^s.80$
Heure vraie du lieu..............	$23^h\ 46^m\ 12^s.14$
Intervalle à midi vrai............	$13^m\ 47^s.86$

Tab. XXVI (1re part.)... $\alpha = 2''.55$ $\quad p = 13^m.8$

$\alpha p^2 = 8'\ 05''.6$ $\quad p^2 = 190.44$

Latitude du lieu............	40° 28′ 00″ N.
Déclinaison solaire.........	— 4° 43′ 05″.1 N.
Changement en hauteur.....	+ 0° 08′ 05″.6
Distance zénith. vraie ⊙.....	35° 53′ 00″.5
Hauteur vraie...... ⊙.....	54° 06′ 59″.5
Hauteur apparente.. ⊙.....	54° 07′ 34″.2

CALCUL DE LA HAUTEUR DE LUNE.

Heure t. m. du lieu	$23^h\ 50^m\ 02^s.94$
Temps sid. à $5^h\ 16^m\ 35^s$...	+ $0^h\ 40^m\ 00^s.29$
Heure sidérale..........	$0^h\ 30^m\ 03^s.23$
en degrés........	7° 30′ 48″.45
Æ de la lune...........	— 105° 34′ 43″.06
Angle horaire de lune....	261° 56′ 05″.39
Angle au pôle..........	98° 03′ 54″.6

$\cos P = 9.1469188$
$\cot g\ l = 0.0690128$

$tg\ PM = 9.2159316$
angle = 9° 20′ 11″.6
PM = 170° 39′ 48″.4
δ = 62° 02′ 07″

LM = 108° 37′ 41″.4

$\sin l = 9.8122484$
$\cos LM = 9.5043666$
$c^t \cos PM = 0.0057913$

$\sin h = 9.3224063$

$h = 12°\ 07'\ 39''.6$

Hauteur vraie de la lune..... 12° 07′ 39″.6

Hauteur apparente de lune............	11° 15′ 34″.2
Demi-diamètre en hauteur ☾..........	0° 15′ 47″.3
Demi-diamètre du soleil................	0° 16′ 01″.6
Distance apparente des bords..........	92° 91′ 14″
Distance apparente des centres.........	92° 33′ 02″.9

RÉDUCTION DE LA DISTANCE APPARENTE EN DISTANCE VRAIE ; HEURE DE PARIS.

d =	92° 33′		
h =	54 07 30″	... Tab. XXVII. =	10.0001000
H =	11 15 30″	.... ε^t cos =	0.0084386
2S =	157° 56′		
S =	78 58	.... cos =	9.2818967
d—S =	13 35	.... cos =	9.9876794
H′ =	12° 07 35″.4	.... cos =	9.9901995
h' =	54 06 55″.3	..... Somme... =	39.2683142
H′+h' =	66° 14′ 30″.7	..... 1/2 somme =	19.6341571
$\frac{H'+h'}{2}$ =	33° 07′ 15″.3	.... — cos =	9.9229948
		log sin A =	9.7111623
		A =	30° 56′ 47″
		log cos A =	9.9333095
		+ log cos $\frac{H'+h'}{2}$ =	9.9229948
		log sin $\frac{d'}{2}$ =	9.8563043
		$\frac{d'}{2}$ =	45° 54′ 50″.73

Distance vraie approchée........................ 91° 49′ 41″.5
Secondes négligées.............................. + 2.9

Distance vraie..............................	91° 49′ 44″.4	+1° 33′ 44″	— 20″	diff. sec. — 20″.5
Distance vraie le 1er à 3h..................	90 40 04	+1° 33′ 24″	— 21″	
Différence..................................	1° 09′ 40″.4	+1° 33′ 03″		

log 3h............ = 4.0334238
colog diff p...... = 6.2515019
log diff........... = 3.6212178

log (t_1—T)........ = 3.9061435
t_1—T............ = 2 14m 16s.45
4 (t_1—T)......... = 8h 57m 05s.80

Correction des différences secondes :

+ 1″,88.

log 3h............... = 4.0334238
colog diff. p........ = 6.2515019
log 1″.88........... = 0.2741578

log corr. .... = 0.5590835

Correction... = — 3s,62

Heure temps moyen approchée de Paris...	5h 14m 16s.45
Correction provenant des diff. secondes...	— 3s.62
Heure temps moyen de Paris, 1er avril....	5h 14m 12s.83
Heure temps moyen du lieu, 31 mars.....	23h 50m 02s.94
Longitude ouest — en temps...........	5h 24m 09s.89
Longitude ouest — en degrés..........	81° 02′ 28″.35

EXEMPLE IV. — *Le 18 avril 1857, dans un lieu situé par une latitude 17° 42′ 10″ N. et une longitude 8h 37m E., à 5h 25m 23s, temps moyen, un chronomètre, dont la marche diurne est + 7s.4, marquait 8h 42m 11s,5.*

Depuis on a fait 72m au S. 53° O. et dans ce nouveau lieu, le thermomètre indiquant + 12°, le baromètre 0m.766, on a eu, en observant la distance d'Antarès au bord éloigné de la lune :

Heures au chronomètre.	*Distances.*
8h 19m 47s	67° 38′ 18″
8 22 48	67 39 26
8 27 10	67 41 10

La hauteur estimée d'Antarès est 34° ; la hauteur estimée de la lune est 38°.

Trouver la longitude et l'état absolu du chronomètre au midi moyen de de Paris du jour de l'observation.

Le problème de point donne : chemin S. 43′.3, chemin O. 57m.5, changement en longitude 4m O., puis, pour position estimée du lieu d'observation des distances, latitude 16° 58′ 52″ N., longitude 8h 33m E.

H. au chron. 1er lieu.........		$8^h\ 42^m\ 11^s.5$
H. au chron. 1re distance.....		$8^h\ 19^m\ 47^s$
Intervalle chronométrique....		$11^h\ 37^m\ 35^s.50$
Correction...................		$3^s.48$
Intervalle temps moyen.......		$11^h\ 37^m\ 32^s.02$
Heure du premier lieu........		$5^h\ 25^m\ 23^s$
H. du 1er lieu à l'observ......		$17^h\ 02^m\ 55^s.02$
Changement en longitude O...	—	4^m
Heure première distance......		$16^h\ 58^m\ 55^s.02$
Longitude E................	—	$8^h\ 33^m$
Heure Paris le 18...........		$8^h\ 25^m\ 55^s.02$

Demi-diam. horizontal ☾.....	$15'\ 42''.1$	
Parallaxe horizontale ☾.....	$57'\ 36''.3$	
Déclinaison lunaire..........	$20^\circ\ 14'\ 36''.7$	A.
Æ de la lune..............	$318^\circ\ 46'\ 59''.8$	
Temps sidéral..............	$1^h\ 47^m\ 32^s.81$	
Æ d'Antarès..............	$16^h\ 20^m\ 40^s.66$	
Déclinaison d'Antarès........	$16^\circ\ 06'\ 50''.6$	A.

Tous ces éléments sont calculés pour le 18 avril, à $8^h\ 25^m\ 55^s.02$, temps moyen de Paris.

RECHERCHE, DES ANGLES HORAIRES D'ANTARÈS.

H. moy. du lieu, 1re distance...		$16^h\ 58^m\ 55^s.02$
Temps sidéral..............	+	$1^h\ 47^m\ 32^s.81$
Heure sidérale, 1re distance...		$18^h\ 46^m\ 27^s.83$
Æ d'Antarès..............	—	$16^h\ 20^m\ 40^s.66$
Premier angle horaire........		$2^h\ 25^m\ 47^s.17$
Premier interv. en t. s........	+	$3^m\ 01^s.49$
Second angle horaire.........		$2^h\ 28^m\ 48^s.66$
Second interv. en t. s.........	+	$4^m\ 22^s.72$
Troisième angle horaire.......		$2^h\ 33^m\ 11^s.38$

H. au chron.	1re dist.	$8^h\ 19^m\ 47$	Int. $3^m\ 01^s$
	2e dist.	$8^h\ 22^m\ 48^s$	Int. $4^m\ 22^s$
	3e dist.	$8^h\ 27^m\ 10^s$	

Les intervalles chronométriques sont, à cause de leur petitesse, considérés comme intervalles temps moyen et réduits en intervalles temps sidéral à l'aide de la table XIX.

RECHERCHE DES HAUTEURS D'ANTARÈS.

$$h = 43^\circ\ 00'\ 00'' \dots + 20''$$
$$\delta = 116\ \ 06\ \ 51 \dots\dots\dots\dots\dots\ {}^{ct}\sin = 0.0467619$$
$$l = 16\ \ 58\ \ 52 \dots\dots\dots\dots\dots\ {}^{ct}\cos = 0.0193587$$
$$2S = 167^\circ\ 05'\ 43''$$
$$S = 83^\circ\ 32\ \ 51 \dots + 10'' \dots\dots \cos = 9.0507056 \dots\dots -1862$$
$$S-h = 49\ \ 32\ \ 51 \dots + 10'' \dots\dots \cos = 9.8813510 \dots\dots -179$$
$$\text{Somme} \dots\dots = 18.9981772 \dots\dots p = -2041$$
$$\log \sin \frac{P}{2} = 9.4990886 \dots\dots \frac{2p}{d} = -\frac{4082}{633} = -6^s.45$$
$$\frac{P}{2} = 18^\circ\ 23'\ 41''.7$$

Angle horaire approché.........	$2^h\ 27^m\ 09^s.56$.....	$2^h\ 27^m\ 09^s.56$....	$2^h\ 27^m\ 09^s.56$
Angles horaires exacts..........	$2^h\ 25^m\ 47^s.17$	$2^h\ 28^m\ 48^s.66$	$2^h\ 33^m\ 11^s.38$
Différences...............	$-\ 1^m\ 22^s.39$	$+\ 1^m\ 39^s.10$	$6^m\ 01^s.82$
Changements sur la hauteur.....	$+\frac{8239}{645} = +12'.77$	$-\frac{9910}{645} = -15'.36$	$-\frac{36182}{645} = -56'.1$

1re hauteur vraie...	$34^\circ\ 12'\ 46''$	2e hauteur vraie...	$33^\circ\ 44'\ 38''$	3e hauteur vraie...	$33^\circ\ 03'\ 54''$
Hauteur apparente.	34 14 12	....	33 46 05	....	33 05 23

RECHERCHE DES ANGLES HORAIRES DE LA LUNE.

Heure sidérale du lieu....		$18^h\ 46^m\ 27^s.83$
Æ de la lune............	—	$21^h\ 15^m\ 07^s.99$
Premier angle horaire.....		$21^h\ 31^m\ 19^s.84$
Premier angle au pôle....		$2^h\ 28^m\ 40^s.16$
Premier interv. en t. l....	—	$2^m\ 54^s.69$
Second angle au pôle.....		$2^h\ 25^m\ 45^s.47$
Second interv. en t. l.....	—	$4^m\ 12^s.87$
Troisième angle au pôle...		$2^h\ 21^m\ 32^s.60$

Pass. ☾ au mér. Paris le 17..............			$18^h\ 59^m$
Pass. ☾ .... le 18..............			$19^h\ 51^m$
Intervalle..............................			$24^h\ 52^m$
log $24^h\ 00^m$...	= 4.9365137		
log $24^h\ 52^m$...	= 4.9519201		
Différence.....	= $\bar{1}.9845936$		$\bar{1}.9845936$
log $3^m\ 01^s$.......	2.2576786...	$4^m\ 22^s$...	2.4183013
log int. t. l....	= 2.2422722		2.4028949
Interv t. l.......	$2^m\ 54^s.69$		$4^m\ 12^s.87$

RECHERCHE DES HAUTEURS DE LA LUNE.

$h = 38^\circ\ 00'\ 00''$ .... $+ 20''$
$\delta = 110\ 14\ 37$ .... $c^t \sin = 0.0276930$
$l = 16\ 58\ 52$ .... $c^t \cos = 0.0193587$

$2S = 165^\circ\ 13'\ 29''$
$S = 82\ 36\ 44.5 \ldots + 10''$ .... $\cos = 9.1091709$ ...... -1624
$S - h = 44\ 36\ 44.5 \ldots - 10''$ .... $\cos = 9.8465172$ ...... -213
Somme..... $= 19.0027398$ ...... $p = -1837$
$\log \sin \frac{P}{2} = 9.5013699$ ...... $\frac{2p}{d} = -\frac{3674}{629} = -5^s.84$
$\frac{P}{2} = 18^\circ\ 29'\ 43''.1$

Angle au pôle approché	$2^h\ 27^m\ 57^s.74$	$2^h\ 27^m\ 57^s.74$	$2^h\ 27^m\ 57^s.74$
Angles au pôle exacts	$2^h\ 28^m\ 40^s.16$	$2^h\ 25^m\ 45^s.47$	$2^h\ 21^m\ 32^s.60$
Différences	$+\ 0^m\ 42^s.42$	$-\ 2^m\ 12^s.27$	$-\ 6^m\ 25^s.14$
Changements sur la hauteur	$-\frac{4242}{584} = -7'.26$	$+\frac{13227}{584} = 22'.65$	$+\frac{38514}{584} = 65'.95$
Hauteurs vraies de lune	$37^\circ\ 52'\ 44''$	$38^\circ\ 22'\ 39''$	$39^\circ\ 05'\ 57''$
Hauteurs apparentes	$30\ 08\ 05$	$37\ 38\ 17$	$38\ 22\ 01$

RÉDUCTION DES DISTANCES OBSERVÉES EN DISTANCES VRAIES.

Distances observées	$67^\circ\ 38'\ 18''$	$67^\circ\ 39'\ 26''$	$67^\circ\ 41'\ 01''$
Demi-diamètre en hauteur	$-\ 15\ 52$	$-\ 15\ 52$	$-\ 15\ 52$
Distance apparente des centres	$67^\circ\ 22'\ 26''$	$67^\circ\ 23'\ 34''$	$67^\circ\ 25'\ 09''$

Première colonne :

$d = 67^\circ\ 22'\ 20''$
$h = 34\ 14\ 10$ T. XXVIII. 10.0001223
$H = 37\ 08\ 10$ ... $c^t \cos$ 0.0984308
$2S = 138^\circ\ 44'\ 40''$
$S = 69\ 22\ 20$ .... cos 9.5469070
$S - d = 2\ 00\ 00$ .... cos 9.9997354
$H' = 37\ 52\ 49$ .... cos 9.8972396
$h' = 34\ 12\ 44$
d' .... $+20''$ 39.5424351
$2S' = 72^\circ\ 05'\ 33''$ $19.7712175.5$
$S' = 36\ 02\ 46.5\ +10''$ cos 9.9077028
$-d'$ .... $-10''$
$\log \sin A = 9.8635147.5$
$A = 46^\circ\ 54'\ 48''$
$\log \cos A = 9.8344867$
$\log \cos S' = 9.9077028$
$\log \sin \frac{d'}{2} = 9.7421895$
$\frac{d'}{2} = 33^\circ\ 31'\ 34''.35$

Deuxième colonne :

$67^\circ\ 23'\ 30''$
$33\ 46\ 10$ 10.0001223....
$37\ 38\ 20$ 0.1013432....
$138^\circ\ 48'$
$69\ 24$ 9.5463472....
$1\ 00\ 30''$ 9.9997331....
$38\ 22\ 42$ 9.8942765....
$33\ 44\ 33 + 19.5418223$....
$67\ 04\ 15$ ....
$139^\circ\ 11'\ 40''$
$69\ 35\ 50$ $- 9.5423492\ -566$
$2\ 31\ 35$ $- 9.9995777\ -\ 9$
Différence.... $-1046\ -575$
$\frac{1046 \times 20}{575} = 36''.4$

Troisième colonne :

$67^\circ\ 25'\ 00''$
$33\ 05\ 20$ 10.0001223
$38\ 22\ 00$ 0.1056536
$138^\circ\ 52'\ 20''$
$69\ 26\ 10$ 9.5456183
$2\ 01\ 10$ 9.9997302
$39\ 05\ 56$ 9.8898945
$33\ 03\ 51 + 19.5410189$
$67\ 06\ 33$
$139^\circ\ 16'\ 20''$
$69\ 38\ 10$ $- 9.5415558\ -567$
$2\ 31\ 37$ $- 9.9995777\ -\ 9$
Différence..... $-1146\ -576$
$\frac{1146 \times 20}{576} = 39''.8$

Distance approchée	$67^\circ\ 03'\ 08''.7$	$67^\circ\ 04'\ 15''$	$67^\circ\ 06'\ 33''$
Secondes négligées	$+\ 6''$	$+\ 4''$	$+\ 09''$
Corrections		$+\ 36''.4$	$+\ 39''.8$
Distances vraies	$67^\circ\ 03'\ 14''.7$	$67^\circ\ 04'\ 55''.4$	$67^\circ\ 07'\ 21''.8$
Distances apparentes	$67^\circ\ 22'\ 26''$	$67^\circ\ 23'\ 34''$	
Différence	$19'\ 11''.3$	$18'\ 38''.6$	
2e distance apparente	$67^\circ\ 23'\ 34''$	$67^\circ\ 25'\ 09''$	
2e distance vraie approchée	$67^\circ\ 04'\ 22''.7$	$67^\circ\ 06'\ 30''.4$	

RECHERCHE DES HEURES DE PARIS TEMPS MOYEN ET DE LA LONGITUDE.

Première distance vraie...... $67^\circ\ 03'\ 14''.7$..... $+\ 1^\circ\ 39'\ 43''$ $+\ 25''$
Dist. à 6^h t. m. de Paris..... $65^\circ\ 41'\ 46''$ ..... $+\ 1^\circ\ 40'\ 08''$
Différence.......... $1^\circ\ 21'\ 28''.7$ ..... $+\ 1^\circ\ 40'\ 33''$ $+\ 25''$
Seconde distance vraie...... $67^\circ\ 04'\ 55''.4$.......................... Différence..... $1^\circ\ 23'\ 09''.4$
Troisième distance vraie..... $67^\circ\ 07'\ 21''.8$.......................... Différence..... $1^\circ\ 25'\ 35''.8$

				Série du milieu.
log 3^h	4.0334238			Corr. des diff. sec... — $1''.74$
col. diff. pr.	6.2212701			
	0.2546939	... 0.2546939	... 0.2546939	.... 0.2546939
log différ.	3.6891934	... 3.6980483	... 3.7106081	log $1''.74$ = 0.2405492
$\log(t_1-T)$ =	3.9438873	... 3.9527422	... 3.9653020	.... 0.4952431
t_1-T....	$2^h\ 26^m\ 27^s.94$	... $2^h\ 29^m\ 28^s.96$	... $2^h\ 33^m\ 52^s.10$	
Correction...	$+\ 3^s.13$	$+\ 3^s.13$	$+\ 3^s.13$	$+\ 3^s.13$
Heures Paris	$8^h\ 26^m\ 31^s.07$	... $8^h\ 29^m\ 32^s.09$	... $8^h\ 33^m\ 55^s.23$	
Heures lieu	$16^h\ 58^m\ 55^s.02$	... $17^h\ 01^m\ 56^s.02$	... $17^h\ 06^m\ 18^s.02$	
Longitude E.	$8^h\ 32^m\ 23^s.95$	... $8^h\ 32^m\ 23^s.93$	... $8^h\ 32^m\ 22^s.79$	

Longitude moyenne...... $8^h\ 32^m\ 23^s.56$

CALCUL DE L'ÉTAT ABSOLU DU CHRONOMÈTRE AU MIDI MOYEN DE PARIS DU JOUR D'OBSERVATION.

Heure moyenne de Paris......... $8^h\ 29^m\ 59^s.46$

Pendant un intervalle temps moyen de $8^h\ 29^m\ 59^s.46$, le chronomètre, dont la marche diurne est $+\ 7^s.4$, avance de $2^s.62$; il indique donc :

Intervalle chronométrique..........................	$8^h\ 30^m\ 02^s.8$
Heure moyenne du chronomètre....................	$8^h\ 23^m\ 15^s$
Heure au chronomètre à 0^h t. m. Paris le 18 avril.....	$11^h\ 53^m\ 12^s.92$

2. *Circonstances favorables pour le calcul de longitude par les distances lunaires.* — Nous avons indiqué la formule

$$d'-d=(r-p)\cos S-(P-R)\cos L+\ldots\ldots;$$

elle montre, comme on l'a dit, qu'une petite erreur sur la distance observée se porte tout entière sur la distance vraie; et cela a lieu dans toutes les circonstances possibles d'observation.

Dans la réduction des distances, le terme dont l'influence est la plus grande est $(P-R)\cos L$; une forte erreur sur la hauteur de lune influera sur $P-R$ et par suite sur $(P-R)\cos L$, à moins que, l'angle L étant égal à 90° ou voisin de 90°, le facteur cos L ne devienne nul ou peu différent de zéro.

Les circonstances favorables pour l'observation sont donc L = 90°; on reconnaîtra cette circonstance en prenant des distances luni-solaires, car elle aura lieu quand on pourra, en prenant la hauteur de la lune, observer indistinctement la hauteur du bord supérieur ou la hauteur du bord inférieur. Dans ce cas, en effet, la ligne qui joint les cornes de la lune étant verticale, l'arc de distance est perpendiculaire au vertical de l'astre.

Pour les distances luni-sidérales, il faut apprécier à l'œil si l'arc de distance est perpendiculaire au vertical de la lune.

FIN.

CARRÉS DES NOMBRES

DE CENTIÈME EN CENTIÈME,

DE 0 A 31.

NOMBRES.									
Décimales.	0	1	2	3	4	5	6	7	8
0.00	0.00	1.00	4.00	9.00	16.00	25.00	36.00	49.00	64.00
.01	.00	.02	.04	.06	.08	.10	.12	.14	.16
.02	.00	.04	.08	.12	.16	.20	.24	.28	.32
.03	.00	.06	.12	.18	.24	.30	.36	.42	.48
.04	.00	.08	.16	.24	.32	.40	.48	.56	.64
.05	0.00	1.10	4.20	9.30	16.40	25.50	36.60	49.70	64.80
.06	.00	.12	.24	.36	.48	.60	.72	.84	.96
.07	.00	.14	.28	.42	.56	.70	.84	.98	65.12
.08	.01	.17	.33	.49	.65	.81	.97	50.13	.29
.09	.01	.19	.37	.55	.73	.91	37.09	.27	.45
.10	0.01	1.21	4.41	9.61	16.81	26.01	37.21	50.41	65.61
.11	.01	.23	.45	.67	.89	.11	.33	.55	.77
.12	.01	.25	.49	.73	.97	.21	.45	.69	.93
.13	.02	.28	.54	.80	17.06	.32	.58	.84	66.10
.14	.02	.30	.58	.86	.14	.42	.70	.98	.26
.15	0.02	1.32	4.62	9.92	17.22	26.52	37.82	51.12	66.42
.16	.03	.35	.67	.99	.31	.63	.95	.27	.58
.17	.03	.37	.71	10.05	.39	.73	38.07	.41	.74
.18	.03	.39	.75	.11	.47	.83	.19	.55	.91
.19	.04	.42	.80	.18	.56	.94	.32	.70	67.08
.20	0.04	1.44	4.84	10.24	17.64	27.04	38.44	51.84	67.24
.21	.04	.46	.88	.30	.72	.14	.56	.98	.40
.22	.05	.49	.93	.37	.81	.25	.69	52.13	.57
.23	.05	.51	.97	.43	.89	.35	.81	.27	.73
.24	.06	.54	5.02	.50	.98	.46	.94	.42	.90
.25	0.06	1.56	5.06	10.56	18.06	27.56	39.06	52.56	68.06
.26	.07	.59	.11	.63	.15	.67	.19	.71	.23
.27	.07	.61	.15	.69	.23	.77	.31	.85	.39
.28	.08	.64	.20	.76	.32	.88	.44	53.00	.56
.29	.08	.66	.24	.82	.40	.98	.56	.14	.72
.30	0.09	1.69	5.29	10.89	18.49	28.09	39.69	53.29	68.89
.31	.10	.72	.34	10.96	.58	.20	.82	.44	69.06
.32	.10	.74	.38	11.02	.66	.30	.94	.58	.22
.33	.11	.77	.43	.09	.75	.41	40.07	.73	.39
.34	.12	.80	.48	.16	.84	.52	.20	.88	.56
.35	0.12	1.82	5.52	11.22	18.92	28.62	40.32	54.02	69.72
.36	.13	.85	.57	.29	19.01	.73	.45	.17	.89
.37	.14	.88	.62	.36	.10	.84	.58	.32	70.06
.38	.14	.90	.66	.42	.18	.94	.70	.46	.22
.39	.15	.93	.71	.49	.27	29.05	.83	.61	.39
.40	0.16	1.96	5.76	11.56	19.36	29.16	40.96	54.76	70.56
.41	0.17	.99	.81	.63	.45	.27	41.09	.91	.73
.42	.18	2.02	.86	.70	.54	.38	.22	55.06	.90
.43	.18	.04	.90	.76	.62	.48	.34	.20	71.06
.44	.19	.07	.95	.83	.71	.59	.47	.35	.23
.45	0.20	2.10	6.00	11.90	19.80	29.70	41.60	55.50	71.40
.46	0.21	.13	.05	.97	.89	.81	.73	.65	.57
.47	.22	.16	.10	12.04	.98	.92	.86	.80	.74
.48	.23	.19	.15	.11	20.07	30.03	.99	.95	.91
.49	.24	.22	.20	.18	.16	.14	42.12	56.10	72.08

NOMBRES.

Décimales.	0	1	2	3	4	5	6	7	8
.50	0.25	2.25	6.25	12.25	20.25	30.25	42.25	56.25	72.25
.51	.26	.28	.30	.32	.34	.36	.38	.40	.42
.52	.27	.31	.35	.39	.43	.47	.51	.55	.59
.53	.28	.34	.40	.46	.52	.58	.64	.70	.76
.54	.29	.35	.45	.53	.61	.69	.77	.85	.93
.55	0.30	2.40	6.50	12.60	20.70	30.80	42.90	57.00	73.10
.56	.31	.43	.55	.67	.79	.91	43.03	.15	.27
.57	.32	.46	.60	.74	.88	31.02	.16	.30	.44
.58	.34	.50	.66	.82	.98	.14	.30	.46	.62
.59	.35	.53	.71	.89	21.07	.25	.43	.61	.79
.60	0.36	2.56	6.76	12.96	21.16	31.36	43.56	57.76	73.96
.61	.37	.59	.81	13.03	.25	.47	.69	.91	74.13
.62	.38	.62	.86	.10	.34	.58	.82	58.06	.30
.63	.40	.66	.92	.18	.44	.70	.96	.22	.48
.64	.41	.69	.97	.25	.53	.81	44.09	.37	.65
.65	0.42	2.72	7.02	13.32	21.62	31.92	44.22	58.52	74.82
.66	.44	.76	.08	.40	.72	32.04	.36	.68	75.00
.67	.45	.79	.13	.47	.81	.15	.49	.83	.17
.68	.46	.82	.18	.54	.90	.26	.62	.98	.34
.69	.48	.86	.24	.62	22.00	.38	.76	59.14	.52
.70	0.49	2.89	7.29	13.69	22.09	32.49	44.89	59.29	75.69
.71	.50	.92	.34	.76	.18	.60	45.02	.44	.86
.72	.52	.96	.40	.84	.28	.72	.16	.60	76.04
.73	.53	.99	.45	.91	.37	.83	.29	.75	.21
.74	.55	3.03	.51	.99	.47	.95	.43	.91	.39
.75	0.56	3.06	7.56	14.06	22.56	33.06	45.56	60.06	76.56
.76	.58	.10	.62	.14	.66	.18	.70	.22	.74
.77	.59	.13	.67	.21	.75	.29	.83	.37	.91
.78	.61	.17	.73	.29	.85	.41	.97	.53	77.09
.79	.62	.21	.78	.36	.94	.52	46.10	.68	.26
.80	0.64	3.24	7.84	14.44	23.04	33.64	46.24	60.84	77.44
.81	.66	.28	.90	.52	.14	.76	.38	61.00	.62
.82	.67	.31	.95	.59	.23	.87	.51	.15	.79
.83	.69	.35	8.01	.67	.33	.99	.65	.31	.97
.84	.71	.39	.07	.75	.43	34.11	.79	.47	78.15
.85	0.72	3.42	8.12	14.82	23.52	34.22	46.92	61.62	78.32
.86	.74	.46	.18	.90	.62	.34	47.06	.78	.50
.87	.76	.50	.24	.98	.72	.46	.20	.94	.68
.88	.77	.53	.29	15.05	.81	.57	.33	62.00	.85
.89	.79	.57	.35	.13	.91	.69	.47	.25	79.03
.90	0.81	3.61	8.41	15.21	24.01	34.81	47.61	62.41	79.21
.91	.83	.65	.47	.29	.11	.93	.75	.57	.39
.92	.85	.69	.53	.37	.21	35.05	.89	.73	.57
.93	.86	.72	.58	.44	.30	.16	48.02	.88	.74
.94	.88	.76	.64	.52	.40	.28	.16	63.04	.92
.95	0.90	3.80	8.70	15.60	24.50	35.40	48.30	63.20	80.10
.96	.92	.84	.76	.68	.60	.52	.44	.36	.28
.97	.94	.88	.82	.76	.70	.64	.58	.52	.46
.98	.96	.92	.88	.84	.80	.76	.72	.68	.64
.99	.98	.96	.94	.92	.90	.88	.86	.84	.82

NOMBRES.

Décimales.	9	10	11	12	13	14	15	16	17
.00	81.00	100.00	121.00	144.00	169.00	196.00	225.00	256.00	289.00
.01	.18	.20	.22	.24	.26	.28	.30	.32	.34
.02	.36	.40	.44	.48	.52	.56	.60	.64	.68
.03	.54	.60	.66	.72	.78	.84	.90	.96	290.02
.04	.72	.80	.88	.96	170.04	197.12	226.20	257.28	.36
.05	81.90	101.00	122.10	145.20	170.30	197.40	226.50	257.60	290.70
.06	82.08	.20	.32	.44	.56	.68	.80	.92	291.04
.07	.26	.40	.54	.68	.82	.96	227.10	258.24	.38
.08	.45	.61	.77	.93	171.09	198.25	.41	.57	.73
.09	.63	.81	.99	146.17	.35	.53	.71	.89	292.07
.10	82.81	102.01	123.21	146.41	171.61	198.81	228.01	259.21	292.41
.11	.99	.21	.43	.65	.87	199.09	.31	.53	.75
.12	83.17	.41	.65	.89	172.13	.37	.61	.85	293.09
.13	.36	.62	.88	147.14	.40	.66	.92	260.18	.44
.14	.54	.82	124.10	.38	.66	.94	229.22	.50	.78
.15	83.72	103.02	124.32	147.62	172.92	200.22	229.52	260.82	294.12
.16	.91	.23	.55	.87	173.19	.51	.83	261.15	.47
.17	84.09	.43	.77	148.11	.45	.79	230.13	.47	.81
.18	.27	.63	.99	.35	.71	201.07	.43	.79	295.15
.19	.46	.84	125.22	.60	.98	.36	.74	262.12	.50
.20	84.64	104.04	125.44	148.84	174.24	201.64	231.04	262.44	295.84
.21	.82	.24	.66	149.08	.50	.92	.34	.76	296.18
.22	85.01	.45	.89	.33	.77	202.21	.65	263.09	.53
.23	.19	.65	126.11	.57	175.03	.49	.95	.41	.87
.24	.38	.86	.34	.82	.30	.78	232.26	.74	297.22
.25	85.56	105.06	126.56	150.06	175.56	203.06	232.56	264.06	297.56
.26	.75	.27	.79	.31	.83	.35	.87	.39	.91
.27	.93	.47	127.01	.55	176.09	.63	233.17	.71	298.25
.28	86.12	.68	.24	.80	.36	.92	.48	265.04	.60
.29	.30	.88	46	151.04	.62	204.20	.78	.36	.94
.30	86.49	106.09	127.69	151.29	176.89	204.49	234.09	265.69	299.29
.31	.68	.30	.92	.54	177.16	.78	.40	266.02	.64
.32	.86	.50	128.14	.78	.42	205.06	.70	.34	.98
.33	87.05	.71	.37	152.03	.69	.35	235.01	.67	300.33
.34	.24	.92	.60	.28	.96	.64	.32	267.00	.68
.35	87.42	107.12	128.82	152.52	178.22	205.92	235.62	267.32	301.02
.36	.61	.33	129.05	.77	.49	206.21	.93	.65	.37
.37	.80	.54	.28	153.02	.76	.50	236.24	.98	.72
.38	.98	.74	.50	.26	179.02	78	.54	268.30	302.06
.39	88.17	.95	.73	.51	.29	207.07	.85	.63	.41
.40	88.36	108.16	129.96	153.76	179.56	207.36	237.16	268.96	302.76
.41	.55	.37	130.19	154.01	.83	.65	.47	269.29	303.11
.42	.74	.58	.42	.26	180.10	.94	.78	.62	.46
.43	.92	.78	.64	.50	.36	208.22	238.08	.94	.80
.44	89.11	.99	.87	.75	.63	.51	.39	270.27	304.15
.45	89.30	109.20	131.10	155.00	180.90	208.80	238.70	270.60	304.50
.46	.49	.41	.33	.25	181.17	209.09	239.01	.93	.85
.47	.68	.62	.56	.50	.44	.38	.32	271.26	305.20
.48	.87	.83	.79	.75	.71	.67	.63	.59	.55
.49	90.06	110.04	132.02	156.00	.98	.96	.94	.92	.90

NOMBRES.

Décimales.	9	10	11	12	13	14	15	16	17
.50	90.25	110.25	132.25	156.25	182.25	210.25	240.25	272.25	306.25
.51	.44	.46	.48	.50	.52	.54	.56	.58	.60
.52	.63	.67	.71	.75	.79	.83	.87	.91	.95
.53	.82	.88	.94	157.00	183.06	211.12	241.18	273.24	307.30
.54	91.01	111.09	133.17	.25	.33	.41	.49	.57	.65
.55	91.20	111.30	133.40	157.50	183.60	211.70	241.80	273.90	308.00
.56	.39	.51	.63	.75	.87	.99	242.11	274.23	.35
.57	.58	.72	.86	158.00	184.14	212.28	.42	.56	.70
.58	.78	.94	134.10	.26	.42	.58	.74	.90	309.06
.59	.97	112.15	.33	.51	.69	.87	243.05	275.23	.41
.60	92.16	112.36	134.56	158.76	184.96	213.16	243.36	275.56	309.76
.61	.35	.57	.79	159.01	185.23	.45	.67	.89	310.11
.62	.54	.78	135.02	.26	.50	.74	.98	276.22	.46
.63	.74	113.00	.26	.52	.78	214.04	244.30	.56	.82
.64	.93	.21	.49	.77	186.05	.33	.61	.89	311.17
.65	93.12	113.42	135.72	160.02	186.32	214.62	244.92	277.22	311.52
.66	.32	.64	.96	.28	.60	.92	245.24	.56	.88
.67	.51	.85	136.19	.53	.87	215.21	.55	.89	312.23
.68	.70	114.06	.42	.78	187.14	.50	.86	278.22	.58
.69	.90	.28	.66	161.04	.42	.80	246.18	.56	.94
.70	94.09	114.49	136.89	161.29	187.69	216.09	246.49	278.89	313.29
.71	.28	.70	137.12	.54	.96	.38	.80	279.22	.64
.72	.48	.92	.36	.80	188.24	.68	247.12	.56	314.00
.73	.67	115.13	.59	162.05	.51	.97	.43	.89	.35
.74	.87	.35	.83	.31	.79	217.27	.75	280.23	.71
.75	95.06	115.56	138.06	162.56	189.06	217.56	248.06	280.56	315.06
.76	.26	.78	.30	.82	.34	.86	.38	.90	.42
.77	.45	.99	.53	163.07	.61	218.15	.69	281.23	.77
.78	.65	116.21	.77	.33	.89	.45	249.01	.57	316.13
.79	.84	.42	139.00	.58	190.16	.74	.32	.90	.48
.80	96.04	116.64	139.24	163.84	190.44	219.04	249.64	282.24	316.84
.81	.24	.86	.48	164.10	.72	.34	.96	.58	317.20
.82	.43	117.07	.71	.35	.99	.63	250.27	.91	.55
.83	.63	.29	.95	.61	191.27	.93	.59	283.25	.91
.84	.83	.51	140.19	.87	.55	220.23	.91	.59	318.27
.85	97.02	117.72	140.42	165.12	191.82	220.52	251.22	283.92	318.62
.86	.22	.94	.66	.38	192.10	.82	.54	284.26	.98
.87	.42	118.16	.90	.64	.38	221.12	.86	.60	319.34
.88	.61	.37	141.13	.89	.65	.41	252.17	.93	.69
.89	.81	.59	.37	166.15	.93	.71	.49	285.27	320.05
.90	98.01	118.81	141.61	166.41	193.21	222.01	252.81	285.61	320.41
.91	.21	119.03	.85	.67	.49	.31	253.13	.95	.77
.92	.41	.25	142.09	.93	.77	.61	.45	286.29	321.13
.93	.60	.46	.32	167.18	194.04	.90	.76	.62	.48
.94	.80	.68	.56	.44	.32	223.20	254.08	.96	.84
.95	99.00	119.90	142.80	167.70	194.60	223.50	254.40	287.30	322.20
.96	.20	120.12	143.04	.96	.88	.80	.72	.64	.56
.97	.40	.34	.28	168.22	195.16	224.10	255.04	.98	.92
.98	.60	.56	.52	.48	.44	.40	.36	288.32	323.28
.99	.80	.78	.76	.74	.72	.70	.68	.66	.64

	NOMBRES.								
Décimales.	18	19	20	21	22	23	24	25	26
.00	324.00	361.00	400.00	441.00	484.00	529.00	576.00	625.00	676.00
.01	.36	.38	.40	.42	.44	.46	.48	.50	.52
.02	.72	.76	.80	.84	.88	.92	.96	626.00	677.04
.03	325.08	362.14	401.20	442.26	485.32	530.38	577.44	.50	.56
.04	.44	.52	.60	.68	.76	.84	.92	627.00	678.08
.05	325.80	362.90	402.00	443.10	486.20	531.30	578.40	627.50	678.60
.06	326.16	363.28	.40	.52	.64	.76	.88	628.00	679.12
.07	.52	.66	.80	.94	487.08	532.22	579.36	.50	.64
.08	.89	364.05	403.21	444.37	.53	.69	.85	629.01	680.17
.09	327.25	.43	.61	.79	.97	533.15	580.33	.51	.69
.10	327.61	364.81	404.01	445.21	488.41	533.61	580.81	630.01	681.21
.11	.97	365.19	.41	.63	.85	534.07	581.29	.51	.73
.12	328.33	.57	.81	446.05	489.29	.53	.77	631.01	682.25
.13	.70	.96	405.22	.48	.74	535.00	582.26	.52	.78
.14	329.06	366.34	.62	.90	490.18	.46	.74	632.02	683.30
.15	329.42	366.72	406.02	447.32	490.62	535.92	583.22	632.52	683.82
.16	.79	367.11	.43	.75	491.07	536.39	.71	633.03	684.35
.17	330.15	.49	.83	448.17	.51	.85	584.19	.53	.87
.18	.51	.87	407.23	.59	.95	537.31	.67	634.03	685.39
.19	.88	368.26	.64	449.02	492.40	.78	585.16	.54	.92
.20	331.24	368.64	408.04	449.44	492.84	538.24	585.64	635.04	686.44
.21	.60	369.02	.44	.86	493.28	.70	586.12	.54	.96
.22	.97	.41	.85	450.29	.73	539.17	.61	636.05	687.49
.23	332.33	.79	409.25	.71	494.17	.63	587.09	.55	688.01
.24	.70	370.18	.66	451.14	.62	540.10	.58	637.06	.54
.25	333.06	370.56	410.06	451.56	495.06	540.56	588.06	637.56	689.06
.26	.43	.95	.47	.99	.51	541.03	.55	638.07	.59
.27	.79	371.33	.87	452.41	.95	.49	589.03	.57	690.11
.28	334.16	.72	411.28	.84	496.40	.96	.52	639.08	.64
.29	.52	372.10	.68	453.26	.84	542.42	590.00	.58	691.16
.30	334.89	372.49	412.09	453.69	497.29	542.89	590.49	640.09	691.69
.31	335.26	.88	.50	454.12	.74	543.36	.98	.60	692.22
.32	.62	373.26	.90	.54	498.18	.82	591.46	641.10	.74
.33	.99	.65	413.31	.97	.63	544.29	.95	.61	693.27
.34	336.36	374.04	.72	455.40	499.08	.76	592.44	642.12	.80
.35	336.72	374.42	414.12	455.82	499.52	545.22	592.92	642.62	694.32
.36	337.09	.81	.53	456.25	.97	.69	593.41	643.13	.85
.37	.46	375.20	.94	.68	500.42	546.16	.90	.64	695.38
.38	.82	.58	415.34	457.10	.86	.62	594.38	644.14	.90
.39	338.19	.97	.75	.53	501.31	547.09	.87	.65	696.43
.40	338.56	376.36	416.16	457.96	501.76	547.56	595.36	645.16	696.96
.41	.93	.75	.57	458.39	502.21	548.03	.85	.67	697.49
.42	339.30	377.14	.98	.82	.66	.50	596.34	646.18	698.02
.43	.66	.52	417.38	459.24	503.10	.96	.82	.68	.54
.44	340.03	.91	.79	.67	.55	549.43	597.31	647.19	699.07
.45	340.40	378.30	418.20	460.10	504.00	549.90	597.80	647.70	699.60
.46	.77	.69	.61	.53	.45	550.37	598.29	648.21	700.13
.47	341.14	379.08	419.02	.96	.90	.84	.78	.72	.66
.48	.51	.47	.43	461.39	505.35	551.31	599.27	649.23	701.19
.49	.88	.86	.84	.82	.80	.78	.76	.74	.72

NOMBRES.									
Décimales.	18	19	20	21	22	23	24	25	26
.50	342.25	380.25	420.25	462.25	506.25	552.25	600.25	650.25	702.25
.51	.62	.64	.66	.68	.70	.72	.74	.76	.78
.52	.99	381.03	421.07	463.11	507.15	553.19	601.23	651.27	703.31
.53	343.36	.42	.48	.54	.60	.66	.72	.78	.84
.54	.73	.81	.89	.97	508.05	554.13	602.21	652.29	704.37
.55	344.10	382.20	422.30	464.40	508.50	554.60	602.70	652.80	704.90
.56	.47	.59	.71	.83	.95	555.07	603.19	653.31	705.43
.57	.84	.98	423.12	465.26	509.40	.54	.68	.82	.96
.58	345.22	383.38	.54	.70	.86	556.02	604.18	654.34	706.50
.59	.59	.77	.95	466.13	510.31	.49	.67	.85	707.03
.60	345.96	384.16	424.36	466.56	510.76	556.96	605.16	655.36	707.56
.61	346.33	.55	.77	.99	511.21	557.43	.65	.87	708.09
.62	.70	.94	425.18	467.42	.66	.90	606.14	656.38	.62
.63	347.08	385.34	.60	.86	512.12	558.38	.64	.90	709.16
.64	.45	.73	426.01	468.29	.57	.85	607.13	657.41	.69
.65	347.82	386.12	426.42	468.72	513.02	559.32	607.62	657.92	710.22
.66	348.20	.52	.84	469.16	.48	.80	608.12	658.44	.76
.67	.57	.91	427.25	.59	.93	560.27	.61	.95	711.29
.68	.94	387.30	.66	470.02	514.38	.74	609.10	659.46	.82
.69	349.32	.70	428.08	.46	.84	561.22	.60	.98	712.36
.70	349.69	388.09	428.49	470.89	515.29	561.69	610.09	660.49	712.89
.71	350.06	.48	.90	471.32	.74	562.16	.58	661.00	713.42
.72	.44	.88	429.32	.76	516.20	.64	611.08	.52	.96
.73	.81	389.27	.73	472.19	.65	563.11	.57	662.03	714.49
.74	351.19	.67	430.15	.63	517.11	.59	612.07	.55	715.03
.75	351.56	390.06	430.56	473.06	517.56	564.06	612.56	663.06	715.56
.76	.94	.46	.98	.50	518.02	.54	613.06	.58	716.10
.77	352.31	.85	431.39	.93	.47	565.01	.55	664.09	.63
.78	.69	391.25	.81	474.37	.93	.49	614.05	.61	717.17
.79	353.06	.64	432.22	.80	519.38	.96	.54	665.12	.70
.80	353.44	392.04	432.64	475.24	519.84	566.44	615.04	655.64	718.24
.81	.82	.44	433.06	.68	520.30	.92	.54	666.16	.78
.82	354.19	.83	.47	476.11	.75	567.39	616.03	.67	719.31
.83	.57	393.23	.89	.55	521.21	.87	.53	667.19	.85
.84	.95	.63	434.31	.99	.67	568.35	617.03	.71	720.39
.85	355.32	394.02	434.72	477.42	522.12	568.82	617.52	668.22	720.92
.86	.70	.42	435.14	.86	.58	569.30	618.02	.74	721.46
.87	356.08	.82	.56	478.30	523.04	.78	.52	669.26	722.00
.88	.45	395.21	.97	.73	.49	570.25	619.01	.77	.53
.89	.83	.61	436.39	479.17	.95	.73	.51	670.29	723.07
.90	357.21	396.01	436.81	479.61	524.41	571.21	620.01	670.81	723.61
.91	.59	.41	.23	480.05	.87	.69	.51	671.33	724.15
.92	.97	.81	.65	.49	525.33	572.17	621.01	.85	.69
.93	358.34	397.20	437.06	.92	.78	.64	.50	672.36	725.22
.94	.72	.60	.48	481.36	526.24	573.12	622.00	.88	.76
.95	359.10	398.00	437.90	481.80	526.70	573.60	622.50	673.40	726.30
.96	.48	.40	438.32	482.24	527.16	574.08	623.00	.92	.84
.97	.86	.80	.74	.68	.62	.56	.50	674.44	727.38
.98	360.24	399.20	439.16	483.12	528.08	575.04	624.00	.96	.92
.99	.62	.60	.58	.56	.54	.52	.50	675.48	728.46

	NOMBRES.					NOMBRES.			
Décimales.	27	28	29	30	Décimales.	27	28	29	30
.00	729.00	784.00	841.00	900.00	.50	756.25	812.25	870.25	930.25
.01	.54	.56	.58	.60	.51	.80	.82	.84	.86
.02	730.08	785.12	842.16	901.20	.52	757.35	813.39	871.43	931.47
.03	.62	.68	.74	.80	.53	.90	.96	872.02	932.08
.04	731.16	786.24	843.32	902.40	.54	758.45	814.53	.61	.69
.05	731.70	786.80	843.90	903.00	.55	759.00	815.10	873.20	933.30
.06	732.24	787.36	844.48	.60	.56	.55	.67	.79	.91
.07	.78	.92	845.06	904.20	.57	760.10	816.24	874.38	934.52
.08	733.33	788.49	.65	.81	.58	.66	.82	.98	935.14
.09	.87	789.05	846.23	905.41	.59	761.21	817.39	875.57	.75
.10	734.41	789.61	846.81	906.01	.60	761.76	817.96	876.16	936.36
.11	.95	790.17	847.39	.61	.61	762.31	818.53	.75	.97
.12	735.49	.73	.97	907.21	.62	.86	819.10	877.34	937.58
.13	736.04	791.30	848.56	.82	.63	763.42	.68	.94	938.20
.14	.58	.86	849.14	908.42	.64	.97	820.25	878.53	.81
.15	737.12	792.42	849.72	909.02	.65	764.52	820.82	879.12	939.42
.16	.67	.99	850.31	.63	.66	765.08	821.40	.72	940.04
.17	738.21	793.55	.89	910.23	.67	.63	.97	880.31	.65
.18	.75	794.11	851.47	.83	.68	766.18	822.54	.90	941.26
.19	739.30	.68	852.06	911.44	.69	.74	823.12	881.50	.88
.20	739.84	795.24	852.64	912.04	.70	767.29	823.69	882.09	942.49
.21	740.38	.80	853.22	.64	.71	.84	824.26	.68	943.10
.22	.93	796.37	.81	913.25	.72	768.40	.84	883.28	.72
.23	741.47	.93	854.39	.85	.73	.95	825.41	.87	944.33
.24	742.02	797.50	.98	914.46	.74	769.51	.99	884.47	.95
.25	742.56	798.06	855.56	915.06	.75	770.06	826.56	885.06	945.56
.26	743.11	.63	856.15	.67	.76	.62	827.14	.66	946.18
.27	.65	799.19	.73	916.27	.77	771.17	.71	886.25	.79
.28	744.20	.76	857.32	.88	.78	.73	828.29	.85	947.41
.29	.74	800.32	.90	917.48	.79	772.28	.86	887.44	948.02
.30	745.29	800.89	858.49	918.09	.80	772.84	829.44	888.04	948.64
.31	.84	801.46	859.08	.70	.81	773.40	830.02	.64	949.26
.32	746.38	802.02	.66	919.30	.82	.95	.59	889.23	.87
.33	.93	.59	860.25	.91	.83	774.51	831.07	.78	950.39
.34	747.48	803.16	.84	920.52	.84	775.07	.75	890.43	951.11
.35	748.02	803.72	861.42	921.12	.85	775.62	832.32	891.02	951.72
.36	.57	804.29	862.01	.73	.86	776.18	.90	.62	952.34
.37	749.12	.86	.60	922.34	.87	.74	833.48	892.22	.96
.38	.66	805.42	863.18	.94	.88	777.29	834.05	.81	953.57
.39	750.21	.99	.77	923.55	.89	.85	.63	893.41	954.19
.40	750.76	806.56	864.36	924.16	.90	778.41	835.21	894.01	954.81
.41	751.31	807.13	.95	.77	.91	.97	.89	.71	955.53
.42	.86	.70	865.54	925.38	.92	779.53	836.37	895.01	.85
.43	752.40	808.26	866.12	.98	.93	780.08	.94	.80	956.66
.44	.95	.83	.71	926.59	.94	.64	837.52	896.40	957.28
.45	753.50	809.40	867.30	927.20	.95	781.20	838.10	897.00	957.90
.46	754.05	.97	.89	.81	.96	.76	.68	.60	958.52
.47	.60	810.54	868.48	928.42	.97	782.32	839.26	898.20	959.14
.48	755.15	811.11	869.07	929.03	.98	.88	.84	.80	.76
.49	.70	.68	.66	.64	.99	783.44	840.42	899.40	960.38

TABLE DES MATIÈRES.

Nota. Les chiffres entre parenthèses indiquent les numéros des pages.

LIVRE I.

Trigonométrie sphérique. — Notions et définitions astronomiques. — Mesure du temps.

LIVRE III.

Connaissance des temps.

LIVRE IV.

Instruments pour l'observation des astres. — Observations. — Corrections des observations.

LIVRE V.

Chronomètre. — Régler un chronomètre. — Calculer la longitude à la mer à l'aide d'un chronomètre.

LIVRE VI.

Calcul de latitude à l'aide des hauteurs méridiennes et circumméridiennes des astres, à l'aide des hauteurs de l'étoile polaire.

LIVRE VII.

Calcul de longitude et de latitude à l'aide de deux hauteurs. — Calcul de la variation du compas.

LIVRE VIII.

Longitude par les distances lunaires.

FIN DE LA TABLE DES MATIÈRES.

www.ingramcontent.com/pod-product-compliance
Ingram Content Group UK Ltd.
Pitfield, Milton Keynes, MK11 3LW, UK
UKHW022047190726
13855UKWH00002B/432

9 782013 032308